Germain Bazin

PALÄSTE DES GLAUBENS

Germain Bazin

PALÄSTE DES GLAUBENS

Die Geschichte der Klöster vom 15. bis zum Ende des 18. Jahrhunderts

II

ÖSTERREICH
DEUTSCHLAND UND DIE SCHWEIZ
BELGIEN – DAS ORTHODOXE RUSSLAND

Hirmer Verlag München

CIP-Kurztitelaufnahme der Deutschen Bibliothek

Bazin, Germain

Paläste des Glaubens: d. Geschichte d. Klöster vom 15. bis zum Ende d. 18. Jh. in Europa / Germain Bazin. [Die Übers. aus d. Franz. besorgte Conz W. von Gemmingen]. — München: Hirmer.

Einheitssacht.: Les palais de la foi, le monde des monastères baroques (dt.)
ISBN 3-7774-3150-8

2. Österreich, Deutschland und die Schweiz, Belgien, das orthodoxe Rußland. — 1. - 5. Tsd. — 1980.

Die Übersetzung aus dem Französischen
besorgte Conz W. von Gemmingen

Titel der Originalausgabe:
Les Palais de la Foi,
Le monde des monastères baroques

Farblithos: Schwitter AG, Basel
Schwarzweißlithos: Atesa Argraf SA, Genf
Satz und Druck: Presses Centrales SA, Lausanne
Buchbinderische Verarbeitung: Benziger AG, Graphischer Betrieb, Einsiedeln
Fotodokumentation: Ingrid de Kalbermatten
Gestaltung und Herstellung: Ronald Sautebin
Gestaltung des Schutzumschlags: Design Team, München
Lektorat: Hubertus von Gemmingen

ISBN 3 7774 3150 8
Printed in Switzerland

INHALTSVERZEICHNIS

VORWORT

VOM GOTTESSTAAT ZUM IDEALSTAAT

Die große mönchische Erneuerung der Neuzeit verursachte in ganz Europa und bis nach Lateinamerika eine intensive künstlerische und architektonische Aktivität. Nirgends aber kam sie so nachhaltig zum Ausdruck wie in den Ländern des Heiligen Römischen Reiches. Von hier aus griff sie auf das orthodoxe Rußland über.

Im Grunde genommen richteten sich die großen Klosterbauten des 18. Jahrhunderts nach dem Ideal, das Philipp II. von Spanien beim Bau des Escorial verwirklichen wollte. Dieses Ideal war der über die Jahrhunderte hinweg lebendig gebliebene Gottesstaat des hl. Augustinus. Ähnlich wie im 5. Jahrhundert, zur Zeit des Kirchenlehrers, hatte die Kirche eine schwere Krise hinter sich, und so lebte während der Gegenreformation auch der Augustinismus wieder auf. Seltsamerweise beriefen sich nicht nur die Altgläubigen, sondern auch die Reformatoren auf diese Lehre.

Der Heilige hatte sein polemisches Werk geschrieben, um die Heiden zu widerlegen, die die Plünderung Roms im Jahre 410 durch Alarichs Goten als Rache der Götter an den »Abtrünnigen« betrachteten. Obschon Augustinus mit diesem Irrglauben aufräumte, ist seine Utopie vom Gottesstaat nicht unwesentlich am Manichäismus orientiert, der — bedingt durch die dramatischen Ereignisse — in jener zerrissenen Zeit aufgeblüht war. Die Geschichte der menschlichen Gesellschaft gründet nach Augustinus auf der Koexistenz zweier Reiche, eines fleischlichen, das von Sünde und Eigenliebe beherrscht wird, und eines geistigen, das auf der Liebe Gottes aufbaut. Der Christ lebt im irdischen Staat und strebt zum Gottesstaat. Dieser aber wird erst nach dem Jüngsten Gericht Wirklichkeit, in der Glückseligkeit des Paradieses. Die Sünder werden in die Hölle verstoßen, die Endstufe des fleischlichen Reiches.

Für Mönche, die der Welt entsagten und bußfertig lebten, konnte die Versuchung groß sein zu glauben, sie hätten bereits auf Erden den Gottesstaat verwirklicht, die »civitas terrena spiritualis«. War es ihnen nicht gelungen, wenigstens innerhalb der Klostermauern die Welt nach dem Willen Gottes zu gestalten? Im 12. Jahrhundert bestimmte diese Geisteshaltung den »Triumphalismus« der Cluniazenser, die jegliche Handarbeit ablehnten, außer bei kulturellen Beschäftigungen wie dem Vervielfältigen und Illuminieren von Handschriften. Sie weihten ihr ganzes Leben dem Lobpreis des Reiches Gottes durch die Kunst, die Liturgie und die Wissenschaft, die in diesem Fall mit der Theologie gleichbedeutend ist.

Den gleichen Triumphalismus finden wir im 18. Jahrhundert. Die Mönche der neuerstandenen Klöster dieser Epoche meinten, abseits der Welt zu leben. Als sie von der Philosophie bereits angegriffen wurden, glaubten sie immer noch an den Triumph der Kirche, den sie mit Wand- und Deckengemälden verherrlichten. Dieses Empfinden war in Mitteleuropa außerordentlich tief verwurzelt, in den Ländern, die sich noch in der Nähe alter Feudalstrukturen bewegten, und in denen die staatliche Gewalt eng mit der kirchlichen verflochten war. In Italien und Spanien behielt die Kirche im 18. Jahrhundert die einmal eingeschlagene Richtung bei. In Holland und England herrschte der wirtschaftliche Materialismus vor, in Frankreich der philosophische Rationalismus. Tatsächlich aber ist das 18. Jahrhundert eine traumbesessene Zeit. Alle Welt träumt, und alle Welt träumt von einer besseren Welt. Den Weg dorthin suchen die Philosophen in der Gefolgschaft Voltaires und Rousseaus in einer kontradiktorischen Ethik, die sowohl Instinkt als auch Verstand anspricht. In den Klöstern wird trotz des Unterbruches durch Reformation und Religionskriege an den Optimismus der Renaissance-Humanisten angeknüpft. Die Mönche sehen das Heil der Menschheit immer noch in der traditionellen Verbindung von Offenbarung und Erkenntnis, einer Erkenntnis allerdings, die nichts mit wissenschaftlichem Fortschritt zu tun hat, sondern aus alten Quellen schöpft. In Mitteleuropa erfaßt die große humanistische Aussöhnung auch Thron und Altar. Die Auseinandersetzungen zwischen weltlicher und kirchlicher Gewalt hatten in der Vergangenheit viel Unheil angerichtet. Maria Theresia, eine gottesfürchtige Frau, vereinigte beide Kräfte unter dem Ideal des Heiligen Römischen Reiches Deutscher Nation. Dieses Ideal beschäftigte die Philosophen wie nie zuvor von dem Zeitpunkt an, da es zur Utopie wurde. Allerdings war es noch einmal wirkungsvoll: beim Feldzug gegen die Türken. Joseph II., der kühl rechnende Autokrat, wird dieser Utopie ein Ende bereiten und die von ihm verachteten Ordensleute verfolgen.

Die in ihre Träumereien verstrickten Mönche des 18. Jahrhunderts waren von einer Art Größenwahn befallen. Sie errichteten noch gewaltige Bauwerke, als der Feind, der das Mönchtum in seinen Grundfesten erschütterte, bereits vor der Türe stand. Dieser Gigantismus, diese Freude am Übermaß sind charakteristisch für niedergehende Zivilisationen, wie dies Johan Huizinga für den »Herbst des Mittelalters« nachwies. Das gleiche Phänomen gilt schon für das Altertum. Das Römische Reich kannte in den letzten 200 Jahren seines Bestehens Paläste, Thermen und Villen von ungeheuren Ausmaßen. Wenn die tatsächliche Größe schwindet, suchen die Menschen untergehender Kulturen den Ausgleich in der vermeintlichen Größe.

Gesellschaften, die im Niedergang ihr Versagen mit Trugbildern verdecken, waren des öfteren im Verlauf der Geschichte zu künstlerischen Höchstleistungen fähig. Als die Orden im 18. Jahrhundert begannen, ihre riesigen Klöster zu bauen, hatten sie bereits beträchtliche Nachwuchssorgen. Die weltliche Gesellschaft machte ihnen ihre Vorrechte streitig, und die Philosophen überhäuften sie mit bissigem Spott. Die Mönche gingen dabei während eines Dreivierteljahrhunderts so halsstarrig vor, als müßten sie kurz vor ihrem Ende noch einmal ihre Vitalität beweisen. Der geschichtlichen Herausforderung antworteten sie mit einem unsinnig gewordenen Zukunftsglauben.

Die Auffassung der Mönche, ihre Klöster seien Idealstaaten, wird bestärkt durch die Tatsache, daß die großen Abteien immer noch wirtschaftlich unabhängig waren. Diese wesentliche Forderung des abendländischen Mönchsvaters Benedikt kommt bereits im ältesten erhaltenen Klosterplan zum Audruck, im Plan von St. Gallen aus dem 9. Jahrhundert.

So sind es denn auch die ländlichen Klöster, die sich am besten entwickelt haben und die nun die größte Pracht entfalten können. In Mitteleuropa sind diese Abteien mächtige Feudalherren geblieben. In der damaligen agrarischen Zivilisation waren sie bedeutende Wirtschaftsfaktoren, denn die Mönche betrieben seit eh und je Landwirtschaft. Nach den Kriegsverwüstungen des 17. und 18. Jahrhunderts in den deutschsprachigen Ländern und den Niederlanden konnten die Klöster dank ihres Reichtums die Landwirtschaft sehr rasch wieder in Gang setzen. Mehr als ein Kloster trat damals als regelrechte Kreditbank auf.

Der Aufschwung der Klöster wurde von der Bevölkerung begrüßt, denn die Bauern betrachteten die Bauern-Mönche als zu ihnen gehörig. In schlechten Zeiten war auf sie als Eckpfeiler der Stabilität Verlaß. In den Abteien erneuerte das Volk seinen Glauben. Die großen Klosterkirchen wurden für die Gläubigen gebaut, die Mönche selbst blieben im Hintergrund, mitunter sogar hinter Wänden oder Gittern verborgen.

Für die Zeit des 18. Jahrhunderts läßt sich die lebendige Kraft des Volksglaubens nirgendwo besser beurteilen als in Mitteleuropa. Eine der Eigenheiten der Barockkunst war es, daß sie von allen Bevölkerungsschichten getragen wurde. Ganz ähnlich waren die Verhältnisse im 13. Jahrhundert, während der Manierismus als aristokratische Kunst erschien. Die gezierte Formensprache des Barock fesselte die gebildeten Kreise, das Volk dagegen begeisterte sich für das glanzvolle Äußere. Die Fürsten hatten ihre Paläste, das Volk mit den Kirchen die seinen.

Der Lärm des Jahrhunderts drang nur gedämpft zu den Männern, die der Welt entsagt hatten. Für sie war das Kloster der Mittelpunkt des Universums. Ihr Leben spielte sich im geordneten Rhythmus der Gottesdienste ab, und der Fortschritt vermochte die Klostermauern nicht zu überwinden. So blieb auch das Gedankengut der Aufklärung draußen. In mitteleuropäischen Klöstern gab man sich Träumereien hin, ließ sich von Trugbildern leiten, wie dem des niedergehenden Heiligen Römischen Reiches. Mit Hilfe einer ausgeklügelten Ikonologie malten die Mönche eine Scheinwelt an Wände und Decken und schufen sich so einen Schutzschirm vor der Realität. Hier erreichte eine Geisteshaltung ihren Höhepunkt, deren Entwicklung mit Philipps II. Escorial begonnen hatte.

In Frankreich wurden sämtliche Klöster während der Revolution neuen Zweckbestimmungen zugeführt und ihre Kunstschätze in alle Winde zerstreut. Intakte mönchische Einrichtungen sind dort kaum mehr zu finden. Anders liegen die Verhältnisse in Deutschland, Österreich, der Schweiz, Belgien, ja sogar in Rußland. Hier gibt es noch diese großen Abteien, in denen die beiden Mythen vom Gottesstaat und Idealstaat verschmolzen sind. War der eine seit den Zeiten des hl. Augustinus immer wieder ein Angelpunkt christlicher Denkweise, so beschäftigte der andere die Philosophen von der Renaissance bis hin zum Marxismus.

Die ideale Gesellschaft kann der Überlieferung nach nur in einer Stadt bestehen, die in den Beschreibungen meist einen oder mehrere Festungsgürtel hat und häufig auf einer Insel liegt. Solche Mutmaßungen gehen auf Philosophen und Soziologen der italienischen Renaissance zurück, die den Stadtstaat als die geeignetste Form des politischen und sozialen Lebens betrachteten. Solche Gemeinwesen, die schon das klassische griechische Altertum kannte, waren in Italien neu erstanden. Zu Beginn des 15. Jahrhunderts schrieb der florentinische Kanzler Leonardo Bruni in seinen »Historiae florentini populi«, die Vormachtstellung des kaiserlichen Rom habe sich verheerend auf die Entwicklung der anderen Städte und den kulturellen Austausch ausgewirkt. »So wie große Pflanzen benachbarte kleinere im Wachstum behindern, so verdrängte Rom ... alle anderen Städte Italiens.« Seine Vaterstadt führte Bruni als Beispiel an. Die Aufwertung des Kleinstaates war ein bürgerlicher Gedanke in guelfischer Tradition. Dem stand die ghibellinische Auffassung gegenüber, die Dante in seiner »Monarchia« darlegte. Für ihn war ein weltumspannendes Reich die ideale Staatsform. Nur der deutsche Kaiser konnte dies in der Nachfolge der römischen Kaiser verwirklichen. Unter seiner Oberherrschaft sollte sich die Vielzahl von Königreichen vereinen. Noch heute dauert diese Auseinandersetzung zwischen Internationalismus und Nationalismus an. Die einen suchen eine größtmögliche soziale Einheit bis hin zur Weltregierung, während die anderen, oft Anhänger anarchistischer Theoretiker, kleinstmögliche autonome Gesellschaftsgruppen fordern.

Neben den Stadtstaaten Italiens und Griechenlands kommt kein Gemeinwesen dem Idealstaat so nahe wie das Kloster. Es ist im 7. Jahrhundert als Bollwerk der Zivilisation gegen die Barbarei entstanden und entspricht wohl am ehesten den Vorstellungen der Philosophen, ob sie nun Plato, More, Burton, Campanella (der Mönch war) oder Fourier heißen. Denn was diese für die vollkommene Gesellschaft forderten, das ist auch die Grundlage jeder klösterlichen Gemeinschaft: der Kollektivismus. Die Regierungsbildung in diesem religiösen Kleinstaat geschieht immer auf demokratischem Wege. Das Oberhaupt wird vom Kapitel, der Vollversammlung der »Bürger«, gewählt.

Der mönchische Kollektivismus beruht allerdings nicht wie der Idealstaat auf der freiwillig und spontan entstandenen Gleichheit aller Bürger, sondern auf der Armut. Er wird als Buße erlebt, als Entbehrung also, sublimiert in einem aktiven Willen, dem wesentlichen Element des zurückgezogenen Klosterlebens, das notwendig ist, um dem Ruf Gottes folgen zu können.

Nie wurde der klösterliche Reichtum mehr zur Schau getragen als während des Barock. Er steht in keinem Widerspruch zum Geist der Armut, denn diese wird einzeln erlebt. Es ist unwesentlich, ob sich der Mönch in einer Hütte oder einem Palast den strengen Ordensregeln unterwirft.

Häufig wird der Fehler gemacht, daß der augustinische Gottesstaat dem »zeitlichen Staat« gegenübergestellt

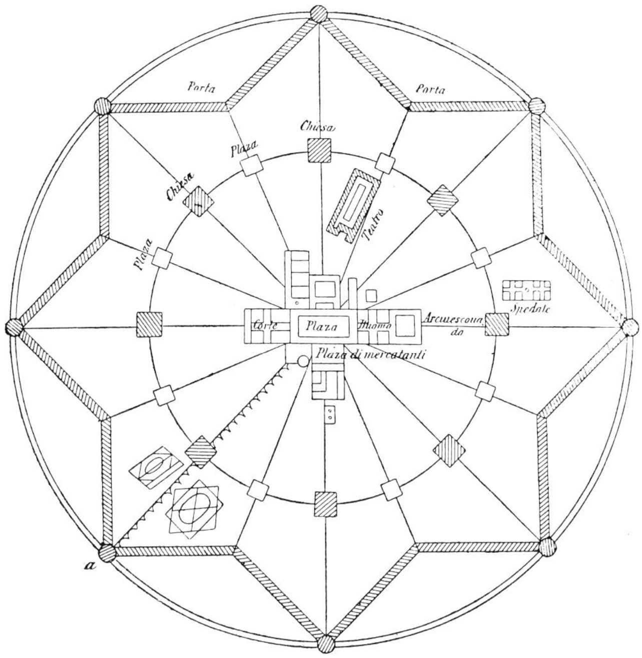

1 Idealstadt Sforzinda. Grundriß, von Antonio Averlino, genannt Il Filarete
Der in Mailand tätige Florentiner Architekt Filarete veröffentlichte 1490 ein bereits 1464 verfaßtes Architekturtraktat, in dem er sein Stadtmodell »Sforzinda« (so genannt nach seinem Auftraggeber, dem Herzog von Mailand) vorstellte. Er war der erste einer ganzen Reihe von Utopisten, der das Stadtideal in einer radialsymmetrischen Anlage suchte. Der Dom im Zentrum ist ein Abbild des Universums. Im Marmorboden sollte eine Erdkarte, umgeben von den 12 Monaten, eingelassen, in den Querarmen die Jahreszeiten und die Elemente dargestellt werden.

wird. Der Gottesstaat ist das Gegenteil des »irdischen Staates«, ist aber im »zeitlichen Staat« eng an diesen gebunden. Seine Vollendung erreicht er erst am Ende der Zeiten, im »ewigen Staat«. Wie alles Menschenwerk ist auch das Kloster ein »zeitlicher Staat«, in dem allerdings das für das Heil günstigste Gleichgewicht zwischen »Civitas Dei« und »Civitas terrena« besteht. So entspricht also das Kloster dem Idealstaat, allerdings in der Form der »civitas fidei« oder »res publica fidelium«, wie sie im 14. Jahrhundert dem Franziskaner Roger Bacon vorschwebte.

Im mitteleuropäischen Kloster begegnen sich der christliche Gottesstaat und der bürgerliche Idealstaat. So war für die großen, nur dem Kaiser verantwortlichen Abteien das Reich nicht nur Schutzmacht, sondern auch der vollkommene zeitliche Staat. Auf geistiger Ebene verschmilzt der Kleinstaat »Reichsstift« mit seinem eigenen Antagonismus, dem von Dante formulierten

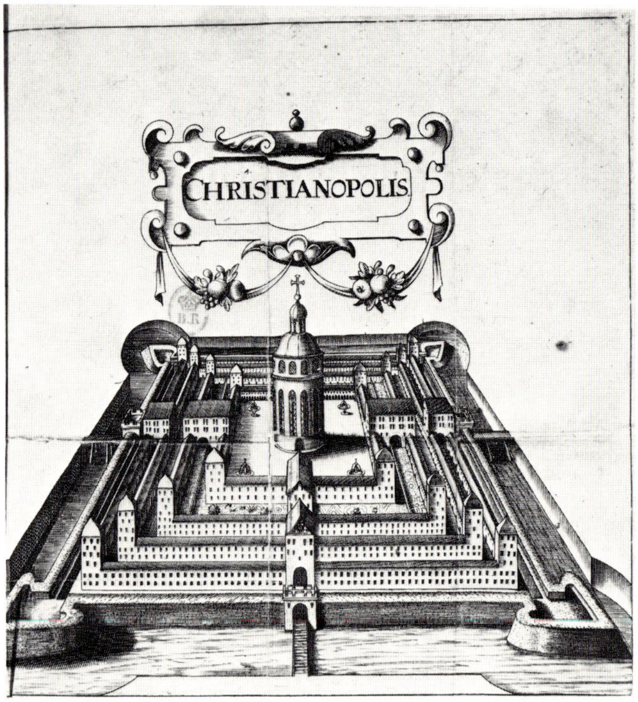

2 Idealstadt Christianopolis. Gesamtansicht, aus Johann Valentin Andreae (1586–1654), »Reipublicae Christianopolitanae descriptio«, Argentorati sumptibus Lazari Zetzneri, 1619, S. 24–25
Der Autor schrieb seine kleine Abhandlung in Kenntnis der noch unveröffentlichten »Civitas solis« (»Der Sonnenstaat«) des Mönchs Campanella. Seine Utopie ist ein Ausdruck des strengen pietistischen Moralismus. Das Grundprinzip von Christianopolis ist die Gleichheit, womit die heutigen »Wohnmaschinen« vorweggenommen wurden. Alle Wohnungen waren identisch und mußten in regelmäßigen Zeitabständen gewechselt werden, um eine zu starke Eingewöhnung zu vermeiden. Die Stadt war in sich abgeschlossen, nur für Gleichgesinnte bewohnbar und mit Schanzen vor Fremdeinflüssen geschützt.

Konzept des Weltreiches. Die Kaisersäle in den großen Abteien sind Symbol für die Aussöhnung von Kirche und Staat. Allerdings wird diese Aussöhnung durchaus im Sinne Dantes verstanden und dem Papst jegliches Anrecht auf zeitliche Macht abgesprochen. Höchstens als Randfigur taucht der Papst in diesen »Kirchen des Kaiserkultes« auf, wie man die Kaisersäle wohl nennen könnte.

Das mitteleuropäische Barockkloster, die vollkommenste Nachahmung des Escorial, war tatsächlich ein bevorzugter Ort, eine Insel. Zutritt hatte nur, wer die Gelübde ablegte. Die Festungswerke, die in Göttweig und Klosterneuburg geplant und in Melk auch ausgeführt wurden, sind ebenfalls unter diesem Gesichtspunkt zu verstehen. Das Kloster stand außerhalb von Zeit und Raum. Der Mensch, das heißt der Sünder, lebt in dieser abgesonderten Welt einzig von der Hoffnung auf die Menschwerdung Christi und die Erlösung. Für ihn ist es ein leichter Übergang vom Wünschbaren zum Unwirklichen und vom Unwirklichen zum Traumhaften.

Es waren nicht in erster Linie Mönche, die im 18. Jahrhundert von der Bauleidenschaft gepackt wurden, sondern Schwärmer, die vom Idealstaat träumten. Ist das Bauen nicht eine Weltordnertätigkeit? Gibt es dem Menschen nicht die Illusion, den Schöpfer nachzuahmen? »Murare«, dieses Zauberwort fesselte schon Cosimo de' Medici. »Bauwurmb« wurde diese unwiderstehliche Leidenschaft im 18. Jahrhundert genannt. Einen Zusammenhang zwischen Bauen und Zeugen deckte Antonio Filarete auf, der Schöpfer des Idealstaates Sforzinda: »Bauen ist ein der Liebe vergleichbares, lustvolles Vergnügen.«

Die großen Klöster des 18. Jahrhunderts sind steinerne Bollwerke gegen die Auflösungserscheinungen in Politik und Philosophie. Möglicherweise bauten die Äbte damals in den Wolken, aber sie schufen dabei unvergängliche Kunstwerke.

DAS KLOSTER IN MITTELEUROPA

I

IM ZEICHEN DES HEILIGEN RÖMISCHEN REICHES DEUTSCHER NATION

Rechts des Rheins erstreckt sich das Land Europas, in dem der Phantasie keine Grenzen gesetzt sind, wo keine Vernunft die Macht des Traumes bremst wie etwa im westlichen Nachbarland. Es ist das Gebiet des Heiligen Römischen Reiches Deutscher Nation.

Für die Geschichtsforschung leitet der Westfälische Frieden 1648 den Untergang des Reiches ein. Politisch mag das zutreffen, doch auf geistiger Ebene behielt das Heilige Römische Reich noch lange Zeit eine lebendige Ausstrahlung. Ganz besonders gilt das für die Mönche in den deutschen Ländern. Sie begannen nun erst richtig, auf zahllosen Decken- und Wandgemälden ihrer Kirchen, Bibliotheken und Kaisersäle die Herrlichkeit des Reiches zu bejubeln.

Es scheint mir sinnvoll, hier einen historischen Rückblick auf die Entstehung des Heiligen Römischen Reiches Deutscher Nation zu werfen. Im Jahre 417 pries Rutilius Namatianus, ein heidnisch-gallischer Schriftsteller, das ewig geglaubte Rom mit den Worten:

> »Die verschiedensten Nationen hast Du zu einem Vaterland geeint.
> Nur Gutes brachte die Niederlage Deinen Gegnern.
> Den Besiegten schenktest Du Deine Gesetze
> Und machtest eine Stadt aus dem, was früher die Welt war.«

In dieser für die Historiker außerordentlich aufschlußreichen Dichtung schildert Namatianus seine Rückkehr aus Rom, wo er im Jahre 414 während einiger Monate Präfekt war. Wir sehen ihn vor uns, diesen romanisierten Barbaren. In Ostia hat er das Schiff bestiegen, und nun versinkt die Küste hinter dem Horizont. Er singt dabei diese Ode auf Rom, in einem Augenblick, da die ewige Stadt schon im Untergang begriffen ist.

Das Heilige Römische Reich ist aus einem Schuldgefühl von Heidentum und Christentum heraus entstanden, die gemeinsam die römische Einheit zerstört hatten. Seit jener Zeit fühlte sich der Papst als Erbe Roms. Unter dem Mantel des Christentums wollte er die verlorene Einheit wiederherstellen, wobei er dem Patriarch von Konstantinopel jede Unabhängigkeit abstritt. Diokletians Entschluß, das Reich in Ost- und Westrom zu teilen, sollte so unterlaufen werden. Bald allerdings mußte der Papst auf den östlichen Teil verzichten. Sein Streben nach Einheit konzentrierte sich fortan auf den Westen.

Gerade das Papsttum war es, das in der Person Karls des Großen eine neue einigende Macht im barbarischen Europa entstehen ließ. Am 25. Dezember 800 krönte Papst Leo III. Karl, der ihm während eines Aufstandes zur Hilfe geeilt war, in Rom zum Kaiser.

Das, wovon Ataulf und Theoderich geträumt hatten, was sie aber nicht verwirklichen konnten, das glaubte Karl erreicht zu haben: die Wiederherstellung des Römischen Reiches. Waren nicht die Völker von Spanien und Italien bis Deutschland, vom Mittelmeer bis zur Bretagne, unter seiner Herrschaft vereinigt? Hier zeichnen sich die Umrisse des Heiligen Römischen Reiches ab, das sich vom 15. Jahrhundert an auch »Deutsch« nannte. Der Kaiser war im barbarischen Europa die einigende Kraft. Unter seinem Zepter sammelten sich abhängige Königreiche, er selbst ernannte die Könige. Diese Herrscherrolle hat ihren Ursprung in der germanischen Herkunft des Kaisers. Wie früher die Römer, fühlten sich die Germanen als auserwähltes, von Gott geliebtes Volk. Des Kaisers Pflicht war es auch, die römische Kirche zu schützen. Er ist dem Papst gleichgestellt und zugleich als Schirmherr übergeordnet. Seine zeitliche und geistige Macht bezieht er von Gott. In ihm wird der Begriff des heiligen, ja göttlichen römischen Kaisers wieder lebendig. Indessen vollzieht sich die Ernennung des Kaisers nicht mehr wie im alten Rom durch die Zustimmung der Armee. Vom 13. Jahrhundert an war ein Wahlsystem gebräuchlich, das die römische Acclamatio mit dem germanischen Brauch, den Häuptling auf den Schild zu heben, verband.

Nach dem Tode Karls des Großen kam es zum Konflikt zwischen Staat und Kirche, denn nun berief sich der Papst auf die heute als Fälschung erkannte »Konstantinische Schenkung« und beanspruchte das Römische Reich für sich. Die Anarchie, in die das Reich nach dem Tode Ludwigs des Frommen (840) zurückfiel, kam dem Papst entgegen. Er war nun, wenigstens auf geistiger Ebene, die einzige einigende Kraft.

Aber das Heilige Römische Reich erholte sich im 10. und 11. Jahrhundert unter den tatkräftigen Kaisern der sächsischen und salischen Dynastien, deren Ruhmes-

3 Benediktinerabtei Ottobeuren. Kaisersaal, Deckenfresko, »Krönung Karls des Großen«, von Karl Stauder
Die Deutung dieses allegorischen und historischen Gemäldes hat Abt Rupert II. Neß in seinem Tagebuch festgehalten. In der Mitte setzt Papst Leo III. die Krone auf das Haupt des knienden Karl. Rechts die geistliche Gefolgschaft, darunter Abt Rupert (stehend im Chormantel). Die Kontinuität des Reiches versinnbildlicht der zur Entstehungszeit des Freskos regierende Kaiser Karl VI. Ein Page zu seiner Linken trägt Zepter und Reichsapfel, die Insignien seiner universalen Macht. Rechts von ihm ein Schwarzer mit Krone und Zepter des Römischen Königs.

taten während des 18. Jahrhunderts in deutschen Schlössern und Klöstern verherrlicht wurden. Ihnen gelang es, die Idee wieder in die Tat umzusetzen. Der am 2. Februar 962 von Johannes XII. in Rom gekrönte Otto I. nannte sein Reich »Imperium Romanorum et Francorum«. Otto III. nahm den Titel »Imperator Romanorum« an und gab dem Reich die Bedeutung zurück, die es unter Karl dem Großen gehabt hatte. Für ihn, der die Könige ernannte, bildete das Reich den Rahmen, innerhalb dessen die Völker ihr eigenes Leben führen konnten. Bis Ende 1918 war dies das Grundanliegen der Österreichisch-Ungarischen Monarchie. Die einigende Macht ist undenkbar ohne den Eroberungsgeist, denn die Pflicht des Herrschers über ein Imperium Christianum ist es, den christlichen Glauben bis an die Grenzen der Welt zu verbreiten. Der Kaiser ist also ein Kämpfer. Karl V. war durchdrungen von dieser Aufgabe. Er verteidigte den Katholizismus in Europa gegen die Ketzerei und trug zu dessen weltweiter Ausdehnung bei.

Im 13. Jahrhundert spitzte sich unter Friedrich II. die Auseinandersetzung mit dem Papst zu. Zwischen 1254 und 1273 kam es zum Interregnum, Europa war kaiserlos. In dieser Zeit erwuchs dem Reich an seiner Westgrenze ein nicht zu unterschätzender Gegner: die Kapetinger. Ihre Rechtsgelehrten traten für die vollständige Unabhängigkeit ein und machten den König — nach einem

Ausdruck von Guillaume Durand dem Jüngeren, einem Zeitgenossen Philipps des Schönen — zum »Kaiser im Königreich«. Es kann kaum einen größeren Gegensatz geben, als zwischen dem mythischen, universalen Begriff «Reich« und dem aus dem aristotelischen Rationalismus der Pariser Universität entstandenen Begriff »Etat«. An der Spitze dieses zentralisierten Staates steht der Monarch, der alle Macht auf sich vereinigt. Frankreich war ein Feudalstaat. Die Zugehörigkeit zu einer bestimmten Familie sicherte den Zugang zur Macht. Der nächste Verwandte eines verstorbenen Königs wurde dessen Nachfolger. Die deutschen Kaiser wurden vom Kurfürstenkollegium gewählt. Wenn in der Neuzeit diese Wahl mit wenigen Ausnahmen immer auf einen Habsburger fiel, so geschah dies nicht, weil diese Familie irgendein »göttliches Recht« auf den Thron gehabt hätte, sondern weil die Kurfürsten das Reich dem Mächtigsten anvertrauen wollten, der es am besten erhalten, verteidigen und vergrößern konnte. Gegen Ende des 13. Jahrhunderts zerfiel die Macht des Reiches. Dennoch pries Dante gerade zu diesem Zeitpunkt die Universalität dieses Staatsgebildes im Gegensatz zu den päpstlichen Machtansprüchen. Allerdings trug das dem Ghibelliner die Verbannung aus dem guelfischen Florenz ein.

Die italienischen und französischen Intellektuellen waren sich am Ende des 13. Jahrhunderts völlig im klaren über die tiefgreifenden Gegensätze zwischen dem Heiligen Römischen Reich und dem Kapetingerstaat, Gegensätze, die endlose Kriege zur Folge haben sollten. Wohl mögen die französischen Könige Franz I. und Ludwig XIV. mit der Kaiserkrone geliebäugelt haben, aber sie konnten ihre Ambitionen nicht durchsetzen. Die letzten Bourbonenkönige standen wieder fest in der Tradition des zentralistischen Staates.

Napoleon, der sich selbst als Erbe Cäsars und Karls des Großen sah, vernichtete zwar das Heilige Römische Reich Deutscher Nation, nicht aber dessen einende Kraft, die auf das kaiserliche Österreich überging. Gegen die Habsburger wehrten sich allerdings die Länder des alten Reiches, angeführt von den Hohenzollern, den Erzrivalen seit dem 18. Jahrhundert.

Das Reich verschwand, die Idee blieb bestehen. Der Österreicher Hitler bediente sich des Hebelarms Deutschland, um ganz Mitteleuropa unter seine Herrschaft zu bringen. Heute hat mit der Sowjetunion, die darin den Zielsetzungen der Romanow folgt, ein neues Imperium weite Teile Europas und Asiens in seinen Einflußbereich gebracht.

Der Begriff des Reiches wirkte also im Verlauf der europäischen Geschichte bald aufbauend, bald zerstörend. Der Niedergang begann sich in der zweiten Hälfte des 17. Jahrhunderts abzuzeichnen. Der Westfälische Frieden teilte Deutschland in über 300 Fürstentümer, Fürstbistümer und freie Reichsstädte. Politologen begannen, sich mit dem Begriff »Reich« auseinanderzusetzen. Für Philipp von Chemnitz (1605–1678), von dem gesagt wird, er habe dem Hause Österreich mehr Schaden zugefügt als mehrere verlorene Schlachten, sind die Habsburger für alle Mißstände in Deutschland verantwortlich [1]. Er sieht im Reich eher eine aristokratische Republik, deren Ministerpräsident der Kaiser ist. Noch weiter geht Samuel von Pufendorf (1632–1694); für ihn ist das Reich nur ein lockerer Zusammenschluß, vergleichbar den griechischen Staaten, die sich gegen Troja verbündeten [2].

Immerhin, wenn auch die Idee des Heiligen Römischen Reiches materiell nicht mehr greifbar war, so blieb sie als moralisches Band lebendig, das die vielfältige deutsche Welt zusammenhielt. Das Habsburgerreich war ein Vielvölkerstaat. Bei ihrem Amtsantritt umgaben sich die Thronfolger mit den Kronen der Untertanenländer, jene Kronen, die Karl VI. auf den Dächern von Klosterneuburg anbringen lassen wollte. Wie jedes andere, so suchte auch dieses Imperium sich auszudehnen. Dabei hatte man durchaus kein schlechtes Gewissen, denn es ging vor allem gegen die ungläubigen Türken. Eine gewaltige türkische Streitmacht stand an den Grenzen des Reiches, die auch die Grenzen der christlichen Welt waren. Mit der Eroberung wurden zugleich christliche Bevölkerungen befreit.

Seit dem 16. Jahrhundert befanden sich zwei Großreiche im Konflikt miteinander: das osmanische und das deutsche. Im 17. Jahrhundert begann für den »Herrscher der Gläubigen« ein uralter Traum Wirklichkeit zu werden. Der Druck des Islam auf den Westen verstärkte sich immer mehr. In dieser Zeit wurde Wien zur oft bedrohten Frontstadt. Im Jahre 1529 wäre sie beinahe eingenommen worden. Unerklärlicherweise, vielleicht wegen Versorgungsschwierigkeiten, brach Suleiman damals die Belagerung ab. Eines der großen politischen Ziele Karls V. war der Friede zwischen den europäischen Mächten, damit sie geeint gegen die Türken vorgehen

4 Die Schlacht auf dem Kahlenberg und die Befreiung Wiens am 11. September 1683. Wandteppich, Atelier Malgrange, Nancy, 1724. Wien, Kunsthistorisches Museum
Der Teppich gehört zu einer Serie, die insgesamt 17 Stücke umfaßt. Sie wurde von Herzog Joseph Karl von Lothringen bestellt, um die militärischen Erfolge seines Vaters Karl V. zu verherrlichen, der 1683 die kaiserlichen Truppen bei der Befreiung Wiens aus der türkischen Umklammerung befehligte.

konnten. Ein Bündnisheer von Spaniern, Italienern, Deutschen und Holländern zwang den Sultan 1532 ein zweites Mal zur Aufgabe. Im Raume Marchtal und Karpaten entwickelte Karl V. einen gewaltigen strategischen Plan. Er mußte an allen Fronten, zu Wasser und zu Lande, angreifen. Andrea Doria konnte im östlichen Mittelmeer die Seeherrschaft erlangen. Der Kaiser befehligte persönlich die Belagerung Algiers. Es fehlte nicht viel, und er hätte die Stadt eingenommen.

Mehr als ein Jahrhundert später bestand die Türkengefahr für die Völker des Reiches unvermindert fort. Diesmal waren die Ungläubigen nahe daran, ins Herz der Christenheit vorzudringen. Papst Alexander VII. plante, ähnlich wie vor ihm Pius V., eine Heilige Liga aufzustellen. Ludwig XIV., der nicht viel von der traditionellen Freundschaft Frankreichs mit der Hohen Pforte hielt, schlug dem Kaiser vor, sofort 30 000 Mann in Marsch zu setzen und noch einmal so viel etwas später. Der Kaiser, ängstlich darauf bedacht, Herr im eigenen Haus zu bleiben, sah nicht gern eine solche Armee in seinen Ländern. Mit dem Papst handelte er die Aufnahme eines Kontingentes von 6000 Mann aus. Im Jahre 1683 wurde der türkische Druck noch bedrohlicher. Der Sonnenkönig war erneut bereit einzugreifen. Er bot an, die Belagerung Luxemburgs abzubrechen und 90 000 Mann zur Verfügung zu stellen. Diesmal lehnte der Kaiser vollständig ab. Er zog das Bündnis mit dem Polenkönig Johan Sobieski vor, der das konföderierte Heer befehligte. Weitere Verbündete waren die Markgrafen von Baden, der Prinz von Savoyen, die Kurfürsten von Bayern und Sachsen, die Herzöge von Eisenach, Lauenburg, Holstein, Württemberg und Braunschweig-Lüneburg sowie sechs Reichsmarschälle.

In Niederösterreich richteten die Türken große Verheerungen an. Das belagerte Wien stand kurz vor der Kapitulation, als am 11. September 1683 Johan Sobieski mit seinem Heer eintraf. Die Schlacht tobte an den Hängen des Kahlenbergs vor den Toren der Stadt. Der Sieg der Konföderierten hatte in Mitteleuropa ähnliche Auswirkungen wie jener von Lepanto, der den Islam im Mittelmeer zurückgedrängt hatte. Lepanto war nie aus der Erinnerung der Mitteleuropäer verschwunden, denn für sie bestand die Türkengefahr noch lange fort. Gemälde in zahlreichen Barockkirchen erinnern an die Seeschlacht. Der Sieg von Lepanto wurde der Fürsprache Mariens zugeschrieben, die Pius V. zur Schutzpatronin der christlichen Flotte ernannt hatte. Ein Altarblatt in Ottobeuren zeigt den Papst, wie er von Maria den Sieg erfleht. Der Augsburger Goldschmied Johann Zeckl stellte die Schlacht von Lepanto in einer Monstranz für die Ingolstädter Bürgerkongregation Maria de Victoria dar, ein Meisterwerk der barocken Goldschmiedekunst aus dem Jahre 1708.

Nach der Schlacht am Kahlenberg ließ der kaiserliche Druck auf die Türken nicht mehr nach. Sie wurden aus Budapest und Belgrad geworfen, wobei man gleichzeitig einen Ungarnaufstand niederschlagen konnte. Prinz Eugen trieb die Türken immer weiter zurück. Die Ruhmestaten des großen Feldherrn werden im österreichischen Kloster St. Florian verherrlicht. Gerade die Türkenkriege regten die Künstler immer wieder an.

Noch ein anderes Ereignis erfüllte die Katholiken mit Triumphgefühlen. Wenn auch der Dreißigjährige Krieg Angst und Schrecken verbreitet hatte und Deutschland ausgeblutet zurückblieb, so stoppte er doch den Protestantismus, was als Sieg des Reiches angesehen wurde.

In der zweiten Hälfte des 17. Jahrhunderts zeichnete sich der Beginn einer Kunst ab, die man triumphal nennen könnte, einer Kunst, die die Größe von Reich und Kirche verherrlichte. Karl VI. machte Wien zu einer Hauptstadt, die seines Reiches würdig war. Prag stand kaum nach. Die neuerstandenen Klöster bejubelten den Sieg des Kreuzes. Kein anderes Land Europas kannte einen solchen Ruhmesrausch, der sich in prachtvollen Bauten und einer nicht endenwollenden Zahl von Kunstwerken ausdrückte.

Als sich in der zweiten Hälfte des 18. Jahrhunderts das Gedankengut der Aufklärung durchsetzte, wandten sich Intellektuelle und einige Fürsten vom Reichskult ab. Viele aber blieben der Verehrung der geheiligten Gestalt des Kaisers treu. Als Joseph II. 1764 in Frankfurt zum »Rex Romanorum« gekrönt wurde, ließ sich der greise Landgraf von Hessen-Kassel zu ihm tragen und huldigte diesem Kaiser, der mit dem kühlen Skeptizismus moderner Herrscher regierte.

Am tiefsten wurde der heilige Charakter des Römischen Reiches in den Klöstern empfunden. Die wichtigsten dieser Klöster genossen das Vorrecht der Reichsunmittelbarkeit; sie waren außer dem Kaiser keinem weltlichen oder geistlichen Herrn untertan. Im Grunde bedeutete das nicht weniger als die völlige Unabhängigkeit. Einige Klöster hatten dieses Vorrecht seit dem Hochmittelalter, die meisten aber erwarben es zwischen dem 15. und

5 Lepantomonstranz, 1708, von Johann Zeckl aus Augsburg. Ingolstadt, Jesuitenkirche Maria de Victoria
Die in Gold und Silber gearbeitete Prunkmonstanz zeigt das Galeerengewimmel der Seeschlacht von Lepanto.

18. Jahrhundert gegen bares Geld und konnten sich dann »Reichsstift« oder »Reichsabtei« nennen. Zwiefalten blieb bis 1750 von Württemberg abhängig; Isny konnte sich gar erst 1781 lösen, nur wenige Jahre, bevor das Klosterwesen in seinen Grundfesten erschüttert werden sollte.

Im ganzen Gebiet des Heiligen Römischen Reiches und von Österreich-Ungarn war das in Italien, Spanien und Frankreich grassierende Pfründenwesen unbekannt. Allein die von den Mönchen gewählten Äbte oder Pröpste lenkten die Geschicke der Klöster. Der Grundbesitz einiger Klöster bildete Fürstentümer; ihr Abt trug den Titel Fürstabt. Als solcher hatte er Sitz und Stimme im Reichstag. Häufig übernahmen die Fürstäbte Sitten und Gebaren des Adels. Die große Mehrheit der Mönche war bürgerlicher oder kleinbürgerlicher Herkunft. Nur die Abtei Kempten und einige Frauenklöster waren ausschließlich dem Adel vorbehalten. Gerade die Äbte aus dem Volke verteidigten mit Feuereifer die feudalen Grundrechte ihrer Klöster und gaben ihren Bauten und Kirchen eine glanzvolle Größe. Sebastian Hyller, der Erbauer von Weingarten, war ein Bäckersohn. Rupert II. Neß, der als Abt den Neubau von Ottobeuren begann, war Schmied. Sein Kollege in Fürstenfeld stammte aus einer Maurerfamilie. Plazidius Much, ein Bauernsohn aus Staming, wurde Abt des österreichischen Klosters Altenburg. Ebenfalls ländlicher Herkunft war Propst Johann Baptist Födermayr, einer der Erbauer von St. Florian.

Da keine Pfründeninhaber die Klöster ausbeuteten und zudem die oft umfangreichen Ländereien von fachkundigen Äbten bewirtschaftet wurden, brachten die gewaltigen Bauvorhaben und die nicht minder kostspielige Ausstattung den Klöstern bei weitem nicht die Schwierigkeiten, mit denen Frankreichs Abteien zu kämpfen hatten. Der Bankrott des Zisterzienserklosters Osterhofen nach dem Bau der prunkvollen Kirche im Jahre 1726 ist eine Ausnahme. Rupert II. Neß vermerkte stolz in seinem Tagebuch über den Neubau von Ottobeuren, daß sämtliche Arbeiten über den normalen Haushaltsplan des Klosters finanziert wurden. Einige Klöster indessen mußten Wälder, Mühlen oder Grundstücke verkaufen, um die Baukosten tragen zu können, was die Kapitel jeweils nur zögernd bewilligten. In dieser Hinsicht ist der Fall Klosterneuburg beispielhaft. Er verdeutlicht auch den politischen Druck, der auf den Klöstern lastete. Die deutschen Kaiser verfolgten dabei die gleichen Ziele wie Ludwig XIV. und sein Minister Colbert. Die Orden sollten ihre Klöster neuerbauen, auf diese Weise ihren Reichtum in Umlauf bringen und in ihrer wirtschaftlichen Macht geschwächt werden. Der Schriftsteller und Politologe Joseph von Sonnenfels (1732–1817) sprach sich beispielsweise in seinem 1770 erschienenen Werk über politische Ökonomie gegen die unveräußerlichen Klostergüter aus[3]. Alles, was nicht unmittelbar dem Erhalt der Gemeinschaft diene, so meinte er, sei unnötiger Besitz, der mißbraucht werden könnte. Es sei notwendig, das Anwachsen solchen Reichtums zu verhindern.

Gegen 1700 begann in den mitteleuropäischen Staaten die große Bautätigkeit der Klöster. Österreich war dabei Deutschland um einige Jahre voraus. Der Höhepunkt wurde um 1730 erreicht, 1760 ist bereits eine deutliche Abnahme zu verzeichnen.

Man sollte nicht meinen, die Bevölkerung, die zumeist den Klöstern untertan war, habe diese Prestigebauten mißbilligt. Das Gegenteil war der Fall, denn sie bedeuteten Arbeit und Einkommen. Möglicherweise wäre die herrliche Kirche von St. Gallen nie gebaut worden, wenn die Bauern der Umgebung den Abt nicht bestürmt hätten, die Baustelle wiederzueröffnen.

Hinzu kommt, daß die Klosterkirchen in den deutschsprachigen Ländern in erster Linie für die Öffentlichkeit gebaut wurden. Die Architekten hatten dies bereits bei der Planung zu berücksichtigen. Häufig war die Klosterkirche zugleich auch Wallfahrtskirche. Sie mußte also großen Massen von Pilgern Platz bieten. Die Wallfahrt war im 17. und 18. Jahrhundert eine der wichtigen Ausdrucksformen der deutschen Volksfrömmigkeit. Nach den Entbehrungen durch Kriege und Seuchen lebte der Hilferuf an die Nothelfer mit neuer Kraft auf. Noch heute zeugen in Süddeutschland und Österreich zahlreiche Wegkreuze, Votivsäulen und Wallfahrtskirchen davon. Die schönsten dieser Heiligtümer wurden von Klöstern gebaut: die Dreifaltigkeitskirche im österreichischen Stadl-Paura vom Kloster Lambach, die Birnau von den Salemer Zisterziensern, Steinhausen von den Prämonstratensern in Schussenried, Weihenlinden von den Augustinern in Weyarn, das fränkische Vierzehnheiligen vom Kloster Langheim und Eldern von den Benediktinern in Ottobeuren.

Die Pilgerfahrt nach Jerusalem war unmöglich geworden, seit sich die heiligen Stätten in islamischer Hand befanden. Als symbolischer Ersatz entwickelte sich seit dem 14. Jahrhundert vornehmlich in Deutschland die Kreuzwegprozession[4]. Im 17. und 18. Jahrhundert hatten sich die neuen Pilgerzentren herausgebildet. Die Gläubigen kamen nun in die Stifts- oder Wallfahrtskirche, um ein mehr oder weniger altes, mehr oder weniger wundertätiges Gnadenbild anzubeten. Meistens waren diese Bilder neueren Datums, denn die Schrecken des Dreißigjährigen Krieges hatten überall im Land den Wunderglauben sprießen lassen. Fast jedes Kloster besaß ein vom Volk geliebtes Gnadenbild. Mehr als von der Amtskirche wurde die Wallfahrt von den Mönchen gefördert, die meistens selber dem Volke entstammten, während die Bischöfe häufig dem Adel angehörten. Zudem verdienten die Klöster nicht schlecht an den Wallfahrern, denn diese brachten Almosen, kauften Heiligenbildchen und allerlei Kitsch und tranken Bier und Wein aus klostereigenen Brauereien und Kellereien.

Viele Klöster, vor allem in Böhmen und Süddeutschland, sahen sich nach den Verwüstungen, Brandschatzungen und Plünderungen des Krieges vor die Notwendigkeit des Wiederaufbaus gestellt. Mehr als andere Institutionen trugen sie durch die vorbildliche Bewirtschaftung ihrer Gutsbetriebe zum wirtschaftlichen Aufschwung bei. Infolge ihrer oft recht weiträumigen Verteilung waren diese Ländereien teilweise von den Verwüstungen umherstreunender Truppen verschont geblieben. So waren sofort nach dem Krieg Einnahmen vorhanden, mit denen der Wiederaufbau der zerstörten Güter finanziert werden konnte. Abgesehen von den Türkeneinfällen durchlebten die meisten Klöster zwischen dem Westfälischen Frieden und den Napoleonischen Kriegen ruhige Zeiten. Dann aber wurden viele, einige darunter auch mehrmals, als Unterkünfte für französische Truppen, Lazarette oder Generalstabssitze mißbraucht. Lambach wurde 1800, 1805 und 1809 besetzt, zweimal schlug Napoleon dort sein Hauptquartier auf. Auch Melk besuchte er öfters.

Während des 18. Jahrhunderts hatten böhmische und süddeutsche Klöster unter dem Österreichischen Erbfolgekrieg zu leiden. Das bayerische Fürstenfeld soll hier als Beispiel dienen. Nach der Besetzung Münchens fielen die österreichischen Truppen am 21. Februar 1742 in Fürstenfeld ein. Abt und Mönche flohen nach Augsburg, wobei es ihnen gelang, den Klosterschatz und die liturgischen Geräte mitzunehmen. Dennoch mußte den verschiedenen Offizieren, die das Kloster nacheinander besetzt hielten, Tribut entrichtet werden. 1744 floh der zurückgekehrte Abt erneut, allerdings nur für wenige Monate, denn im Oktober verließen die Österreicher das Kloster. Nach dem Frieden von Füssen hatte Fürstenfeld Kriegssteuern an Bayern zu zahlen. Trotzdem begannen die Bauarbeiten. 1799 besetzten nacheinander französische und österreichische Soldaten das Kloster. Sie forderten Steuern im Gesamtbetrag von 13 750 Gulden. Um zahlen zu können, mußte der Abt verschiedene Grundstücke und das »Pfleghaus« verkaufen, einen Verwaltungsbau in München, von dem aus das Kloster seine Handelsgeschäfte abwickelte. Am schlimmsten wurde das Jahr 1800. Zweimal mußten Abt und Mönche fliehen. Am 19. April 1801, nach dem Abzug der Truppen von General Moreau, feierten die Mönche ihre Befreiung mit einem »Te Deum«. Aber bereits 1803 fiel die Säkularisation über sie wie ein Fallbeil.

6 Adolph Röhn, »Besetzung der Abtei Melk durch französische Truppen«. Versailles, Musée national du Château
Die mitteleuropäischen Klöster boten den französischen Truppen der Revolution und später des Kaiserreiches ideale Voraussetzungen zur Einquartierung ihrer Verwundeten oder des Generalstabs. Melk wurde 1805 besetzt, Napoleon zog am 10. November ein. Am 7. Mai 1809 schlug er auf dem Marsch nach Wien sein Hauptquartier erneut in der Abtei auf. Nach dem Frieden von Wien speiste und schlief er hier am 16. Oktober.

Beim Lesen der Erinnerungen verschiedener Offiziere fällt auf, daß Napoleon bei seinen Feldzügen durch Europa sein Hauptquartier vorzugsweise in Klöstern aufschlug, denn diese boten ihm besondere Bequemlichkeiten. Andererseits war das für die Klöster auch ein Schutz vor Plünderungen. So konnte ihr Verhältnis zu den gegnerischen Truppen durchaus herzlich sein. Der

General Lejeune schildert, wie er nach einem Tag der Beobachtung österreichischer Schanzarbeiten am linken Donauufer in Klosterneuburg empfangen wurde: »Am Abend dieses Tages gaben mir die Mönche der schönen Abtei Klosterneuburg ein Bankett, das so reichhaltig war wie in schönsten Friedenszeiten in irgendeiner Hauptstadt. Das Klosterorchester spielte mit den hervorragenden Musikern unseres 25. Regimentes. Es kam mir ziemlich einmalig vor, in solch gefährlicher Nähe zum Kriegsgetümmel Tafelgenüsse und vollkommenste Harmonie vorzufinden«.

Manchmal gelang es den Äbten auch, nebst dem Klosterschatz ihre oft sehr wertvollen Sammlungen zu retten. Der Propst des österreichischen Augustinerklosters Herzogenburg etwa mußte 1805 vor den Franzosen nach Ungarn fliehen. Die kostbare, 1750 angelegte Münzensammlung konnte er dabei mitnehmen. 1809 besetzten französische Truppen erneut das Kloster. Diesmal hatte der Propst keine Zeit mehr, die Sammlung zu retten. Aber er konnte die Münzen und Medaillen noch in kleine Säckchen einnähen und in einem Gebäude einmauern. So überstanden wertvolle und für den Historiker aufschlußreiche Gegenstände gefahrvolle Zeiten bis in die Gegenwart.

Doch waren die Klöster derart reich und verwalteten ihren Reichtum so gut, daß sie nach den Kriegszerstörungen sehr schnell wieder aus Schutt und Asche auferstanden.

Ein anderer Grund für zahlreiche Neubauten waren die Brände, die in Frankreich und Deutschland viel häufiger auftraten als in Spanien und Italien, wo die Klöster nicht geheizt wurden. Am erstaunlichsten ist die Geschichte des österreichischen Stiftes Wilhering. Es brannte am 6. März 1733 fast vollständig ab, weil ein Pyromane namens Jakob Eder die zwölfjährige Tochter des Pförtners überredet hatte, Feuer zu legen.

Im weiteren mußten sich die Klöster den gewandelten Ansprüchen der Mönche anpassen und Einzelzellentrakte errichten. Die Hauptursache für den »Bauwurmb« aber war eine gewisse Prunksucht. Jedes Kloster war stolz auf seine Tradition und seinen Reichtum und legte Wert darauf, das nach außen zu zeigen. Natürlich gab es auch Ausnahmen. Der Abt von Klosterneuburg beispielsweise, der vom Kaiser gezwungen wurde, mit dem nie fertiggestellten Bau seines Klosterpalastes zu beginnen, war ein Asket und jeder Prachtenfaltung abgeneigt. Meistens aber konnten die Äbte die Mönche für ihre Prunkliebe gewinnen. Sie waren nur sich selbst und dem Kapitel Rechenschaft schuldig. Höchst selten bremsten die Orden ihre Klöster. So widersetzte sich die Einsiedler Benediktinerkongregation dem maßlosen Klosterplan, den Caspar Moosbrugger 1685 im Auftrag des Abtes Adalbert von Medell für das Kloster Disentis entworfen hatte. Die in St. Gallen tagenden Äbte der Kongregation beschlossen am 30. und 31. August 1694, nur die nötigsten Wohnbauten für die Mönche zu erstellen. Das Projekt wurde also nur teilweise ausgeführt. Nur wenige Jahre später wurde dann allerdings in Einsiedeln selbst mit dem gewaltigen Bau nach Moosbruggers Plänen begonnen.

Etwas später als in Frankreich begannen die deutschen Mönche sich mit Geschichtsforschung zu befassen. Den Anfang machte der Abt des österreichischen Klosters Zwettl, Bernhard Link, der von 1646 bis 1647 die »Annales austro-claravallenses« zusammenstellte[5]. Aber er fand keine unmittelbaren Nacheiferer. Im 18. Jahrhundert spielte die Benediktinerabtei Melk eine ähnliche Rolle wie das Maurinerkloster Saint-Germain-des-Prés in Paris. Die treibende Kraft war der vielseitig begabte Abt Berthold Dietmayr. Er machte Melk zu einer echten wissenschaftlichen Akademie. Seine Mönche Philibert Huber und Anselm Schramb erforschten das Klosterarchiv. Die Gebrüder Bernhard und Hieronymus Pez untersuchten während 25 Jahren mehr als 60 deutsche und österreichische Klosterbibliotheken. So entstanden Werke von grundlegender Bedeutung für die österreichische Geschichtsschreibung. Aber auch andere Wissensgebiete wurden bearbeitet. Plazidius Amon etwa zeichnete sich durch sein gepflegtes Latein und seine Arbeiten über die oberdeutsche Sprache aus. Damals erwachte ein neues Interesse für die deutsche Sprachwissenschaft und die verschiedenen Dialekte. Pater Maurus Lindenmayr gründete in Lambach gar eine Akademie für Mundartdichtung.

Das bayerische Benediktinerkloster Ettal ist beispielhaft für die wissenschaftliche Arbeit der Mönche. Seit dem Ende des 17. Jahrhunderts wurde in Ettal in allen Wissensgebieten geforscht, in der Theologie, Philosophie, Geschichte, Mathematik und Physik. Aus dem Kloster gingen mehrere Komponisten hervor, und seit dem 17. Jahrhundert eine ununterbrochene Reihe von Dramatikern, darunter Ferdinand Rosner († 1778), der das Oberammergauer Passionsspiel verfaßte. Nicht weniger als elf Schauspiele schrieb Abt Plazidus Seiz, der den Neubau des Klosters begann. Daneben wurde in den Klöstern auch rein wissenschaftliche Forschung betrieben. Die frühesten meteorologischen Untersuchungen wurden in Kremsmünster angestellt. Dort errichtete man ein großes wissenschaftliches Museum, das auch ein astronomisches Observatorium umfaßte.

Alle Klöster besaßen mehr oder weniger bedeutende Sammlungen von naturhistorischen Gegenständen, Waffen, wissenschaftlichen Instrumenten, Münzen, Gemälden und Kupferstichen. Mehr noch als die Italiener behielten die Deutschen die alten gotischen Altarbilder bei, wenn sie im 17. und 18. Jahrhundert ihre Kirchen neu bauten. Manchmal wurden sie in Barockrahmen gefaßt und als Gnadenbild ausgestellt. Meistens aber wanderten sie in die klostereigenen Museen. So mag der Eindruck entstehen, daß die frühen deutschen Malerschulen mehr geleistet haben als die französischen. Tatsächlich aber haben die Franzosen nahezu alles zerstört, was vor etwa 1630 entstanden ist, während in den deutschsprachigen Ländern sehr viel erhalten blieb.

II

DAS ENDE DER KLÖSTER

Das Mönchtum befand sich auf dem Höhepunkt von Macht und Ruhm, als das Ende nahte. All diese wunderbaren Gottesstaaten, von den Orden gleichsam als Herausforderung an die neue Zeit gebaut, diese Traumreiche wurden geschleift.

Schon vor der Französischen Revolution herrschte eine feindselige Stimmung gegen die Klöster. Vor allem die Reichsunmittelbarkeit einzelner Abteien betrachteten die Landesfürsten mit Unbehagen. Der Josephinismus, der die Autorität des Papstes nur in Glaubensfragen anerkannte, wollte die Kirche den Ländern unterstellen. Lange bevor Kaiser Joseph II. solche Ideen in die Tat umsetzte, wurden sie schon diskutiert. Johann Nikolaus von Hontheim (1701–1790), Weihbischof von Trier, veröffentlichte 1763 unter dem Pseudonym Justinus Febronius eine Schrift, in der er weitreichende Autonomie für die Bischöfe forderte und das Konzil auch in Glaubensfragen über den Papst stellte[1]. Er anerkannte die Kontrollrechte der weltlichen Fürsten. Febronius wurde verhaftet, aber er gab den Kampf nicht auf und schickte eine Denkschrift an Maria Theresia. 1778 widerrief er, aber bereits 1781 stand er erneut zu seinen Thesen. Maria Theresia war sehr gottesfürchtig und anerkannte die Oberhoheit des Papstes. Febronius' Ansichten mußte sie ablehnen. Immerhin unterwarf sie die Kirchengüter der staatlichen Aufsicht und bremste deren Wachstum. Sie legte dem Klerus Steuern auf, verringerte die Zahl der arbeitsfreien Feiertage, verbot das Ablegen der Ordensgelübde vor dem Alter von 25 Jahren und untersagte Neugründungen.

Für Joseph II., der in seinen Erblanden offenbar eine Nationalkirche unter seiner Oberherrschaft einrichten wollte, bedeuteten die Schriften des Febronius eine kanonische Rechtfertigung. Im Einvernehmen mit seinem Hofkanzler Wenzel von Kaunitz, der selber dem geistlichen Stand angehörte, traf er mehrere Anordnungen in kirchlichen Angelegenheiten. Er griff selbst in den Bereich der Liturgie ein, weshalb ihn Friedrich II. von Preußen auch »frère sacristain« (»Bruder Sakristan«) nannte. Bei den Mönchsorden wandte er sich vor allem gegen die kontemplativen, die ihm besonders parasitär erschienen. Das Opus Dei dieser Mönche hatte für den aufgeklärten Kaiser keinerlei Wert. Er hob mehr als 700 Klöster auf, darunter sämtliche Kartausen. Nur wenige kontemplative Stifte wurden geduldet unter der Bedingung, daß sie sich aktiven Aufgaben zuwandten, wie Schulwesen, Pfarrdienst und Krankenpflege.

Das Ziel des Kaisers war keineswegs antireligiös. Er wollte das in seinen Augen bestehende Ungleichgewicht zwischen Regular- und Säkularklerus beheben. Damit sollte der Gottesdienst dem Volk näher gebracht werden, denn die Pfarreien waren damals in Österreich dünn gesät. Mit dem Erlös der Klosterschließungen konnten 1500 neue Pfarreien eingerichtet, Bistümer und Seminare gegründet werden. Im allgemeinen wurden diese Neuerungen von der Bevölkerung begrüßt. In den Niederlanden dagegen lösten sie einen Sturm der Entrüstung aus, denn Joseph II. wollte dort seine Maßnahmen ohne Berücksichtigung der besonderen Verhältnisse durchsetzen.

In Deutschland war die Verfolgung sehr viel radikaler. Schon 1769 hatte der bayerische Kurfüst den Handlungsspielraum der Mönche eingeschränkt. 1786 versammelten sich die geistlichen Kurfüsten und zwei Bischöfe in Ems und arbeiteten eine Denkschrift nach den Theorien des Febronius aus. Sie distanzierten sich allerdings, als ihnen klar wurde, daß das kaiserliche Joch schwerer lastete als das päpstliche. Schließlich waren es die politischen Folgen der französischen Siege, die in Deutschland zu den Klosteraufhebungen führten. Am 9. Februar 1801 wurden im Vertrag von Lunéville sämtliche linksrheinischen deutschen Gebiete Frankreich zugesprochen. Die betroffenen Landesfürsten sollten aus dem Besitz der Klöster und Fürstbistümer in Deutschland entschädigt werden. Die Häuser Baden, Hessen, Darmstadt, Württemberg und Bayern erhielten auf diese Weise große Ländereien. Gleichzeitig bahnte sich schon eine Umstrukturierung der Machtverhältnisse an. Im 18. Jahrhundert gab es im Heiligen Römischen Reich gegen 1900 unabhängige Fürstentümer; 35 davon blieben im Deutschen Bund von 1815 übrig.

Der bewegliche und unbewegliche Besitz der aufgehobenen Klöster wurde verstaatlicht oder verkauft. Die Schnelligkeit, mit der man dabei vorging, leistete einem wahren Vandalentum Vorschub. Die Säkularisierung des bayerischen Klosters Fürstenfeld gibt einen Eindruck davon. Im November 1802 wurde ein Beschlagnahmeausschuß gebildet und der größte Teil der Bücher verkauft oder eingestampft. Nur wenige Bände gelangten in die Bibliotheken von München und Landshut. Das kostbare liturgische Gerät wurde eingeschmolzen und das Gold zur Münzprägung verwendet. Die Grundstücke kamen in Staatsbesitz. Die Klostergebäude wurden verkauft. Nach kurzer Zeit beherbergten sie: eine Seidenspinnerei, eine Brauerei, eine Apotheke, eine Mühle, verschiedene Werkstätten, eine Zuckermühle, eine Walkmühle, eine Ziegelei, eine Kalkbrennerei und auch ein Seminar.

Die Klagen des Abtes fanden beim Kurfürst kein Gehör. Aber wenn dieser auch stumm blieb, der protestantische Besitzer der Seidenspinnerei namens Leitenberger hatte ein offenes Herz für das Elend. Er duldete den Abt und 32 Patres in seinem Teil des ehemaligen Klosters. Viele der Mönche wurden Weltpriester. Nur fünf Mönche und ein Laienbruder besorgten weiterhin mit dem Abt das Gotteslob. Sie erhielten eine staatliche Rente. Die unterhaltlose Kirche war bald vom Verfall bedroht. Sie blieb erhalten, weil der Abbruch zu teuer war. Bevölkerungskreise unter Führung eines Posthalters bewirkten schließlich des künstlerischen Wertes wegen die Rettung des Gotteshauses. Am 13. August 1816 wurde die Kirche unter Vorsitz des Kronprinzen Ludwig zum königlichen Bauwerk erhoben und ihr Unterhalt dem Staat anvertraut. Am 15. August, dem Jahrestag der Klostergründung, wurde sie feierlich geweiht. Für den Gottesdienst sorgte fortan der letzte Unterprior des ehemaligen Klosters. Die anderen Gebäude wurden in ein Heim für Kriegsinvalide umgewandelt. Heute dienen sie als Schule für angehende Polizeioffiziere.

Was die klösterlichen Kunstschätze in Bayern betrifft, so wurden Christian von Mannlich und Johann Georg von Dillis, die beiden ersten Generalgaleriedirektoren der Bayerischen Staatsgemäldesammlungen, beauftragt, ein Gemäldedepot anzulegen, diejenigen Bilder auszuwählen, die für den Kurfürst und die Öffentlichkeit von Interesse waren, und den Rest zu verkaufen. Auf diese Weise kamen die Münchener Sammlungen zu rund 1500 Gemälden, darunter Werke von Holbein, Dürer, Pacher, Altdorfer, Grünewald, Rubens, Tintoretto und Tiepolo.

Der Kurfürst empfahl Mannlich, »höflich und menschlich zu den Äbten und Prälaten zu sein ... Diese Leute sind schon unglücklich genug über die Verluste, die sie erleiden. Es wäre beschämend, sie unnötig zu beschimpfen.« Dieser Rat war keineswegs überflüssig. Verschiedene Schilderungen bezeugen das mitunter ungeschickte und brutale Vorgehen der Beamten. Mannlich selbst erzählt in seinen Erinnerungen: »Überall stieß ich auf Beamte, die sich nicht damit begnügten, sich aller Güter und Möbel besagter Klöster zu bemächtigen, sie gingen dabei auch mit äußerster Härte vor.« Es gab also seitens rücksichtsloser Kommissare echte Plünderungen. Das österreichische Kloster Schlägl besitzt eine schöne Sammlung gotischer Gemälde. Sie wurde ihm von Joseph Eybl hinterlassen, der in Österreich mit der Beschlagnahme der Klosterschätze während des Josephinismus zu tun hatte. Zweifellos war das eine Art postume Wiedergutmachung des von Gewissensbissen geplagten Beamten.

III

DIE KLOSTERBAUER

Das kulturelle Bestreben der mitteleuropäischen Klöster war besonders stark auf die Kunst ausgerichtet. Einige darunter bevorzugten das musikalische Schaffen. Sie ließen sich herrliche Orgeln aufstellen, wie etwa das Kloster Weingarten. Von 1737 bis 1750 arbeitete der Orgelbauer Joseph Gabler an dem Instrument. Es umfaßt 100 Register und 7000 Pfeifen. Die Vox Humana ist so ergreifend, daß sie Gabler der Legende nach nur dank einem Pakt mit dem Teufel verwirklichen konnte.

Vor allem aber war es das künstlerische Schaffen, das die Leidenschaft der Mönche entfesselte. Der »Bauwurmb« erstreckte sich nicht nur auf die Gebäude, sondern auch auf deren Ausstattung. Die neuen Anforderungen des Barock und später des Rokoko riefen Stukkateure, Bildhauer, Maler, Freskenmaler, Vergolder, Orgelbauer, Kunsttischler, Intarsiatoren und Kunstschmiede auf den Plan. Vor allem unter den Malern und Stukkateuren waren die Italiener stark vertreten. Eine große Zahl der in Süddeutschland tätigen Barockkünstler aber stammte aus Wessobrunn, einem Ort südlich von München, in der Nähe eines alten Benediktinerklosters. Von 1600 bis 1800 und darüber hinaus übertrug sich die Kunst des Stuckierens in Wessobrunn von den Vätern auf die Söhne. Sie waren im ganzen Reich und im Ausland tätig. Wessobrunner findet man in Italien, Rußland, Polen, Dänemark, Schweden, in Paris, ja sogar in Versailles. Mehr als 600 Namen sind bekannt. Diese Künstler arbeiteten in über 3000 Kirchen, Pfarr- und Rathäusern sowie Schlössern. Die großen Namen des 18. Jahrhunderts sind Feichtmayr, Schmuzer und Zimmermann.

Die Kunst des Stuckierens ist zutiefst mit dem deutschen Barock verbunden, mehr noch als mit dem italienischen. Sie erst hat die vollständige Auskleidung der Innenräume ermöglicht, dank der schnellen Ausführung nach genormten Grundmustern. Die große Formbarkeit des Materials kam dem Streben der Künstler nach Bewegung entgegen, nach schwebenden Gestalten und Formen. An unsichtbaren Fäden hängen diese leichten Figuren an der Decke. Dank eisernen Armierungen sind leidenschaftliche Haltungen denkbar, die in Stein oder Holz kaum zu formen wären. Der Stuck war das Mittel, mit dem die Künstler des Barock und des Rokoko ihre unwirklichen Stimmungen zaubern konnten, diese vibrierenden Räume, die von den Gesten der Heiligenstatuen und dem Brausen der Engelsflügel durchdrungen werden.

Schon im Mittelalter hatten gewisse Gebiete Europas den Ruf erlangt, ausgezeichnete Baufachleute hervorzubringen. Es handelte sich dabei immer um arme, gebirgige Gegenden. Die Bewohner waren gezwungen, einen Beruf zu erlernen, den sie fern der Heimat ausüben konnten. So hatten sich im Laufe der Zeit regelrechte Baufachschulen entwickelt. »Maestri comacini« aus der Lombardei beispielsweise zogen seit dem 10. Jahrhundert kreuz und quer durch Europa. Sie bauten in einem sehr einfachen internationalen Stil. Ihnen folgten in der Neuzeit zahlreiche Künstler aller Richtungen aus der Gegend der oberitalienischen Seen und aus dem Tessin. Einige gelangten in Rom zu Weltruhm wie die Architekten Domenico und Carlo Fontana, Maderno oder Borromini. Andere wanderten als Baumeister, Maler, Stukkateure und Bildhauer durch Österreich und Deutschland. Zu ihnen gehörten die Carlone oder Carloni, eine Künstlerfamilie aus Scaria im Val d'Intelvi bei Como, aus der vom 15. bis zum 19. Jahrhundert zahlreiche, zum Teil berühmte Handwerker und Künstler hervorgingen.

Andere Künstlerzentren in den Alpen waren Weilheim, Füssen, Tölz, Miesbach, Polling und das bayerische Lechtal. Fruchtbar war auch das Bündner Misox zwischen dem San Bernardino und Bellinzona. Dort bestand im Dörfchen Roveredo eine Maurerinnung, die vom 16. bis zum beginnenden 18. Jahrhundert unzählige Architekten und Bauhandwerker in alle Welt aussandte.

Bis zur ersten Hälfte des 17. Jahrhunderts hatten diese Italiener und Schweizer nahezu keine Konkurrenz. Dann aber wurden sie nach und nach von Architekten und Maurern aus dem Vorarlberg verdrängt. Das heutige österreichische Bundesland war damals ein armer Landstrich ohne Bautätigkeit. Dennoch wurden dort Architekten und Baumeister für ganz Deutschland und die deutsche Schweiz ausgebildet [1].

Zwischen 1650 und 1660 schlossen sich im Dörfchen Au im Bregenzerwald Maurer, Zimmerleute, Steinmetze und später auch Stukkateure zu einer Innung zusammen,

7 Moosbrugger-Umkreis, »Figuren von allerhand Bögen und Gewölben«. Aus dem »Auer Lehrgang«. Privatbesitz
Anhand solcher Musterbeispiele unterrichteten die Vorarlberger Meister ihre Lehrlinge, wenn sie für das Winterhalbjahr in die Heimat zurückkehrten.

die sie Auer Zunft nannten. Der Gedanke war von Michael Beer (1605–1666) gekommen. Im Winter, wenn die Baustellen geschlossen waren, sollten die Meister zurückkehren und die Lehrlinge ausbilden. Der theoretische und praktische Unterricht war sehr intensiv, denn jeder Meister hatte gleichzeitig nur zwei Lehrlinge. Im Alter zwischen 14 und 19 Jahren trat man der Auer Zunft bei. Die Innung hatte einen religiösen Charakter, so fand die Aufnahme jeweils am Dreikönigstag statt. Grundlage des theoretischen Unterrichtes waren Modellhefte, die Auer Lehrgänge. Neben Stichen und berühmten Abhandlungen über Architektur fanden die Schüler dort typische Grundrisse, Aufrisse und Schnitte. Zwei dieser Lehrgänge von Caspar Moosbrugger und seinem Umkreis sind heute in der Sammlung des Bregenzer Architekten Jakob Albrecht. Sie wurden an der großen Ausstellung »Vorarlberger Barockbaumeister« gezeigt, die 1973 zum 250. Todestag Caspar Moosbruggers in Einsiedeln und Bregenz durchgeführt wurde. Die Lehrbücher enthalten Arbeiten der Italiener Serlio, Vignola, Pozzo und Domenico Fontana. Daneben werden auch französische und deutsche Quellen zitiert wie Davilers »Cours d'Architecture« (Paris 1691) und Sandrarts »Palatiorum Romanorum« (Nürnberg o. J. und 1694).

Insgesamt zählte man 933 Vorarlberger Handwerker und Künstler, darunter 33 Beer, 58 Moosbrugger und 12 Thumb. Ihnen sind einige der bekanntesten Beispiele der Klosterbaukunst zu verdanken. Johann Michael I. und Johann Ferdinand Beer bauten die Stiftskirche St. Gallen. Michael und Christian Thumb sowie Franz II. Beer waren in Obermarchtal tätig. Von Peter Thumb ist die Wallfahrtskirche Birnau und die St. Galler Bibliothek. Caspar Moosbrugger aus Au trat als Laienbruder ins Kloster Einsiedeln ein und leitete dort den Neubau. Mehrere Moosbrugger wirkten während des Rokoko als Stukkateure an zahlreichen Bauten in der Schweiz mit.

Angesichts der Arbeitsmethoden und des Zusammenhaltes der Vorarlberger Meister innerhalb der Zunft ist es nicht erstaunlich, daß ihre Werke eine eigene Gruppe von Kirchen bilden. Berthold Pfeiffer prägte 1897 für den von ihnen entwickelten Raumtyp den Begriff »Vorarlberger Schema«. Die Architekten aus dem Bregenzerwald bauten nach diesem Prinzip zahlreiche Pfarrkirchen in wirtschaftlicher Weise, ja schon fast in Serie. Aber auch

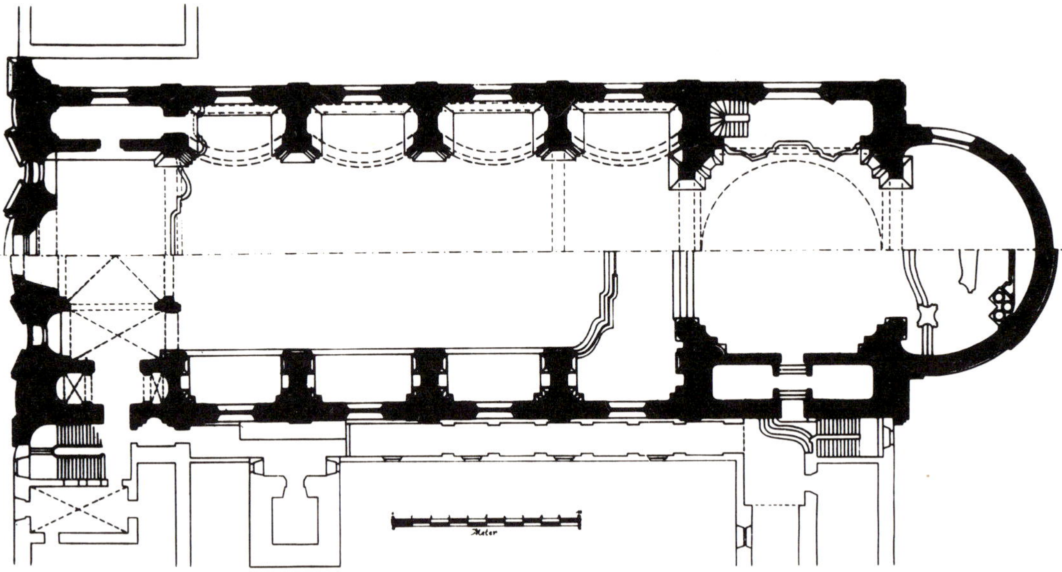

8 Augustiner-Chorherrenstift Diessen. Kirche, Grundriß (unten in der Höhe des Erdgeschosses, oben in der Höhe des Gewölbeansatzes)
Diese schlichte einschiffige Kirche mit Seitenkapellen ist eine typische Vertreterin des »Vorarlberger Schemas«. Hauptelemente der Tragstruktur sind die Wandpfeiler. Die Baumeister aus dem abwechselnd bayerischen und österreichischen Vorarlberg bauten zahlreiche Kirchen nach diesem Prinzip.

die Klosterkirchen folgen, wenn auch in reicherer Form, dem gleichen Schema. Im Rokoko gaben die Vorarlberger den etwas strengen, handwerklich geprägten Stil auf zugunsten raffinierterer Raume im Geschmack der Zeit.

Aus der Gruppe der Wessobrunner Stukkateure kommen die drei Brüder Schmuzer, die in bayerischen Klöstern tätig waren. Zwei der schönsten bayerischen Klosterkirchen, Rohr und Weltenburg, sind Arbeiten der Brüder Asam. Der bedeutendste deutsche Klosterbauer aber war ein Pfälzer: Johann Michael Fischer (1692–1766). Auf seinem Grabstein in der Münchener Frauenkirche werden 23 Klöster und 32 Kirchen aufgeführt. Er wurde von den Äbten häufig als Retter in der Not gerufen, um Pläne zu überarbeiten und abzuändern, mitunter sogar erst dann, wenn die Arbeiten schon begonnen hatten. Oft hatten sich die Klöster an örtliche oder Vorarlberger Unternehmer gewandt, deren Vorschläge nicht befriedigten oder veraltet waren. Offenbar fürchteten die Äbte den Hochmut der qualifizierten Architekten, insbesondere der Hofbaumeister. Johann Balthasar Neumann, der Schöpfer von Vierzehnheiligen, baute erst gegen Ende seines Lebens in Neresheim seine erste und einzige Klosterkirche.

In Österreich und Böhmen fanden Vorarlberger und Wessobrunner kein Betätigungsfeld. Aber auch hier beriefen die Äbte nur ungern Hofarchitekten. Sie fanden unter den Handwerkern der damals österreichischen Lombardei und den einheimischen Unternehmern oft begabte Architekten und Maurer, die durchaus in der Lage waren, die Gedankenflüge der Äbte in die Tat umzusetzen.

IV

DAS BAUPROGRAMM

Dem Bau der Klöster, vor allem aber der Kirchen, gingen Studien und Abklärungen voraus, die oft mehrere Jahre beanspruchten und sich mitunter noch in die Bauzeit erstreckten. Die Äbte zogen so viele Fachleute zu Rate und führten so viele Unterredungen durch, daß der Historiker oft Mühe hat, ein Bauwerk eindeutig einem Architekten zuzuschreiben. Bauen war für diese Äbte nicht nur eine Lebensaufgabe, sondern auch das größte Vergnügen. So mußte jedes Vorhaben gründlichst bedacht sein. Während des Baus des Benediktinerklosters Ottobeuren befaßte sich Abt Rupert II. Neß intensiv mit verschiedenen Kirchenprojekten. Von 1712 bis zu seinem Tod im Jahre 1740 beschäftigte er sich vorwiegend mit dem Abwägen der Vor- und Nachteile der Vorschläge. Schließlich baute sein Nachfolger Anselm Erb die Kirche, nicht ohne vorher überall Rat gesucht zu haben.

Diese Sorgen werden in den sogenannten Baujournalen spürbar, den Tagebüchern, die die Äbte während der Bauzeit führten. Leider sind darin nur Leistungen und Verträge vermerkt. Nur wenig erfährt man über die geistige Arbeit, die dahintersteckte, die aber kaum Kosten verursachte.

Sicher ist auf jeden Fall, daß der Klosterobere als Bauherr von ausschlaggebender Bedeutung war. Er arbeitete eng mit dem Baumeister zusammen, der zwar die Arbeiten leitete, aber nicht in jedem Fall der Projektverfasser war. Immerhin konnte er mit dem Einverständnis des Abtes oder des Priors die Pläne ändern.

Das Organigramm eines mitteleuropäischen Klosters ist so komplex wie das einer Stadt. Zum Idealkloster gehörten neben der Kirche folgende Teilbereiche:

1. Die Prälatur oder Abtresidenz. Sie war der Bequemlichkeit halber in eine südorientierte Winter- und eine nordorientierte Sommerwohnung unterteilt. Diese Gebäude sind um den Prälatenhof angelegt.

2. Der eigentliche Klosterbereich oder Konvent, in dem die Mönche in Klausur wohnten. Da auch diese den Komfort schätzten, verfügten sie mitunter über ein Winter- und ein Sommerrefektorium. Die Sommerrefektorien sind prunkvolle Säle, die zu Banketten, Empfängen und anderen festlichen Anlässen dienten. Als Beispiel soll hier das Kloster Lambach erwähnt werden, dessen Sommerrefektorium Diego Francesco Carlone in den Jahren 1706 und 1707 aufs prächtigste stuckierte. Auch die Tische sind eine Schreinerarbeit von erlesener Qualität.

3. Die Gästezimmer, zu denen in einigen Klöstern auch die Kaiserzimmer zu zählen sind. Dazu gehört ebenfalls der Fest- oder Marmorsaal, der je nach dem ikonographischen Programm seiner Ausstattung auch Kaisersaal heißt. Den Zugang zu den Gästezimmern bildet die monumentale Treppe oder Kaiserstiege.

4. Ein kulturelles Zentrum mit Bibliothek, Theater, Kunstmuseum, Kuriositätenkabinett, häufig auch mit einer Gemäldesammlung im Bildersaal.

5. Ein sozialer Bereich, der auch die Krankenpflege umfaßt. Dazu gehört die Apotheke, denn es waren die Mönche, die die Bevölkerung mit Medikamenten versorgten.

6. Ein Gastwirtschaftsbetrieb mit der Stiftsschenke. Dort wurden die Pilger mit Bier aus der klostereigenen Brauerei bewirtet. In Weinbaugebieten, etwa in der österreichischen Wachau, bot man ihnen auch Klosterwein an. Viele Klosterschenken werden heute noch betrieben und erfreuen sich größter Beliebtheit.

7. Ein Lustgarten mit Pavillon für sommerliche Anlässe.

8. Die Landwirtschaftsgebäude und Werkstätten rund um den Meier- oder Ökonomiehof. Selbst diese reinen Nutzbauten wurden damals durch eine künstlerische Ausstattung verschönert. Das hervorragendste Beispiel lieferte wohl Joseph Munggenast im Augustinerkloster Herzogenburg in Österreich.

Daneben besaßen die Klöster in den benachbarten Städten die sogenannten Stiftshäuser. Diese Häuser wurden meist nach dem Mutterkloster genannt, so der Mölkerhof in Wien, der dem Kloster Melk gehörte. Der Verwaltung der großen Ländereien diente das Pfleghaus.

Einige Äbte ließen sich auf dem Lande Lust- oder Jagdschlösser bauen, zum Beispiel jener von Lambach in Roitham (1653). Die Mönche von Fürstenfeld verfügten über eine Sommerresidenz in Ried am Ammersee. Der

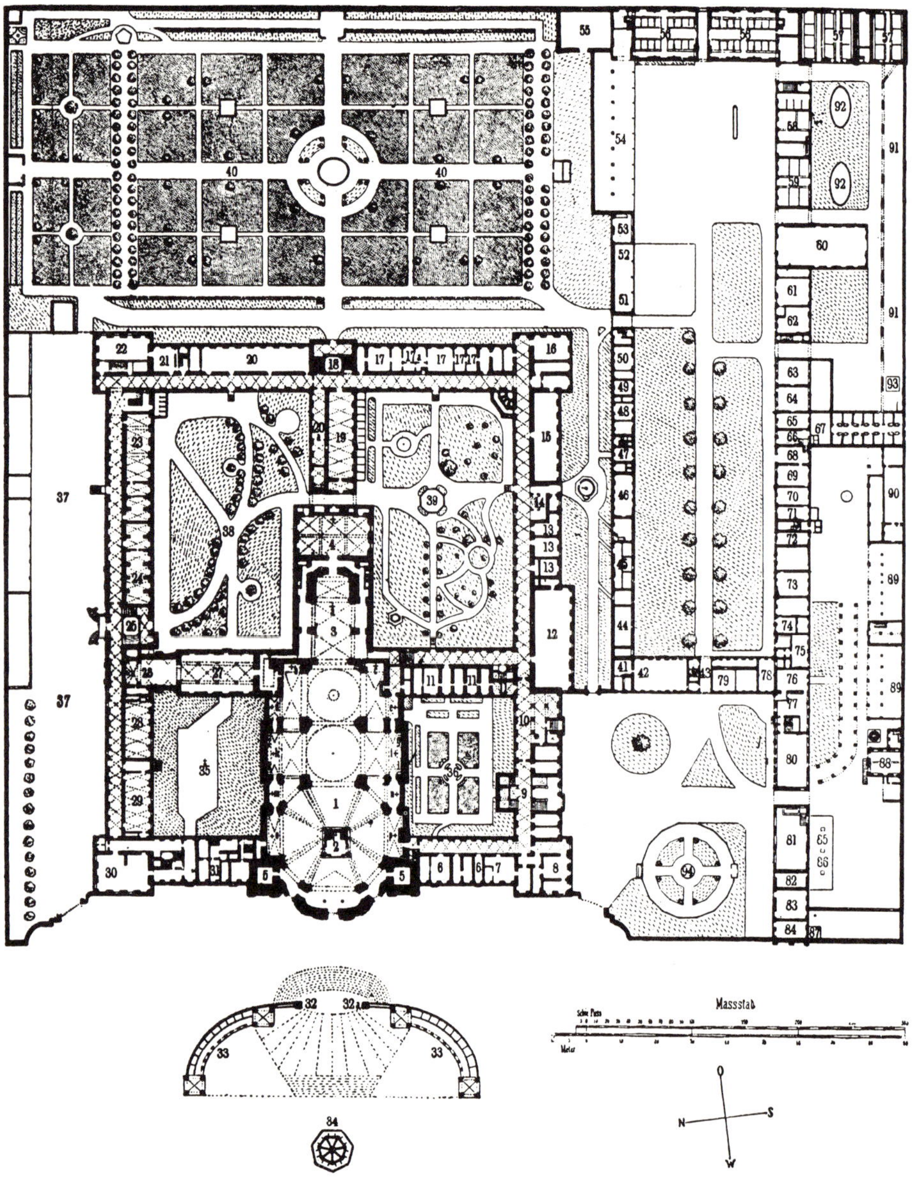

9 Benediktinerabtei Einsiedeln. Grundriß, von Caspar Moosbrugger
Einsiedeln ist die vollkommenste und besterhaltene Interpretation des vom Escorial übernommenen Axialplans.
1 Kirche, Oktogon 2 Gnadenkapelle 3 Chor 4 Sakristei, darüber oberer Chor 5 Glockentürme 6–8 Gastzimmer, darüber Hofkapelle und Abtwohnung 9 Treppenhaus 10 Küche, darüber Wohn- und Gastzimmer 11 Vorratskammer, darüber Archiv und Zellen 12 Refektorium, darüber Zellen, großer Saal 13 Speise- und Wohnzimmer, darüber Zellen 14 Treppenhaus 15 Kapitelsaal, darüber Zellen 16 Museum der Laienbrüder, darüber Dekanat, Subpriorat 17 Krankenzimmer, darüber Kapelle, Zellen 18 Treppenhaus 19 Speisesaal der Studenten (früher Kapitelsaal), darüber Museum der Kleriker, Zellen 20 Schultheater (früher Sommer-Rekreationssaal der Patres), darüber Musiksaal, Zellen 21 Präfekturen 22,23 Studiensäle 24 Handschriften, darüber Bibliothek 25 Treppenhaus 26 Magdalenenkapelle 27 Beichtkirche, darüber Studentenkapelle 28 Kustorei 29,30 Schullokale 31 Sakristane, darüber Pfarrei, Präfektur 32 Standbilder 33 Kramgasse 34 Liebfrauenbrunnen 35 Pfarreigarten 36 Küchengarten 37 Hofraum der Zöglinge 38 Garten der Studenten 39 Garten der Kleriker 40 Herrengarten 41 Salzmagazin 42 Diensten-Eßzimmer 43 Durchfahrt 44 Glaserei 45 Badeanstalt 46 Schreinerei 47 Weberei 48 Malerwerkstatt 49 Gärtnerei 50 Sattlerei 51 Spritzenhaus 52,54 Remisen 53 Waschküche 55 Magazin 56 Marstall 57–59 Pferdeställe 60 Zimmerhütte 61,62 Wagnerei 63–65 Sennerei 66,67 Schweinestall 68,69 Schmiede 70 Dachdekkerei 71 Eisenmagazin 72 Steinmetzwerkstatt 73 Mechanische Werkstatt 74,75 Magazine 76 Küferei 77,78 Waschküche 79 Bäckerei 80 Dampfwäscherei 81–83 Kesselhaus 84,87 Mühle, Turbine 85,86,89 Magazine 88 Metzgerei 90 Geflügelhaus 91 Remise 92 Jauchebehälter 93 Kalkgrube 94 Hofgarten

zierliche Landsitz, den der lebenslustige Propst Födermayr von St. Florian in seinem Geburtsort Hohenbrunn bauen ließ, ist heute ein Jagdmuseum.

Der barocke Klosterplan ist in Mitteleuropa häufig auf die Kirchenachse ausgerichtet. Von Vorteil war dabei, daß die Kirchen meist neugebaut wurden, wenn auch vereinzelt auf den Grundmauern eines mittelalterlichen Vorgängerbaus. Das zwischen 1660 und 1669 entstandene österreichische Augustinerkloster Vorau übernahm als erstes das Schema des Escorial. Die Klöster, die diesem Muster folgen, haben einen Platz vor der Kirche und mehrere symmetrische Innenhöfe, wie Klosterneuburg, Garsten, Göttweig oder Ettal. Im allgemeinen aber wird die Kirche ganz nach vorne gerückt. Ihre Fassaden werden in die Klosterbauten eingegliedert, wie im schlesischen Leubus, in Admont, in der Wiener Piaristenkirche, in Einsiedeln, im ungarischen Járzó, in Weingarten, Schussenried oder Wiblingen. Manchmal ist die Kirche auch freistehend und nur gerade über den Chor mit dem Klosterkomplex verbunden, so in Kempten, Obermarchtal, St. Blasien und Ottobeuren. Auf diese

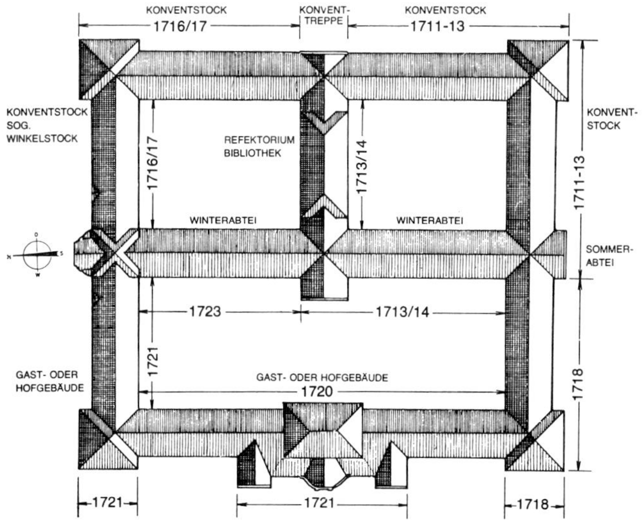

10 Benediktinerabtei Ottobeuren. Bauabschnitte
Zunächst bestand die Notwendigkeit, den Mönchen eine Behausung zu schaffen. Nacheinander wurden der südliche und der nördliche Konventstock gebaut.
Der Zwischentrakt umfaßt das Refektorium und darüber die Bibliothek. Die beiden Flügel westlich des Konventstocks bilden die Winter- und Sommerabtei. Nach Abschluß der Bauarbeiten am eigentlichen Kloster wurde das Gast- oder Hofgebäude um den großen Innenhof begonnen. In der Mitte der Eingang mit zwei Ehrentreppen, die zum Kaisersaal im ersten Stock führen. Der ganze Ablauf dieses gewaltigen Bauvorhabens ist dank dem Tagebuch von Abt Rupert II. Neß nachvollziehbar.

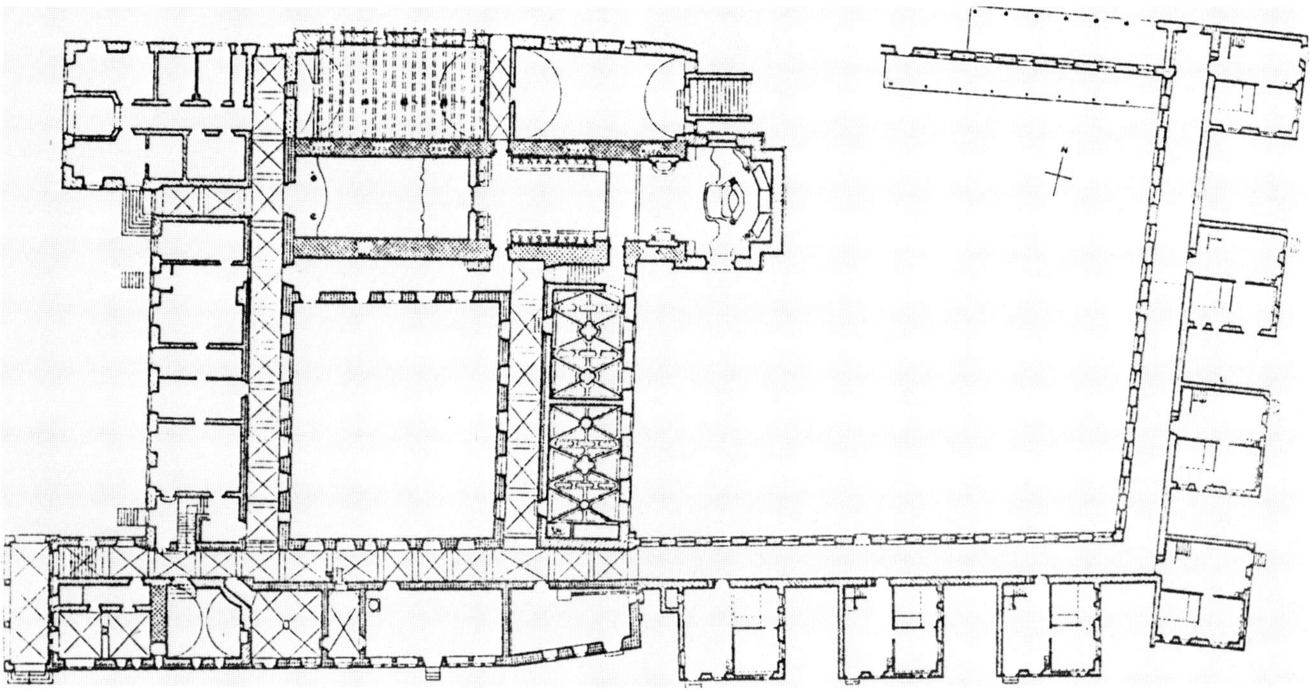

11 Kartause Ittingen. Grundriß, 16.–18. Jahrhundert
Die Kartausen gliedern sich in zwei Bereiche: die gemeinschaftlich genützten Räumlichkeiten um den kleinen Kreuzgang und die Zellenhäuschen am großen Kreuzgang, wo die Mönche ihr Einsiedlerleben führten. Die Kirche wird von einem Lettner in Mönchs- und Konversenchor geteilt.

Weise wird der Sinn der Kirche als öffentliches Gotteshaus deutlich. Ebenso waren auch alle anderen in die Klöster eingebauten Kirchen jedermann zugänglich. In einigen Fällen bildet die Kirche eine Seite eines Vierecks, wie etwa in Herzogenburg, St. Florian, Weißenau, Neresheim oder Rott am Inn. Melk übernahm zwar das axiale Schema des Escorial, aber aus Gründen der Symbolik und Harmonie liegt die Kirche dem Eingang gegenüber auf der anderen Seite des Klosters, zuvorderst auf der Felsnase über der Donau. Im böhmischen Luttenberg entwarf Kilian Ignaz Dientzenhofer einen eleganten Grundriß auf einem regelmäßigen Polygon, das von der Kirche in zwei gleich große Höfe geteilt wird. In anderen Klöstern sind Kirche und Höfe völlig unregelmäßig verteilt, entweder weil immer wieder vergrößert wurde oder aus anderen Gründen.

Der Kreuzgang als Schwerpunkt der ganzen Anlage neben der Kirche ist im barocken Mitteleuropa nahezu vollständig verschwunden. Die Höfe werden von Mauern mit Fenstern abgeschlossen, die Wandelgänge liegen im Gebäudeinnern. Sicherlich ist dies des Komforts wegen geschehen, man denke nur an die Winter dieser Gegenden. Gerade das Verschwinden der Kreuzgänge trug dazu bei, daß die Klöster immer schloßähnlicher wurden.

Einen besonderen Grundriß weisen die Kartausen auf. Die Gebäude sind gewöhnlich um zwei Kreuzgänge angeordnet, den kleinen Kreuzgang mit den Räumlichkeiten für das Gemeinschaftsleben und den großen Kreuzgang, um den sich die Zellenhäuschen der Mönche gruppieren. In den deutschsprachigen Ländern sind nur wenige Kartausen erhalten, da die Säkularisation diesem Orden arg mitspielte; die Kartäuserregeln ließen sich nicht mit der öffentlichen Seelsorge vereinen.

Der Regelfall war die Gesamterneuerung. Die romanische oder gotische Kirche wurde dann gewissermaßen mit einem Panzer aus Stuck oder Malerei versehen. Viele Klöster nahmen die barocke Anpassung im 17. und an der Schwelle zum 18. Jahrhundert vor. Erwähnen wir als Beispiele in Österreich Klosterneuburg, Baumgartenberg, Ardagger, Kremsmünster, Ranshofen, Mattsee und

12 Augustiner-Chorherrenstift Herzogenburg. Eingang des Meierhofs, 18. Jahrhundert
Selbst auf die Gestaltung ihrer Nebengebäude verwendeten die Klöster größte Sorgfalt.

Seitenstetten [1], in Bayern Niederaltaich, Oberelchingen, Polling und Neuburg an der Donau sowie Ochsenhausen in Württemberg. Andere Klöster warteten etwas länger und gestalteten ihre Kirchen im Rokoko um. Dazu gehören die bayerischen Klöster Rebdorf, Rottenbuch, Ebersberg, Isny, Landshut, Mallersdorf und Sückingen. In der Augustinerkirche Polling kommen beide Formen vor. 1621 bis 1628 wurden Langhaus und Chor der Hallenkirche barockisiert, 1761 bis 1765 erfolgte die Rokoko-Umgestaltung der Seitenkapellen. Das schweizerische Beromünster wurde sogar zweimal vollständig erneuert. Eine erste Umgestaltung von 1691 bis 1693 erschien den Mönchen bald einmal veraltet. So nahmen sie 1773 bis 1775 eine zweite vor, die allerdings qualitativ weit hinter der ersten zurücksteht. Die romanischen Pfeiler wurden ummantelt und stehen nun als dicke, gedrungene Säulen mit ionischen Kapitellen etwas ungestalt da. Die Rocaillen über den zu niedrigen Arkaden sind kaum in der Lage, die großen Wandflächen zu gliedern.

Tatsächlich haben solche Umbauten nicht selten zu schlechten Ergebnissen geführt. Gewisse Voraussetzungen konnten die Architekten nicht ändern: Pfeilerabstände, die Höhe der (meist zu niedrigen) Arkaden, die Fenster und die Gewölbeform. Gotische und romanische Maßverhältnisse waren oft mit dem barocken Raumverständnis nicht vereinbar. Plumpe Stützen machten Hans Krumpper und Georg Schmuzer aus den Pfeilern der Hallenkirche von Polling. Dagegen gelang es Johann Georg Ettenhofer in der Hallenkirche von Ebersberg, die Eleganz und den aufstrebenden Schwung zu bewahren. Mit ihrer Stuckauskleidung erinnert diese Kirche an das Langhaus der Kathedrale von Granada von Diego Siloé aus dem 16. Jahrhundert. Carlo Antonio Carlones Umbau der Benediktinerkirche Kremsmünster ist nur deswegen so großartig, weil sich der Architekt nicht scheute, in die Struktur des Raumes einzugreifen. So erhöhte er beispielsweise die Arkaden beträchtlich. Bei den Augustinern von Rottenbuch haben Joseph und Franz Xaver Schmuzer die kahlen Wände der gotischen Kirche mit einem zierlichen Stucknetzwerk überzogen, dem allerdings die Einheitlichkeit fehlt. Die Kirche Ebrach wurde 1777 bis 1793 klassizistisch umgebaut. Der Architekt konnte die alten Maßverhältnisse des gotischen Zisterzienserraumes erhalten und begnügte sich, eine neue Kolossalordnung einzuziehen.

Erstaunliche Beispiele der Vorliebe für das Mittelalter sind die Kirchenneubauten von Giovanni Santini, genannt Aichel (1667–1723), einem in Prag geborenen Italiener. Er baute in Mähren »more gotico« die Kirchen

13 Zisterzienserabtei Ebrach. Inneres der Kirche
Erst spät (1777–1793) wurde die mittelalterliche Kirche barockisiert. Die schon klassizistischen Formen unterstreichen dabei die gotische Struktur eher, als daß sie sie überdecken.

für die Zisterzienser von Sedlec (1703–1706), für die Benediktiner von Kladrub (1712–1713) und für die Prämonstratenser von Zeliv (1713–1720). Daneben errichtete er auch barocke Klöster und Schlösser. Für seine neugotischen Kirchen mußte er zunächst Grundlagenforschung betreiben, um den Wünschen gewisser Äbte entsprechen zu können.

Ob die Kirchen nun um- oder neugebaut wurden, das Ziel war immer eine direktere Beteiligung der Gläubigen am Gottesdienst; die Raumverteilung zwischen Mönchen und Laien hatte zugunsten der letzteren auszufallen. Vor allem Wallfahrtskirchen wurden häufig vollständig der Öffentlichkeit überlassen. Die Mönche zogen sich in Nebenräume oder auf Emporen zurück, wie in Einsiedeln, Rott am Inn, Altomünster oder Pfäfers. Die damit für die Patres verbundene Unbequemlichkeit wird in Altomünster und Rott am Inn deutlich durch das seltsame System von Laufgängen im Obergeschoß, das die Verbindung zwischen der östlichen Mönchs- und der westlichen Laienkirche herstellte.

In Österreich ist eine eindeutige Vorliebe für den klassischen basilikalen Raumtyp mit ausgeprägter Jochunterteilung festzustellen. In Deutschland suchten die Architekten vielseitigere Lösungen. Am gängigsten war das »Vorarlberger Schema« der Auer Zunft, das für wirtschaftlich zu bauende Pfarrkirchen angewandt wurde, aber auch für einige Klosterkirchen (Obermarchtal, Weißenau, Wettenhausen, Zwiefalten). Dieses einfache Schema zeigt eine starke Raumgliederung mittels Wandpfeilern, zwischen die Kapellen und Emporen eingebaut wurden. Es ist vom Handwerk geprägt und ergibt stark aufgelockerte Räume mit ausgeprägter Jochfolge und perspektivischer Wirkung zum Altar hin.

Das Rokoko durchbricht das Prinzip der stark rhythmisierten Raumstruktur. Die Architekten versuchten nun, den Raum als Einheit zu verstehen. Er wird mit Kurven und Gegenkurven, mit Vor- und Rücksprüngen, mit Durchdringungen und schräg gestellten Wänden in Schwingung versetzt. Christoph Dientzenhofer

14 Benediktinerabtei Kladrub. Chorgewölbe, 1712–1713
Anders als in Frankreich oder Belgien gab sich der deutsche Barock nicht mit gotischen Formenzitaten ab. Eine Ausnahme bildet der Architekt Giovanni Santini, genannt Aichel. Er baute in Mähren eine Reihe von Klosterkirchen in einem der deutschen Gotik entlehnten Baustil.

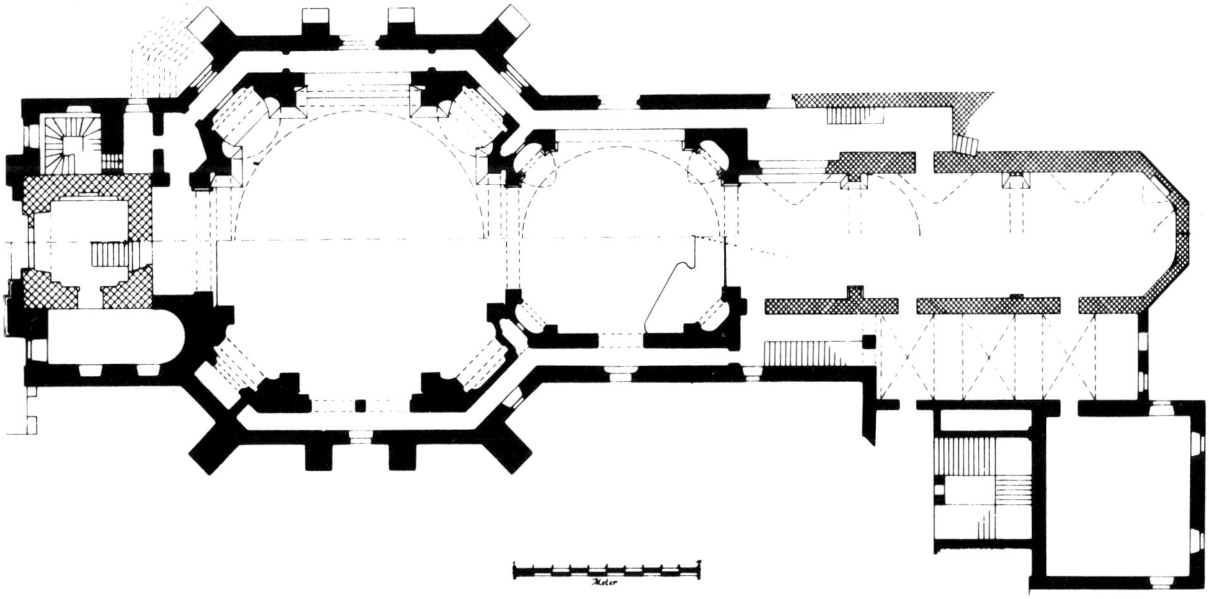

15 Birgittenkloster Altomünster. Kirche, Grundriß, von Johann Michael Fischer
Der Birgittenorden nahm Mönche, Laienbrüder und Nonnen auf und war überdies im Pfarrdienst tätig. Für Fischer schufen diese Voraussetzungen eine Reihe von Problemen. Er übernahm den Chor der alten Kirche aus dem 17. Jahrhundert (schraffiert) und verlängerte ihn im Westen um zwei Rotunden. Auf diese Weise und mit einem ausgeklügelten System von Sichtblenden gelang es ihm, jeder Gemeinschaft ihre eigene Raumzone zuzuordnen, wobei die Laien bevorzugt behandelt wurden. Ein Laufgang rund um die Kirche in der Höhe des Gewölbeansatzes ermöglichte es den Priestern, sich im Gotteshaus zu bewegen, ohne von Gläubigen und Nonnen gesehen zu werden.

16 Birgittenkloster Altomünster. Inneres der Kirche, 1763–1773
In der Gemeindekirche unter der großen Kuppel stehen die Pilgeraltäre mit Reliquienschreinen und die Kanzel. Über dem anschließenden Laienchor in der kleinen Rotunde liegt der Nonnenchor, der durch ein Holzgitter mit der Gemeindekirche verbunden ist. Der alte Chor (Abb. 15, schraffiert) wurde zum Konversenchor umgebaut, dahinter ist der Mönchschor.

(1655–1722), ein genialer Architekt bayerischer Herkunft, lieferte im Jahre 1703 mit der St. Niklauskirche auf der Prager Kleinseite das Vorbild dazu. Sein Sohn Kilian Ignaz (1689–1751) setzte die Entwicklung fort.

Die Ausstattung der Kirche, die manchmal den Zuzug eines weiteren Architekten oder Künstlers nötig machte, sollte den Kirchenraum zum Gesamtkunstwerk erheben, in dem alle Künste zusammenwirken, ob sie nun aus der Malerei oder der Bildhauerei hervorgegangen sind. Das Rokoko macht die Ausstattung, die vorher eher Beiwerk war, zur Hauptsache. Die kraftvolle Linienführung, die Gestik der Statuen und das wirre Spiel der Rocaillen erzeugen eine Bewegung bis hinauf in die Gewölbezone, die von illusionistischen Deckengemälden aufgerissen wird.

Die Freskomalerei war in Frankreich unbekannt. Zwar gab es auch dort große Wandbilder, aber sie waren immer in Öl auf Leinwand. Darum gingen sie, wenigstens was religiöse Gemälde betrifft, nach den Klosteraufhebungen zumeist verloren. In Italien dagegen war das Fresko im 18. Jahrhundert sehr verbreitet, allerdings ohne daß dabei der Raum in die Malerei einbezogen wurde. Immerhin brachte das Land mit Tiepolo ein Genie der Deckenmalerei hervor. Bezeichnenderweise schuf er sein Hauptwerk in Deutschland, in der Residenz des Würzburger Fürstbischofs. Die Staffeleimalerei blieb in Deutschland durchwegs mittelmäßig. Hingegen entwickelten die Künstler die Raummalerei zu einer eigenständigen Kunstrichtung. Die Einflüsse, die sie dabei verarbeiteten, kamen aus der Lombardei und aus Venetien. Sie spielten virtuos mit dem Raum und durchbrachen seine Grenzen. Mehr und mehr verband sich die Malerei mit der Stukkatur, bis beide im Spätrokoko ineinander aufgingen.

In Frankreich wurden die Gewölbe von Kirchen und großen Sälen massiv gemauert. Da sie außerordentlich selten bemalt sind, wirken sie allein durch ihre kühne Konstruktion. In Mitteleuropa dagegen ist die Kunst des Gewölbefügens von untergeordneter Bedeutung. Wände und Decken dienen einzig als Untergrund für Fresken und Stukkaturen. Folgerichtig betrachteten die Baumeister mit der Zeit das Gewölbe nicht mehr als architektonisches Element. Zudem wurde es nahezu unmöglich, die komplexen Formen massiv auszuführen. Man griff zu immer leichteren Materialien. Am Ende der Entwicklung, im Rokoko, wurden nur noch Gipsgewölbe auf Lattenrosten über die Räume gespannt. Das geschah zum Beispiel in Neresheim nach dem Tode Balthasar Neumanns, der noch ein massives Gewölbe vorgesehen hatte.

Seltsamerweise hat sich die Kunstgeschichte bis heute kaum mit der sakralen und profanen Deckenmalerei des 17. und 18. Jahrhunderts befaßt. Einzig Tiepolo fand eine gewisse Beachtung. Ein einziges, allerdings schon älteres Buch behandelt die deutsche Freskomalerei des 18. Jahrhunderts, obwohl gerade sie in Mitteleuropa eine eigenständige künstlerische Leistung darstellt[2]. Es ist kaum damit zu rechnen, daß sich das ändern wird. Dafür gibt es mehrere Gründe. Zunächst einmal schaffen die Künstler — Maler wie Bildhauer — heute mehr denn je »Stücke«, gewissermaßen mit der Nase auf der Leinwand. Monumentalgemälde des 20. Jahrhunderts wie Raoul Dufys »Fée Electricité« sind nur aneinandergefügte Staffeleiwerke. Auch Miró oder Picasso gingen nicht anders vor. Es kommt hinzu, daß die moderne Kunstgeschichte in erster Linie visuell ausgerichtet und damit auf die Fotografie angewiesen ist. Andererseits ist es unmöglich,

17 Benediktinerstift Kremsmünster, Inneres der Kirche
Kremsmünster ist ein Beispiel für die gelungene Barockisierung einer dreischiffigen Kirche des 13. Jahrhunderts. Der Umbau fand unter der Leitung von Carlo Antonio Carlone um die Wende vom 17. zum 18. Jahrhundert statt. Im Barock tritt die konstruktive Struktur eines Bauwerkes deutlich zutage. Die mittelalterliche Jochteilung wurde in Kremsmünster beibehalten, ebenso die Kreuzgewölbe. Jede Gewölbekappe erhielt ihr eigenes Fresko.

18 Benediktinerstift Melk. Kirche, Deckenfresken, von Johann Michael Rottmayr, 1716
Die Ausstattung der Melker Stiftskirche stammt aus den ersten Jahren des 18. Jahrhunderts. Der Architekt hatte den Raum noch in der traditionellen Weise mit bis in das Gewölbe deutlich differenzierten Jochen gestaltet. Der Maler fühlte sich nicht mehr an diesen strengen Rhythmus gebunden und überspielte die Gurtbogen mit seinen Fresken.

die Deckenmalerei, und gerade die deutsche, angemessen zu reproduzieren. Auch das mag die Wissenschaftler abgehalten haben.

Dabei sollte sich gerade der Blick eines Besuchers beim Betreten einer Barockkirche nicht nur in der Horizontalen auf den Hauptaltar richten, sondern auch nach oben wenden, um den »Himmel« zu erforschen.

In der Deckenmalerei haben die Deutschen des 18. Jahrhunderts Mittel und Wege gefunden, ihre Sehnsucht nach dem Unendlichen zu stillen. Den Malern gelang es, die Gewölbe tatsächlich zu durchbrechen. Über den Köpfen der Gläubigen schufen sie mit geschickten Mitteln eine übersinnliche Welt [3].

Im Laufe der Zeit wurden die Deckengemälde immer größer, bis sie schließlich den Umfang der ganzen Kirche annahmen. Zu Beginn, in Kremsmünster etwa, hatte jede Gewölbekappe ihr eigenes Fresko. Später griff die Malerei auf das ganze Joch über (St. Florian), wobei manchmal die Gurtbogen miteinbezogen wurden (Melk). Schließlich stellte die Artchitektur das ganze ununterbrochene Gewölbe des Langhauses zur Verfügung. Zwar hatte es das in Rom schon im 17. Jahrhundert gegeben, aber die deutschen Maler und Bildhauer mußten die Erfahrung des grenzenlosen Raumes selber gewinnen. Am Schluß

19 Benediktinerabtei Zwiefalten, Inneres der Kirche
Das Rokoko strebte den Raum als Einheit an. Das Langhaus hat hier zwar bis zur Höhe des Kranzgesimses eine deutliche Wandgliederung, das Gewölbe aber ist eine durchgehende Tonne. Das Deckenfresko Franz Joseph Spieglers greift auf die ganze Fläche über. Es entstand 1747–1749 und hat die Gnaden zum Inhalt, die vom hl. Benedikt und vom Gnadenbild, einer Madonnenstatue, ausgehen.

20 Zisterzienserabtei Ebrach. Eingang von Prälatur und Herberge, von Joseph Greissing, Entwurf von Balthasar Neumann, 1716
Dieser als Mittelrisalit ausgebildete monumentale Eingang ist eher der Schloß- als der Klosterarchitektur zuzuordnen. Im Innern birgt er die Ehrentreppe.

der Entwicklung gehen die Wände ohne Unterbruch in die Gewölbe über. Stukkatur und Malerei verschmelzen zu illusionistischen Augentäuschungen. Die Kirche wird zu einem weiten Raum, der sich immer mehr auszudehnen scheint. Die Architekten, Maler und Stukkateure Mitteleuropas konnten auf diese Weise die barocke Idealvorstellung der »offenen Kirche« verwirklichen.

In den Klöstern des 17. Jahrhunderts sind die Verbindungspunkte der Gebäudetrakte häufig durch Türme hervorgehoben. Es ist dies eine Erinnerung an Zeiten, als die Klöster noch Festungen waren. Diese Türme mit ihren Zwiebelhauben geben den Klöstern einen »russischen« Anstrich (Stams, Vorau und Seckau in Österreich, Wettenhausen in Schwaben). Der Zwiebelturm kam tatsächlich aus Rußland, das ihn seinerseits vom Orient übernommen hatte. Im 18. Jahrhundert verschwanden diese letzten Überreste des Mittelalters, und die mehr oder weniger verzierten Klosterfassaden wurden immer schloßartiger. Eckpavillons ersetzten die Türme. Die einzelnen Gebäudeflügel weisen nun häufig Mittelrisalite mit Säulen oder Pfeilern auf, hinter denen sich manchmal Bibliothek oder Festsaal verbergen.

Die Mönchszellen umfassen neben der eigentlichen Wohnfläche die Bettnische. Links und rechts davon sind die Gebetsecke und der Platz für den Kachelofen, der von außen beheizbar ist, eine Anordnung, wie man sie auch in Schlössern antrifft. Auf diese Weise konnten Hausangestellte oder Laienbrüder heizen, ohne den Mönch in seiner Zelle zu stören.

In der Klausur der thurgauischen Kartause Ittingen hat das Refektorium seine Ausstattung aus dem Jahre 1541

21 Zisterzienserabtei Stams. Nordflügel (Herberge), von Johann Martin Grumpp d.Ä., 1692–1696
Einige Klöster wurden im 17. Jahrhundert noch im Anklang an das Mittelalter mit Türmen ausgestattet.

bewahrt: Holzverkleidung an den Wänden, Kassettendecke, architektonisch aufgebaute Türrahmungen und Kachelofen. Im Schweizerischen Landesmuseum in Zürich ist ein Gästezimmer aus einem Zürcher Frauenkloster ausgestellt, das dem Ittinger Refektorium sehr ähnlich ist. Interessant ist ein Vergleich dieser zwei Klosterräume des 16. Jahrhunderts mit den Sälen barokker Abteien. Die Renaissance liebte die Intimität kleiner, niedriger Zimmer. Die barocke Vorliebe für Pracht und Selbstdarstellung führte dagegen zu immer größeren Räumen, nicht selten auf Kosten der Bequemlichkeit. Das kleine Refektorium von Ittingen ist mit seinem Kachel-

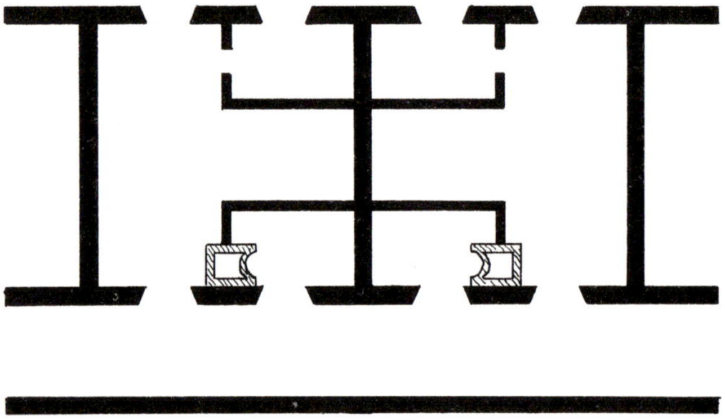

22 Benediktinerabtei Ottobeuren. Zwei Mönchszellen, Grundriß
Jede Zelle verfügte neben dem Wohnraum über eine Bettnische und eine Gebetsecke. Der Ofen war vom Gang aus zu heizen, so daß die Mönche nicht gestört wurden.

23 Kartause Ittingen. Refektorium, 1541, Ausstattung 1662–1673
Die niedrige Kassettendecke, die Holzverkleidung der Wände und der Kachelofen verleihen dem Raum, verglichen mit den riesigen Refektorien des 18. Jahrhunderts, einen intimen und gemütlichen Charakter.

ofen eigentlich sehr gemütlich. Im gleichen Raum eines Barockklosters herrscht eine kühle, schloßartige Atmosphäre. Schon Viollet-le-Duc erkannte in seinem »Dictionnaire d'architecture«, daß die Neuzeit im Vergleich zum Mittelalter ein gewisser Komfortrückgang kennzeichnet. Gewiß, für einige Bereiche der Klosterarchitektur trifft dies nicht zu. Die Einführung des Einzelzellen-

24 Benediktinerabtei Lambach. Sommerrefektorium, 1707, Stukkatur von Diego Francesco Carlone, Fresken von Wolfgang Andreas Heindl
Dieses Refektorium ist ein eigentlicher Prunksaal, aber es ist ungleich weniger komfortabel als das kleine Ittinger Refektorium aus dem 17. Jahrhundert. Hinten die Kanzel des Vorlesers.

25 Benediktinerabtei Fischingen, Archiv, 1767
Über ein ähnlich prunkvoll ausgestattetes Archiv verfügt sonst nur noch die italienische Benediktinerabtei Cava dei Tirreni. An der Decke die Wappen der sieben Klosterherrschaften, über die Fischingen Feudalrechte ausübte. Die Urkunden liegen in den Schubladen.

26 Benediktinerstift Altenburg. Raum der Prälatur, Stukkatur von Georg Himmer und Jakob Schlag, 1664–1678
Die niedrige Decke erinnert noch an die intimen Räume der Renaissance, dagegen würde man den üppigen Dekor eher in einem größeren Saal erwarten.

wesens war sicherlich ein Fortschritt gegenüber den Gemeinschaftssälen. Bei anderen Räumen aber führten neue Anschauungen zu Bequemlichkeitseinbußen. Wie oft haben sich Mönche oder Chorherren zum Beispiel über Zugluft beschwert, nachdem im Zuge der Öffnung der Kirchen die Lettner gefallen waren! Das Refektorium von Ittingen verhält sich zu jenem von Lambach wie »Sein« zu »Schein«.

In wenigen Klöstern haben sich der Dekor und die Einrichtung von Räumen erhalten, die eher praktischen Zwecken dienten. Das thurgauische Kloster Fischingen hat zum Teil eine höchst ungewöhnliche Ausstattung, die in anderen Klöstern nicht zu finden ist. Das Archiv zum Beispiel wurde als Prunkraum ausgestaltet. Hier ist in 15 Abteilungen und 180 Schubladen die Urkundensammlung der Klosters untergebracht. Diese Sammlungen spielten im Mittelalter eine wichtige Rolle, wie auch die Bezeichnung »Urkundenschatz« zeigt. Schließlich enthielten solche Archive die Dokumente, auf denen die Feudalrechte der Klöster gründeten. Diese Bedeutung kommt in Fischingen sehr gut im Deckengemälde zum Ausdruck. Dort sind rund um das Wappen des Abtes Degen die Wappen der sieben Klosterherrschaften dargestellt: Landsberg, Spielberg, Tannegg, Bichelsee, Bettwiesen, Wildern und Lommis.

Eine lateinische Inschrift stellt diesen »Schatz« unter den Schutz Gottes: »Dominus custodiat archivum Fischingense A°.R.S. MDCCLXVII sub Abbate Nicolao erectum«, (»Der Herr möge das Fischinger Archiv beschützen, das 1767 unter Abt Nikolaus erbaut wurde.«). Nun darf der Name des Herrn nie genannt werden, ohne daß zugleich seine Herrlichkeit gepriesen wird. Daran wurde auch hier gedacht, denn unter dem Wort Dominus stehen in einem Medaillon die Buchstaben U.I.O.G. Dieses Kürzel heißt »Ut in omnibus glorificetur« (»In allem sei Er verherrlicht«.).

Der dekorative Charakter dieses reinen Nutzraumes verdeutlicht, bis zu welchem Grad mitteleuropäische Klöster bisweilen ihren feudalen Geist bewahrt haben. In die gleiche Richtung weist die Ausstattung des sogenannten Wappenzimmers (1753). An allen Wänden, Pilastern und in der Deckenkehle sind Wappenschilder zu sehen. Ein in Heraldik bewanderter Künstler malte sie alle sowie die Wahlsprüche der Klostergönner und der historischen und legendären Äbte.

Die Prälatur ist oft ein wahrer Palast. Sie umfaßt eine Privatkapelle und eine Reihe von Zimmern und Vorzimmern, die alle mit Stuck und Malerei ausgeschmückt sind. Manchmal gehört auch ein Festsaal dazu (Herzogenburg), der in anderen Fällen an das Gästehaus angegliedert ist. Benediktbeuern hat sogar zwei Festsäle. Der eine, mit einer schwerfälligen Stuckdekoration aus dem Jahre 1673, erschien den Mönchen wohl etwas altmodisch. Im 18. Jahrhundert wurde im Appartement der bayerischen Kurfürsten ein zweiter eingerichtet. Johann Baptist Zimmermann gestaltete ihn mit Malereien und eleganten Stukkaturen.

Die Ikonographie im älteren der Säle ist recht seltsam. Der 1675 verstorbene Hofmaler Caspar Amort malte die 29 Bilder. Sie sind in einem üppigen barocken Stuckdekor des Wessobrunners Caspar Feichtmayr gefaßt. Die Ikonographie inspiriert sich an Kupferstichen, die Matthäus Kussel 1664 nach Entwürfen von Christof Storer schuf. Sie illustrierten die »Disputatio« der Barone Taxis. Diese große »Theatrum mundi« zeigt den Weg der Seele zur Ewigkeit. Christus erscheint in dieser merkwürdigen Bilderwelt als Jäger, Gärtner und Fischer, ehe er auf dem

27 Benediktinerabtei Ottobeuren. Kaisersaal, verschiedene Künstler, Entwurf von Andrea Maini, 1723–1727
Das ikonologische Thema des Saals ist der Bund zwischen Reich und Kirche. Das Deckenfresko Karl Stauders zeigt die Krönung Karls des Großen (s. Abb. 3). An den Wänden stehen die Kaiser von Otto dem Großen bis Friedrich II. von Staufen, 16 Habsburgerkaiser, Päpste und eine Reihe von Glaubenstreitern. Auf acht Bildern ist das Geheimnis des Brotes dargestellt.

Olymp thront. Nie zuvor hatte man sich bei der Verschmelzung von Christen- und Heidentum, einem Renaissancegedanken übrigens, so weit gewagt. Das Heidentum tritt als Bedeutungsträger der christlichen Religion auf. Die vier Tugenden beispielsweise, die das menschliche Dasein prägen sollen, sind durch Venus und Cupido (Liebe), Mars (Mut), Minerva und ihre Eule (Vernunft) und Herkules (Kraft) dargestellt. In einer erstaunlichen Symbolik wird eine Art Übertragung der Göttlichkeit vom Olymp auf Christus gezeigt. Der Jesusknabe hält das Kreuz mit dem Kürzel IHS. Um ihn herum sind die Götter Jupiter, Merkur, Vulkanus, Venus (mit Amor), Mars und Diana versammelt. Aus dem Himmel taucht Apollo in seinem Wagen auf und setzt eine Krone auf das Haupt Jesu.

Die Ausstattung dieser Festsäle hat vielfach rein religiösen Charakter. Im Benediktinerkloster St. Mang in Füssen zum Beispiel ist das zentrale Motiv des Deckengemäldes ein Tempietto, dessen Decke einen Tierkreis zeigt. Auf einer Seite erscheinen die sieben Planeten in der Gestalt der Götter, die ihnen ihre Namen gaben. Auf der andern Seite ist eine merkwürdige Darstellung des Seelenfischzuges. Christus, die Apostel und einige Priester sitzen in einem Kahn, die Kirche — symbolisiert durch den Papst, einen Bischof, einen Kardinal und Benediktinermönche — in einem zweiten. Die vier Bücherdarstellungen an den Supraporten stehen für die Astronomie, die Geographie, die Geschichte und die orientalischen Sprachen, deren Kenntnis für das Verständnis der Heiligen Schrift als unerläßlich galt.

Im Zisterzienserkloster Ebrach sind rings um die Apotheose des Lamms Gottes und des hl. Michael die Ritterorden und die großen Ordensgründer dargestellt. Die vier Wappen sind die der zisterziensischen Mutterklöster La Ferté, Pontigny, Clairvaux und Morimond.

Meist aber drückt die Abtei im Festsaal ihren Gehorsam gegenüber dem Kaiser aus. Das kann auf Umwegen geschehen, wie bei den Augustinern von Herrenchiemsee. Dort stehen in illusionistisch gemalten Nischen die zwölf römischen Kaiser von Cäsar bis Titus. Sie symbolisieren die deutschen Kaiser. Im Bernardisaal des österreichischen Klosters Schliebach sind neben den deutschen Kaisern jene Herrscher dargestellt, die Heilige waren: Stefan von Ungarn, Ludwig von Frankreich, Elisabeth von Thüringen, Helena, Karl der Große, Kaiser Heinrich II. und Kasimir von Polen. In vielen Fällen heißt der Festsaal Kaiser- oder Fürstensaal. Sein Schmuck besteht dann aus Porträts und Büsten der Kaiser, häufig auch nur der habsburgischen. Manchmal wird das vielgepriesene Kaiserreich auch symbolisch durch die alten Weltreiche gemäß der Vision des Propheten Daniel dargestellt (Assyrisch-Babylonisches, Persisches, Makedonisches und Römisches Reich). Solches findet man in St. Florian, in der Fuldaer Residenz und in Ottobeuren.

Neben den Kaisern erscheinen mitunter auch die Fürsten, von denen die Klöster abhängig waren oder gegründet wurden. Im Benediktinerkloster Banz zum Beispiel sind den Medaillons über den Fenstern des Kaisersaales die Wittelsbacher und die Kaiser dargestellt.

Im schlesischen Leubus ließ Abt Constantin Bayer zwischen 1734 und 1738 an die Decke des Fürstensaales die Apotheose des Hauses Habsburg malen. An den Wandpfeilern stehen Statuen der Kaiser dieser Familie. Durch eine Ironie der Geschichte sollte Schlesien nur wenig später, im Jahre 1742, dem Erzhaus verloren gehen, ein erstes Zeichen des Niedergangs seiner Macht.

Die Gästehäuser der Klöster des Heiligen Römischen Reiches haben im Barock eine bemerkenswerte Entwicklung durchgemacht. Die allen Orden als Vorbild dienende benediktinische Regel schrieb vor, daß Gäste großzügig zu empfangen seien. Aber sie sollten, um Störungen zu vermeiden, außerhalb der Klausur beherbergt werden. Im Plan von St. Gallen liegen die Gästezimmer in der Nähe des Eingangs. Eine weitere Herberge befindet sich neben dem Abthaus, sie war als Fürstenunterkunft gedacht. Gerade dieser Teil wurde in den mitteleuropäischen Klöstern besonders wichtig. In seinem Werk »Das teutsche Recht« (1744–1745) erinnert der Schriftsteller und Staatsrechtler Friedrich Karl von Moser daran, daß die Klöster zu allen Zeiten Herberge für reisende Herren waren. So blieb es auch im 17. und 18. Jahrhundert. Man mußte also für die Fürsten und namentlich für den Kaiser angemessene Appartements bauen und einrichten. So wurden die Klöster tatsächlich »kaiserlich«.

Der Aufwand war keineswegs nur symbolisch. Fürsten und Kaiser besuchten die Abteien recht häufig, was jeweils Anlaß zu größter Prachtentfaltung gab. Uns ist eine Schilderung vom Aufenthalt des bayerischen Kurfürsten Karl Albrecht, seiner Frau Maria Amalie und ihrer vier Kinder in Melk im Jahre 1739 überliefert. Ziel der Reise war ein Zusammentreffen mit Kaiserin Wilhelmine Amalie, der Witwe Josephs I. und Mutter der

28 Zisterzienserabtei Ebrach. Ehrentreppe, von Joseph Greissing, 1716
Im 17. und 18. Jahrhundert gaben sich die Klöster des deutschsprachigen Raumes gern ein schloßartiges Gepräge. Dazu gehören auch reich ausgestattete Monumentaltreppen.

Fürstin. Sie plante, sich in das von ihr am Wiener Rennweg gegründete Salesianerinnenkloster zurückzuziehen. Vorher wollte sie sich jedoch von ihrer Familie verabschieden, und dafür hatte sie Melk ausersehen. Das Kloster — soeben vollendet — erstrahlte in vollem Glanz. Am 20. Juni 1739 kam der Kurfürst mit Familie und Gefolge auf 24 prächtig geschmückten Schiffen in Melk an. Drei Tage später, am 23. Juni, nachmittags um drei Uhr erschien die Kaiserinwitwe aus Wien. Der Abt, alle Mönche und die kurfürstliche Familie erwarteten sie zu Füßen der Kaisertreppe. Sämtliche Glocken läuteten, und Salutschüsse wurden abgefeuert. Im Eingangsvestibül begrüßte ein Orchester die Kaiserin. Der Abt überreichte ihr als Zeichen der Huldigung den Klosterschlüssel auf einem roten Samtkissen, und der Kurfürst geleitete sie in ihre Gemächer.

Der Aufenthalt der Kaiserin und des Fürsten wurde von kirchlichen und weltlichen Anlässen, von Gesangsvorträgen, Konzerten und Theateraufführungen aufgelockert. Am 25. Juni stand »Athalie« von Racine auf dem Programm. Die ganze Theatereinrichtung wurde eigens aus München herbeigeschafft und der Abtei als Geschenk überlassen. Nach der Vorstellung lud die Kaiserin die Schauspieler in ihren Kostümen zu Tisch. Das Gefolge der Kaiserin umfaßte nicht weniger als 214 Personen, die in 133 Wagen und auf 23 Reitpferden angereist waren. Der Besuch endete am 3. Juli 1739.

1743 machte Maria Theresia auf der Rückreise von einer Huldigungsfeierlichkeit in Linz Halt im Stift Melk. Bereits 1733, als die letzten Arbeiten noch im Gange waren, weilten der Nuntius Passionei und Prinz Emanuel von Portugal hier.

Auch das Kloster St. Florian erhielt zahlreiche fürstliche und kaiserliche Besuche. Von allen Klöstern des Heiligen Römischen Reiches ist es das einzige, in dem die Kaiserzimmer unversehrt erhalten geblieben sind. Dank den Unterlagen in den Archiven wissen wir genauestens Bescheid, welche Aufträge den verschiedenen Handwerkerinnungen für die Ausstattung erteilt worden waren.

Als die Erzherzogin Marie Antoinette nach Frankreich reiste, machte sie meist in Klöstern Station. Am 21. April 1770 verließ sie Wien. Erster Halt war Melk. Ihr Bruder Joseph II. hatte dieses Kloster für die feierliche Verabschiedung ausgewählt. In der Folge übernachtete sie im Kloster Lambach, wo man ihr einen vergnüglichen Theaterabend bereitete. Die nächsten Etappen waren München, Augsburg und Obermarchtal.

In anderen Klöstern waren die Gästezimmer nicht für den Kaiser, sondern für den Landesherrn bestimmt. So weist der Nordflügel des Klosters Reichersberg anstelle des Kaisersaales einen Bayerischen Saal auf, die Empfangsräume heißen hier Fürstenzimmer. Das gleiche gilt auch für Benediktbeuern, wo man die Fürstenzimmer »Kleines Versailles« nannte.

Der prächtigste Raum neben Kirche und Festsaal war die Klosterbibliothek. Sie bildete als Tempel des Wissens, in dem alle Kenntnisse in Allegorien sichtbar wurden, das Gegenstück zur Kirche als Tempel des Glaubens.

Den großen Schritt nach vorne in der Entwicklung der Bibliothek hatte Herrera im Escorial gemacht. Er war der erste, der die Bücher in Wandschränken aufstellte, und nicht mehr unter den senkrecht zu den Seitenwänden stehenden Lesepulten. Bedingt durch die ständig zunehmende Zahl von Neuerscheinungen mußte das Platzangebot erweitert werden. Das Problem wurde gelöst, indem man längs der Wände Galerien einzog, die teils auf Konsolen lagen, teils aber auch von Atlanten oder Säulen getragen wurden.

Das Prämonstratenserkloster Strahov auf dem Prager Hradschin besitzt zwei Bibliotheken, die kennzeichnend sind für die geistige und materielle Entwicklung dieses wesentlichen Bestandteils eines Barockklosters. Die eine wurde 1671 im Erdgeschoß eingebaut. Es handelt sich um einen langgestreckten Raum mit einem ziemlich gedrungenen, stuckverzierten Tonnengewölbe. Der Propst des Klosters malte von 1721 bis 1727 eigenhändig die Allegorien dieses sogenannten Theologiesaales. Die niedrigen Wandschränke sind gut zugänglich. 1783 bis 1793 wurde im Obergeschoß eine weitere Bibliothek eingerichtet. Der erhabene Raum ist 32 m lang, 16 m breit und 14 m hoch. Die Schreinerarbeit ist älter als der Saal. Sie wurde 1776 vom Tischler Johann Lahofer für das Prämonstratenserkloster Louka (Klosterbruck) bei Znaim angefertigt. Dieses Kloster wurde von Joseph II. aufgehoben, ein Schicksal, dem Strahov, das zugleich Krankenhaus war, entging. Natürlich war das Deckenfresko von Louka nicht zu überführen [4]. Doch der Prager Propst Wenzel Mayer bestellte für Strahov ein neues beim gleichen Maler Anton Maulbertsch, das 1794 fertig wurde. Es war das letzte Werk des Künstlers und ist bereits etwas vom Klassizismus geprägt. Überdies malte es sein Schüler Martin Michl nach Anleitung des Meisters. Hunderte von historischen und allegorischen Figuren tummeln sich auf der gewölbten Fläche. Die Ikonologie ist so vielschichtig, daß die Mönche ein kleines Buch mit Erläuterungen herausgaben. Das Thema ist das Unvermögen, das Geheimnis des Unbekannten allein mit den Mitteln des Verstandes zu entschleiern; nur der Offenbarung kann dies gelingen. Die ganze Malerei ist eine Huldigung an den Landesvater Kaiser Franz.

29 Prämonstratenserkloster Strahov in Prag. Obere Bibliothek, genannt Philosophiesaal
Die Bibliothek wurde 1783–1793 gebaut. Das Deckenfresko ist eine äußerst tiefsinnige Allegorie von Anton Maulbertsch und Martin Michl. Der Vergleich mit Abb. 30 zeigt deutlich die Entwicklung der Bibliothek von 17. zum 18. Jahrhundert, die einerseits auf die wachsende Anzahl der Bücher, andererseits auf die zunehmende Lust am Prunk zurückzuführen ist.

30 Prämonstratenserkloster Strahov in Prag. Untere Bibliothek, genannt Theologiesaal
Der Raum entstand 1671 und wurde 1721–1727 vom Prior des Klosters eigenhändig ausgemalt. Die niedrige Decke ist charakteristisch für das Raumverständnis des 17. Jahrhunderts.

Ein schönes eingelegtes Mahagonimöbel in der Mitte des Raumes birgt Diderots »Encyclopédie«, ein Geschenk der französischen Kaiserin Marie Louise. Diese Bibliothek trägt den Namen Philosophiesaal. Ihre Bücher behandeln in der Hauptsache profane Wissenschaften. Der alte Bücherschatz mit überwiegend religiösen Titeln befindet sich im Theologiesaal. Strahov und seine Bibliotheken haben eine wechselvolle Geschichte hinter sich. Die Säkularisation, die zur Aufhebung des einen Klosters führte, verschonte ein anderes. Ein Meisterwerk konnte so gerade noch gerettet werden. Das Deckengemälde preist einen deutschen Kaiser wenige Jahre vor der Auflösung des Reiches (1806). Die endgültige Aufhebung ließ jedoch das ganze Kloster für Bücher frei werden, denn heute ist Strahov Tschechoslowakische Nationalbibliothek.

Eine weitere Bibliothek, die am Endpunkt der Entwicklung steht, soll hier erwähnt werden, obwohl sie keine Klosterbibliothek ist. Sie gehört zum Gymnasium der ungarischen Stadt Eger (Erlau). Der Österreicher Johann Lukas Kracker malte die Gewölbe aus. Das vom Bischof Esterhazy gestellte Thema war das Konzil von Trient. Der Künstler zeigt die Konzilsväter, die aufmerksam der Predigt des Jesuiten Salmeron lauschen. Ohne die sonst übliche Phantasie malte er jede Gestalt als Porträt. Er hatte den originellen Einfall, den Tagungsort des Konzils als gotische Hallenkirche mit Kreuzrippengewölbe darzustellen. Für die Scheinarchitektur zog er Joseph Zach bei, einen Fachmann in dieser Kunst. Die beiden signierten ihr Werk gemeinsam im Jahre 1782. Ob sie wohl wußten, daß der gotische Dom von Trient aus dem 13. Jahrhundert stammt, oder malten sie ihn so, weil der Bischof eine wahrheitsgetreue Wiedergabe verlangte? Jedenfalls gestaltete ihn Zach in der ihm vertrauten deutschen Gotik.

Am Vorabend der Französischen Revolution kommen hier noch einmal die »ewigen« Wahrheiten des Konzils von Trient zum Ausdruck, während der Philosophiesaal von Strahov das Gedankengut der Aufklärung spiegelt.

Nirgendwo, nicht einmal in den Kirchen, haben Architekten, Stukkateure, Bildhauer, Kunstschreiner sowie andere Künstler und Ikonologen soviel Phantasie bewiesen wie in den deutschen und österreichischen Klosterbibliotheken. Die Ikonologie folgte häufig den Regeln, die im Jahre 1633 Claude Clément in seinem lateinischen Werk »Musei, sive bibliotecae extructio instructio, cura, usus...« aufgestellt hatte. Nach seiner Lehrtätigkeit in Lyon und Dôle erhielt dieser französische Jesuit eine Berufung an das von Philipp II. gegründete Kollegium von Madrid. »Die Bibliotheken«, so meint er, »sind unvollständig, wenn ihnen diese stummen Bücher fehlen, die mittels Radiernadel, Stichel und Pinsel entstehen«. Die Bibliothek soll selber ein »leibhaftiges Buch« sein und beweisen, daß im Kreuz die »höchste Weisheit« liegt.

Clément lag die Bequemlichkeit des Lesers am Herzen. Folgerichtig forderte er helle Räume mit großen Fenstern: »Während der Arbeit muß man auch einmal ausruhen können. Wo wäre das besser möglich, als unter freiem Himmel, angesichts des Schauspiels der Natur? So kann sich der Geist von den Banden des Körpers lösen. Er vertreibt die Müdigkeit und ist nach kurzer Zerstreuung wieder aufnahmebereit. Warum soll der Mensch, der sich dem Bücherstudium hingibt, nicht die gleichen Rechte haben, die man Dienstleuten zubilligt. Es gibt keine noch so ernste Philosophie, die nicht meinen Augen wohltut, wenn ich nach eifriger Lektüre ermüdet bin. Dauert die Anspannung mehrere Stunden, fördert es dann nicht die Tatkraft, wenn man dem Geist und den Augen eine kurze Erholung gönnt [tantula animi et occulorum relaxatio]? Wer diesen geruhsamen Augenblick mit etwas Grün genießt, wird sich erfrischt fühlen und neue Kraft schöpfen. Die kurze Entspannung wird ihm bei der weiteren Arbeit von Nutzen sein.«

Weiter empfiehlt Clément: »Die Bibliothek soll in einem oberen Stockwerk untergebracht werden und der Sonne und milden Winden ausgesetzt sein. Der Blick soll über hohe Berge, weite Felder, die klaren Wasser der Flüsse oder grüne Wälder schweifen können, wenigstens aber, wenn das nicht möglich ist, über Gärten und Obstbäume. Denn ein solcher Anblick erfüllt den Geist und die von der Arbeit ermüdeten Augen mit süßer Ruhe.«

Der freie Blick auf hohe Berge und grüne Wälder, wo könnte das besser möglich sein als in der Bibliothek des österreichischen Klosters Altenburg zu Füßen des Böhmerwaldes?

Kaiser Karl VI. selbst gab das Vorbild für die Liebe zum gedruckten Wort. Von 1723 bis 1726 ließ er nach Plänen Fischer von Erlachs von dessen Sohn Joseph-Emanuel in Wien die neue Hofbibliothek bauen. Daniel Gran malte das große Kuppelfresko nach einem Programm von Conrad Adolf von Albrecht, das den Kaiser als »Hercules Musarum« preist, ein Gedanke, der schon bei Clément zu finden ist. Unter den Klöstern im ganzen Reich brach ein Wettstreit um die schönste Bibliothek aus. Kein Material konnte zu teuer sein, kein Holz zu edel und keine Farbe zu leuchtend in der Lichtflut, die in die vornehmen Räume eindrang, um die Erleuchtung des Geistes zu bejubeln. Angesichts der Aufgabe, die Größe der Wissenschaft und den Glanz des Glaubens darzustellen, scheinen Mönche wie Künstler in einen heiligen Taumel verfallen zu sein. Die Atlanten von Franz Joseph Holzinger, die in der Bibliothek des Benediktinerstifts Metten das Gewölbe tragen, erinnern an tanzende Derwische. Der ganze Raum und alle Statuen erwecken den Eindruck, als seien sie von einem Wirbelwind erfaßt worden. Die Ikonologen breiteten ganze Enzyklopädien an den Gewölben der Bibliothek aus. In Schussenried etwa ist es in Anlehnung an Clément gelungen, mittels bemalter Fensterleibungen trotz aller Allegorien die methodische Einteilung der Bibliothek klarzumachen.

Clément empfahl des weiteren die Bibliotheken durch Embleme sprechen zu lassen, durch Bilder mit knapp gefaßten lateinischen Inschriften philosophischen oder moralischen Inhaltes. Wegen ihrer Dunkelheit oder Mehrdeutigkeit konnten sie auf die verschiedensten Arten interpretiert werden. Die Gebildeten fanden damals ihren Spaß an solchen Sprachspielereien. Die Bibliothek des Augustinerklosters Vorau in der Steiermark ist berühmt für ihre 31 Embleme, die wie Kommentare das Deckenfresko aus dem Jahre 1731 begleiten; sechs weitere schmücken die obere Bibliothek. Das Klosterarchiv schweigt sich über den Autor dieser Sinnsprüche aus. Man hatte in Vorau im 18. Jahrhundert ganz allgemein eine Vorliebe für Embleme; 16 wurden 1703 an den Emporen der Kirche angebracht, acht im Kapitelsaal. 1729 wurde die Orgel damit verziert und 1746 die Fürstenzimmer. Im ganzen gibt es 89 Darstellungen im Kloster. Möglicherweise war Propst Johann Philipp Leisl (1691–1717) der Urheber dieser Mode. Von ihm ist ein Manuskript über die Emblematik erhalten.

31 Benediktinerstift Metten. Bibliothek, Stukkatur von Franz Joseph Holzinger, 1718–1720
Die Atlantenpaare an den Pfeilern scheinen das Gewölbe weniger zu tragen, als es vielmehr wie einen Erdglobus in Drehung zu versetzen.

Einige Elemente daraus tauchen im Vorauer Kapitelsaal auf.

Grete Lesky hat die Embleme in ganz Österreich erforscht. Eine große Anzahl fand sie in den Klosterbibliotheken Gaming und Pöllau, in der Abtei St. Peter in Salzburg, in der Jesuitenuniversität Graz, in Stams, Brixen, Solbad Hall usw.[5].

In einigen Bibliotheken, zum Beispiel in Altenburg, ist der Raum an sich so erhaben, so schmuckbeladen, daß die Bücherschränke ganz in den Hintergrund gedrängt werden, ja daß man sie kaum bemerkt. Der Lobgesang auf das Wissen, den die Bibliothekausstattungen widerspiegeln, entspricht dem Traum des 18. Jahrhunderts von der Universalität, den schon zu Zeiten Ludwigs XIV. Leibniz verkörperte. Die mitteleuropäischen Klosterbibliotheken beschwören tatsächlich ein »Imperium des Wissens« herauf.

Im Jahre 1888 hatte Mrs. John Ryland in Manchester die etwas merkwürdige Idee, für die von ihr gestiftete theologische Bibliothek eine riesige neugotische Kirche bauen zu lassen. Dabei dachte sie gar nicht daran, daß sich die Bücher in dem gewaltigen Raum verlieren könnten. Das war das letzte Aufglimmen einer einstmals großen Idee.

32 Benediktinerabtei Admont. Bibliothek, von Joseph Hucher, 1774, Entwurf von Gotthard Hayberger, Kuppelfresken von Bartolomeo Altomonte
Diese wohl schönste Bibliothek Österreichs ist 77 m lang. Die Fensternischen sind als kleine Studierkabinette ausgebildet, von denen einige Türen mit vorgeblendeten Bücherattrappen haben.

33 Augustiner-Chorherrenstift Herzogenburg. Bildersaal, 18. Jahrhundert
Jedes größere Kloster hatte eine Gemäldesammlung. Häufig setzte sie sich aus den Altarblättern der alten gotischen Klosterkirchen zusammen. Manchmal wurden diese Bilder ohne Rücksicht auf Entstehungszeit oder Format, nur durch schmale Rahmenprofile getrennt, an den Wänden der Bildersäle befestigt.

Auf einen Schlag fand die Begeisterung ein Ende, versiegte die Freude. Schuld daran war das Aufkommen des weltlichen Klassizismus. In der Bibliothek des bayerischen Klosters Amorbach aus den Jahren 1789 und 1790 gibt es zwar noch ein Deckengemälde, aber das Holzwerk auf den drei Geschossen ist trotz des eleganten Zopfmusters stumm. Solche Schränke könnten ebenso gut im Ankleideraum irgendeines Schlosses stehen. Gehen wir einen Schritt weiter ins 19. Jahrhundert. Die von 1826 bis 1832 gebaute Bibliothek im Wiener Schottenstift ist ein dreischiffiger Raum mit schmucklosen ionischen Säulen, an denen das durch Dachfenster einfallende Licht herabgleitet. So funktionell dieser Glashimmel auch sein mag, er trennt den Leser vom natürlichen Licht. Empfahl der Franzose Le Camus de Mézières im Jahre 1780 für Bibliotheken nicht die schwere dorische Ordnung? 1785 träumte Boullée von einer gewaltigen königlichen Bibliothek mit Oberlicht. Seinem Raum, der an römische Thermen erinnerte, fehlte jeglicher menschliche Maßstab. Kaum anders sollten die großen Bibliotheken des 19. Jahrhunderts ausfallen: Laboustes Lesesaal der Pariser Bibliothèque nationale (1868), Smirkes Reading Room im British Museum (1857) und die Library of Congress in Washington (1888–1897). Eine schwere Stille lastet unter diesen seelenlosen Kuppeln. Der Mensch ist in den riesigen Räumen allein, sich selbst verantwortlich, gestützt nur auf sein eigenes Gewissen. Das sind die Bibliotheken aus der Zeit des Individualismus. In der Barockbibliothek steht der Leser in Verbindung mit dem Universum, das ihn umgibt, genauso wie mit der Natur, die er durch die Fenster sieht. Gleich ob er ein geistliches oder ein weltliches Buch liest, wer auch immer vor ihm aus der Wissenschaft oder der Theologie geschöpft hat, unterstützt seine Meditation, leitet seine Gedanken, hilft ihm, in Erkenntnis und Glauben einzudringen. Diese Wissenstempel sind in der Barockzeit mehr noch als die Kirchen ein Abbild der alten Gesellschaft. Ein überaus vielschichtiges Netz von Beziehungen zog sich damals quer durch alle Berufe, Innungen und Zünfte, durch alle Klassen, Orden und Stände. Was alles zusammenhielt, war die Religion. Der Mensch wurde nie sich selbst überlassen. Er war frei vom bedrückenden Gefühl der Einsamkeit, aus dem der revolutionäre Instinkt geboren wird. Denn der Revolutionär steht immer abseits und will eine neue Gesellschaft schaffen, in der er aufgehen kann. Wer die Einsamkeit wollte, der fand sie nach einem freien Willensentscheid, etwa in den kontemplativen Orden. Doch war man auch dort nicht allein, denn man befand sich in der Gesellschaft Gottes. Auf diesem steilen Weg

(man denke an die »Besteigung des Berges Karmel« durch den hl. Johannes vom Kreuz) wurde der Mönch durch die Gemeinschaft mit den Heiligen unterstützt, jenen Glaubensgrundsatz, der im mönchischen Leben in der Liturgie, dem Opus Dei, manifest wird.

Die Beschäftigung mit der Wissenschaft ist ohne Sammlungen undenkbar, seien sie nun naturhistorischer oder künstlerischer Art. Die Klöster Mitteleuropas waren reich damit gesegnet. In Deutschland sind diese Sammlungen heute Museen angegliedert. In Österreich aber, wo eine Anzahl großer Klöster der Säkularisation entging, sind einige der ursprünglichen Einrichtungen erhalten. So gibt es noch die eleganten hölzernen Regale des Mineralien- und Muschelkabinettes in Seitenstetten aus dem Jahre 1760. Überdauert haben auch die reichhaltigen Bildersäle in Herzogenburg, Melk und Heiligenkreuz. In der Regel behielten die Klöster beim Neubau ihrer Kirchen die alten gotischen Altaraufsätze, die zum Grundstock eines Museums wurden. So war es in St. Florian, Neustift, Zwettl, Klosterneuburg, Schottenstift, Schlägl, Kremsmünster, Göttweig und Ottobeuren. Es gab aber auch Museen barocker Kunst, Münzensamm-

34 Benediktinerabtei Amorbach. Bibliothek, 1789–1790, Stukkatur von Konrad Huber, Deckenfresko von Andreas Dittmann
Der aufkommende Klassizismus setzte dem Lobgesang auf die Wissenschaft, wie ihn Barock- oder Rokoko-Bibliotheken verkörperten, ein jähes Ende. Die Ausstattung nimmt keinen Bezug mehr auf die Funktion des Raumes. Sie wäre ebenso gut in jedem anderen Saal eines Klosters oder Schlosses denkbar.

35 Benediktinerabtei Lambach. Theatersaal, 18. Jahrhundert
Sakrale oder profane Theatervorstellungen gab es vor allem in Klöstern, die eine Schule führten, als Bestandteil des Unterrichts. Daneben waren fürstliche Besuche Anlaß zu Aufführungen. Einige Klöster rüsteten dafür einfach einen großen Saal um, andere verfügten über richtige Theaterräume. Heute sind nur noch zwei davon in Lambach und Ottobeuren erhalten.

lungen und Kupferstichkabinette. In Deutschland bereicherten die Kunstschätze der aufgehobenen Klöster viele Privatsammlungen, darunter die berühmte Sammlung Boisserée, und bildeten den Grundstock der Münchener und Berliner Museen.

Schließlich gehörte zur kulturellen Betätigung auch ein Theater. Während die mittelalterlichen Volksschauspiele langsam verschwanden, erneuerten die Jesuiten das »Theatrum sacrum« und formten es zum Bildungsinstrument um. Auf regelrechten Theaterturnieren führte man lateinische Kostümstücke auf. Mittelpunkt war immer der Glaubensheld. In Wien wurden die »Ludi Caesarei«, die Kaiserspiele, zur Konkurrenz für die Oper. Sie fanden im Festsaal der Jesuitenuniversität an der Bäckerstraße statt.

Alle Klöster, die Schulen unterhielten, folgten dem jesuitischen Beispiel. Als Melk ein Gymnasium gründete, richtete es auch ein Theater ein. Andere Abteien zogen nach, auch wenn sie keine Schulen führten, denn das Schauspiel wurde zum festen Bestandteil der Feierlichkeiten anläßlich von Fürstenbesuchen. Von der Aufführung vor dem bayerischen Kurfürstenpaar und der Kaiserinwitwe in Melk war schon die Rede.

Zwei dieser Klostertheater sind heute noch erhalten, jene von Ottobeuren und Lambach. Das letztere wurde am 23. April 1770 in Gegenwart der Erzherzogin Marie Antoinette eingeweiht, die damals nach Paris unterwegs war zu ihrer Hochzeit mit Ludwig XVI. Man spielte einen Schwank von Pater Maurus Lindenmayr, einen Sprachforscher, der in Niederösterreich eine Mundartschule gegründet hatte. Sein Stück war im Dialekt geschrieben und hieß »Der kurzweilige Hochzeitsvertrag«.

Der Barockmensch war Augenmensch. Es gibt kein Dogma, keine Idee, kein Konzept, kein Gefühl, das er nicht bildlich dargestellt hätte. Aber nur in Mitteleuropa wurden die Allegorie, das Emblem und der Sinnspruch mit soviel Aufwand aber auch Können gehandhabt. Auf die Wände und Gewölbe ihrer Kirchen warfen die deutschen und österreichischen Mönche oft ganze Bilderenzyklopädien, sakrale oder profane, häufig von so spitzfindiger Symbolik, daß sie kaum mehr verständlich sind, es sei denn, wir hätten eines jener Erläuterungsbüchlein zur Hand, wie sie die Klöster oft herausgaben. Nirgendwo hat sich die vom Tridentinischen Konzil so nachhaltig empfohlene Apologetik weitschweifiger gezeigt. In den Kirchen, so könnte man meinen, wandte sich diese Sprache ans Volk. Der Gläubige war sich schon am Eingang bewußt, einen heiligen Raum zu betreten. Er schritt geradewegs auf die vertrauten Bilder Christi, Mariens und der Heiligen zu, zu denen er betete und von denen er Gnade erflehte. Aber von der Bilderwelt ringsum verstand er meistens nichts. Andererseits darf man nicht glauben, daß im Mittelalter, als das Bildungsniveau weit tiefer war, dem Gläubigen all die theologischen Spitzfindigkeiten an den Kathedralenportalen verständlicher waren. Bewegt durch das strahlende, farbige Licht von Chartres, sagte Napoleon: »Ein Gottloser kann sich hier nicht wohl fühlen.« Geblendet vom zauberhaften Anblick Ottobeurens oder Weingartens, war der Pilger vom Gefühl ergriffen, eine übersinnliche Welt zu betreten. Es war gar nicht nötig, daß er all diese Gestalten und Symbole verstand. Allein sein Glaube verband ihn mit den Geheimnissen, die sie in sich bargen.

In den Klausuren, den Salons der Prälaturen, den Gäste- und Kaiserzimmern, am meisten aber in den Bibliotheken wandte sich diese verschlüsselte Bilderwelt an Humanisten und Gelehrte. Gerade diese schätzten deren Feinheiten. Bedurfte es tatsächlich dieses Aufwandes? War es nötig, Mönche zu überzeugen? Spricht nicht Zweifel oder doch die Furcht vor Zweifel aus diesen Bemühungen, die Glaubenswahrheiten darzustellen, aber auch die Erkenntnisse der Wissenschaft, da diese nach damaliger Auffassung geeignet waren, den Glauben zu festigen? Der Kulturhistoriker Jean Starobinski meint dazu: «Da die Gegenreformation nicht auf die schlichte Tatsache der Gegenwart Gottes zählen konnte, nahm sie systematisch Zuflucht zum Zauber der Abbildung.« Die heiteren Allegorien des Mittelalters und der Renaissance entsprachen nicht mehr der Situation der Kirche. Die sakrale Kunst Mitteleuropas ist das Produkt einer durch die Religionskriege zutiefst erschütterten Kirche. Da die Kämpfe erst 1648 beigelegt wurden, war die Erinnerung daran noch sehr wach. Nicht einen Augenblick vergaß die Kirche, daß sie sich gegen Irrlehren zu wehren hatte. Darum sind all die Heiligen als Redner dargestellt, sie sind tatsächlich Zeugen des Glaubens.

André Malraux hat sein Werk über die italienische Renaissance »L'Irréel« (»Das Irreale«) genannt. Ich nehme an, dem Autor der »Anti-Mémoires« muß man diesen Titel als »Anti-These« abnehmen. Richtiger hieße es wohl »Die Suche nach dem Realen«. Nie strebte die Malerei mehr wenn nicht nach Realismus, so doch nach Sachlichkeit als im damaligen Italien. Wirklichkeit und Idee waren in einem Bewußtseinsakt vereint, der das Subjekt an das Objekt bindet.

36 Augustiner-Chorherrenstift Diessen. Kirche, schwebender Engel, vermutlich Ignaz Günther oder seine Schule
Diese an unsichtbaren Fäden aufgehängten, schwebenden Figuren waren ein beliebtes Motiv deutscher Rokokokünstler.

GLORIA IN EXCELSIS DEO

Der Barockmensch, der verzweifelt seine Identität sucht, sieht selbst die Objektivität entschwinden. Das Objekt in seinem Wesen erfassen zu können, hat er aufgegeben. Er umschreibt es in Analogien und Metaphern, mit Verfahren, die der Dichtung wie der Rhetorik eigen sind. Der wehrlose Zuschauer wird in eine Art endloses poetisches Spiel hineingezogen, in dem ein Ding für das andere steht, ohne daß Subjekt oder Objekt je direkt zu greifen sind. Die holländischen Realisten versuchten zwar, sich des Objektiven zu vergewissern, doch auch die Gegenstände, die sie malten, erreichten nur eine trughafte »Existenz«.

Verbirgt dieses Übermaß an Schein irgendeine tiefe Schwäche des Seins? Der spanische Jesuit Balthazar Gracián (1601–1658) spielte auf den Pfau an, wenn er sagte: «Zu was wäre die Wirklichkeit da ohne äußeren Schein? Höchste Weisheit besteht aus der Kunst zu scheinen. Ein bißchen Prahlerei ist besser als viel versteckte Wirklichkeit.«[6] Solche rhetorische und poetische Beredsamkeit nahm im 18. Jahrhundert weiter zu. Damals bedrohte etwas weit Schwerwiegenderes die Kirche als die Irrlehre, die im Grunde genommen immer noch ein Glaube war: Rationalismus und Aufklärung. Wie in einen goldenen Käfig zurückgezogen, lehnte der Mönch in seinem Kloster die Ereignisse der Zeit ab. Lieber flüchtete er sich in die Scheinwelt eines privilegierten Universums, in jenen aus der Wahrheit des Glaubens und dem Wissen der Antike, aus weltlicher und geistiger Macht gebildeten Gottesstaat. Bemerkenswert ist das an den Decken der Kaisersäle dargestellte Bündnis von Staat und Kirche. Immerhin bestieg damals Joseph II. den Kaiserthron, der das Zeitliche dem Geistigen überordnete und die Mönche verfolgte, die ihn verherrlichten.

Die Weitschweifigkeit der Barockkunst und das Bedürfnis, immer neue »Abbilder« zu schaffen, sind typisch für niedergehende Zivilisationen. Die hellenistische und römische Epoche, das Spätmittelalter, der Manierismus als Endform der Renaissance, der Barock, sie machen uns zum Zeugen des verzweifelten Versuches, eine dem Untergang geweihte Welt zu halten. Gleiches könnte man auch von der zeitgenössischen Kunst sagen, die eine Unzahl von Werken hervorbringt, ohne daß sich eine bestimmte Richtung abzeichnete.

Es gibt, was oft vergessen wird, noch einen weiteren Grund für dieses Übermaß an Kunst: das Opus Dei. »Der Name des Herrn sei gepriesen vom Morgen bis zum Abend« singt der Psalmendichter. Die Mönche haben, dem hl. Benedikt folgend, diese biblische Vorschrift wörtlich genommen. Das Gotteslob wird den ganzen Tag über aufrecht erhalten. Neben Liturgie und Choralgesang hat auch die Kunst ihren Anteil am ewigen Gebet.

Jedermann gerät in Verzückung vor der religiösen Symbolik des Mittelalters. Tatsächlich aber ist jene des Barock, in der Theologie und Mythologie verschmelzen, ungleich reicher. Man kann sich beim Entziffern solcher Bilderrätsel von dieser poetischen Wunderwelt regelrecht verzaubern lassen. Die Architekten haben ihre Gebäude mit großen Fenstern ausgestattet. Das Licht, das sie einströmen lassen, wäre grell, würde es nicht durch die Farben der künstlerischen Ausgestaltung zum Singen gebracht. Wenn möglich sollte man barocke Kirchen oder Bibliotheken an einem Wintertag besuchen. Dieses Glück widerfuhr mir in der Wies. Die Sonne strahlte über der verschneiten Landschaft. Der weiße Teppich rund um die Kirche warf die leuchtende Helligkeit des Himmels zurück. Die Wirkung des Lichtes im Innern war großartig. Die Gestalten am Gewölbe schienen das Gotteshaus in die Lüfte zu heben.

Auszüge aus der Bibel, der Heiligenlegende oder der Geschichte, Loblieder auf Wahrheit und Tugend, der Sieg des Guten über das Böse, die Verherrlichung von Kirche und Reich, das sind die großen Themen der barocken Klostermalerei. Symbolik und Scholastik sind oft vom Mittelalter übernommen. Aber sie wurden bereichert durch die Ikonologie, eine Wissenschaft aus der Zeit des Manierismus. Die Grundlage schuf Cesare Ripa im Jahre 1593 mit seinem in viele Sprachen übersetzten Werk »Iconologia«. Während des Barock erfanden die Mönche ständig neue allegorische Gestalten, was mitunter die Entschlüsselung erheblich erschwert.

Die eigenständigste Neuerung dieser frommen Kunst in Mitteleuropa liegt im Bereich der Engelkunde. Bernini und Borromini hatten auf der Engelsbrücke und in der Lateranbasilika die Engel als Ausdruck der christlichen Seele interpretiert, zitternd und ruhelos, eine Art Äolsharfe, die im göttlichen Hauch zu spielen beginnt. In verschwenderischem Ausmaß zieren Engel deutsche und österreichische Sakralbauten. Sie treten als Erwachsene, Jünglinge und Kinder auf. Häufig sind alle Altersstufen zu einem Orchester vereint, wie am Chorgestühl von Leubus, das Matthias Steinl als Illustration der Psalmen schnitzte. Ähnliches gilt für die Orgeln. Die kleinen Engel handhaben ihre Instrumente oft mit kindlichem Übermut.

Geflügelte Kinderfiguren tauchen in der Kunst zum ersten Mal im 4. vorchristlichen Jahrhundert auf, in einem von den Grundsätzen platonischer Philosophie durchdrungenem Milieu. Der Flügel galt als etwas Göttliches, denn er nimmt dem Körper die Schwere.

Plato sprach von der Seele (Psyche), die ohne Flügel nicht dorthin zurückkehren kann, wo sie hergekommen ist. Später erschien das Engelchen als Grabgenius auf heidnischen und christlichen Sarkophagen wieder. Im Hellenismus gab es Genien in allen Lebensbereichen. Berühmt sind die Cupidos im Vettierhaus in Pompeji. Auf christlichen Mosaiken und Sarkophagen des 4. und 5. Jahrhunderts sind sie Erntehelfer im eucharistischen Weinberg.

Donatello erweckte die umherschwirrenden Kindergestalten zu neuem Leben und machte sie zum Symbol der Lebenskraft. In der Folge wurde dieses Kind als Putto ein fester Bestandteil der italienischen Kunst. Sehr beliebt war der Putto bei den deutschen und österreichischen

37 Benediktinerabtei Ottobeuren. Putti des Michaelaltars, von Joseph Christian
Die von den Italienern Putti genannten kleinen Engelsgestalten tauchten in der Renaissance auf und bevölkerten im Barock zahllose Kirchen.

38 St. Michael in Berg am Laim. Putto, von Johann Baptist Straub, 1767
Die kleine Mädchenfigur ist ein Attribut des auf der Abbildung nicht sichtbaren Erzengels Gabriel. Die Worte im aufgeschlagenen Buch sind Marias Antwort auf die Verkündigung. Der Putto ist also eine symbolische Darstellung der Jungfrau.

39 Zisterzienserabtei Fürstenzell. Putto, von Joseph Deutschmann, um 1745
Der von einer Schlange gebissene Putto symbolisiert die Qualen der Hölle.

Rokokokünstlern. In allen nur möglichen biblischen Darstellungen brachten sie ihn unter. Oft sind die Putti eifrig damit beschäftigt, den großen Engeln bei der Himmelfahrt Mariens zu helfen, auch wenn sie nur Wolken tragen.

Häufig ist der Putto kein Engel, sondern Symbol für einen Gedanken oder eine Tat. Zu seinen Aufgaben gehört es, die Attribute von Heiligen zu halten, was er immer auf geistreiche, unterhaltsame und unerwartete Weise macht. In Rott am Inn kriecht so ein Bengel unter dem Rock der hl. Elisabeth hervor und streckt ihr wie ein Bettler einen Hut ihn, damit sie ihre Haupttugend, die Barmherzigkeit, zeigen kann. In Einzelfällen stellt der Putto sogar die Madonna selbst dar. In Berg am Laim zum

Beispiel sitzt dem Verkündigungsengel Gabriel ein kleines krausköpfiges Mädchen zu Füßen. Auf dem Buch in seiner Hand stehen die Worte »Siehe, ich bin die Magd des Herrn«.

Im allgemeinen symbolisieren diese Engelchen die Freude. Hie und da nehmen sie aber auch an traurigen Ereignissen teil, etwa an der Passion. In Fürstenfeld trocknet ein Cherub eine Träne mit seiner Flügelspitze, was eigentlich ein recht drolliges Schauspiel ist. Joseph Anton Feichtmayrs Putti an den Kreuzwegkartuschen der Wallfahrtkirche Birnau tragen die Marterwerkzeuge Christi. Bei der Schweißtuchszene hält ein Engelchen den Schleier. Da es für Veronika steht, ist es ausnahmsweise ein Mädchen mit gelocktem Haar.

Meistens flattert, klettert oder setzt sich dieses Kindervolk respektlos überall hin, ganz wie es dem kindlichen Spiel entspricht. Ob es nun ein Kardinalshut ist oder der Krummstab eines Abtes, die kleinen Wesen spielen mit allem. In Fürstenzell bei Passau jonglieren sie gar mit dem Kreuz und den Marterwerkzeugen, die man ihnen unvorsichtigerweise überlassen hat.

Wissenschaft, Tugenden, Liebe, alles stellen die Putti mit Hilfe der entsprechenden Attribute dar, manchmal auch die Elemente oder die Erdteile. Mit sichtlichem Vergnügen trägt das Engelchen Amerika dann einen indianischen Federschmuck auf dem Kopf. Die Putti sind auch in allen Berufen bewandert. In der St. Galler Stiftsbibliothek, wo sie die Künste und die Handwerke symbolisieren, spielen sie mit großem Spaß den Gärtner, den Maler oder den Organisten. Nicht einmal das Los, Schlechtes darzustellen, bleibt ihnen erspart. In der Schussenrieder Bibliothek zum Beispiel sind sie Ketzer, die den Kirchenvätern Kummer bereiten. In Fürstenzell hat ein von einer Schlange gebissenes Engelchen, das vor Schmerzen aufschreit, die Qualen der Seele in der Hölle darzustellen.

Die Begeisterung der Künstler, die diese Wesen modelliert haben, ist fast nicht zu bremsen. Es gibt kaum Wiederholungen. Man ist hingerissen von dem sich zeigenden Einfallsreichtum. Ganz offensichtlich haben die Stukkateure ihre eigenen Kinder beobachtet und halten nun für alle Zeiten deren Spiele und Lachen fest. Diese drallen, flinken und verschmitzten kleinen Gestalten voll Anmut und Schalkhaftigkeit erfüllen die Räume mit Freude und Fröhlichkeit. Was mag den Barockmenschen veranlaßt haben, sich dieses Schauspiel der Kindlichkeit vor Augen zu führen? Wollte er sich selber über die eigene düstere Zukunft hinwegtäuschen?

V

DIE EINRICHTUNG

Das Hauptelement der Kircheneinrichtung ist der Altar. Oft handelt es sich um eine stuckverkleidete Holzkonstruktion, deren Aufbau eigenen Gesetzen folgt.

Der Hochaltar zieht alle Blicke auf sich. Häufig ist er von zwei ebenfalls frontal gesetzten Seitenaltären eingerahmt, um eine Dreiheit zu bilden (Obermarchtal). Die Nebenaltäre stehen in Kapellen, es sei denn, sie zeigten sich ebenfalls frontal wie in der Augustiner-Stiftskirche Diessen, wo sie eine prunkvolle zum Hauptaltar führende Reihe bilden.

Ein Altar setzt sich gewöhnlich aus drei Teilen zusammen. Gegen den Unterbau ist der Altartisch gestellt, auf dem die Messe gelesen wird. Darüber erhebt sich der Tabernakel zur Aufbewahrung der geweihten Hostien. Hauptstück des Altars ist ein meistens dem Kirchenpatron geweihtes zentrales Blatt, seltener eine Statue. Auf beiden Seiten schließen sich Säulen mit dazwischenstehenden Statuen an. Auf den Säulen ruht ein vorspringendes Gebälk mit Sprenggiebeln und der im 18. Jahrhundert beliebten »Strahlenglorióle«, die den Himmel versinnbildlicht.

Im 17. Jahrhundert ist der Altar oft massiv gestaltet. Die Säulen allerdings sind kunstvoll gearbeitet oder gewunden. Im 18. Jahrhundert erscheinen vielfältige, unregelmäßig gesetzte Ornamente und Rocaillen, vor denen Engel und Engelchen fliegen (Ottobeuren, Zwiefalten). Doch verliert der Altar nie seine architektonische Strenge, die aufgrund der hohen Säulen in Marmorimitation mit vergoldeten oder gefaßten korinthischen Kapitellen sogar größer ist als während der Barockzeit. Im Gegensatz zur Flächenvergoldung, die man in den Ländern der iberischen Welt, gelegentlich auch in Italien und selten in Frankreich antrifft, ist der Dekor in den deutschsprachigen Ländern farbig.

Hie und da schaffen Durchblicke verblüffende Wirkungen; in diesem Zusammenhang sind vor allem die Altäre der Brüder Asam in Rohr und Weltenburg zu nennen. Der Hochaltar der Franziskanerkirche in Brühl, den Balthasar Neumann entwarf, hat einen Baldachin, der der geschwungenen Linie des Chors folgt und dessen Säulen und Statuen sich als Silhouetten von den hohen Kirchenfenstern abheben.

Der Hochaltar im Kirchenchor der Kartause Ittingen, den Matthias Faller zwischen 1763 und 1767, in der Blütezeit des Rokoko, ausführte, kann als Musterbeispiel einer vollendeten Form gelten. Das Beispiel ist um so überzeugender, als der Altar einen engen Raum abschließt, im Gegensatz zu anderen, größeren Altären, wie man sie etwa in Ottobeuren sieht.

Die geschwungene Wand des Ittinger Altars bietet Platz für drei Altartische. Blumen- und Früchtegehänge und beschwingte Rocaillen schaffen ein großzügiges Relief mit überzeugendem Rhythmus. Im Wirbel der Muschelornamente und Voluten steigert sich der Dekor in kraftvollem Crescendo und versetzt den ganzen Raum in Schwingung. Das in römischer Perspektive gemalte Deckenfresko von Franz Ludwig Herrmann zeigt die Begegnung des hl. Bruno mit dem Grafen Roger; der Dekor läßt es buchstäblich in höhere Sphären entschweben.

Die Kanzeln gehören wie die Altäre zur festen Einrichtung der Kirchen. Als wichtiger Bestandteil des Dekors und der Ikonologie haben sie apologetischen Charakter und sollen die Beredsamkeit des Predigers wirkungsvoll unterstützen. Die Kanzeln der Klosterkirchen sind trotz dieses Pathos nie von so offensichtlicher Symbolik wie manche Kanzeln in Pfarr- oder Wallfahrtskirchen, bei denen man den Walfisch des Jonas oder öfters noch das aufgetakelte Schiff nachgebildet sieht, in dem Christus und Petrus zum Seelenfang ausfahren. Die Kanzel in der Zwiefaltener Kirche stellt mit großem figurativem Erfindungsreichtum die Überwindung von Sünden und Tod dar. In einem Rocaille- und Zackendekor, der an die naturalistischen Ursprünge des Rokoko erinnert, sind unter der Kanzel ein Leichenfeld und an der Brüstung die Allegorien des Glaubens, der Hoffnung und der Liebe zu sehen. Darüber schwebt die Taube als Sinnbild des Heiligen Geistes, während das Ganze von Christus am Kreuz überragt wird.

Die in Holz ausgeführten Beichtstühle haben meistens einen rein ornamentalen Dekor. Manchmal tragen sie auch Figuren, die die Buße oder die Barmherzigkeit versinnbildlichen. Bemerkenswert sind die acht Beichtstühle der St. Galler Stiftskirche, elegante Rocaillearbeiten

40 Kartause Ittingen. Hochaltar, von Matthias Faller, mit Blatt von Franz Ludwig Herrmann, 1764
Der Hochaltar nimmt die ganze Rückwand des Mönchschors ein. Die nach vorn gekrümmten Seitenflügel bilden zwei zusätzliche Altartische. Zwischen den hll. Bruno und Hugo das Altarblatt mit der Verzückung des hl. Bruno angesichts einer Marienvision. Im Auszug eine Engelgloriole zwischen den hll. Ursula und Katharina.

41 Benediktinerabtei Zwiefalten. Kanzel, von Joseph Anton Feichtmayr, Augsburg
An der Brüstung eine Darstellung des Totenfelds nach einer Vision des Propheten Ezechiel, am Sockel der Würgengel mit Flammenschwert. Die erretteten Seelen werden von Allegorien der Tugenden empfangen. Auf dem Schalldeckel der Heilige Geist und Christus am Kreuz.

wichtigen Bestandteils der Kircheneinrichtung grundlegend änderten.

Eines der schönsten deutschen barocken Chorgestühle steht im Kapitelsaal von Obermarchtal und wurde vom Tiroler Andreas Etschmann ausgeführt. Auf den Zwischenwangen und Wangen der unteren Reihe scheinen Büsten alle Völker der Erde darzustellen. Sie tragen ungewöhnlichen Kopfschmuck zu Schau, während Monstren und allerlei Getier mit aufgerissenen Mäulern sie zu verschlingen drohen.

Das Chorgestühl des österreichischen Zisterzienserstifts Baumgartenberg wäre seiner strengen Gestaltung wegen kaum erwähnenswert, gäbe es nicht die dornigen Akanthussträucher in der Bekrönung. Allerdings scheinen sie nachträglich hinzugefügt zu sein. Die Prämonstratenser des Klosters Schussenried, das Deutschlands schönste Rokokobibliothek besitzt, müssen wohl ihr zwischen 1715 und 1718 von Georg Anton Machein geschnitztes Chorgestühl rasch für veraltet gehalten haben. Es gehört noch einem blumenreichen Barock an. Zahlreiche Heiligenstatuetten rahmen alttestamentarische Flachreliefs. Immerhin spricht hier die Tatsache, daß die Phantasie von der Ikonologie verdrängt wurde, schon für einen neuen Geist.

Das nach 1703 entstandene Chorgestühl im Mönchschor der Kartause Ittingen ist ein Werk des Kunstschreiners Chrysotimus Fröhli und seiner Söhne. Es gehört mit dem gleichzeitig entstandenen Chorgestühl von St. Urban zu den bedeutendsten Schnitzarbeiten der Schweiz. Aber während in St. Urban eine überschwengliche Phantasie aus den Quellen des Manierismus schöpfte, ist Ittingen mit seinem rhythmischen Pflanzendekor reiner Barock. Die Formensprache ist die des 17. Jahrhunderts, die allerdings bis um 1720 gebräuchlich war: Gehänge von Fruchtwerk, Blumen, Voluten, Vasen, Körbe, Muscheln, Federwerk, Akanthus und Engelsköpfe. Die Miserikordien sind in gotischer Tradition mit Masken, Tieren und Fratzen verziert.

Die Bibliothek der Schweizer Zisterzienserabtei St. Urban macht heute, da sie aller Bücher beraubt ist, einen traurigen Eindruck. Immerhin ist es für eine Bibliothek im deutschen Sprachbereich einmalig, daß die Galerie von Karyatiden getragen wird. Diese zwölf Figuren stellen die Vier Jahreszeiten, die Vier Elemente und die Vier Weltteile dar. Sie deuten die Universalität der Kenntnisse an, jedenfalls was den physischen Bereich betrifft. Jede Statue trägt das ihr entsprechende Attribut. Alle Altersstufen sind vertreten, von jungen Mädchen über Heranwachsende und Erwachsene bis hin zum

44 Zisterzienserabtei St. Urban. Bibliothek, Karyatiden, von Peter Fröhlicher, 1701–1707
Karyatiden, wie sie in St. Urban in der Bibliothek und am Chorgestühl der Klosterkirche in großer Zahl vertreten sind, sind ein Erbe der Manierismus, das sich bis in die Anfänge des 18. Jahrhunderts hinein fortsetzte.

45 Prämonstratenserstift Obermarchtal. Kapitelsaal, Chorgestühl, von Andreas Etschmann
Die Verzierungen dieses Chorgestühls zeugen von einer ungezügelten Phantasie. Sämtliche Schmuckformen, die der Manierismus des ausgehenden 16. Jahrhunderts hervorgebracht hat, sind vertreten. An den Wangen und Zwischenwangen der ersten Sitzreihe wollte der Künstler offenbar alle Völker der Erde darstellen.

Greis. Sie sind sehr naturalistisch als Vollplastiken gearbeitet und nicht wie sonst üblich als Hermen. Einige tragen auf dem Kopf umfangreiche kapitellartige Gebilde aus Palmen, Blumen, Früchten und Federwerk.

Das Motiv der Karyatide entwickelte sich während des Manierismus vor allem in Nordeuropa. Der Barock kannte eigentlich nur noch den Atlanten als Träger von Galerien. Die säulenartig freistehende Karyatide war nach dem 17. Jahrhundert nicht mehr gebräuchlich. Um so überraschender ist es, daß die Einrichtung der Bibliothek von St. Urban aus dem Jahre 1719 stammt. Sie ist von Peter Fröhlicher, dem Meister des Chorgestühls, und im Anschluß an dieses entstanden.

Von 1701 bis 1707 arbeitete der Solothurner Fröhlicher unter Mithilfe von vier Gesellen und einem Kunsttischler am Chorgestühl. Es gilt als die umfangreichste Schnitzarbeit des Barock. Die Sitze sind in der üblichen Weise zweireihig angeordnet. 32 Karyatiden und andere figurative Pfeiler an den Lehnen tragen das Gesims. Darüber stehen zwischen durchbrochenem Rankenwerk vollplastische Statuen der zwölf Apostel. Auf jeder Rückenlehne zeigen drei Flachreliefs übereinander Ereignisse des Alten und Neuen Testamentes. Der Künstler hatte den Ehrgeiz, sämtliche Karyatiden verschieden zu gestalten, entweder vollplastisch oder als Hochrelief. Einige der vielfältigen Gestalten seien hier erwähnt: junge Mädchen und Männer auf Engelsköpfen, Engelhermen, nackte Kinder als Zwillingshermen auf einem Flügelsockel, Putti, antike Büsten von Jünglingen und alten Männern, bärtige Männer, Kinderhermen, junge Mädchen als Hermen, stehende Engel, Cherubim, nackte kleine Zwillingsmädchen auf heraldischen Lilien, das Wappen des Abtes Joseph zur Gilgen mit gekröntem Adler auf einer Girlande, Putti mit Körben, ein jugendlicher, bekleideter Hermes usw. All das wächst mehr oder weniger deutlich erkennbar aus einem Gewucher von Akanthus, Blumengirlanden, Kohlblättern, Tulpen und Früchten.

Die Zwischenwangen oder Docken, die Miserikordien und die Bekrönung der Dorsale sind in ähnlicher Weise verziert. Die Sitze selbst sind nach mittelalterlicher Tradition mit Tierfiguren geschmückt.

Die alttestamentarischen Szenen der Flachreliefs sind nach der 1702 veröffentlichten Augsburger Bilderbibel von Johann Kraus gestaltet. Für das Neue Testament hielt sich Fröhlicher eng an den Evangelienkommentar des Jesuiten Hieronymus Natalis, der 1596 mit Illustrationen der Brüder Wierix, Johann Collaerts und Carl Mallarys in Antwerpen erschien. Beide Werke wurden dem Künstler vom Kloster zur Verfügung gestellt mit der Auflage, sich streng an sie zu halten. Anders ist es bei den Statuetten und dekorativen Elementen. Hier können wir Fröhlichers ungewöhnliche Phantasie bewundern. Eine versteckte Symbolik zu suchen, wäre sinnlos. Im Grunde bewegte sich Fröhlicher hier auf längst nicht mehr begangenen Wegen. Die dekorative Kunst des Barock und Rokoko baut auf dem Prinzip der Reihung gleichartiger Motive auf. Fröhlicher dagegen war bestrebt, sämtliche Figuren verschieden zu gestalten. Diese Denkart ist charakteristisch für den Manierismus, der die Welt als Fülle von Einzelformen ohne gemeinsamen Nenner sah. Fröhlichers Quellen sind Abhandlungen nordischer Ornamentisten wie des Deutschen Wendel Dietterlin, des Holländers Hans Vredemann de Vries und des Franzosen Hugues Sambin. In den üppigen Formen schimmert auch die Kunst eines Rubens durch, wie sie ebenfalls Artus Quellinus und seine Schule im Chorgestühl der Antwerpener Paulskirche interpretierten.

Vergleicht man das Chorgestühl von St. Urban mit dem ein Jahrhundert zuvor entstandenen von Beromünster (1609–1610), so muß man feststellen, daß eigentlich keine große Entwicklung stattgefunden hat. Gerade in ländlichen Gegenden hielten sich die Meister häufig an längst veraltete Regeln, wozu auch das Nachahmen zeitgenössischer Stiche gehört. Die großen barocken Bildhauer und Holzschnitzer wie Joseph Christian und Joseph Anton Feichtmayr dagegen gaben dieses handwerkliche Vorgehen auf.

Dem Chorgestühl von St. Urban ist seine abenteuerliche Geschichte nicht anzusehen. Die Luzerner Kantonsregierung verkaufte es 1853 mit dem gesamten Klostermobiliar an den St. Galler Bankier Jacques Meyer, der einen Teil davon im Basler Hotel »Drei Könige« aufstellte. Dort wären wohl noch lange Zeit Bankleute und Vertreter auf den Chorstühlen gesessen, hätte sie nicht 1854 der Ire Stephan Ramne entdeckt und gekauft. Sechs Jahre später gelangten sie in den Besitz des schottischen Lords Kinnoull. In dessen Schloß Dupplin Castle entdeckte sie der erste Direktor des Schweizerischen Landesmuseums. Er nahm über den englischen Konsul Verhandlungen auf. Zwischen 1891 und 1900, während die Gespräche noch liefen, wurde das Chorgestühl in die neue Westminster-Kathedrale in London überführt. Schließlich willigte Lord Kinnoull ein, es zu einem vernünftigen Preis zurückzugeben. Er machte allerdings zur Bedingung, daß es an seinem Ursprungsort aufgestellt werden müsse. Am 21. April 1911 wurde die Gottfried-Keller-Stiftung mit dem Kanton Luzern einig, und am 26. Oktober des gleichen Jahres stand das Chorgestühl wieder an seinem angestammten Platz. Da man eine Planaufnahme des Architekten Alfred Zschokke aus dem Jahre 1853 hatte, konnte es in der richtigen Anordnung montiert werden.

Dieser Irrweg des Chorgestühls von St. Urban über Basel nach Schottland, London und wieder zurück erlaubt es, etwas über den Wandel des Geschmackes nachzudenken. 1853 hielt die Luzerner Kantonsverwaltung das Meisterwerk für künstlerisch wertlos. Kaum ein halbes Jahrhundert später bemühte sich die gleiche Verwaltung, es zurückzubekommen. Es war die Zeit, da man begann, den Barock als Kunststil anzuerkennen. Wieviel Zeit und Geld wurde in die Wiedergutmachung des Schadens investiert, der in den Wirren des Übergangs vom Ancien Régime zur modernen Gesellschaft angerichtet worden war! Die da so leichtfertig das kulturelle Erbe der Vergangenheit zerstörten, taten dies im vollen Vertrauen in die neue Zivilisation. Sie waren überzeugt, Gleichwertiges hervorbringen zu können. Von der mate-

46 Zisterzienserabtei Leubus. Kirche, Chorgestühl, von Matthias Steinl
Unter Abt Johannes Reich (1672–1691) führte Steinl das gesamte Mobiliar der Kirche aus, darunter die Altäre und das Chorgestühl. Inmitten eines wuchernden Pflanzendekors stimmen Engel und musizierende Putti ins Gotteslob nach Psalmtexten ein.

47 Benediktinerabtei Fischingen. Schlafzimmer des Abtes, um 1760
Das Schrankbett und die Wandverkleidung sind in Marmorimitation bemalt. Am Boden ein mehrfarbiges Parkett, an der Decke Rokokostuck.

rialistischen Grundlage ihres Denkens aus konnten sie nicht voraussehen, daß der ungeheure Aufschwung von Wissenschaft und Technik zu einem Zusammenbruch führen mußte, ähnlich dem Untergang des Römischen Reiches. Der technische Fortschritt wurde durch ein einzigartiges Versagen im künstlerischen Bereich erkauft. Erst als man sich dieses Niedergangs bewußt wurde, erhielten die Meisterwerke der Vergangenheit wieder den ihnen gebührenden Stellenwert.

Beim Übergang vom Barock zum Rokoko erfuhr das Chorgestühl eine tiefgreifende Umwandlung. Nichts kann dies besser belegen als der Vergleich zweier Werke, die derselbe Künstler am Anfang und am Ende seiner Laufbahn schuf. Um 1676 erhielt Matthias Steinl, der für die Ausstattung der Zisterzienserkirche Leubus verantwortlich war, den Auftrag, auch das Chorgestühl auszuführen. Vorgeschriebenes Thema waren dabei die Psalmen. Inmitten unzähliger Akanthusblätter spielen Heerscharen von Engeln aller Altersstufen die vom Psalmisten erwähnten Instrumente, während die dazugehörenden Bibelworte auf Schriftbändern zitiert werden. Kaum ein anderer Künstler, selbst nicht in Mexiko, hat je derart überschwengliche Formen geschaffen wie Matthias Steinl, keiner hat wie er einem heiligen Taumel Ausdruck verleihen können, der sich der Figuren wie des Pflanzendekors bemächtigt.

Einige Jahre vor seinem Tod im Jahre 1727 leitete Matthias Steinl die Ausführung des von ihm entworfenen Chorgestühls von Klosterneuburg. Ein größerer Gegensatz ist kaum vorstellbar. In Leubus entsteht der Eindruck, man befände sich in einem tropischen Wald, und das Konzert, das man höre, gleiche dem Vogelgesang. In Klosterneuburg dagegen steht man vor einem funktionellen Einrichtungsteil, dessen Dorsale mit den Wappen der habsburgischen Kaiser verziert sind und dessen Felder einfaches, vergoldetes Ornament tragen.

Der Rokokotischler vermeidet jeden Bezug auf pflanzliche Elemente zugunsten der reinen Rocaille, deren geschwungene Formen er kunstvoll vervielfacht und auf asymmetrische Weise zusammensetzt. Was auf den ersten Blick wie ein wildes Durcheinander erscheinen mag, entspricht einem vibrierenden Rythmus, der seine Prinzipien aus der muskalischen Harmonie schöpft. Auch die Figuren folgen dieser rhythmischen Bewegung. Die schönsten Chorgestühle des 18. Jahrhunderts wurden in Zwiefalten (1744–1751) und in Ottobeuren (1755–1762) vom Schreiner Martin Hermann aus Villingen und vom Bildhauer Joseph Christian aus Riedlingen geschaffen. In Rocaillerahmen setzte Christian biblische Szenen, die perspektivisch in eine dünne Lindenholzschicht geschnitten sind. Die Feinheit dieses Verfahrens, das in Italien als Schiacciato bekannt ist, wird durch die kräftigen Atlanten zwischen den Tafeln betont. Die vergoldeten Reliefs heben sich deutlich vom ungefaßten Holz ab. Der Umstand, daß die Orgeln mit dem Chorgestühl eine Einheit bilden, läßt dieses ganze Schnitzwerk wie eine erstarrte Musik erscheinen. Die Reliefs mit ihrer fast ins Unendliche führenden Perspektive versetzen den Betrachter in eine unwirkliche Welt.

Beim Übergang vom Barock zum Rokoko erfolgt ein weiterer Wandel. Urwüchsige Formen und Figuren sind

48 Benediktinerabtei Ottobeuren. Kirche, Chorgestühl, von Joseph Christian, 1755–1762

Im Vergleich mit Leubus (s. Abb. 46) fällt die Eleganz dieses Rokoko-Chorgestühls auf. An den Dorsalen sehr flache vergoldete Reliefs mit Szenen aus dem Leben des hl. Benedikt und aus dem Alten Testament. Zu diesem Zeitpunkt hatten die Künstler nicht mehr die Freiheiten, die man ihnen bis zum Anfang des 18. Jahrhunderts eingeräumt hatte. Die Themen waren nun in einem genau umschriebenen Programm festgelegt.

49 Benediktinerabtei Fischingen. Intarsienfeld einer Tür, türkischer Trommler
Die Intarsien der zahlreichen Türen der Fischinger Prälatur zeigen ein reichhaltiges kriegerisches Bildprogramm.

50 Augustiner-Chorherrenstift St. Florian. Schreibschrank des Propstes Födermayr, von Leonhard Sattler (†1744) und Stephan Jegg (1673–1749)
Das kostbare Möbel führt eine ganze Ikonologie vor. Die Ausdrucksmittel sind in Kupfer getriebene, vergoldete Statuetten und Intarsien.

nun nicht mehr gefragt. Atlanten, Engel und Putti bringen die einzige Abwechslung. Das komplexe Formenspiel der Rocaille könnte als Werk einer entfesselten Einbildungskraft angesehen werden; doch ist der Künstler in Wirklichkeit nur im Ornament ungebunden. Er hat einer genauen religiösen Ikonologie zu folgen, und seine Begabung erweist sich in der Gestaltung des vorgegebenen ikonographischen Programms. In den Szenen aus dem Leben des hl. Benedikt, die die Dorsale des Chorgestühls von Ottobeuren schmücken, wird deutlich, daß Joseph Christian mehr als ein Zimmermann, daß er ein echter Bildhauer war.

Heutzutage ist in den Klöstern nur noch selten die Originaleinrichtung vorhanden, die meistens während der Säkularisation verstreut wurde. In der Prälatur der Kartause Ittingen findet man einige Prunkräume mit ursprünglichem Mobiliar, darunter auch die Kapelle. Beachtenswert ist das Bett im Schlafzimmer des Abtes. Es handelt sich um ein Schrankbett mit volutenartigem Auszug. Das Möbel gehört dem Stil nach der Zeit Maria Theresias an. Es ist, wie auch die Wandpaneele, in Marmorimitation bemalt. Eine Anzahl Möbel ist in St. Gallen erhalten geblieben, wenn nicht im Kloster selbst, so doch in den Büros der kantonalen Verwaltungsbeamten und im Bischofspalais. Darunter sind auch einige eingelegte Schreibschränke des 18. Jahrhunderts. Einer von ihnen ist ein rechter Koloß mit einer Unzahl von Schubladen. Die Wappentiere der ehemaligen Abtei

51 Kartause Ittingen. Weinfaß, 1759, renoviert 1813 von Joh. Georg Engelmann
Einen beträchtlichen Teil ihres Einkommens erwirtschafteten die mitteleuropäischen Klöster im 18. Jahrhundert aus ihren Weingütern und Brauereien.

bilden das Untergestell: Bär und Hund an den Seiten, das Lamm in der Mitte. Die Motive der Einlegearbeit sind spiegelbildlich hell auf dunkel und dunkel auf hell angeordnet, wie bei den Möbeln des französischen Ebenisten Boulle. Inmitten von wuchernden Pflanzen tummeln sich Vögel aller Art, Bären und Wölfe. Daneben werden Büffel, Wildschweine und Hirsche gejagt. Die Tür des Mittelschrankes im Aufsatz zeigt den hl. Gallus und die Madonna. Auf der Schreibplatte ist ein musizierender Engel und ein Jäger mit Hund zu sehen. Auf diesem Schreibmöbel eines Abtes vom Anfang des 18. Jahrhunderts werden also profane und sakrale Motive vermischt.

Zu den prunkvollsten Klostermöbeln überhaupt gehört der Schreibschrank von Johann Baptist Födermayr, dem Propst des österreichischen Augustinerstifts St. Florian. Die ausführenden Künstler waren Leonhard Sattler († 1744) und Stephan Jegg (1673–1749), die beide in St. Florian gestorben sind. Die Intarsien sind in Nußbaum-, Eben- und Weichholz sowie in Zinn und

Messing gearbeitet. Die Motive folgen den Grotesken des französischen Ornamentisten Jean Bérain. Die Statuen sind aus vergoldetem Kupfer. Atlanten tragen in verkrampfter Haltung den Unterbau des Möbels. Im mittleren Teil oder Sekretär flankieren die Göttlichen Tugenden drei Nischen. Die Motive der Supraporten sind höchst seltsam: »Astyages zeigt Harpagos den Kopf seines Sohnes, dessen Fleisch er ihm zuvor als Festmahl serviert hatte«, »Der fassungslose Alexander hört vom Sieg seines Vaters« und »Alexander zerschlägt den gordischen Knoten«. Über dem Mittelteil tragen vier Putti das Wappen und die Ehrenzeichen des Abtes. Im Auszug schließlich ist eine Uhr und darüber eine Allegorie der Zeit zu sehen. Von was für Stolz muß der Bauernsohn Födermayr durchdrungen gewesen sein, wenn er von diesem prachtvollen Schreibtisch aus die Geschicke seiner Abtei lenkte. Wenn er allerdings die Sense sah, die Chronos über seinem Kopf schwingt, ist ihm wohl die Nichtigkeit der Dinge dieser Welt klar geworden.

In der Intarsienarbeit entwickelten die deutschen Schreiner des 17. und 18. Jahrhunderts eine wahre Meisterschaft. Mit ganzen Bilderwelten überzogen sie Wandverkleidungen, Türen und Möbel. Auch in Fischingen gibt es in Prälatur, Gästezimmern und Bibliothek ein Reihe von eingelegten Türen. Zwischen den üblichen Vögeln und Blumen bewegen sich malerische Kriegergestalten: Infanteristen, Kavalleristen, Panduren, Kroaten, Husaren, Dalmatier, Ehrengarden, Raufbolde, ruhende und rauchende Soldaten usw. Was soll diese Armee in einer so friedlichen Umgebung, wie es ein Kloster ist? Wozu Trommeln und Trompeten an diesem Hort der Stille? Sollten diese martialischen Gestalten gewisse Sehnsüchte nach einem aktiven Leben befriedigen, dem die Mönche entsagt hatten?

Im Keller der Kartause Ittingen kann der Besucher irdischen Sinnesfreuden nachgehen; dort steht auf einem mit Rocaillen und zwei grotesken Gestalten verziertem Sockel ein gewaltiges Weinfaß mit mehr als 45 000 Liter Fassungsvermögen. Verstrebungen und Spundloch sind mit stark herausgearbeiteten Schnitzereien besetzt. Das Erstellungsjahr ist mit 1759 angegeben. Eine kalligraphische Inschrift hält fest: »Renoviert Joh. Georg Engelmann 1813«. Diese alten Stücke sind sehr selten geworden. Ein ähnliches Faß aus der gleichen Zeit ist im Schweizerischen Landesmuseum in Zürich ausgestellt. In Ittingen kann man noch weiteres Schnitzwerk aus den Böttcherwerkstätten des beginnenden 19. Jahrhunderts besichtigen: zwei Statuen eines Kellermeisters in Gehrock und Zylinder, einen Soldaten mit geschultertem Gewehr, dessen Mütze mit einem Rost des hl. Laurentius verziert ist, und eine Kellerrechtstafel mit Rebstock und Abteiwappen.

Der Ittinger Wein war und ist berühmt. Viele mitteleuropäische Klöster besaßen Weingüter, die häufig, besonders wenn die Lagen gut waren, ihren Reichtum sicherten. Seit dem Mittelalter war der Rebbau eng mit der klösterlichen Landwirtschaft verbunden. Mönche von Cîteaux waren es, die mit geduldiger Pflege dem Burgunder zu seinem Ruf verhalfen. Dom Pérignon (1668–1713), der Kellermeister der Benediktinerabtei Hautvillers, entwickelte das Herstellungsverfahren des Champagners und führte den Korken als Flaschenverschluß ein.

ÖSTERREICH

Mit der Bezeichnung »Österreich-Klösterreich« wird treffend umschrieben, was jener Passauer Bischof auslöste, der um die Wende zum 11. Jahrhundert Benediktiner und Cluniazenser in die Ostmark rief. Seine Aktion war mit jener der Babenberger abgestimmt, die als eigentliche Kolonisatoren Österreichs den bayerischen Adel aufriefen, das Abendland gegen Eindringlinge aus dem Osten und Süden zu verteidigen. Der Babenberger Ahnherr Leopold I. baute sich 976 auf einem Felsplateau über der Donau, kurz vor deren Durchbruch in die Wachau, seine Pfalz Melk. Markgraf Leopold III. (1073–1136), der später heiliggesprochen und zum Schutzpatron Nieder- und Oberösterreichs ernannt wurde, holte die Zisterzienser ins Land, die sich zunächst in Heiligenkreuz und Zwettl niederließen.

Melk, Heiligenkreuz und Zwettl sind heute große Barockklöster; wie die meisten österreichischen Abteien wurden sie im 17. und 18. Jahrhundert umgebaut. Diese Epoche war die Blütezeit der Mönchsarchitektur. Noch heute ist Österreich gemeinsam mit der deutschen Schweiz das einzige Land Europas, in dem es völlig intakte und von Mönchen bewohnte Klöster aus dieser Zeit gibt. Diesen Umstand verdanken wir ausgerechnet dem Josephinismus, durch dessen drakonische Reformen zahlreiche Klöster aufgehoben wurden. Die wichtigsten Stifte wurden von der kaiserlichen Verwaltung unter der Bedingung geduldet, daß sie sich an die offiziellen Leitlinien hielten. Sie überstanden auch den Wirbelsturm, der im Zuge der Französischen Revolution über Europa hinwegfegte. Nur in Österreich ist heute noch sichtbar, was die »Paläste des Glaubens« auf dem Höhepunkt ihrer Geschichte waren.

In den Anfängen der barocken Klosterbaukunst standen in Österreich deutsche Architekten in Konkurrenz mit ihren italienischen Kollegen. Es ist dabei zu bedenken, daß die Lombardei habsburgisches Erbland war, die Künstler dieser Region in Österreich also keine Ausländer waren. Carlo Antonio Carlone, der 1708 starb, war als Wegbereiter des Barock in den Stiften St. Florian, Garsten und Kremsmünster tätig. Auch als von höchster kaiserlicher Seite beschlossen wurde, Klosterneuburg neuzubauen, zog man einen Italiener bei, den unbekannten lombardischen Ingenieur Donato Felice d'Allio.

52 Unbekannter Meister, »Jakob Prandtauer« (1660–1726). Benediktinerstift Melk, Marmorsaal, um 1725
Der Architekt ist hier im Alter dargestellt, als er, von der Gicht gebeugt, kaum mehr in der Lage war, seine verschiedenen, hauptsächlich sakralen Baustellen in Österreich zu besuchen. Im Hintergrund der Prälatenhof des Stiftes Melk, das sein erstes großes Bauwerk wurde und seinen Ruf als Architekt begründete.

Der bedeutendste Stiftsbaumeister war Jakob Prandtauer (1660–1726), der sein Atelier in St. Pölten hatte. Sein Hauptwerk ist Melk, aber er führte auch Carlones Arbeit in St. Florian, Kremsmünster und Garsten fort. Sein Vorschlag für Klosterneuburg allerdings war dem kaiserlichen Oberhofbaudirektor Graf Althan zu bescheiden. In St. Pölten war er für die Karmeliterinnen und die englischen Fräulein tätig, außerdem auch für die Augustiner von Herzogenburg. In Zwettl wirkte er als Berater des Abtes. Da seine Baustellen über ganz Österreich verteilt waren, mußte Prandtauer ständig sehr ermüdende Reisen unternehmen, obwohl er seit seiner Jugend an Gicht litt.

Mindestens ebenso bedeutend war sein Schüler und Neffe Joseph Munggenast (1680–1741), der in Österreich drei große Klöster schuf: Seitenstetten, Geras und Altenburg. Nach dem Tod seines Onkels vollendete er Melk, zudem war er in Herzogenburg, Zwettl und Dürnstein beschäftigt.

Auch unter den anderen am Klosterbau beteiligten Berufsgruppen gab es Deutsche und Italiener. Zahlreich waren vor allem die lombardischen Maler. Auch Österreich hatte seinen armen Landstrich, aus dem die Berufsleute auszogen, um auswärts Beschäftigung zu suchen: das Tirol, woher namentlich Prandtauer und Munggenast stammten.

Zu den Schönheiten der österreichischen Klöster gehört häufig die beeindruckende Landschaft. Süddeutsche Stifte liegen in zwar reizvollen, aber selten großartigen Umgebungen. Eine Ausnahme bildet Weltenburg, das sich in eine Donauschleife schmiegt. In Österreich dagegen ist die schöne Lage gewissermaßen der vornehme Rahmen eines Klosters. Reisach am Inn und Metten liegen im Gebirge, Schönau ist von Wäldern umgeben, Stams reckt seine Türme den Tiroler Bergen entgegen, Altenburg lehnt sich an die Hänge des Böhmerwaldes, und in der Wachau schließlich ist die Donau die großartige Kulisse der drei schönsten österreichischen Klöster: Melk, Dürnstein und Göttweig.

I

MÖNCHE ALS FORSCHER UND JÄGER
KREMSMÜNSTER

Zum Benediktinerstift Kremsmünster gehört eine seltsame und in ihrer Art einmalige Anlage. Oberhalb des Klosters liegen, von eleganten palladianischen Arkaden auf toskanischen Säulen umgeben, fünf große Wasserbekken. Säulengänge trennen die einzelnen Bassins. Dies sind die sogenannten Fischbehälter des Stifts. Jedes Kloster hielt sich einen gewissen Vorrat an Fischen, denn die Fastentage waren zahlreich im Mönchsleben. So große Becken wie in Kremsmünster aber findet man sonst nirgendwo. Die Länge beträgt insgesamt 70 m bei einer Breite von 14 m. Abt Erenbert II. Schreyvogl ließ sie zwischen 1690 und 1692 von dem Mann anlegen, der auch für die Neugestaltung der Kirche verantwortlich war: Carlo Antonio Carlone. Ursprünglich gab es nur drei Becken. Zwei weitere fügte Jakob Prandtauer, der Architekt von Melk, hinzu. Eine Grotte bildet den Abschluß der Anlage. Ein Neptun mit Dreizack, ein Delphin, ein fischender Petrus und Tobias mit dem Fisch stehen auf den Brunnen, die die Behälter mit Wasser versorgen. Es sind die klassischen Allegorien des Wassers. Weitere Brunnenstatuen sind Samson mit dem Löwen und David mit dem Bären. Was mögen sie hier für einen Sinn haben, diese Sinnbilder der Jagd? Die Bedeutung wird klar, wenn man an den Wänden der Wandelgänge die 60 Hirschgeweihe entdeckt. Jedes trägt ein Schildchen mit dem Namen des Jägers. Die älteste Trophäe ist zugleich auch die stattlichste. Sie wurde 1620 von Abt Anton Wolfradt erbeutet, der auch Erzbischof von Wien und Präsident der Reichskammer war.

Trophäensammlungen sind häufig in Schlössern anzutreffen, in Klöstern sind sie eher selten. Kremsmünster dürfte das einzige sein, das seine Geweihe bis heute behalten konnte. Die Äbte, ob sie nun wie in Frankreich das Kloster als Pfründe erhalten hatten oder wie in Mitteleuropa gewählt wurden, waren große Feudalherren. Sie führten das Leben des Adels, und die Jagd war für sie eine bevorzugte Beschäftigung. Kremsmünster liegt an einem wildreichen Wald. Ursprünglich hatten die Äbte das Jagdrecht nur in einem kleinen Teil davon. 1741 aber kaufte das Kloster bei der Reichskanzlei die Rechte eines weit größeren Gebietes dazu.

In allen Ländern Europas war die Jagd ein Privileg des Adels. In Deutschland aber wurde sie seit dem 15. Jahrhundert zu einem Mythos erhoben. Seit dem Mittelalter erscheinen in der Ikonographie der Schlösser Fischerei und Jagd gemeinsam auf Fresken und Wandteppichen. Das bekannteste Beispiel aus dem 14. Jahrhundert befindet sich im Papstpalast von Avignon. Die Fischerei als Volksvergnügen und die Jagd als Vorrecht des Adels kennzeichnen die enge Beziehung zur nahrungspendenden Natur, die allen Gesellschaftsschichten gehörte. Erst durch die Verstädterung des Industriezeitalters wurde diese Harmonie zerstört. Kremsmünster preist sie noch mit der Verbindung von Geweihsammlung und Fischbehälter und auf allegorische Weise mit den Brunnenfiguren. Möglicherweise wollte Abt Schreyvogl mit dieser symbolträchtigen Anlage die sagenumwobene Klostergründung in Erinnerung rufen. Jedenfalls ist die Geweihsammlung nirgends besser am Platze als hier in Kremsmünster, das seine Entstehung alten Chroniken zufolge einem Jagdunfall verdankt. Der Bayernherzog Tassilo III. war mit seinem Sohn Gunther — wohl eine Namensverwechslung mit Theoto — an die Ostgrenze seines Herzogtums zur Jagd gekommen. Gunther entfernte sich unbemerkt von der Jagdgesellschaft und verirrte sich in den Tiefen des Waldes. Er wurde von einem riesigen Eber angegriffen. Zwar konnte der Prinz das Tier tödlich verletzen, aber er zerbrach dabei seinen Spieß. Der wütende Eber brachte dem nunmehr wehrlosen Jäger eine tiefe Wunde am Bein bei, an der Gunther verblutete. Sein treuer Hund kehrte bellend zu Tassilo zurück und führte ihn zum leblosen Körper seines Sohnes. Der Herzog weihte den Ort des Geschehens, indem er hier im Jahre 777 mit dem Bau eines Klosters begann. Unter den Zeugen der Vergangenheit im Klosterschatz befindet sich auch eines der berühmtesten Objekte des deutschen Hochmittelalters, der in Kupfer gegossene und gehämmerte, vergoldete und mit aufgenieteten Silberplatten versehene Tassilokelch.

Die schwere Stuckschicht des barocken Kirchenraumes schuf Giovanni Battista Colomba nach Plänen von Carlo Antonio Carlone. Darunter verbirgt sich eine dreischiffige romanische Basilika aus dem 13. Jahrhundert. Sie mag die Ursache sein für eine gewisse Schwerfälligkeit in den Formen der barocken Umgestaltung. Die Stukkaturen mit den etwas zu groß geratenen Figuren in

53 Benediktinerstift Kremsmünster. Fischbehälter, von Carlo Antonio Carlone, 1690–1692, erweitert von Jakob Prandtauer
Die Fischteiche waren ein wesentlicher Bestandteil der Klöster, denn wegen der zahlreichen Fastentage bestand ein großer Bedarf an Fischen. In Kremsmünster haben diese Behälter einen architektonischen Rahmen. In den Wandelgängen hängen 60 Jagdtrophäen, denn die Äbte des Klosters waren große Jäger.

den Bogenzwickeln sind typisch italienisch. Die Anpassung an die strengen Formen der Architektur ist nicht ganz gelungen. Es fehlt die Beseelung des Raumes, die für den deutschen Barock charakteristisch werden sollte. 99 Fresken biblischen Inhalts der Brüder Grabenberger überziehen das Kreuzgewölbe, dessen Grate von Stuck überwuchert sind.

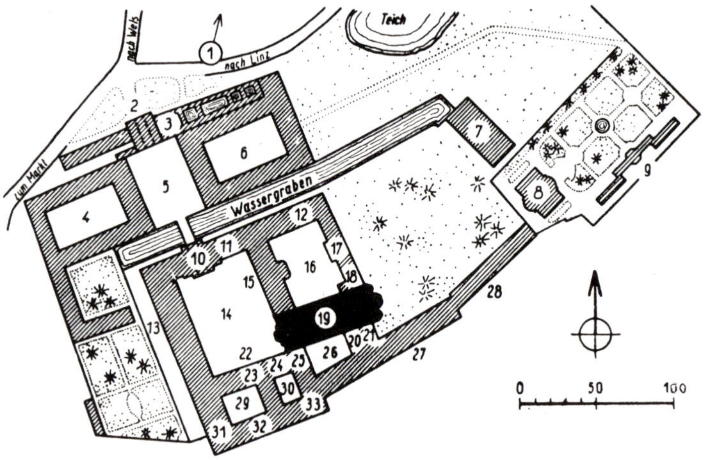

54 Benediktinerstift Kremsmünster. Grundriß
Ein Wassergraben teilt die Klosteranlage in zwei Teile. 1 Zum Guntherteich 2 Eichentor 3 Fischbehälter 4 Oberer Meierhof (Schmiedhof) 5 Äußerer Stiftshof 6 Unterer Meierhof 7 Gymnasium 8 Sternwarte 9 »Moschee« 10 Brückenturm 11 Ehem. Stiftstheater 12 Konviktspeisesaal (1. Stock) 13 Gasttrakt 14 Prälatenhof 15 Konviktstrakt (ehem. Kanzleitrakt) 16 Konviktshof 17 Akademische Kapelle 18 Schatzkammer und Prälatensakristei 19 Stiftskirche 20 Marienkapelle 21 Neue Sakristei 22 Abteitrakt 23 Kunstsammlungen (2. Stock) 24 Prälatenkapelle (1. Stock) 25 Kapitelzimmer (2. Stock) 26 Kreuzhof 27 Konventtrakt 28 Klerikatstrakt 29 Küchenhof 30 Portnerhof 31 Kaisersaal 32 Sommerabtei (1. Stock) 33 Refektorium, darüber Bibliothek

55 Benediktinerstift Kremsmünster. Kirche, Marmorengel eines Seitenaltars, von Michael Zürn d. J., 1682–1685
Diese gesamthaft 16 Engel, teils kniend, teils stehend, scheinen von einem übernatürlichen Schauer ergriffen zu sein. Für ihre Entstehungszeit sind sie stilistisch erstaunlich fortgeschritten.

Deutlich wird der Vorsprung des deutschen Barock vor dem lombardischen bei den 16 Engeln in Salzburger Marmor sichtbar, die die Gemälde der Seitenaltäre tragen und zwischen 1682 und 1685 vom Bildhauer Michael Zürn dem Jüngeren aus Gmunden geschaffen wurden. Die teils stehenden, teils knienden Gestalten scheinen in übersinnlichem Schauer zu erbeben. Die Tücher, in die sie sich hüllen, sind eigentlich die Verlängerung ihrer Flügel. Das deutsche Mittelalter hatte aus den Engeln körperlose, vogelähnliche Wesen gemacht. Im Barock und Rokoko wurden sie zum Ausdruck der geistigen Energie.

Aus der gleichen Zeit, also vom Ende des 17. Jahrhunderts, stammt die Bibliothek. Sie ist in verschiedene Räume gegliedert, die ihre Namen von den jeweils vertretenen und auch bildlich dargestellten Autoren ableiten: Benediktinersaal, Lateinersaal und Griechensaal. In den zwei letzteren hat der Humanismus heidnische und christliche Schriftsteller zusammengeführt. Wegen der geringen Raumhöhe kommt die Ausstattung kaum zur Geltung. Die Deckenfresken sind keine illusionistischen Malereien, sondern im Grunde genommen Einzelbilder, die anstatt an der Wand an der Decke befestigt sind. Offensichtlich hat der Künstler die ihm zur Verfügung stehenden Mittel noch nicht ganz gemeistert.

56 Benediktinerstift Kremsmünster. Gesamtansicht
Aus den Gebäuden ragt neben den Kirchtürmen der »Mathematische Turm« mit der Sternwarte heraus. In Kremsmünster wurden die ersten wissenschaftlichen Wetterbeobachtungen angestellt.

Ganz anders ist die Stimmung im Kaisersaal, obwohl er zum gleichen Bauabschnitt gehört. Ein scheinarchitektonisch gemalter Palast reißt die Decke auf und gibt den Blick zum Himmel frei. Inmitten allegorischer Darstellungen der Stunden, Tage und Jahreszeiten erscheint der Wagen Apollos. Der Maler des Deckenfreskos war Melchior Steidl. Die Reihe der Habsburger Kaiserporträts von Rudolf I. bis Karl VI. zwischen den Fenstern schuf Martin Altomonte im Jahre 1721 für den Abt Alexander II. Straßer.

Am Rande des Klostergevierts ragt ein seltsames Bauwerk 50 m in die Höhe. Das ziemlich plumpe Gebilde ist die Sternwarte, der sogenannte »Mathematische Turm«. Er wurde von 1748 bis 1759 nach Plänen des Paters Anselm Desing für die umfangreichen wissenschaftlichen und künstlerischen Sammlungen des Klosters gebaut. Ursprünglich hatte er weniger Geschosse als heute. Da die Kunstsammlungen im 19. Jahrhundert ins Kloster überführt wurden, gehört der Turm heute ganz der Wissenschaft. In der Wendeltreppe hängen die Porträts von 150 Mitgliedern der »Ritterakademie« (1744–1789). Die einzelnen Räume des Turmes beherbergen mineralogische, zoologische, anthropologische und physikalische Sammlungen. Die berühmten Astronomen von Ptolemäus bis Kepler sind in Standbildern dargestellt. In Kremsmünster wurden seit dem 16. Jahrhundert die Sterne beobachtet. Der erste Astronom, der die 1759 fertiggestellte Kuppel dazu benützte, war Placidus Fixlmillner, der jüngere Bruder von Abt Alexander III. Fixlmillner, der das Observatorium bauen ließ. Einige bedeutsame Entdeckungen über die Bewegungen der Sterne wurden hier gemacht. In der Hauptsache aber beschäftigte man sich seit der Mitte des 18. Jahrhunderts mit genauen Wetterbeobachtungen und Aufzeichnungen. Noch heute birgt der Turm eine der wichtigsten meteorologischen Stationen Europas.

Neben St. Florian weist Kremsmünster die größte Kunstsammlung aller österreichischen Klöster auf. Sie ist ein Zeugnis für den vielseitigen Geschmack der Mönche, die nicht nur das Alte bewahrten, sondern auch das Neue förderten. Entsprechend ist die Gemäldegalerie in vier Abteilungen gegliedert. Der erste Raum umfaßt die österreichische Barockmalerei des 18. Jahrhunderts. Unter anderen sind hier die beiden Altomonte und der Kremserschmidt vertreten. In einem zweiten Raum ist die nordische Renaissance untergebracht mit einigen guten flämischen und deutschen Meistern. Sehenswert ist hier vor allem das Altarblatt der alten Klosterkirche von Wolf Huber. Der dritte Raum enthält einige kostbare Stücke der deutschen und österreichischen Malerei des 15. Jahrhunderts, in der Hauptsache Auftragsarbeiten für Kremsmünster. Der europäische Barock ist in umfassender Weise im vierten Saal vertreten. Man sieht dort deutsche, holländische, flämische und italienische Meister sowie zahlreiche Porträts.

Daneben gibt es in Kremsmünster noch eine Rüst- oder Waffenkammer. Sie wurde von Abt Erenbert II.

eingerichtet, einem kriegerischen Mann, der im Jahre 1685 eine 300 Mann starke Söldnertruppe gegen die Türken aufstellte. Die ersten Stücke seiner Sammlung waren denn auch türkische Beutewaffen. Später kaufte er altes und neues Kriegsgerät dazu. Heute ist die Waffensammlung von Kremsmünster in einen orientalischen und einen abendländischen Teil gegliedert.

Die Kunstkammer enthält einige schöne Stücke aus Renaissance und Barock. Dazu gehört auch der Klosterschatz mit dem Tassilokelch. Die barocken Gebäude und Einrichtungen Kremsmünsters zählen zwar nicht zu den ganz großen Leistungen dieser Zeit, aber in keinem anderen Kloster ist die ehemalige kulturelle Bedeutung noch so spürbar wie hier. Man pflegte die Wissenschaft und förderte die Kunst. Daneben aber war man, wie die Fischbehälteranlage zeigt, weltlichen Freuden durchaus nicht abgeneigt.

57 Benediktinerstift Kremsmünster. Standbild Keplers im »Mathematischen Turm«
Der »Mathematische Turm« ist eine Art naturwissenschaftliches und historisches Museum. Auf jedem Treppenabsatz steht die Statue eines berühmten Astronomen.

II

DER RUHM DES REICHES
ST. FLORIAN

Seine vollständige Fertigstellung hat das Augustiner-Chorherrenstift St. Florian allein der Beharrlichkeit seiner Pröpste zu verdanken. Leopold Zehetner (1612–1646) begann mit der baulichen Erneuerung. Seine Nachfolger führten das Werk fort, das schließlich 1751 mit der Bibliothek abgeschlossen werden konnte. In die Reihe der bedeutenden Pröpste gehören David Fuhrmann (1667–1689), der 1686 mit dem Bau der Kirche anfing, und Johann Baptist Födermayr (1716–1732), der von allen die größte Prunkliebe an den Tag legte. Er schuf den Marmorsaal, das Sommerrefektorium, das Treppenhaus und die Kaiserzimmer. Kaum ein anderer entwickelte je ein so fürstliches Sendungsbewußtsein wie dieser Bauernsohn aus Hohenbrunn. Um seinen Geburtsort zu ehren, ließ er dort von Jakob Prandtauer ein palladianisches Jagdschloß bauen. Besonders starrsinnig behauptete sich Födermayr gegen Einwände aus dem kaiserlichen Wien, wo seine gewaltigen Ausgaben auf wenig Sympathie stießen.

Propst Leopold Trulley (1777–1793) lenkte sein Kloster durch die gefahrvollen Zeiten des Josephinismus. Er weigerte sich standhaft, der Rücktrittsforderung des Hofrats Eybl Folge zu leisten. »Nie werde ich meine Braut verraten«, antwortete er in Anspielung auf seine mönchische Berufung. Dennoch wurde beschlossen, das Kloster aufzuheben. Man gab dem Propst fünf Jahre Zeit für die Liquidation. Am 1. Oktober 1784 kam aus Wien die Meldung, das Kloster werde auf allerhöchsten Beschluß nicht geschlossen, allerdings müsse es den Pfarrdienst übernehmen und eine Theologieschule eröffnen. Der Grundbesitz sowie das schwere Tafelsilber (398 kg) und der Klosterschatz mußten verkauft werden. Die Mönche aber konnten ihre Arbeit als Bibelforscher, Historiker und Theologen fortsetzen. 1809 erlebte St. Florian das Elend des Krieges. Die Franzosen richteten ein großes Lazarett im Stift ein, das sogar die Kaiserzimmer umfaßte. Hier starben 304 Soldaten.

Die Klostergemeinschaft von St. Florian überlebte Kriege und Josephinismus. Am Dritten Reich wäre sie beinahe zugrundegegangen. Nach dem Anschluß Österreichs an Hitlerdeutschland wurden die Chorherren aus dem Kloster vertrieben und dessen Verwaltung dem Reichsgau Oberdonau unterstellt. Es war geplant, das Stift in ein Barockmuseum umzuwandeln. Aber es kam anders. Gegen Ende des Zweiten Weltkrieges wurde St. Florian Wehrmachtslazarett und am 5. Mai 1945 amerikanisches Hauptquartier. Am 25. Juni 1945 konnten einige Chorherren zurückkehren. Der Propst war am 10. Juni 1944 gestorben; während der deutschen Besetzung hatte er mit den Mönchen das Klosterleben auf einem Bauernhof weitergeführt.

In St. Florian werden die zwei Abschnitte der österreichischen Klosterbaukunst deutlich sichtbar. Der erste war von italienischen Vorbildern geprägt, der zweite rein österreichisch. Die beiden überragenden Architekten waren der Mailänder Carlo Antonio Carlone und der Tiroler Jakob Prandtauer.

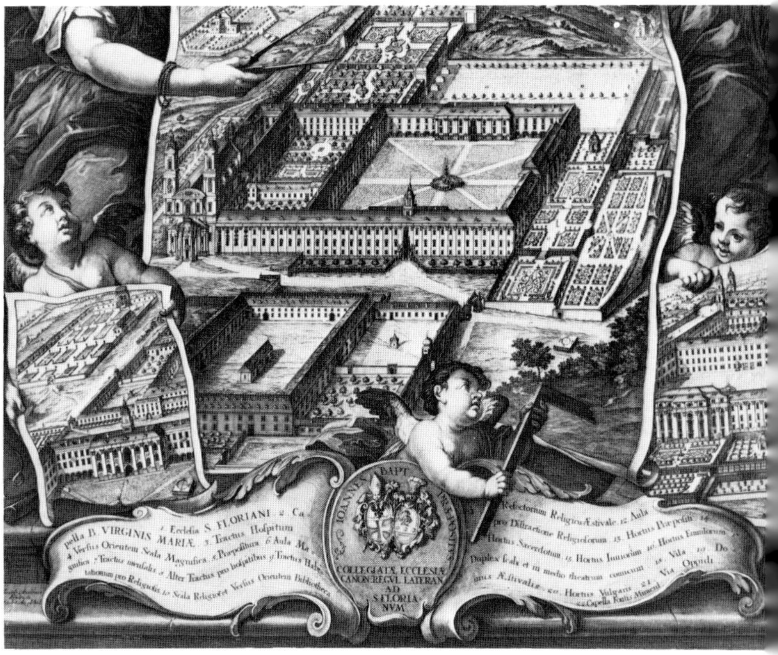

58 Augustiner-Chorherrenstift St. Florian. Vogelperspektive, Kupferstich von A. J. Friedrich nach August Vind
Im Vordergrund der große Meierhof und die Werkstätten. Von den drei Innenhöfen des Stifts umfassen die zwei kleineren längs der Kirche den Klosterbereich. Um den großen Hof liegen die Kaiserzimmer, die Ehrentreppe und die Bibliothek. Er ist über den Ehreneingang des Klosters zugänglich.

Carlone begann im Jahre 1686 die neue Kirche. Will man sie betreten, läßt man die Wirtschaftsgebände zur Linken und geht an der 214 m langen Westfassade entlang.. Das Portal öffnet sich in einer klassischen Doppelturmfassade. Der Kirchenraum ist einschiffig mit Seitenkapellen und Balkonen. Der einfache kreuzförmige Grundriß ist zumindest teilweise dadurch zu erklären, daß man den Neubau aus Sparsamkeitsgründen auf die Fundamente der alten gotischen Kirche stellte. Zum andern wird hier klar ersichtlich, wie uninteressiert die österreichischen Architekten mit Ausnahme der Hofbaumeister an neuen Raumformen waren, ganz im Gegensatz zu ihren deutschen und böhmischen Kollegen. Da der Raum nahezu so breit (20 m) wie hoch (25 m) ist, entsteht ein Eindruck von Weite, der noch unterstrichen wird durch die korinthische Kolossalordnung und das mächtige Kranzgesims. Die großen Arkaden werden von ionischen Säulen getragen. Die Balustraden der Emporen und Balkone bringen ein horizontales Element in den Raum. Zu der für das römische Barockverständnis so typischen Stabilität und Geschlossenheit trägt nicht zuletzt die kräftige Stukkatur von Bartolomeo Carlone, dem Bruder des Architekten, bei. Dagegen öffneten zwei bayerische Hofmaler, Johann Anton Gumpp und Johann

59 Schloß Hohenbrunn. Von Jakob Prandtauer, 1724–1729
Johann Baptist Födermayr, einstiger Bauernsohn, stolzer Propst von St. Florian und begeisterter Jäger, ließ sich dieses Jagdschloß bauen. Heute ist es ein Jagdmuseum.

60 Augustiner-Chorherrenstift St. Florian. Inneres der Kirche, von Carlo Antonio Carlone, 1686–1705, Stukkatur von Bartolomeo Carlone
Der machtvoll-erhabene Raum steht ganz in der Tradition italienischer Kirchen.

61 Augustiner-Chorherrenstift St. Florian. Treppenhaus, Entwurf ursprünglich von Carlo Antonio Carlone, überarbeitet und ausgeführt von Jakob Prandtauer, 1706–1714
Die Treppe erschließt die Kaiserzimmer und eine offene Galerie. Die Putti auf der Balustrade sind von Leonhard Sattler.

62 Augustiner-Chorherrenstift St. Florian. Portal, von Jakob Prandtauer, 1713
Vier Atlanten tragen das Gesims. Darüber die Mönchstugenden Eintracht, Standhaftigkeit, Frömmigkeit und Fleiß. Weitere Atlanten stützen den Balkon des zweiten Stocks. Auf dem Fenstergiebel Putti in der Haltung von Trompetenspielern. Am Gesims die Inschrift mit der Jahreszahl und dem Namen des Propstes Franz Claudius Kröll.

Melchior Steidl, den Raum nach oben. Sie brachten als erste ein neues Ausdrucksmittel der Malerei nach Österreich: die Scheinarchitektur.

Der Ehreneingang des Klosters liegt in der Mitte der Westfassade, gegenüber dem Meierhof. An dieser Front hat Carlone seine Vorliebe für Kolossalordnungen ausgelebt. Die Kompositpilaster reichen über drei Stockwerke. Dies ist eine echte Schloßfassade, die im Gebäudeinnern ihre Entsprechung findet. Das Portal hat Jakob Prandtauer entworfen. Die Atlantenpaare, die das Gebälk tragen, sind eine österreichische Erfindung. Am Gesims stehen die Jahreszahl 1713 und der Name des Propstes Franz Claudius Kröll. Darüber sind die Tugenden Eintracht, Standhaftigkeit, Frömmigkeit und Fleiß dargestellt. Zwei Engelchen trompeten unter dem Kranzgesims. Sie erinnern daran, daß Gäste früher mit Trompeten- und Orgelspiel vom Torbau (»Bläserturm«) herab empfangen wurden.

Wer sich nach einigen Schritten im Stiftshof (95 x 78 m) umsieht, blickt auf das großartige Treppenhaus. Erste Skizzen dafür hatte schon Carlone angefertigt. Gebaut aber wurde es zwischen 1706 und 1714 von Prandtauer. Die ersten Prachttreppen entstanden gegen Ende des 17. Jahrhunderts in Neapel. Deutschland entwickelte dieses architektonische Element zu gewaltigen Ausmaßen. Französische Treppen mit ihren freitragenden oder aufgehängten Wangen sind Meisterwerke der Wölbekunst. In den deutschsprachigen Ländern dagegen liegen die Treppenläufe auf tragenden Wänden oder Stützen. Hier war es das Treppenhaus an sich, das sich zu repräsentativer Prachtentfaltung anbot. Obschon keine Klostertreppe so reich ausgeschmückt ist wie etwa die Schloßtreppen von Pommersfelden oder Brühl, bietet St. Florian doch etwas vom Großartigsten, was in dieser Hinsicht gebaut wurde. Der Italiener Giovanni Manfredo Maderni und der Österreicher Leonhard Sattler schufen die Stukkaturen. Franz Karl Remp malte das Deckenfresko als Triumph der Kirche über ihre Feinde (1713).

Die Treppe erschließt im ersten Stock die Prälatur, im zweiten eine Flucht von kleineren und größeren Kaiserzimmern. In diesen Räumen feiert St. Florian das Reich, eindrücklicher und umfassender noch als Klosterneuburg. Den ersten Saal schmücken Landschaftsbilder, darunter eine Ansicht Wiens. An der Decke prangt eine Allegorie des Friedens. Es folgt das sogenannte Papstzimmer. Hier wohnte Pius VI. am 23. und 24. April 1782. Er war nach Österreich gekommen, um sich dem Säkularisierungsprogramm Josephs II. entgegenzustellen. Allerdings wurde er vom Kaiser gar nicht erst empfan-

gen. Ursprünglich war dies das Zimmer der Kaiserin, worauf die weiblichen Themen der Malereien hinweisen: Kleopatra und Cäsar, der sagenhafte letzte Assyrerkönig Sardanapal mit seinen Frauen auf dem Scheiterhaufen (für das Zimmer der Kaiserin wohl eine etwas galante Anspielung) und die babylonische Königin Semiramis, die gerade die Ermordung ihres Mannes Ninus befiehlt. Als nächstes schließen sich ein Vorzimmer und das Schlafgemach des Kaiserpaares an. Eine Inschrift erinnert daran, daß Karl VI. und seine Frau Elisabeth zweimal hier wohnten. An den Supraporten werden Tyrannenschicksale geschildert: Kleopatra mit dem toten Antonius, die Skythenkönigin Thomyris mit dem Haupt des Kyros, Krösus auf dem Scheiterhaufen und Nero angesichts des brennenden Roms.

Im 18,47 m langen Audienzsaal sind die vier Weltreiche des Altertums dargestellt. Als Allegorien dienen die Festgelage Belsazars, Kambyses' und Alexanders des Großen sowie die Plünderung Athens durch Sulla. Im Raum daneben sind Porträts von Franz von Lothringen, Maria Theresia und Joseph II. zu sehen. Der nächste Raum ist das Gobelinzimmer. Hier hängen die 1729 erworbenen flämischen Wandteppiche aus dem 16. Jahrhundert. Das Deckenfresko von Bartolomeo Altomonte feiert den Triumph des Heiligen Römischen Reiches (1725).

Kleopatra, die Perlen im Wein auflöst und die Schlange an den Busen legt, ist Thema eines weiteren Saales. Darauf folgt das Zimmer des Prinzen Eugen. Zwar war der Prinz nie in St. Florian, doch werden seine Siege hier in der Malerei verherrlicht. Wandbilder aus dem Jahre 1707 zeigen in einer grotesken Landschaft Szenen aus dem Soldatenleben. Für die kriegerischen Embleme und Trophäen an der Decke erhielt Johann Michael Feichtmayr 300 Gulden. Das augenfälligste Ausstattungsstück des Raumes ist das Prunkbett. Am Fußende stehen die bemalten Statuen eines Türken und eines aufständischen Ungarn, am Kopfende zwei Gardisten in römischer Uniform. Cupido mit verbundenen Augen zwischen den beiden ersten symbolisiert die dem Soldaten auferlegte Enthaltsamkeit (tatsächlich muß dieser daran erinnert werden, weiß man doch, wo er sich gelegentlich zur Ruhe bettet). Außer seinen bekannten Attributen Pfeil und Köcher schwingt er die Fackel, die er von Moschos erhielt und die seine Untaten versinnbildlicht. Die Augenbinde steht für die sinnliche im Gegensatz zur geistigen Liebe[1].

Dieser aus dem Soldatenzelt verjagte Cupido und die Zurückweisung der Liebe sind charakteristisch für den Prinzen Eugen. Er schlug zunächst die kirchliche Laufbahn ein und war Mönch sowie Pfründenabt zweier piemontesischer Klöster. Zeit seines Lebens blieb er Junggeselle. Im Feld und am Hof wurde seine Tugendhaftigkeit gelobt. Erst im Alter nahm er eine allerdings rein platonische Verbindung zur Gräfin Batthyany auf. So trug er den Übernamen »Mars ohne Venus«. Über dem Bett schweben die Sonne, der Mond und die Venus, jener Stern, der als erster aufgeht und als letzter untergeht, ein Symbol soldatischer Wachsamkeit. Des weiteren ist an diesem Bett der Kopf des Holofernes auf einer Schale dargestellt (ein neues Symbol der Unterwerfung) sowie der österreichische Doppeladler und ein Pfau. Bedeutet dieser Vogel etwa Siegesstolz? An den Seitenteilen prangen Waffen, und bekrönt wird das Ganze von einem paukenschlagenden Amor. Dieses ungewöhnliche Bett ist ein richtiges Bilderrätsel. Es wurde unter der Leitung von Leonhard Sattler angefertigt. Vermutlich hat nie jemand darin geschlafen. Daß in diesem Zimmer tatsächlich der Ruhm des Prinzen Eugen verherrlicht wird, beweist sein Porträt, das seit frühesten Zeiten hier hängt. Warum aber konzentriert sich all das symbolische kriegerische Gepränge auf ein Bett?

Ein anderer Raum der Zimmerflucht ist der Jagd gewidmet. Felix Mayr malte die Bären-, Hirsch-, Wildsau- und Reiherjagdszenen. Alexander, der schützend seine Hand über die Familie des Darius hebt, ist wiederum eine Anspielung auf den Kaiser. Es folgt das Bischofszimmer. Thema der Decke ist die Krönung der Malerei durch Apollo, womit auf das Mäzenatentum der Fürsten Bezug genommen wird. Im Gelben Zimmer ist die Wohltätigkeit der Natur dem Menschen gegenüber dargestellt. Wahrscheinlich soll dies ein Symbol sein für die Großzügigkeit des Kaisers. An der Decke des Blauen Zimmers ist die Apotheose von St. Florian zu sehen. Die Supraporten schildern die Heldentaten Hiobs, Rebekkas und Dalilas. Im Grünen Zimmer schließlich erschüttert Samson die Säulen des Tempels, ein Symbol unwiderstehlicher Gewalt.

Die Bezeichnung Kaiserzimmer ist in St. Florian durchaus wörtlich zu verstehen, denn das Stift wurde wiederholt von kaiserlichen oder fürstlichen Gästen aufgesucht. In der Zeitspanne, die uns hier interessiert,

63 Augustiner-Chorherrenstift St. Florian. Kaiserzimmer, Prunkbett des Prinzen Eugen
Die künstlerische Ausstattung der Kaiserzimmer ist ein einziger Lobpreis des Heiligen Römischen Reiches und seiner Vorläufer. Einer der Räume wurde dem Prinzen Eugen gewidmet, dem erfolgreichen Verteidiger des Reiches. Das auffälligste Möbel ist dieses ungewöhnliche Bett, an dem symbolisch die Taten und die Enthaltsamkeit des Feldherrn dargestellt sind.

kam zweimal Kaiser Matthias. 1646 weilte Ferdinand III. im Kloster, 1680 seine Witwe Eleonore. Im gleichen Jahr reiste Leopold I. mit Frau und Hofstaat an. Nach dem Rückzug der Türken kam 1683 erneut Kaiserin Eleonore. Am 5. April 1684 besuchte Leopold I. das Kloster ein zweites Mal und brachte als Votivgabe seiner Tochter ein Kopfreliquiar des hl. Florian mit. 1713 besuchte Karl VI. seine Frau, die sich hier von einer Krankheit erholte. Am 27. September 1732 erschien das Kaiserpaar noch einmal, um den Marmorsaal einzuweihen. Sie bewohnten damals das Zimmer, das bis heute ihren Namen trägt. Maria Theresia kam 1743 mit ihrem Gemahl Franz von Lothringen. Seither wurden die Kaiserzimmer nicht mehr verändert. Der letzte hohe Gast war Papst Pius VI., der mit dem Kardinal Firmian, Bischof von Passau, im Stift weilte.

Auch für ihre eigenen Anlässe benötigten die Mönche einen Festsaal. Wiederum war es der prunkliebende Propst Födermayr, der die Initiative ergriff und Jakob Prandtauer mit der Ausführung beauftragte. Der Saalbau hebt sich als kräftiger Mittelpavillon vom Südtrakt des Stiftshofes ab. Die äußere Gestaltung ist eine der letzten Schöpfungen des Architekten und zugleich auch eine seiner vornehmsten. Der Bau mit seiner Kolossalordnung, dem attika-artigen, von Ochsenaugen durchbrochenen Obergeschoß und dem eleganten, orientalisch anmutenden Dach entstand zwischen 1718 und 1722. Die Arbeiten an der Innenausstattung des Marmorsaales (30 x 15 m) dauerten mehrere Jahre. Verantwortlich dafür zeichnete der Österreicher Johann Georg Holzinger. Korinthische Doppelsäulen gliedern die Wände zwischen den Fenstern und verleihen dem Raum einen portikusähnlichen Charakter. Das Deckengemälde schufen die beiden Altomonte in den Jahren 1723 und 1724. Eine geschickte Architekturmalerei umrahmt eine gewaltige Komposition, die einmal mehr den Sieg über die Türken verherrlicht. Jupiter setzt seinen Fuß auf einen besiegten Türken. Die Genien Österreichs und Ungarns huldigen ihm mit Siegespalmen. Ein anderer Genius trägt eine Standarte mit der Aufschrift »Imperium sine fine dedi« (»Ein Reich ohne Ende gab ich«). Kunst, Wissenschaft, Handel und Landwirtschaft bringen ihre Gaben dar. Auf der Nordseite erscheint Karl VI. in einem von Türken gezogenen Triumphwagen. Im Süden überhäuft die Göttin Roma die Völker Österreichs mit Lorbeer. Im Osten bringen Siebenbürgen und Serbien ihre Waffen auf einer Siegespalme, und im Westen werden die Pforten des Kriegstempels geschlossen.

Aus zwei großen Ölgemälden Bartolomeo Altomontes geht klar hervor, an wen sich die triumphale Ikonographie wendet: an karl VI. und Eugen von Savoyen. Die Supraporten der vier Türen schildern, ergänzt durch lateinische Inschriften, die Feldzüge und Siege des Prinzen. Im Marmorsaal wird die Ikonologie der Kaiserzimmer fortgesetzt und zu großartigem Abschluß gebracht. Die Ausstattung von St. Florian ist ausschließlich dem Ruhm des Reiches gewidmet. Kein Wunder also, daß Karl VI. persönlich kam, um den Marmorsaal einzuweihen.

Für das Sommerrefektorium hatte noch Prandtauer die Pläne geliefert. Gebaut aber wurde es nach seinem Tod zwischen 1726 und 1730 von Jakob Steingruber. Dieser Bankettsaal ist ein sehr reich gestaltetes Bauwerk am Stifts-und Konventhof. Die Thematik der Malerei ist rein religiös. An der Decke sind die Glückseligkeiten und die Mönchsgelübde dargestellt. Ringsum zeigen zwölf Medaillons Bischöfe der Augustiner-Chorherren und andere kirchliche Würdenträger.

Die Bibliothek, dem Treppenhaus gegenüber am Stiftshof gelegen, ist der jüngste Teil des Klosters und wurde von 1744 bis 1750 von Gotthard Hayberger gebaut. Der Raum ist recht einfach. Die Büchergestelle an den Wänden nehmen nur zwei Stockwerke ein. Das Thema von Bartolomeo Altomontes Deckenfresko ist der Bund von Wissenschaft und Tugend, der über Fehler und Unwissen triumphiert, eine Allegorie, die auf den Ordensgründer Augustinus anspielt.

Im Klostergarten treffen wir auf eines der ältesten Bauwerke von St. Florian. Es handelt sich um ein elegantes Gartenhaus, das Propst David Fuhrmann errichten ließ. Im Erdgeschoß ist eine künstliche Grotte angelegt. Sie ist neben den Grotten von Hellbrunn die einzige aus der Barockzeit, die in Österreich erhalten ist.

Hier wurden nur die Grundzüge der Ikonologie von St. Florian aufgezeigt; eigentlich wäre jedes Bild eine Analyse wert. Es gäbe auch neue Allegorien und Symbole zu entdecken, so etwa in den Prälatenzimmern Gestalten des Alten und Neuen Testaments, oder im Tafelzimmer Apollo und die Musen, Juno, Pomona, Ceres, Pan und Bacchus. Unter allen Klöstern Mitteleuropas besitzt St. Florian das reichste ikonologische Programm. Vergleichbar wäre vielleicht noch Ottobeuren, aber dort fehlt die koordinierende Leitlinie.

64 Augustiner-Chorherrenstift St. Florian. Klostergarten, Lusthaus, erbaut unter Propst David Fuhrmann (1667–1689)
Unter dem Gartenpavillon wurde eine künstliche Grotte angelegt. Die Drachenwasserspeier verleihen dem Dach einen chinesischen Anstrich.

Es war wenig sinnvoll, die Mönche zu vertreiben und das Kloster in ein Barockmuseum umzuwandeln, wie Hitler das plante. Nicht nur, daß die vollständig erhaltene Ausstattung das Stift bereits zu einem Museum macht, St. Florian besitzt auch die bedeutendste Kunstsammlung, die heute in einem europäischen Kloster vorzufinden ist. Bei der Auseinandersetzung mit der kaiserlichen Verwaltung um die Erhaltung des Klosters mußte der Propst zwar das Silbergeschirr und den Schatz opfern, die Sammlungen aber konnte er retten. Sie sind heute methodisch geordnet in einem ganzen Flügel des Klosters untergebracht. Die Skulpturengalerie umfaßt Stücke vom Mittelalter bis zum Barock. Die Gemälde sind auf Mittelalter-, Renaissance- und Barocksäle verteilt. Die meisten Werke des Barockmuseums wurden von den Pröpsten David Fuhrmann, Franz Claudius Kröll, Johann Baptist Födermayr und Matthäus Gogl erworben. In der Mittelalter- und Renaissancesammlung ist neben italienischen und flämischen Meistern vor allem die deutsche Malerei des 15. und 16. Jahrhunderts vertreten. Die meisten dieser Bilder kommen aus dem Kloster selbst. Der wertvollste Schatz sind Albrecht Altdorfers 1518 vollendete Tafeln des Flügelaltars der alten Klosterkirche. Sie schildern die Geschichte des hl. Sebastian, die Passion Christi und Episoden aus dem Leben der hll. Margarete und Barbara. Der Stifterpropst Peter Maurer ist in einem Porträt verewigt. Seit der Erneuerung der Kirche gegen Ende des 18. Jahrhunderts sind die Tafeln im Kloster ausgestellt, zwei davon befinden sich seit 1930 im Kunsthistorischen Museum in Wien.

Unter den Kunstschätzen von St. Florian sind noch seltene Glasmalereien aus dem 14. bis 16. Jahrhundert erwähnenswert. Sie stammen zum Teil aus der alten Klosterkirche, zum Teil aber auch aus Kirchen und Klöstern der Umgebung, darunter namentlich aus der Kartause Gaming. Heute sind sie in fünf Fenstern des Skulpturensaales gefaßt. Die kunstgewerbliche Sammlung ist seit dem Verkauf des Klosterschatzes weniger reichhaltig. Der Liebhaber von Graphik findet immerhin im Kupferstichkabinett Blätter von Dürer, Schongauer, Altdorfer und Rembrandt sowie schöne Skizzen von Altomonte und Kremserschmidt.

III

HERKULES, HELD DES REICHES
MELK

Auch wer den Barock wenig schätzt und der Meinung ist, mit dem Jahr 1550 habe der unaufhaltsame Niedergang der Kunst eingesetzt, wird sich dem Reiz des Benediktinerstifts Melk nicht entziehen können. Schon von weitem ist das Kloster auf seinem Felsplateau hoch über der Donau sichtbar. Beeindruckend ist die von der Terrasse im Westen bis zu den Eingangsbastionen im Osten 362 m lange Südfront.

Wenn Melk das bedeutendste Barockkloster Europas wurde, verdankt es dies der überragenden Persönlichkeit seines Abtes Berthold Dietmayr. Er war erst 30 Jahre alt, als er 1700 von seinen Mitbrüdern zum Abt gewählt wurde. Seine Herkunft war bescheiden, aber nicht bäuerlich. Der Vater diente dem Kloster Gaming als Justizbeamter. Mit 35 Jahren war Dietmayr Dekan der theologischen Fakultät der Wiener Universität, ein Jahr darauf bereits deren Rektor. Durch seine Wahl zum Abt von Melk stieg er in eine wichtige Position auf, denn sein Kloster stand an der Spitze einer Reformkongregation. Die Stifte Seitenstetten, Altenburg, Mondsee und Göttweig hingen von Melk ab.

Als Primus des niederösterreichischen Prälatenstandes gelangte Dietmayr dank seiner Intelligenz und seiner praktischen Veranlagung zu großem Einfluß in der lokalen Verwaltung, ja selbst am Hofe. 1728 wurde er zum kaiserlichen Rat ernannt. Zudem machten ihn seine Erfahrungen mit dem Neubau von Melk zum geschätzten Baufachmann in kirchlichen Kreisen. Selbst der Kaiser nahm seine Hilfe in Anspruch, als es darum ging, die widerspenstigen Augustiner von Klosterneuburg zur Umgestaltung ihres Klosters zu überreden. Er wird uns als beherrschender, oftmals arroganter Charakter geschildert, der gegen seine Mitbrüder mit großer Härte vorging. Sein Hang zum Luxus, seine zahlreichen Reisen und die ungeheuren Kosten seines prunkvollen Wiederaufbaus brachten ihn in tiefgreifende Konflikte mit seinem Kapitel. Aber immer wieder verstand er es, seinen Willen durchzusetzen. Die Porträts, die von ihm erhalten sind, bestätigen diese Züge.

Überraschenderweise wählte er als Architekten seines Bauvorhabens Jakob Prandtauer. Warum entschied er, der Höfling, sich nicht für die Hofbaumeister Hildebrandt oder Fischer von Erlach? Der Baumeister und Bildhauer Prandtauer war damals völlig unbekannt. Als er 1702 mit der gewaltigen Aufgabe betraut wurde, hatte er erst Bauten von untergeordneter Bedeutung ausgeführt.

Dietmayr, ein kluger und umsichtiger Mann, fürchtete wohl die Selbstgefälligkeit der großen Architekten. Da er sich selbst genügend Sachverstand zutraute, stellte er lieber einen bescheidenen Handwerker an, der bereit war, auf seine Wünsche einzugehen. Es sollte sich erweisen, daß er eine gute Wahl getroffen hatte. Er gab damit einem Mann Gelegenheit, sein Genie an einem angemessenen Bauwerk zu beweisen. Prandtauer läuterte den etwas schwerfälligen römischen Barock der Hofarchitekten und schuf in Melk einen eigenständigen österreichischen Baustil, ein harmonisches Gegengewicht zum Wiener Eklektizismus.

Jakob Prandtauer stammte aus dem Tiroler Dörfchen Stanz in der Nähe von Landeck. Niederösterreich mußte damals, nach den wiederholten kriegsbedingten Zerstörungen neubesiedelt werden. In allen deutschsprachigen Ländern wurden Auswanderungswillige aufgerufen, sich dort niederzulassen. Zu ihnen gehörten auch die Prandtauers, die im 17. Jahrhundert in dieser Gegend auftauchten. In den Wirren der Türkenkriege wurde die Familie auseinandergerissen. Mancherorts wird die Meinung vertreten, der Tiroler Bauernsohn Jakob Prandtauer sei nach Niederösterreich gekommen, um die Erbschaft eines verschollenen Verwandten anzutreten. Unklar bleibt, wo er den Maurerberuf erlernte und sich später zum Architekten ausbilden ließ. 1680 hielt er sich in Bayern auf, und im September 1683 war er als Bildhauer in St. Pölten tätig. Dieser Ort zwischen Melk und Wien war damals ein Handwerkerzentrum, das aber erst durch die Anwesenheit Prandtauers richtig aufblühte.

Prandtauer trieb den Neubau von Melk tatkräftig voran. Als er 1726 starb, löste ihn sein Schüler Joseph Munggenast (1680–1741) ab. Dieser, der im Klostertagebuch auch Prandtauers Neffe genannt wird, war bis 1730 in Melk an der Arbeit. Kurz vor der Fertigstellung brach im Kloster ein Brand aus. Abt Dietmayr fürchtete um sein Lebenswerk. Die Kirchtürme wurden stark in

Mitleidenschaft gezogen. Der Schaden belief sich auf 200 000 Gulden. Noch während der Instandstellungsarbeiten starb der Abt am 25. Januar 1739.

Das Kloster liegt auf einem 60 m hohen, im Westen und Norden von der Donau umspülten Bergplateau. Die Gebäude wachsen nahtlos aus den nahezu senkrechten Felswänden. Die Kirche mit ihren zwei hohen Türmen und der Kuppel überragt im Westen eine Terrasse, die zwischen zwei symmetrischen Pavillons angelegt ist. Der nördliche davon enthält die Bibliothek, der südliche den Marmorsaal. Prandtauer verwendete hier zum ersten Mal die hohen Fenster mit darüberliegenden Ochsenaugen, die später eines seiner beliebten Stilmittel werden sollten. Die Säle, deren Außenwände auf diese Weise großzügig durchbrochen sind, erstrahlen in Helligkeit. Eine Terrassenanlage im Kolomanihof verbindet die beiden Pavillons. Ihr Mittelteil ist — als Palladiomotiv — eine offene Säulenhalle. Von hier aus kann man den Blick über die Landschaft schweifen lassen, aber auch die Kirchenfassade betrachten. Jenseits der Kirche liegt der Prälatenhof. Hinter den Fassaden mit hohen korinthischen Pilastern verbergen sich die Abt- und Kaiserzimmer. Sie sind über

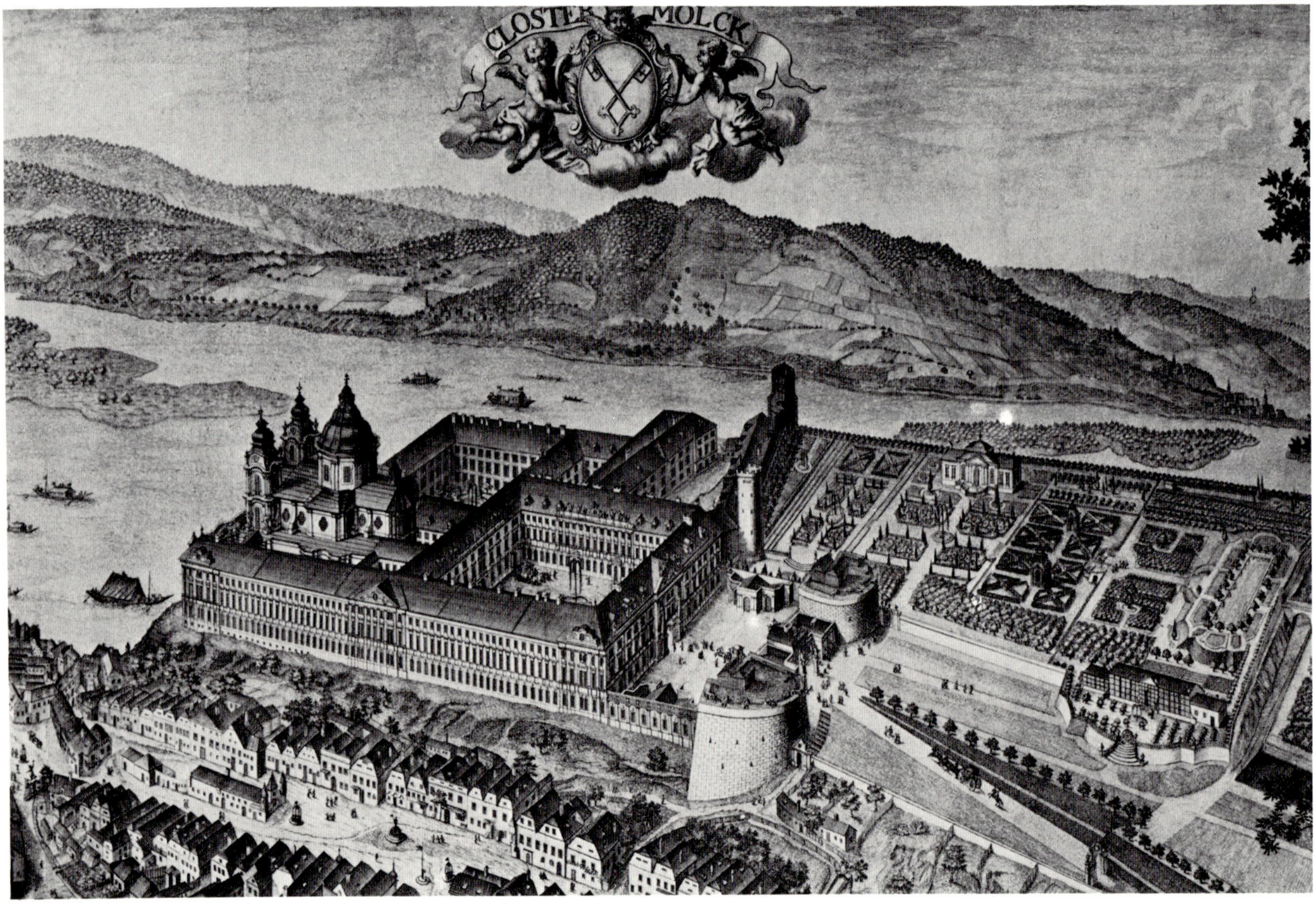

65 Benediktinerstift Melk. Gesamtansicht, Stich von Franz Rosenstigl, 1750. Sammlung des Klosters Melk
Die Abtei liegt auf einem Felsvorsprung hoch über der Donau. Den Zugang flankieren zwei Bastionen, deren linke aus dem 16. Jahrhundert stammt, während die rechte aus Symmetriegründen im 18. Jahrhundert gebaut wurde. Es folgt der Prälatenhof. Längs der Kirche liegen die Kaiserzimmer, denen sich im Westen der Marmorsaal anschließt. Sein Gegenstück ist die Bibliothek. Hinter der Kirche der Konventhof. Ganz rechts der Klostergarten mit Lusthaus. Im Vergleich mit der Luftaufnahme fällt auf, daß der Kupferstecher beim westlichen Abschluß der Klosteranlage einen Fehler machte. Er vergaß den Vorplatz der Kirche (Kolomanihof) und die geschwungene Loggia.

66 Johann Kupetzky (zugeschrieben), »Berthold Dietmayr, Abt von Melk, als Rektor der Wiener Universität«. Um 1720. Benediktinerstift Melk, Marmorsaal
Dietmayr, 1670 geboren, 1696 zum Priester geweiht, 1700 Abt von Melk und 1701 Doktor der Theologie, war 36 Jahre alt, als er 1706 Rektor der Universität Wien wurde. 1702 begann er mit dem großzügigen Neubau von Melk. Nacheinander war er Berater der Kaiser Leopold I., Joseph I. und Karl VI. Dietmayr starb 1739. Namentlich für den Klosterbau war er ein geschätzter Fachmann. Das Prunkporträt ist zweifellos etwas schmeichelhaft. Ein Bildnis Max Heinls und eine Medaille offenbaren besser seinen hochmütigen und autoritären Charakter.

67 Benediktinerstift Melk. Luftaufnahme
Unter Abt Dietmayr baute Jakob Prandtauer 1702–1726 an der Klosteranlage, dann setzte Joseph Munggenast die Arbeiten bis 1730 fort.

eine Monumentaltreppe im Südtrakt zugänglich. Der architektonisch schlichtere Konventhof nördlich der Kirche ist den Mönchen vorbehalten. Im Osten grenzt ein schöner französischer Park an das Kloster. Franz Munggenast baute dort 1747 und 1748 einen Gartenpavillon für sommerliche Anlässe.

Je weiter man in die Abtei vordringt, desto klarer werden die ikonologischen Absichten, die hinter ihrer Bilderwelt stecken.

Beeindruckend ist der Klostereingang, ein Torbau mit zwei Basteien. Die südliche wurde im 17. Jahrhundert von Abt Armand John gebaut. Sie sollte das Kloster an seiner verwundbarsten Stelle vor türkischen Angriffen schützen; dieser Gefahr waren österreichische Klöster während mehr als 100 Jahren ausgesetzt. Warum aber baute Prandtauer das nördliche Gegenstück zu dieser Festungsanlage? Wäre es nicht wirtschaftlicher gewesen, das alte Bollwerk abzureißen und seine Steine im Neubau zu verwerten? Abt Dietmayr zog vor, es zu erhalten und ihm ein zweites hinzuzufügen, gewissermaßen zur Unterstreichung seines herrschaftlichen Sendungsbewußtseins. Die Melker Basteien haben nicht mehr Sinn — allenfalls symbolischen — als die Pecherker französischer Renaissanceschlösser. Eines der hervorstechenden Merkmale des Adels war immer die militärische Selbstdarstellung. Schon reiche Römer umgaben ihre Landsitze mit Mauergürteln [1]. Das Bollwerk von Melk hat jedoch eine friedliche Zweckbestimmung; es enthält die Klosterschenke, denn die Abtei liegt inmitten des niederösterreichischen Weinbaugebietes.

Im Vorhof vor dem eigentlichen Eingang stehen auf hohen Sockeln die Statuen der hll. Koloman und Leopold. Der erste, ein irischer oder schottischer Einsiedler, ließ sich 1012 in Melk nieder, der andere ist der Babenberger Markgraf Leopold III.

So wird der Besucher gleich zu Beginn von je einem Repräsentanten der Abtei und des Reiches empfangen. Zwei Wappen am monumentalen Eingang in der Ostfas-

68 Benediktinerstift Melk. Marmorsaal
Die hohen Stuccolustro-Pfeiler tragen wesentlich zum monumentalen Charakter des Raumes bei. Die künstlerische Ausschmückung beschränkt sich auf das Deckenfresko.

69 Benediktinerstift Melk. Marmorsaal, Deckenfresko, von Paul Troger
Das Gemälde ist eine allegorische Verherrlichung des Kaisers. Bedeutungsträger ist »Hercules heroicus«, das Urbild des gütigen, mit allen Tugenden ausgestatteten Herrschers. Herkules bedroht hier mit seiner Keule Zerberus, dessen drei Köpfe die Hauptlaster Hochmut, Neid und Wollust bedeuten. Verschiedene Mythen und Allegorien symbolisieren die Tugenden des Herkules, darunter an erster Stelle die Mäßigung, die Tugend aller Tugenden.

sade greifen den Gedanken dieser Verbindung erneut auf. Das Klosterportal wird von zwei Säulen flankiert, auf denen die Kirchenpatrone Petrus und Paulus stehen. Den Kompositpilastern, die den Giebel tragen, sind Obeliske vorgeblendet. Ein Kreuz, angebetet von zwei Engeln, krönt das Giebelfeld. Es ist eine Nachbildung des Melker Kreuzreliquiars. Darunter steht die Inschrift »Absit gloriari nisi in cruce«. Noch vor dem Betreten dieses stolzen Bauwerkes wird einem in Erinnerung gerufen, daß es wahren Ruhm nur unter dem Zeichen des Kreuzes gibt.

Hinter dem Eingang liegt der Prälatenhof. Die Kaisertreppe in der Südwestecke erschließt die Kaiserzimmer und die Prälatur. Die Ausschmückung dieser Treppe ist recht zurückhaltend. Thema ist in erster Linie das Kaiserreich. An der Balustrade des Obergeschosses spielen Putti mit Adlern. Um jeden Zweifel an der Symbolik auszuräumen, weist eines der Engelchen auf den Doppeladler an der Decke. Nichts in diesem Trep-

70 Benediktinerstift Melk. Lusthaus, von Franz Munggenast, 1747–1748
Der zierliche Pavillon wurde für die sommerlichen Anlässe der Abtei gebaut. Der Wiener Johann Bergl malte ihn 1763 mit seinen hellen und freundlichen Fresken aus. Sein Thema war das Licht der Welt, das Himmel und Erde erhellt.

penhaus läßt auf die klösterliche Umgebung schließen. Eine allegorische Gestalt auf dem zweiten Treppenabsatz trägt einen Schild mit der Aufschrift »Constantia et fortitudine« (»Durch Standhaftigkeit und Kraft«), dem Wahlspruch Karls VI. Die Treppe führt zu jenem berühmten, 196 m langen Gang, der die Prälatur und die Kaiserzimmer erschließt. Die Prälatur umfaßt mehrere Räume, darunter die Privatkapelle des Abtes. Sie sind alle mit Stuck ausgekleidet. Die Themen der Malerei sind religiös, meist werden Episoden aus dem Leben der Heiligen dargestellt. Eine Ausnahme ist der Bildersaal. Hier sind 146 Gemälde Seite an Seite in eine Holzvertäfelung gefügt. Diese Sammlung wurde 1782 unter Abt Gianni angelegt.

Die heute leerstehenden ehemaligen Kaiserzimmer enthalten eine Reihe von Gemälden, historischen Erinnerungsstücken und Sammelobjekten. Bemerkenswert sind hier die prachtvollen Parkettfußböden mit Perlmutteinlagen, wie man sie in Mitteleuropa recht häufig findet. Der Höhepunkt dieser Raumflucht ist der Marmorsaal. Er reicht durch zwei Stockwerke und wurde 1731 von Paul Troger mit einem großen Deckengemälde ausgestattet. Die Bilder verdienen unsere Aufmerksamkeit. Herkules besiegt mit Hilfe eines blitzeschleudernden Engels den Zerberus. dessen drei Köpfe die Hauptlaster Hochmut, Neid und Wollust versinnbildlichen. Etwas weiter steht eine allegorische Gestalt mit Helm und Strahlenkranz in einem von Löwen gezogenen Wagen. Gerade die Löwen könnten die Vermutung nahelegen, hier werde auf die Kraft des Herkules angespielt. Tatsächlich aber ist die ureigenste Tugend des Halbgottes die Mäßigung, die in der Antike als die Tugend schlechthin galt. Man darf in ihr nicht Mittelmaß sehen, sondern die Auswirkung der Selbstbescheidung. Die Attribute in den Händen der Amoretten rund um die behelmte Frauengestalt lassen darüber keinen Zweifel offen: eine Trense und zwei Gefäße zum Mischen von Wasser und Wein. Von der Mäßigung leiten sich andere Tugenden ab, die hier durch mehr oder weniger eindeutige Symbole dargestellt sind: die Milde (ein kleiner Vogel in der Hand), der gute Rat (ein Greis mit Buch), die Eintracht (die einen Granatapfel anbietet), die christliche Weisheit (Globus und Rad) und die Wissenschaft (Leuchter und Buch). Ein Engel schüttet Lorbeerblätter, Palmzweige und Münzen aus einem Füllhorn, was bedeutet, daß nur jene die ewige Glückseligkeit erlangen, die tugendhaft leben. Unter sie streut Zephyr seine Frühlingsblumen. Im Hintergrund ist ein Ruhmestempel sichtbar. Aus den Hufen des Pegasus entspringt der Kastalische Quell als Symbol der Poesie, die wiederum eine Frucht der Mäßigung ist. Am Rand der Decke schwebt die Menschenseele, von ihrem Schutzengel begleitet, zum Licht.

An den Wänden übernehmen zwei scheinarchitektonische Flachreliefs das Herkulesthema. Hier ist der Halbgott in dem für ihn charakteristischen Seelenzwist dargestellt, wiederum umgeben von Personifikationen seiner Tugenden.

Nach solchen Gedankenspielen wirkt der Anblick der großartigen Landschaft unterhalb der Westterrasse erholsam. Von der Kirchenfassade herab betrachtet Gott selbst seine Schöpfung. Im zweiten Geschoß erscheint Christus zwischen zwei Engeln. Unerschütterlich wie die mächtigen Türme über ihnen sind die Statuen der hll. Petrus und Paulus. Ein weiteres Paar, die Erzengel Raphael und Michael, weisen der Menschheit den einzuschlagenden Weg.

Im Marmorsaal ist mit großem ikonologischem Detailreichtum der »Hercules paganus« zu sehen, der dank der Tugend der Mäßigung das Laster überwindet. An der Decke der Bibliothek erscheint Herkules, wieder von Paul Troger gemalt, ein weiteres Mal. Diesmal aber ist es der »Hercules christianus«. Er ist die Hauptperson einer der Gruppen rund um die Allegorie der Göttlichen Weisheit im Zenit. Von ihr geht alles Licht aus. Sie trägt das apokalyptische Buch mit den sieben Siegeln und dem Lamm. Ihr Fuß ruht auf einem Quaderstein als Ausdruck ihrer Unwiderruflichkeit. Umgeben wird sie von den Kardinaltugenden und den Vier Fakultäten (Theologie, Philosophie, Recht und Medizin). Die Mäßigung ist wieder an zwei Gefäßen zu erkennen. Ihr ist auch der Ölzweig in den Händen eines Engels zugedacht. Offensichtlich ist dieser Lobgesang auf Herkules aufgrund des ikonologischen Werkes des Jesuiten Claude Clément entstanden.

Nur am Rande soll uns hier die Ikonologie der Kirche interessieren. Sie ist religiösen Inhalts und behandelt nicht das imperiale Thema, um das es uns in Melk geht. Das Leben des hl. Benedikt und seine Aufnahme im Himmel symbolisieren im Langhaus die streitende Kirche. In der Kuppel schwebt, von den Tugenden umgeben, die triumphierende Kirche. Zum Thema Kirche gehören auch die Apostelfürsten auf dem Hochaltar, denen Moses und Aron als Vertreter des Alten Bundes zur Seite stehen.

Die Kirche hat einen einschiffigen Grundriß mit Seitenkapellen, Querschiff, Kuppel und Apsis. Ihre Erhabenheit, Pracht und Standfestigkeit kommt dem Gedanken der triumphierenden Kirche entgegen. Nur das geschwungene Kranzgesims bringt Bewegung in all den Prunk, den das Orgelspiel noch unterstreicht. Auf dem mit 84 Jahren in Wien. Seine Karriere begann er als Maurermeister. Um sich eine theoretische Basis zu schaffen, bildete er sich zum Ingenieur aus. Er wurde Ingenieur-Hauptmann und Direktor der Festung Wien. Schließlich führte ihn sein Beruf zur Architektur. In Wien baute er die Klöster der Kapuziner und der Salesianerinnen (1717–1728).

Der Stil d'Allios in Klosterneuburg steht ganz in der prunkliebenden Tradition der Hofarchitekten Hildebrandt und Fischer von Erlach; allerdings ist er weniger schwerfällig. Kein anderer Architekt arbeitete so gewissenhaft wie dieser Ingenieur. Selbst die kleinsten Details wurden sorgfältig überdacht, aufskizziert und ins Reine gezeichnet.

Nachdem er zunächst den Hochaltar von Matthias Steinl in der gotischen Kirche aufgebaut hatte, begann d'Allio den Neubau des Klosters mit dem Nordosthof, den er während der Planungsphase ändern und in die kaiserliche Residenz eingliedern mußte. Er erhielt ein Jahresgehalt von 500 Gulden und verfügte, wie auch sein Sohn, der Bauführer war, über einen Reisewagen.

Schon nach zehn Jahren waren die beiden äußeren Flügel des Nordosthofes vollendet, darüber hinaus die Kuppel des ovalen Mittelrisalits an der Ostfassade, die Monumentaltreppe und die Kaiserzimmer, die Karl VI. allerdings nur einmal im Jahre 1739 bewohnte.

Als der Kaiser am 20. Oktober 1740 starb, verzögerten sich die Bauarbeiten. Schon zu Lebzeiten Karls hatte das Stiftskapitel das aufwendige Bauvorhaben mit Argwohn verfolgt. Am 3. April 1740 schrieben die Mönche ihrem Propst, daß »dieser Bau eine Verschwendung des Vermögens unseres frommen Stifters, des hl. Leopold, ist... Mit der Errichtung eines weltlichen Schlosses wird ein geistiges Gebäude zerstört... Man kümmert sich um tote Steine, vergißt aber die lebendigen, die wir selber sind. Wir bauen ein gewaltiges Haus, sind aber nur 14 Chorherren, von denen einige zudem zu alt sind, um ihren Verpflichtungen nachzukommen. Schon müssen wir die Verwaltung unserer Güter den Franziskanern sowie Beichte und Predigt in der Kirche Maria Hietzing den Kapuzinern anvertrauen.«

Der extravagante und wirklichkeitsfremde Charakter der »Paläste des Glaubens« kommt in den Bedenken des Kapitels gut zum Ausdruck. Klosterneuburg wäre wenn nicht das schönste, so das ausdrucksvollste dieser Klöster geworden; wie kein anderes hätte es die Einheit von staatlicher und kirchlicher Macht veranschaulicht, eine Einheit, an die viele noch glaubten, obwohl ihr Untergang kurz bevorstand.

1741 unterbrach der Erbfolgekrieg die Arbeiten. Propst Perger tat zwar alles, um das Werk zu vollenden, aber er starb bereits 1748. Sein Nachfolger Berthold Staudinger hielt noch zwei Jahre durch, bis die Klostermittel erschöpft waren. Am 17. Dezember 1755 mußte er den Vertrag mit d'Allio auflösen. Propst Gottfried von Rollemann (1766–1772) wollte die Arbeiten wieder aufnehmen. Da d'Allio inzwischen gestorben war, beauftragte er Donat Kaselickh, ein vereinfachtes Projekt für die Fertigstellung der zwei Kaiserhöfe auszuarbeiten. Das Kapitel war empört und blockierte das Vorhaben. Für kurze Zeit wurde noch einmal 1776 unter Propst Ambros Lorenz (1772–1782) weitergebaut, dann wurde die Baustelle wegen Unruhen geschlossen. Erst 1836 konnte Propst Jakob Ruttenstock den Kaiserhof nach sechsjähriger Bauzeit vollenden.

Napoleon sah Klosterneuburg im unfertigen Zustand von 1776. Hier hatte der Mann, der sich anschickte, Europa neu zu formen, Gelegenheit, über die Schicksalsschläge des Habsburgerreiches nachzusinnen, dieses Reiches, das, leicht erschütterbar und auf Empirie wie auf Legalität gegründet, verschiedenste Völker vereinte und von dauerhaftem Frieden und Wohlstand träumte.

Camón Aznar sagte einmal, der Escorial sei der Grundstein des Hauses Österreich. Klosterneuburg hätte zum Schlußstein werden können, doch wurde dieser Stein nie gesetzt.

V

DIE UNVOLLENDETE SINFONIE
GÖTTWEIG

Die Donau gehört zu den schönsten Flüssen Europas. Gerade in Österreich durchfließt sie noch weitgehend unverfälscht gebliebene Landschaften, seien es nun fruchtbare Ebenen oder heroische Schluchten. In einer Donauschleife zwischen Melk und Wien ragt ein Bergrücken 265 m über den Flußlauf in die Höhe. Sein bewaldeter Gipfel ist von einem wahren Märchenschloß bekrönt: dem Benediktinerstift Göttweig. Polygonale Ecktürme mit eleganten Zwiebelhauben und mächtige Mittelpavillons gliedern die Fassaden. Befestigte Terrassen, die Subkonstruktionen des Klosters, ragen über die Baumwipfel. So jedenfalls sieht das Stift von der Donau her aus. Vor diesem Anblick kommt sich der Besucher wie ein Pilger vor. Er steigt zum Heiligtum hinauf wie zu einer Gralsburg und erwartet die Enthüllung eines Geheimnisses. Erreicht er allerdings den Eingang, so wird seine Begeisterung rasch sinken, denn er betritt ein nahezu leeres Gelände mit wenigen, scheinbar planlos aufgestellten Gebäuden. Man könnte meinen, eine Katastrophe habe das Wunder zerstört.

Das Grundrißschema stammt vom Escorial. Ein weites Viereck sollte mehrere Innenhöfe und eine zurückversetzte Kirche in der Mittelachse umfassen. Im 18. Jahr-

77 Benediktinerstift Göttweig. Idealplan von Lukas von Hildebrandt, nach einem zeitgenössischen Stich vom Salomon Kleiner, 1744
Göttweig liegt ähnlich wie Klosterneuburg auf einer befestigten Terrasse. Die Anlage ist axialsymmetrisch auf die Kirche ausgerichtet.

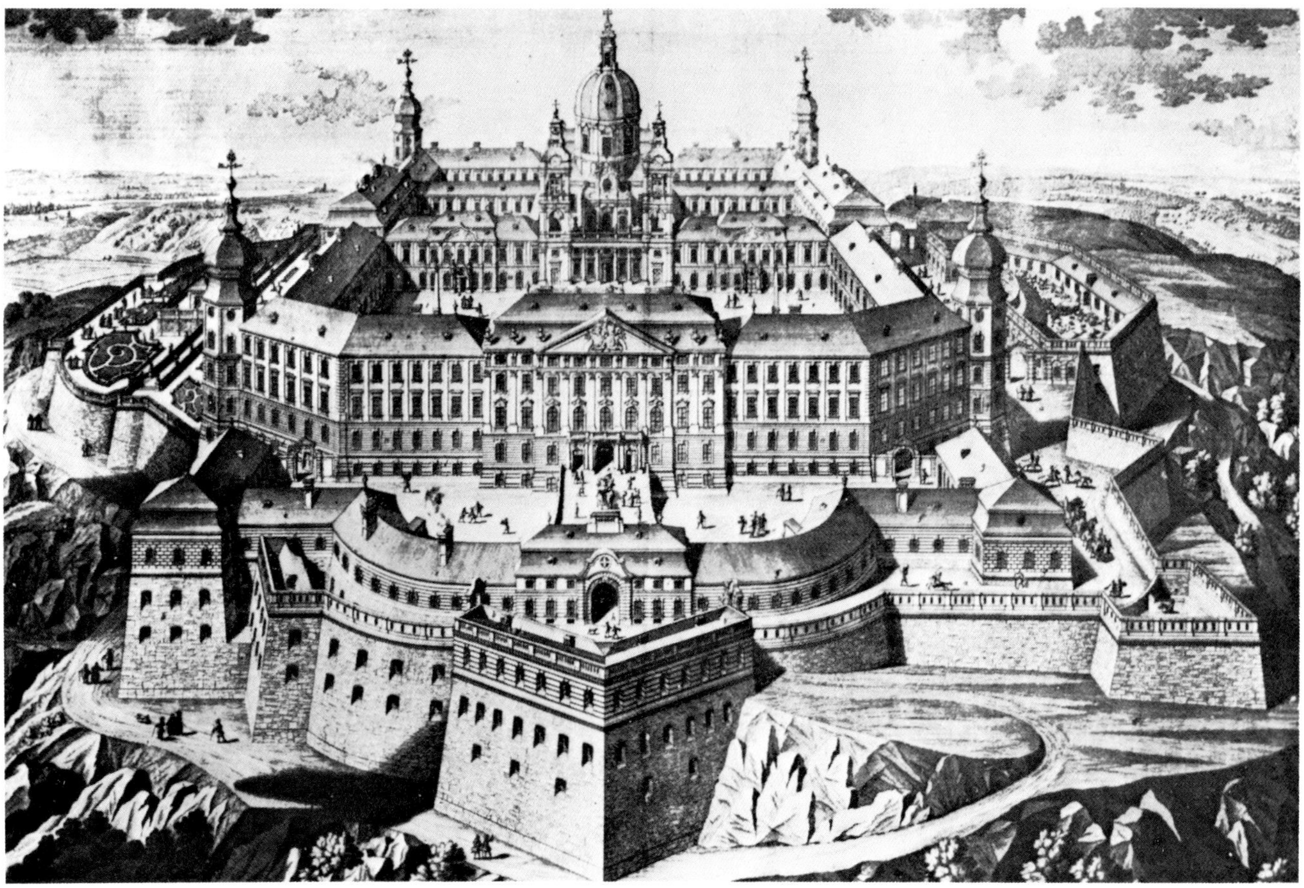

hundert wurden nur der Nordflügel (188 m) und der Ostflügel (149 m) sowie ein Teil des Südtraktes gebaut. Der Westteil wurde gar nicht erst begonnen.

Den großartigen Grundriß gestaltete der Hofarchitekt Lukas von Hildebrandt rund um die Kirche und einige Gebäude, die erst im 17. Jahrhundert errichtet worden waren. Die Kirche an sich ist unbedeutend. Ein italienischer Architekt fügte 1623 das Langhaus auf gotischen Grundmauern an den mittelalterlichen Chor an. Die Stukkaturen von mäßiger Qualität stammen aus dem Jahr 1668.

Ähnlich wie Melk war Göttweig zunächst eine Burg, was angesichts der Lage nicht erstaunen kann. Der Passauer Bischof Altmann hatte die Festung als Glied einer Verteidigungskette gegen die Ungarn gebaut. Aber schon wenig später, im Jahre 1083, berief er die Augustiner-Chorherren nach Göttweig. 1094 wandelte er die ehemalige Burg in ein Benediktinerstift um. An diesen militärischen Ursprung wollte Hildebrandt offenbar erinnern, als er das Kloster auf weiträumige Bastionen setzte. Ganz ähnlich ging Donato Felice d'Allio in Klosterneuburg vor, und auch in Melk wird der Eingang von Festungsbauten flankiert. In dieses Gesamtbild passen ebenfalls die Ecktürme, die im 18. Jahrhundert eigentlich nicht mehr nötig waren. Zwei von ihnen hat Hildebrandt übrigens nach dem Vorbild des alten nördlichen »Frauenturmes« gestaltet. Der militärische Charakter verleiht Göttweig eine Art heroische Vornehmheit, die gut zu seiner landschaftlichen Umgebung paßt.

Ursprung des neuen Göttweig war der imperiale Gedanke. Nachdem das alte Kloster 1718 einem Brand zum Opfer gefallen war, begann Abt Gottfried Bessel (1714–1749) den Neubau. Bessel, der »deutsche Mabillon«, wie er auch genannt wird, war ein Gelehrter. Er verfaßte eine Klosterchronik (»Chronicon Gotwicense«), die eine der Quellen der österreichischen Geschichtsforschung geworden ist. Mit Leidenschaft sammelte er Münzen, Kupferstiche und Bücher. Zudem verkehrte er am Hofe und war Diplomat im Dienste Karls VI. Wenige Tage nach dem Klosterbrand fuhr Bessel nach Wien, wo er seinen Freund, den Reichsvizekanzler Friedrich Karl von Schönborn, aufsuchte. Er schilderte ihm die Sachlage und erhielt aufmunternde Worte.

Für Friedrich Karl von Schönborn, so wird überliefert, gab es nichts Angenehmeres als ein Täßchen Kaffee und ein Bauprojekt zum Studium. Wie mehrere andere Mitglieder seiner großen Familie war auch er dem »Bauwurmb« erlegen. Die Schönborn waren im 18. Jahrhundert mächtige Kirchenfürsten und beeinflußten in hohem Maße den Residenzbau. Ein bedeutender Kunstförderer war Lothar Franz von Schönborn (1655–1729), der 1693 Bischof von Bamberg und zwei Jahre später Kurfürst und Erzbischof von Mainz sowie Reichserzkanzler wurde. Er war es, der gesagt hat, die Bauleidenschaft sei ein teuflischer Instinkt; wer von ihr befallen sei, der käme nicht mehr von ihr los. Lothar Franz war selber ein großer Bauherr. Im fränkischen Pommersfelden baute er das Familienschloß. Daneben wirkte er als Berater seiner ebenfalls bauenden Neffen. So begleitete er Johann Philipp Franz (1673–1724), den Fürstbischof von Würzburg, bei der Ausarbeitung der Pläne für seine Residenz, die als prachtvollstes deutsches Schloß gilt. Ein anderer Neffe, Kardinal Damian Hugo von Schönborn, war der Erbauer von Schloß Bruchsal. Friedrich Karl (1674–1746), der Fürstbischof von Bamberg, baute Schloß Werneck und setzte die Arbeiten an der Würzburger Residenz fort. Von 1704 bis 1734 war er Reichsvizekanzler. In dieser Eigenschaft beriet er den Göttweiger Abt Bessel beim Wiederaufbau seines Klosters. Er war es auch, der ihn mit Hildebrandt bekannt machte. In einem Brief an Lothar Franz schrieb er: »Morgen werden wir des Herrn Prälath von Göttweig risse mit dem Herrn Jean Lucca [Hildebrandt] völlig ajustiren.« Drei Tage später rühmte er in einem weiteren Schreiben an seinen Onkel den Entwurf des Architekten und die herrliche Lage des Klosters. Alle Schönborn informierten einander ständig über ihre Bautätigkeit. Mittelpunkt dabei war der Mainzer Fürstbischof.

Das offizielle Interesse an Göttweig wurde dadurch unterstrichen, daß der Oberhofbaudirektor Graf Althan persönlich am 2. Juli 1719 den Grundstein legte. Hildebrandt war am 4. Mai nach Göttweig gekommen. Als Bauführer hatte er Franz Jänkl mitgebracht. Zunächst wurde in erstaunlich kurzer Zeit der Osttrakt hochgezogen. Zwischen 1723 und 1727 entstand der Nordflügel. 1725 hatte Hildebrandt die Oberbauleitung an Jänkl abgetreten, der 1734 an einer Erkältung starb. Sein Neffe Franz Anton Pilgram folgte ihm nach. 1734 wurde die Gästezimmer begonnen. Im gleichen Jahr legte man die Grundmauern des großen Treppenhauses, das 1738 eingewölbt wurde.

Von 1718 bis 1741 waren 293 926 Gulden verbaut worden. Warum gingen die Arbeiten so schleppend voran? Immerhin war die Abtei sehr reich. Allein die Weinernte 1729 brachte 52 000 Gulden ein. Wahrscheinlich war Hildebrandt nicht mit dem nötigen Einsatz bei der Sache. Der Abt muß wohl befürchtet haben, das Werk nicht zu Ende führen zu können. So ließ

78 Benediktinerstift Göttweig. Gesamtansicht von Südwesten
Der ganze Südwest-Teil kam nicht mehr zur Ausführung. Links vorne die große Bastion, hinter der der Eingang liegen sollte. Rechts die Hildebrandtschen Gebäude. Die Ecktürme gehören stilistisch dem 17. Jahrhundert an. Tatsächlich handelt es sich dabei zum Teil um bestehende Bauwerke, die in den Neubau integriert wurden.

er eine graphische Darstellung anfertigen. Offensichtlich angeregt von den Ansichten des Escorial, bestellte er 1743 beim Wiener Salomon Kleiner eine Reihe von 15 Stichen mit verschiedenen Ansichten des Hildebrandtschen Projektes. Diese Stiche haben ihr Ziel erreicht, denn Göttweig wurde weitum in Architektenkreisen bekannt.

Bessels Nachfolger Odilo Piazoll (1749–1768) und Magnus Klein (1768–1783) nahmen die Arbeiten wieder auf. 1750 bis 1764 baute Joseph Schwerdtfeger die Kirchenfassade nach ins Klassizistische abgewandelten Plänen Hildebrandts. Ausgerechnet dieses unschöne Bauwerk mit seinen zwei massigen Türmen und dem steifen Portikus bildet die Schauseite vom Klostereingang her. Die Bauarbeiten dauerten bis 1783, das Ziel allerdings wurde nicht erreicht.

Ganz anders war die Lage in Melk, dem anderen Riesen unter Österreichs Klöstern. Ein handwerklich geschulter Architekt und ein — wie seine Aufzeichnungen beweisen — sehr interessierter Abt brachten dort zustande, was einem Hofarchitekten und einem Diplomaten nicht gelang.

Unter dem schleppenden Gang der Arbeiten litt auch die Ausstattung. Die Malereien des Festsaales zeigen Klosteransichten, darunter auch Göttweig, wie es hätte aussehen sollen. Das Deckengemälde stellt die Hochzeit zu Kana dar, eine Anspielung auf die herrschaftliche Bedeutung des Raumes.

Das Prunkstück von Göttweig ist die weiträumige Kaiserstiege. Interessant ist, daß in dem sonst nur halbfertigen Kloster gerade diese aufwendige Treppenanlage gebaut wurde. Zweifellos sollte sie eine Huldigung an

79 Benediktinerstift Göttweig. Kaiserstiege
Das Deckengemälde zeigt die Apotheose Kaiser Karls VI. Göttweig besitzt die wohl schönste Klostertreppe Österreichs. Die Kaiserzimmer allerdings, zu denen sie führt, wurden nur sehr rudimentär ausgestattet.

den Kaiser sein, denn das 1739 entstandene Deckengemälde zeigt die Apotheose Karls VI. Nicht Herkules ist hier die mythologische Symbolfigur für den Kaiser, sondern Apollo, der seinen Wagen der aufgehenden Sonne entgegenlenkt. Schöpfer dieses Meisterwerkes war Paul Troger. Offenbar rechnete man in Göttweig mit einem Besuch des Kaisers; darum wurden Treppenhaus und Gästeflügel vorgezogen. Allerdings starb Karl VI., ohne das Kloster aufgesucht zu haben. Trotzdem kam Göttweig zu seinem Kaiserbesuch. 1746 weilten Maria Theresia und Franz von Lothringen mit dem ganzen Wiener Hof hier, um Abt Bessels Jubiläum zu feiern. Diese Genugtuung war dem Prälaten noch vergönnt, ehe er nach langer, qualvoller Krankheit starb.

Neben seiner großartigen Lage ist Göttweig für seine Sammlungen berühmt. Gottfried Bessel, der Kunstfreund und Gelehrte, hat sie angelegt. Er kaufte für das Kloster nicht weniger als 25 000 Bücher. Seine Münzsammlung umfaßt 20 000 Stück, darunter die größte existierende Sammlung an österreichischen Brakteaten (7000 Stück)[1]. Trotz einiger Verluste während der Napoleonischen Kriege und nach dem Zweiten Weltkrieg ist die Graphiksammlung mit 20 000 Blättern nach der Wiener Albertina immer noch die größte Österreichs. Mag sein, daß Bessel allzu wißbegierig war und seine Interessen zu breit fächerte. Berthold Dietmayr hat in Melk keine Sammlungen zusammengetragen. Er ließ sich auch nicht durch diplomatische Missionen ablenken, dafür schuf er ein vollendetes Meisterwerk.

VI

DIE VERBINDUNG VON GOTIK UND BAROCK
ZWETTL

Der Name des Zisterzienserstifts Zwettl im nördlichen Niederösterreich kommt vom slawischen »svetla« (Licht), das sich seinerseits vom lateinischen »claravallis« ableitet. Damit ist die Verbindung nach Clairvaux geschaffen, einem der zisterziensischen Mutterklöster. Zwettl ist für Freunde der Gotik und des Barock gleichermaßen attraktiv, denn es bietet Meisterliches aus beiden Epochen.

Der Kreuzgang stammt aus dem 13. Jahrhundert. Mit seinen großen, in zwei Bogen unterteilten Arkaden auf Knospenkapitellen folgt er burgundischem Vorbild. Der Brunnen ist eine hübsche polygonale Ädikula. Älter noch als der Kreuzgang ist der Kapitelsaal aus dem 12. Jahrhundert.

Die Kirche ist eines der schönsten Beispiele einer dreischiffigen Hallenkirche. Dieser für Deutschland charakteristische Raumtyp war vom 13. bis ins 16. Jahrhundert gebräuchlich. Zwettl ist vom Grundriß her eine Chorumgangkirche nach französischem Vorbild. Der Bau begann 1343, wurde 1348 von der Pest unterbrochen und 1383 eingestellt. Zu diesem Zeitpunkt waren Chor und Querschiff vollendet. Das alte romanische Langhaus blieb einstweilen bestehen. Von 1490 bis 1495 wurden unter Abt Coloman Bauer die zwei östlichen Joche eines neuen Schiffes errichtet. Der Rest blieb immer noch romanisch.

In diesem Zustand befand sich die Kirche, als Melchior von Zaunagg, ein leidenschaftlicher Kunstliebhaber, zum Abt gewählt wurde. Er hatte während seiner langen Amtszeit (1706–1747) Muße genug, das Stift auszubauen. Zahlreiche Pläne, Skizzen und Abhandlungen wurden angefertigt. Das Problem war heikel. Sollte die Kirche vollendet oder durch eine neue ersetzt werden? Und wenn man sie erhalten wollte, wie sollte die Fassade aussehen?

Der Abt zog mehrere Künstler zu Rate. Der 78jährige Matthias Steinl kam ebenso nach Zwettl wie Joseph Munggenast. Der Abt leitete alle Besprechungen selber, wies Projekte zurück, nahm eigenhändig Änderungen vor und hatte so ständig entscheidenden Einfluß auf die Planungsarbeit. Die gotische Kirche sollte erhalten, ja sogar ergänzt werden. Joseph Munggenast wurde beauftragt, den romanischen Westteil abzutragen und einen neuen Abschluß zu erstellen. Ähnlich wie in der Maurinerkirche Saint-Vincent in Metz wurde der gotische Langhausrumpf um ein ganzes und ein als Orgelempore ausgebildetes halbes Joch erweitert.

Für die Fassade hatte Munggenast eine eintürmige und zwei zweitürmige Varianten vorgelegt. Der Entscheid fiel zugunsten der ersteren aus. Am 29. Mai 1729 wurde der Grundstein gelegt. Wenige Tage später kam, wahrscheinlich auf Wunsch Munggenasts, dessen Onkel und Lehrer, der schwer gichtkranke Prandtauer, nach Zwettl, um die Pläne zu begutachten.

Die gotische Hallenkirche von Zwettl stellt eine bemerkenswerte architektonische Leistung dar. Im Unterschied zu den gleichartigen Kirchen in Deutschland sind die Gewölbe nur einfach gekreuzt. Die schlichten Pfeilerbündel steigen in kaum gebremstem Schwung bis in die Gewölbezone, wo sie einem Kranz von Blattkapitellen enden.

Dieser großartige Raum scheint wie geschaffen für das barocke Schauspiel der Himmelfahrt Mariens am Hochaltar, das wirkungsvoll den Chor abschließt. Hatte Abt Zaunagg bei der Fertigstellung der Kirche auch viel Sinn für die Gotik bewiesen, der spätgotische Hochaltar des Bildhauers Andreas Morgenstein aus den Jahren 1525 und 1526 erschien ihm doch etwas veraltet. Er beschloß, ihn durch ein zeitgemäßes Werk zu ersetzen. Allerdings hatte der Prälat so große Ehrfurcht vor der Vergangenheit, daß er den alten Altar sorgfältig ausbauen und aufbewahren ließ. 1852 wurde er nach Brünn verkauft, wo er heute noch in der Stadtpfarrkirche zu sehen ist.

Die Vorschläge für den neuen Hochaltar wurden mehrere Jahre lang sorgfältig geprüft. Einen ersten Entwurf zeichnete Steinl im Jahre 1722. Der Abt ließ davon ein in Marmorimitation bemaltes Holzmodell anfertigen. Drei Monate später wurden einige Änderungen vorgenommen. Allerdings waren die Vorstellungen des greisen Steinl dem Abt zu wenig fortschrittlich. Taktvoll wartete er ab, bis der Wiener Meister 1727 starb, bevor er bei Joseph Munggenast und dem Wiener Goldschmied Johann Känischbauer ein neues Projekt bestellte. Auch davon wurde ein Modell gebaut.

Am 23. April 1731 begann der Passauer Bildhauer Joseph Matthias Götz mit zwei Gehilfen die Schnitzar-

80 Zisterzienserstift Zwettl. Kirchturm, von Joseph Munggenast, 1727
Das unvollendete Langhaus der Kirche ergänzte Munggenast im gotischen Stil. Dem Ganzen blendete er dann allerdings eine elegante eintürmige Barockfassade vor.

81 Zisterzienserstift Zwettl. Chorausstattung und Hochaltar, begonnen 1731 von Joseph Matthias Götz, vollendet von Jakob Schletterer
Der in Holz und Marmor gearbeitete Altar zeigt die Himmelfahrt Mariens. Am Choreingang bilden Kanzel (Evangelienseite) und Chororgel (Epistelseite) eine gestalterische Einheit.

beiten aus Lindenholz. Die architektonischen Teile aus Marmor wurden in Salzburg und Wien bestellt. Meinungsverschiedenheiten zwischen Götz und dem Abt führten dazu, daß der Künstler im Februar 1733 abreiste. Auf Vorschlag Paul Trogers führte der Wiener Bildhauer Jakob Schletterer die Arbeiten zu Ende.

Die Himmelfahrt Mariens von Egid Quirin Asam in der Klosterkirche Rohr ist der wohl bekannteste Beitrag zu diesem typischen Barockthema. Im Vergleich mit Rohr offenbart Zwettl den ganzen Unterschied zwischen deutschem und österreichischem Barock. Mit fast explosiver Gewalt werden in Rohr Maria in die Höhe gerissen und die Apostel zu Boden geschleudert. Der österreichische Barock bewahrt immer eine gewisse innere Ruhe. Die Himmelfahrt von Zwettl gliedert sich in drei Bereiche: die Erde mit den Aposteln, die von Engeln getragene Jungfrau und die im Himmel wartende Dreifaltigkeit. Die Bewegung entwickelt sich gleich einem erhabenen Orgelspiel, das in immer höheren Registern variiert wird.

Der barocke Orgelprospekt bildet das Gegengewicht zum Hochaltar. Der Architekt spreizte die Pfeifen, um das Licht einströmen zu lassen. Und dieses Licht, das die drei Schiffe mit strahlender Helligkeit erfüllt und sich über die meisterlichen barocken Bildwerke ergießt, das Licht, Symbol dieser Kirche, war wohl das Hauptanliegen der

85 Benediktinerstift Altenburg. Kirche, von Joseph Munggenast, 1730–1733
Die Kirche war 1732 im Rohbau abgeschlossen. Der Grundriß ist oval mit langgestrecktem Chor. 1733 begann Paul Troger das Deckengemälde, das von großen Ochsenaugen unter dem Gewölbe ausgeleuchtet wird. Über dem Hochaltar die Himmelfahrt Mariens.

86 Benediktinerstift Altenburg. Bibliothek, Stukkatur von Johann Michael Flor, Malerei (fertiggestellt 1742) von Paul Troger und seinem Schüler J. J. Zeiller
An der Mittelkuppel das Urteil Salomos, der Inbegriff der Weisheit. An den beiden anderen Kuppeln Allegorien der vier Fakultäten Theologie, Jurisprudenz, Philosophie und Medizin.

87 Benediktinerstift Altenburg. Totenkapelle
Die Lage der Totenkapelle unter der Bibliothek verweist symbolhaft auf die Nichtigkeit der Erkenntnis. Umrahmt von grotesken Ornamenten, spielt sich an den Wänden ein Totentanz ab. Merkur, der Gott, der die Seelen ins Jenseits geleitet, ist hier als Skelett dargestellt.

Die Figuren schweben schwerelos in höheren Sphären. Das die ganze Decke überstrahlende Licht scheint vom Glorienschein der Religion und von der Sonne der Wahrheit auszugehen. Jede der dargestellten Wissenschaften und Tugenden empfängt dieses Licht und wirft es in den Raum zurück.

Joseph Munggenast war eine Generation jünger als Jakob Prandtauer. Sein Stil ist ungebundener, ausgefeilter und beschwingter. Er sucht die Eleganz und nicht die Feierlichkeit. Munggenast ist Neuem gegenüber aufgeschlossen und lehnt die strengen, traditionellen Grundrisse seines Lehrers ab. Der Grundriß seiner Kirche in Altenburg, deren Rohbau 1732 abgeschlossen war, ist für Österreich ungewöhnlich. Das Langhaus zwischen dem langen Chor und der großen Mönchsempore ist oval. Diese Form dürfte durch Paul Trogers vorgegebenes Deckenthema bestimmt worden sein. Der Blick des Gläubigen wird in einem elliptischen Wirbel emporgerissen bis in die Kuppellaterne, in der die Taube des Heiligen Geistes schwebt. Durch diese Laterne fällt mildes Licht als Ergänzung zu jenem der großen Ochsenaugen ein. Der Raum scheint sich rhythmisch zusammenzuziehen und wiederauszudehnen. War nicht seit Kepler bekannt, daß die Planetenbahnen elliptisch sind und nicht kreisförmig, wie Galilei annahm?

In dieser durchscheinenden Helligkeit spielt sich das Drama der Apokalypse ab. Über dem Kranzgesims steht, in gleißendes Licht getaucht, die Frauengestalt aus der Offenbarung des Johannes. Der Besucher bemerkt sie beim Betreten der Kirche nahezu gleichzeitig mit der Himmelfahrt Mariens am Hochaltar. Auch die apokalyptische Frau ist niemand anderes als Maria. An einer der Längsseiten wird die Bestie der Apokalypse zusammen mit der Schar der abtrünnigen Engel vom hl. Michael ins Inferno gestoßen. Gegenüber sind die 24 Greise dargestellt. Gottvater in der Mitte ist der Ausgangspunkt allen Lichtes. Engel tragen ihn auf einem Schild. Umgeben ist er von den Symbolen der Evangelisten, von Tugenden, Allegorien und Engelchen, die überall herumschwirren, den Raum beleben und ihn im Gleichgewicht halten. Paul Trogers Apokalypse ist keine Katastrophe, sondern eine Apotheose. Stolz unterzeichnete der Künstler sein 1735 vollendetes Werk unterhalb der Mariengestalt: »Paul Troger inv. et pinxit«.

Im Jahre 1742 beendete Troger mit seinem Schüler Zeiller die Ausmalung der Bibliothek. Die Stukkaturen schuf der Wessobrunner Johann Michael Flor. Architekt, Maler und Stukkateur arbeiteten hier so eng zusammen, daß der ganze Raum wie aus einem Guß scheint. Auf dieser Entwicklungsebene des deutschen Barock wurden Stukkatur und Malerei nicht mehr auf eine architektonische Struktur aufgesetzt, vielmehr erdachte der Architekt den Raum in seiner Gesamtheit.

Die Altenburger Stiftsbibliothek ist die prächtigste Österreichs, wenn man vielleicht von Admont absieht. Es macht den Anschein, als sei sie weniger ein Haus der Bücher als viel eher ein Tempel der Erkenntnis. Die Farben sind so hell, daß alles körperlos, vergeistigt wirkt. Drei Kuppeln gliedern den Raum. In den beiden äußeren, flacheren sind Allegorien der vier Fakultäten dargestellt: Theologie und Jurisprudenz mit den vier Kirchenvätern einerseits, die Philosophie mit Dionysios Areopagita und die Medizin mit dem barmherzigen Samariter andererseits. Das Urteil Salomos schmückt die Mittelkuppel. Über der Szene strahlt die göttliche Weisheit, die Salomo erleuchtet. Auf Gewölben und Wänden tummeln sich Allegorien und mythologische Gestalten, darunter Pallas Athene und Herkules.

Im Vorzimmer der Bibliothek symbolisieren weitere Allegorien den Makro- und Mikrokosmos. Der eine wird durch die Vier Erdteile dargestellt, der andere durch die Vier Temperamente, denen je eines der Vier Elemente zugeordnet ist: der Melancholiker und die Erde, der Sanguiniker und die Luft, der Phlegmatiker und das Wasser sowie der Choleriker und das Feuer. An der Decke überwacht Saturn den Ablauf der Zeit.

Als wollte er die Mönche vor dem Stolz der Erkenntnis warnen, ordnete der Autor des ikonologischen Programms unter der Bibliothek die sogenannte Krypta an. Hier wird in einer Reihe grotesker Ornamente das mittelalterliche Thema des Totentanzes behandelt. Mit Bogen, Sicheln, Sensen und Knüppeln schlagen Skelette auf Kinder, Erwachsene und Greise ein. Algen, Klippen, Seegetier und Muscheln stellen eine maritime Welt dar. Poseidon selbst erscheint als Skelett. Auf seinem Dreizack sind zwei Fischgerippe aufgespießt. Da das Meer als Ursprung des Lebens galt, bedeutete dies wohl, daß der Tod keine Daseinsform verschont. Auch Hermes ist da, der Gott, der die Seelen in die Ewigkeit geleitet. Indessen ist diese Welt des Todes durchaus keine verfluchte Welt. Ein Schmerzensmann, eine Madonna und verschiedene Fürbitter bringen dem Menschen die Hoffnung auf einen sanften Tod.

Schließlich malte Troger auch den Marmor- oder Festsaal in der Prälatur aus. Apollo, auch er ein Symbol des Lichtes, lenkt seinen vierspännigen Wagen zum Zenit, gefolgt vom Morgenstern, der die Nacht in den Mantel der Dunkelheit hüllt. Die Gottheiten des Wassers, Nymphen und Tritonen, ein Jäger mit Hund und die Gruppe der Musen begrüßen diese Fahrt zur Sonne. Die Vier Elemente und die Vier Jahreszeiten begleiten den Sonnenmythos. Die Mondsichel, Venus und Vulkanus wandeln zu beiden Seiten des Kamins das Thema von Licht und Feuer ab. Auf dem Kamin wachen Vestalinnen über die ewige Flamme, während ein Phönix der strahlenden Sonne gegenübersteht.

Nach Wilhelm Mrazek, der sich eingehend mit der Altenburger Ikonologie befaßt hat, bewegt sich diese um einen zentralen Gedanken, die Verherrlichung verschiedener Aspekte des Lichtes: »lumen fidei« in der Kaiserstiege, »lumen gloriae« im Gewölbe der Kirche, »lumen sapientiae« in der Bibliothek und »lumen naturale« im Marmorsaal. Durch diesen Forscher wissen wir auch, daß das Programm aus einer Art Wettbewerb hervorgegangen ist, an dem die Piaristen des Kollegs Horn und die Patres der Klöster Lilienfeld, Melk, Geras, Pernegg und anderer teilgenommen haben.

Das Thema der Bibliothek allerdings folgt einem übergeordneten Programm. Es richtet sich nach dem Gedanken, den Abt Suger im 12. Jahrhundert in einer Inschrift über dem Portal des Klosters Saint-Denis festgehalten hat: »Per lumina vera ad lumen verum« (»Durch wahre Lichter zum wahren Licht«).

Wer neben Tiepolo hätte diese Symbolik des Lichtes besser ausdrücken können als Paul Troger?

VIII

DAS KLEINOD DER WEINBERGE
DÜRNSTEIN

Die Donau hat wie der Rhein ihre eigene Weinmythologie. Die Romantiker, aber auch Schubert liebten es, nach Grinzing hinauszuziehen, vor die Tore Wiens, und dort in einer Schenke beim Heurigen zu sitzen. Der beste Wein Österreichs kommt aus der Wachau, aus dem Gebiet zwischen Melk und Krems. Die verschiedenen, allesamt sehr geschätzten Gewächse dieser Region machten früher den Reichtum der Klöster aus. Man muß das Donautal im Herbst gesehen haben, wenn sich das Weinlaub rötet. Dann erhebt sich wie ein Edelstein das Kloster Dürnstein aus den purpurnen Hängen.

Die bekannteste Dürnsteiner Weinlage heißt »Himmelsstiege«, vielleicht wegen des Augustiner-Chorherrenstifts, das sich zu Füßen einer burgbekrönten Anhöhe in der Donau spiegelt? Dort oben soll Richard Löwenherz eingekerkert gewesen sein, der den österreichischen Herzog im Heiligen Land schwer beleidigt hatte. Der Legende nach wurde er hier vom Minnesänger Blondel gefunden.

Dürnstein ist ein kleines Kloster, in dem nur wenige Chorherren lebten. Das Langhaus der schlichten Kirche hat drei Joche. Der schmale Chor steht auf den Grundmauern eines gotischen Vorgängerbaus. Ein Triumphbogen trennt Chor und Schiff. Die Kirche ist von einer Gruppe an sich recht unbedeutender Gebäude umgeben. Ihre äußere Erscheinung ist jedoch sehr gepflegt. Kirche und Kloster haben üppig verzierte und statuenreiche Portale. Auch der elegante, leichte Turm ist mit Figuren und Reliefs besetzt. Er ruht auf vier langen Voluten, die federnd seine Last aufnehmen. Das Langhaus der Kirche ist nach dem Vorarlberger Wandpfeilerschema gebaut. Die Seitenkapellen zwischen den Pfeilern werden von Emporen überspannt. In Österreich ist dieser etwas steife Raumtyp selten. Hier wird er belebt vom Spiel der auswärts und einwärts geschwungenen Emporen, die sich im ersten und dritten Joch auf schmale, in den Kirchenraum ausgreifende Stege reduzieren. Große, runde Bodendurchbrüche rufen an den darunterliegenden Seitenaltären jene Lichteffekte hervor, die im Barock so beliebt waren. Diese Gestaltung der Emporen bewirkt eine nach außen strebende Bewegung, die den Raum in Schwingung versetzt. Er scheint sich fächerartig zum eingezogenen Chor hin zu öffnen.

Die Ausstattung ist sehr zurückhaltend. Die weißen Wände und Gewölbe sind nur mit Arabesken geschmückt. Wie goldene Schmuckstücke heben sich die Kanzel und, ihr gegenüber am Triumphbogen, die Statue des hl. Johannes Nepomuk von diesem strahlenden Weiß ab, zudem der Hochaltar, das Chorgestühl und die Kompositkapitelle der Pfeiler. An den Gewölbeanfängern tragen Putti gemalte Medaillons mit Heiligenporträts.

Die Raumwirkung ist leicht und fröhlich, und scheint wie geschaffen für die Feier der Ostermesse. Unter den Gewölben meint man die Hymne »Gloria laus et honor tibi sit« zu hören, jenen Gesang Theodulfs, der am Palmsonntag die Wiedervereinigung der streitenden und der triumphierenden Kirche bejubelt. Der Erbauer des Klosters, Propst Hieronymus Übelbacher (1710–1740), ließ wohl ganz bewußt diese freudige Stimmung herbeizaubern, da er für das Chorgestühl als Dekorthema das »Te Deum« festlegte.

Beim Bau ist die zügige Abwicklung der Arbeiten Voraussetzung für ein Gelingen des Werkes; Unterbrechungen stören die Einheit. Für das kleine Kloster Dürnstein genügte eine Bauzeit von 13 Jahren (1720–1733). Sicherlich ist das mit ein Grund für die Harmonie, die es ausstrahlt.

Mehrere Künstler waren in Dürnstein tätig, aber ganz offensichtlich folgten sie dabei einem einzigen Kopf. Der Hochaltar ist ein Werk des italienischen Malers und Theateringenieurs Antonio Beduzzi. Der Bildhauer Johann Schmidt lieferte das Chorgestühl. Er fertigte auch die Portale von Kloster und Kirche nach Entwürfen Steinls und Munggenasts an.

88 Augustiner-Chorherrenstift Dürnstein. Kirche mit Turm
Das kleine Kloster Dürnstein liegt an der Donau in den Weinbergen der Wachau. Es wurde von Joseph Munggenast, dem Schüler Jakob Prandtauers, erbaut, wobei auch andere Künstler beratend mitwirkten.

89 Augustiner-Chorherrenstift Dürnstein. Inneres der Kirche, von Joseph Munggenast, 1720–1733, Stukkatur von Santino Bussi, Malerei von Karl Haringer
Die Stukkatur ist zurückhaltend und nur in geringen Teilen vergoldet. Um so eindrucksvoller wirken die harmonische Raumgliederung und die raffinierte Lichtführung dieses kleinen Gotteshauses.

Wie so häufig sind die ausführenden Unternehmer besser bekannt als die Entwurfsarchitekten, denn deren geringe Honorare tauchen in den Buchhaltungen der Klöster oft gar nicht auf, oder dann ohne Namensnennung. Im Falle Dürnsteins besitzen wir zwar das Tagebuch des Propstes, aber über die Projektverfasser streiten sich die Historiker trotzdem, ja sie verwickeln sich sogar in Widersprüche. So wird das Kirchenportal Steinl zugeschrieben, obwohl bekannt ist, daß es einen Entwurf Munggenasts gab. Andererseits nimmt man an, das Klosterportal sei nicht von Steinl, dabei hat er einen Riß dafür geliefert. Für den Turm hat Munggenast nachweislich 1724 und 1729 Entwürfe vorgelegt, den zweiten also zwei Jahre nach Steinls Tod. Dennoch herrscht heute die Meinung vor, die Grundidee stamme von Steinl. In der Tat weist der Hang, Architektur mit Statuen und Reliefs zu verkleiden, auf einen Bildhauer als Urheber. Zudem ist die bewegte und in Österreich ungewöhnliche Bauart des Turmes, der Emporen und des Kirchenportals eher mit Steinls Kunst zu vereinen als mit dem ausgewogenen Stil Munggenasts. Es scheint auf jeden Fall gesichert, daß Munggenast der Baumeister war. Wenn er außerdem auch Entwürfe vorlegte, so beruhten diese möglicherweise auf Ideen eines anderen, der eine beratende Funktion hatte. Genau das war die Aufgabe Steinls beim Bau der Klosters Zwettl gewesen. Der dortige Turm von Munggenast hat unbestreitbar Ähnlichkeit mit jenem von Dürnstein.

Im Jahre 1704 schrieb ein Propst von dem »inventore Mathia Steindl viro in omni arte experto«, dem »in jeder Kunst erfahrenen Mann«. Tatsächlich arbeitete Steinl in Holz, Elfenbein und Stein. Er lieferte Ausstattungs- und Bauprojekte und war ein großer Formenschöpfer. Aber seine Kunst blieb im Handwerk verwurzelt. Zeit seines Lebens behielt er über die Bildhauerei den Kontakt zur manuellen Arbeit. In den Jahren 1676 bis 1680 begann er seine Laufbahn mit der barocken Neugestaltung der schlesischen Zisterzienserkirche Leubus. Er führte dort das etwas unruhige Chorgestühl aus. Den Besuchern des Wiener Kunsthistorischen Museums ist er bekannt als Urheber der drei kleinen elfenbeinernen Reiterstandbilder der Kaiser Leopold I., Joseph I. und Karl VI. In diesen 50 cm großen, ungewöhnlichen Werken wollte er wohl mit zahlreichen Schnörkeln und Einzelformen einen Beweis seiner Virtuosität als Elfenbeinschnitzer liefern.

Falls es eine Zusammenarbeit zwischen Steinl und Munggenast gab, so sollte der Anteil des letzteren nicht unterbewertet werden. Steinl brachte den für ihn typischen Gedanken der Bewegung mit, doch Munggenast hat den etwas schwerfälligen und oft unnötig komplizierten Stil des Bildhauers verfeinert und in Eleganz übersetzt.

Natürlich darf man auch den Propst als Bauherrn nicht vergessen. Er hatte bei der Auswahl der Projektvorschläge das letzte Wort. Seine Sorgfalt kommt im überaus spitzfindigen ikonographischen Programm der Kirche zum Ausdruck, das die Entwicklung der Theologie in eine feinsinnige Beziehung zur Mystik des hl. Augustinus setzt.

Während wenig mehr als zehn Jahren arbeiteten alle diese Männer an dem Kunstwerk Dürnstein. Auch wenn die Einzelleistungen heute nicht mehr auszumachen sind ihr gemeinsames Schaffen ringt uns Bewunderung ab.

90 Augustiner-Chorherrenstift Dürnstein. Kirchturm
Nachdem die Kirche vollendet war, wurde 1726 der Turm begonnen und bis zum ersten Gesims hochgezogen. Der Entwurf stammt vom Wiener Matthias Steinl, der in Dürnstein mit Munggenast zusammenarbeitete. Letzterer fertigte am 23. Dezember 1724 die Ausführungspläne an. Zwei Jahre nach Steinls Tod erhielt ein Tiroler Architekt den Auftrag zur Fertigstellung des Turms, aber am 3. März 1729 wird eine Honorarzahlung an Munggenast für eine Projektänderung erwähnt. Wahrscheinlich handelte es sich dabei um den Turmhelm. 1733 war der Bau abgeschlossen.

DEUTSCHLAND UND DIE SCHWEIZ

EINLEITUNG

Nach Jahrzehnten des Blutvergießens, Zerstörens und Brandschatzens brachte der Westfälische Frieden dem zerrissenen Deutschland 1648 endlich den Religionsfrieden. In einigen Gegenden wie Schwaben, Franken und der Pfalz waren katholische und protestantische Territorien kaum voneinander zu trennen. Es kam sogar vor, daß Kirchen von Katholiken und Protestanten gemeinsam benutzt wurden, ja hie und da wurden sie eigens für diesen Zweck neu erbaut. Komplizierte Erbgänge hatten zuweilen dazu geführt, daß Klöster ihre Einkünfte und die Verwaltung ihrer Güter mit protestantischen Städten oder Landesherren teilten. Einzig das Kurfürstentum Bayern bildete, teilweise von Österreich geschützt, ein Bollwerk des Katholizismus. Nur in seinen nördlichen Gebieten Franken und Oberpfalz lebten Protestanten. Das bayerische Volk war damals von einer glühenden Frömmigkeit beseelt, von der 1960 die bemerkenswerte Ausstellung »Die bayerische Frömmigkeit, 1400 Jahre Christliches Bayern« im Münchener Stadtmuseum zeugte. Sicherlich wurde die zur »Patrona Bavariae« erhobene Muttergottes in keinem anderen Land tiefer verehrt. Die gleiche Frömmigkeit herrschte aber auch in der Diaspora, wobei sie dort durch die räumliche Nähe der Andersgläubigen zusätzlich angefacht wurde.

Süddeutschland wurde zu einem Schmelztiegel der Baukunst, in dem sich aus österreichischem Barock und böhmischem Rokoko ein eigenständiger Baustil entwikkelte. Alte Bauformen wie das romanische Westwerk oder die Chortürme wurden in die neue Formensprache übernommen. Im Gegensatz zur Profanarchitektur ist im sakralen Bereich kein französischer Einfluß zu erkennen. Wie hätte er auch wirksam werden können? Zwar wurden Frankreichs Schloßbauten in ganz Europa nachgeahmt, die Kirchen aber blieben dort weitgehend der Romanik verhaftet und konnten dem nach neuen Wegen suchenden Deutschland nichts bieten. Zudem arbeiteten die Äbte mit anderen Baumeistern zusammen als die Feudalherren. Die von italienischen oder französischen Vorbildern geprägten Architekten weltlicher oder kirchlicher Fürstenhöfe wurden vielfach in den Adelsstand erhoben. Ihre Kollegen, die in klösterlichen Diensten standen, blieben auf einer mehr handwerklichen Ebene. Sie entstammten meist der einheimischen Bevölkerung. Die Klöster hatten bei ihnen die Gewähr, daß sie auf die Wünsche der Äbte eingingen. Dies ist mit ein Grund für den Erfolg der Vorarlberger Handwerker.

Zu diesen katholischen Gebieten ist auch die deutsche Schweiz zu rechnen. Die schönen und reichen Schweizer Klöster wurden weitaus mehr von Süddeutschland als von Österreich her beeinflußt. St. Gallen und Einsiedeln gehören sogar ihrer Größe und ihrer bahnbrechenden Neuerungen wegen zu den bedeutendsten Schöpfungen der Klosterbaukunst im deutschen Sprachbereich. Auch andere Abteien bemühten sich, ein einheitliches Ganzes zu schaffen. Von ihren Eigentümlichkeiten wird noch die Rede sein. Im allgemeinen hält sich der Wiederaufbau der Schweizer Klöster in einem ziemlich traditionellen Rahmen. Die beteiligten Handwerker waren in den meisten Fällen auf den Klosterbau spezialisierte Vorarlberger, wie etwa die Familien Beer und Moosbrugger. Letztere war die fruchtbarste Handwerkerdynastie aus dem Bregenzerwald. Sie läßt sich bis ins 15. Jahrhundert zurückverfolgen. Ihr berühmtester Sprößling sollte Caspar Moosbrugger werden. Er wurde 1656 in Au geboren. Von 1670 bis 1673 absolvierte er bei Christian Thumb eine Steinmetzlehre. Diese handwerkliche Ausbildung vervollständigte er bei Johann Georg Kuen in Einsiedeln, als dieser dort den Chor und die Magdalenenkapelle baute. 1686 legte Moosbrugger in der berühmten Benediktinerabtei die Profeß als Laienbruder ab. Auf autodidaktischem Wege eigenete er sich die theoretischen Kenntnisse der Architektur an. Er übte mit Plänen und Reproduktionen der Bauten großer italienischer Architekten des 16. und 17. Jahrhunderts, wie Sebastiano Serlio, Andrea Pozzo, Giacomo Vignola, Domenico Fontana und Onorio Longhi. Moosbrugger entwarf und leitete den Neubau seines Klosters, wobei er sich bei der Kirche auf die Mithilfe eines bis heute unbekannten Italieners stützen konnte. Zu Ruhm gelangt, baute er in der Folge zahlreiche Pfarrkirchen und wirkte an weiteren Benediktinerklöstern mit, wie Muri, Disentis, Seedorf, Rheinau, Fischingen und St. Gallen. Allerdings gelang es ihm zeit seines Lebens nicht, sich vom handwerklichen Hintergrund zu lösen. Es fehlte ihm an der nötigen Vorstellungskraft, um mit den überkommenen Formeln zu brechen.

I

DIE ANFÄNGE
KEMPTEN UND OBERMARCHTAL

Wer angelockt vom Ruf der reichsten deutschen Abtei, die einst über 45 000 Seelen herrschte, vor der Klosterkirche St. Lorenz in Kempten steht, der kann über die architektonische Anspruchslosigkeit nur staunen. Offensichtlich hielt sich der Baumeister streng an ein Programm, das ihm eine Doppelturmfassade vorschrieb. Ein gestalterisches Werk machte er allerdings nicht daraus. Er begnügte sich damit, Stockwerk auf Stockwerk zu setzen, wie ein Kind, das mit Bauklötzen spielt. Die Türme schloß er mit zu schlanken Helmen ab und versuchte noch vergeblich, das Ganze mit verschiedenförmigen und schlecht verteilten Fensteröffnungen zu beleben. Mit diesen dünnen Türmen und der gedrungenen Kuppel am Ostende der Kirche gerät die Silhouette völlig aus dem Gleichgewicht.

Kaum besser ist das Innere gelungen. Der Grundriß ist geradezu dilettantisch. Wiederum führte der Architekt genau das aus, was man von ihm verlangte: im Westen ein dreischiffiges Langhaus mit Seitenkapellen, im Osten eine achteckige Rotunde, an die ein langes Gebäude mit Altarraum und Sakristei angehängt ist. All dies ist recht grob gegliedert. In diesem frühesten Kirchenneubau des Barock taucht bereits, wenn auch noch sehr ungeschickt gehandhabt, die Verbindung von Zentral- und Langraum auf. Spätere Architektengenerationen in Süddeutschland verstanden es meisterhaft, mit dieser Kombination zu spielen. In Kempten sind die beiden Raumtypen einfach aneinandergereiht. Der Architekt war Michael Beer aus Au im Bregenzerwald. Zu diesem Zeitpunkt bestand die berühmte Auer Zunft noch nicht. Eben jener Michael Beer wird sie nach seiner Tätigkeit in Kempten gründen.

Der Baumeister war 35 Jahre alt, als er 1644 vom Kemptener Fürstabt Roman Giel von Gielsberg (1639–1673) berufen wurde, ein neues Kloster und die Kirche zu entwerfen. Das war der Beginn des großen klösterlichen Wiederaufbaus nach dem Dreißigjährigen Krieg. Die Tatsache, daß der reichste Abt Mitteleuropas einen völlig unbekannten Architekten auswählte, veranschaulicht in aller Deutlichkeit, wie arm Deutschland damals an ausgewiesenen Baufachleuten war.

Zweimal, 1632 und 1634, waren die Schweden über das Stift hergefallen. Ihre Ausschreitungen wurden

91 Benediktinerabtei Kempten. Kirche St. Lorenz, Fassade
Der Architekt dieser Fassade hatte offensichtlich wenig Phantasie. Die Volumen sind ohne irgendwelchen Sinn für Proportionen aufeinandergestapelt.

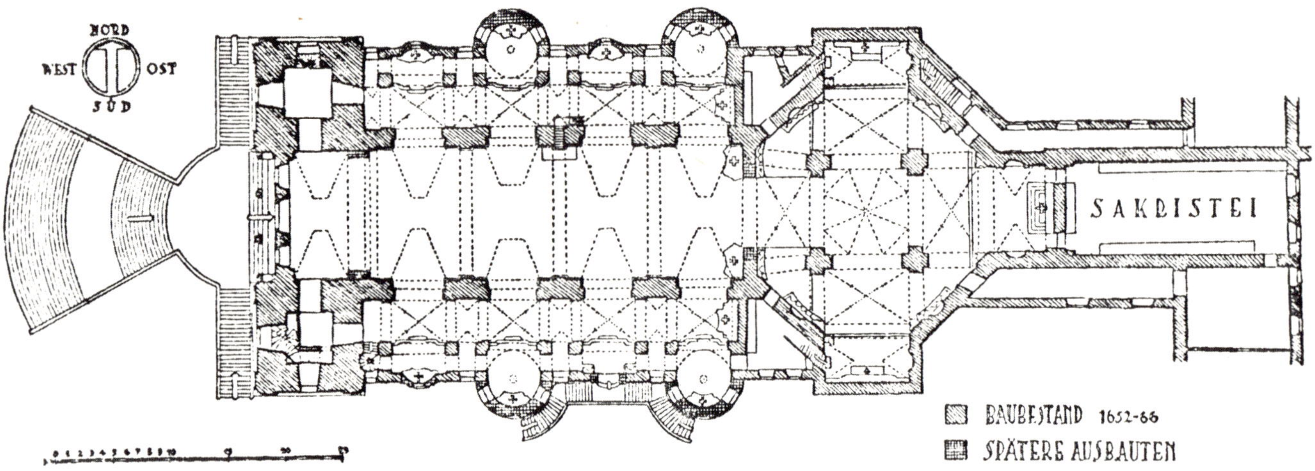

seinerzeit mit denen der Hunnen verglichen. Andererseits ermöglichte es die vollständige Zerstörung dem Abt, das ganze Kloster von Grund auf zu erneuern. Wie viele andere Klöster hatte auch die mittelalterliche Abtei Kempten zwei getrennte Kirchen für die Gemeinde und die Klosterbrüder. Abt Roman beschloß nun, die Gläubigen in den Klosterbereich einzubeziehen. Dies sollte von unerhörter Tragweite sein. Von nun an war der Wiederaufbau deutscher Klöster vom Gedanken geprägt, Mönche und Gemeinde in einem gemeinsamen Kirchenraum unterzubringen. In Kempten steht den Gläubigen mit dem Langhaus und den Seitenkapellen der weitaus größte Teil der Kirche zur Verfügung. Die Kuppel über dem Mönchschor unterstreicht die herausragende Würde der Patres. Beiden Gruppen gemeinsam ist der Hochaltar. Daß die Gemeinde am Geheimnis der Liturgie teilhaben konnte, war eine der Auswirkungen des Tridentinischen Konzils.

So ungeschickt der Kemptener Plan auch ist, er wurde zum bahnbrechenden Vorbild in der deutschen Klosterbaukunst. Selbst Caspar Moosbrugger, der Meister von Einsiedeln, hat ihn in einem seiner Skizzenbücher kopiert.

Im Osten sind die Klostergebäude an die Kirche angebaut. Auch hier betrat der Abt Neuland. Die Anlage ist um zwei Höfe gruppiert. Der westliche, etwas größere, umfaßt die Abtresidenz, die Prunkräume und die Gästezimmer, der östliche ist der Konventhof.

1653 war der Nordtrakt des Westhofes fertig. 1652 stand die Kirche als Rohbau. Warum verließ Michael Beer zu diesem Zeitpunkt die Baustelle? Wurde dem Abt klar, daß der Vorarlberger der Aufgabe nicht gewachsen war? Sein Nachfolger war der Bündner Johann Serro aus Roveredo mit seiner Handwerkertruppe. Er blieb bis 1670 in Kempten. Aber auch mit ihm hatte der Abt keine glückliche Hand. Serro änderte nur wenig an den Plänen seines Vorgängers — so hob er das Kirchenschiff etwas an —, die grundsätzlichen Mängel aber konnte er nicht beheben.

Mit der Ausstattung der Kirche wurde 1659 Serros Landsmann Giovanni Zuccalli beauftragt. Seine Stukkaturen sind kaum besser als die Architektur. Teils sind sie zu mager ausgefallen, teils allzu überladen. Die Einpassung in die Wandfelder ist ungeschickt. Zuccalli war nicht in der Lage, auf den Raum einzugehen. Er begnügte sich damit, allgemeine Lehrsätze der Stukkatur anzuwenden.

Die reichste deutsche Abtei hatte ihren Neubau zu früh begonnen; so verfügte sie nun nicht über die Gebäude, die ihrem Rang entsprochen hätten. Erst als im folgenden Jahrhundert die Residenz gebaut wurde, entstand der prunkvolle Rahmen, der diesem adeligen Stift angemessen war.

In jüngster Zeit förderte eine sorgfältige Renovation den alten Glanz der Abtei wieder zutage. Die Ausstattung wurde im 17. Jahrhundert von Zuccalli begonnen. In einigen Räumen ist sie ebenso mittelmäßig wie in der

92 Benediktinerabtei Kempten. Kirche St. Lorenz, Grundriß
Der Vorarlberger Baumeister Michael Beer entwarf die Kirche nach einem festumrissenen Programm des Fürstabts Roman von Gielsberg. Das dreischiffige Langhaus und der oktogonale Chor waren Beers Interpretation der geforderten Trennung von Gemeinde und Mönchen. Allerdings verband er die beiden Raumzonen bei weitem nicht so harmonisch, wie später etwa Johann Michael Fischer in Altomünster (s. Abb. 15).

93 Benediktinerabtei Kempten. Thronsaal
Die Abtei Kempten war ein adeliges Stift und das reichste Kloster Deutschlands. Der Abt hatte den Rang eines weltlichen Fürsten. 1760 ließ Abt Engelbert von Syngerstein diesen Thronsaal bauen. Die künstlerische Ausstattung bezieht sich ausschließlich auf die Feudalrechte der Abtei.

Kirche. Der große Festsaal im Osttrakt allerdings wurde gegen Ende des 17. Jahrhunderts von Wessobrunner Stukkateuren gestaltet. Sie zeigten wesentlich mehr Geschick als der Bündner. Dieser Saal liegt über einem Raum, den nach heute vorherrschender Meinung Abt Rupert von Bodmann als Theater geplant hatte. In diesem Fall würde es sich um den ältesten Theatersaal in einem Kloster handeln. In diesen Raum, der im 18. Jahrhundert Rittersaal genannt wurde, hängen heute 22 Porträts Kemptener Fürstäbte.

Von 1732 bis 1735 baute Fürstabt Anselm von Reichlin-Meldegg den Südflügel. Er enthält die Wohnräume des Abtes, deren Ausstattung wohl zum Schönsten gehört, was Deutschland in dieser Hinsicht zu bieten hat. Die Gästezimmer im Nordtrakt stehen ihnen an Prunk kaum nach. Sie wurden um 1760 von Abt Engelbert von Syngerstein eingerichtet.

Der bedeutendste Raum der Abtresidenz ist der heute Thronsaal genannte ehemalige Spiegel- oder Fürstensaal, in dem sich unverhüllt der Stolz der wohlhabendsten Abtei Bayerns zeigt. Hier ging der Fürstabt, über dessen Thron ein Engel das Wappen Anselm von Reichlin-Meldeggs trägt, seinen Regierungsgeschäften nach. Die Stukkaturen und Gemälde an den Wänden haben die Herkunft und die Rechte der Fürstabtei zum Inhalt. Das Deckengemälde von Franz Georg Hermann zeigt die Klostergründung unter Karl dem Großen und der seligen Hildegard sowie die Bestätigung der klösterlichen Rechte durch Papst Hadrian I. Auf der Südseite erscheinen die Fürstäbte Anselm von Reichlin (mit dem Goldenen Vließ) und Engelbert von Syngerstein. An den Supraporten sind die Gönner des Kloster dargestellt, darunter die Herzöge von Bayern und Sachsen sowie Mitglieder der Familie Bodmann. Am Deckenrand erinnern Kartuschen an den Neubau des Klosters: Allegorien der Geometrie mit einer Ansicht der alten Abtei und der Architektur mit dem neuen Kloster. Gerechtigkeit, Frieden, Macht und Recht heben die politische Bedeutung dieses Saales hervor. Diana und ihre Hindin versinnbildlichen das Jagdrecht des Klosters.

Hinter dem Thronsaal eröffnet ein Vorzimmer die Reihe der Privatgemächer des Abtes. Das erste war der Empfangsraum für hochstehende Gäste. Das Deckengemälde mit dem Besuch der Königin von Saba bei Salomo ist von deutlicher Symbolik. Das Wohn- und Arbeitszimmer ist mit den üblichen Allegorien ausgeschmückt: die christliche Seele, die auf ihrem Weg von Schutzengeln geleitet wird, der Glaube, die Kardinaltugenden, das Gute, das Böse usw. Alle diese Gestalten sind mit Attributen nach Cesare Ripas »Iconologia« kenntlich gemacht.

In Verbindung zum Wohnzimmer steht das Schlafgemach. Das Prunkbett ist, einer zeitgemäßen fürstlichen Mode entsprechend, von einer Balustrade umgeben. Der Tod des hl. Benedikt und der hl. Scholastika sollten den Benediktinerabt an sein eigenes Schicksal erinnern. Seiner Eigenschaft als weltlicher Fürst werden die Planeten Mars, Merkur, Jupiter, Saturn und Erde sowie die Sonne und der Mond gerecht. Den Eckraum bildet die Kanzlei. Hier setzt sich die kosmische Dimension der Ausstattung fort mit den Vier Elementen, den Vier Jahreszeiten und den Zwölf Monaten.

In den Gästezimmern sind keine Allegorien mehr zu finden. Offenbar war man bestrebt, den Gästen mit idyllischen Jagd- und Fischereiszenen und verschiedenen Landschaften Entspannung zu verschaffen. Die Einnahme von Belgrad durch General Laudon in einem der Räume ist ein Hinweis auf die Größe des Reiches.

An den ehemaligen Reichtum der Abtei erinnern prächtige Ställe und eine reichverzierte Scheune, elegante Bauten aus den Jahren nach 1700. Ein Lustschloß in der Art der Versailler Orangerie aus dem Jahre 1780 im Klosterpark ist ein Hinweis auf die Prunkliebe der Fürstäbte.

94 Prämonstratenserstift Obermarchtal. Luftaufnahme
Die Kirchtürme sind beidseitig an den Chor angebaut, ein Erbe der deutschen Romanik. Außerhalb des Klosterkomplexes liegen die Herberge und der Torbau.

Das zum schwäbischen Bistum Rottenburg gehörende Prämonstratenserstift Obermarchtal liegt eingebettet in eine liebliche Biedermeier-Landschaft. Durch Wiesen und Wälder windet sich die Donau, deren Wasser die bewegte Silhouette des Klosters spiegelt. Sämtliche Haupt- und Nebengebäude sind vollständig erhalten. Seit der Renovation von 1802 ist die ehemalige Abtei ein Thurn und Taxis'sches Schloß. Die Kirche dient seither als Pfarrkirche.

Im Jahre 1670 faßte Abt Nikolaus Wirieth (1661–1691) den Entschluß zum Neubau von Kirche und Kloster. 1674 erhielt der Italiener Tommaso Comacio, dessen Name auf seine Herkunft hinweist, den Projektierungsauftrag. Noch im gleichen Jahr begann der Bau der Konventgebäude. Den Entwurf der Kirche allerdings traute der Abt dem Mitglied der »maestri comacini« nicht zu. Der Vorarlberger Michael Thumb zeichnete die Pläne, nach denen 1685 in Ellwangen ein Modell angefertigt wurde. Am 16. April 1686 erfolgte die Grundsteinlegung. Die Zeiten, in denen Michael Beer sein unglückliches Projekt für Kempten vorlegte, waren für die Vorarlberger vorüber. Michael Thumb schuf in Obermarchtal ein Meisterwerk. Nach seinem Tode am 19. Februar 1690 setzten sein Bruder Christian und dann sein Vetter Franz Beer die Arbeiten fort. 1692 war die Kirche vollendet. Die Ausstattung lag in den Händen der Wessobrunner Michael Schnell, Christoph Zöpf und vor allem Johann Schmuzer.

Die Konventgebäude bilden ein Rechteck mit vier kräftigen Eckpavillons. Die schlichte, aber harmonisch proportionierte Anlage wurde erst im 18. Jahrhundert

95 Prämonstratenserstift Obermarchtal. Kirche
Rechts der Südwestbau der Klosteranlage

II

VERSPÄTETE RENAISSANCE
PFÄFERS

Das Benediktinerstift Pfäfers ist eines der ältesten Klöster der Schweiz. Die Gründung geht auf die Jahre 730 oder 731 zurück. Am 19. Oktober 1665 fielen sämtliche Gebäude einem Brand zum Opfer. An einen vollständigen Wiederaufbau wurde offenbar zunächst nicht gedacht. Ein Vertrag von 1669 hatte nur die Instandstellung der notdürftig geflickten Kirche zum Inhalt. Aber schon bald änderte man die Meinung, denn 1670 und 1671 wurden Entwürfe für ein neues Kloster vorgelegt. Der Architekt wird nicht genannt, doch kommen nur die beiden Bündner Johann Serro und Giulio Barbieri aus Roveredo in Frage, die damals beide in St. Gallen tätig waren. Am 8. Juni 1672 wurde der Grundstein des neuen Klosters gelegt. 1689 sprengte man die alte Kirche, die jahrelang als Provisorium gedient hatte, in die Luft. Die Lage der neuen Kirche und ihre Einbindung in die Konventbauten gaben 1688 Anlaß zu einer zweitägigen Auseinandersetzung im Kapitel. Der Entwurf stammte den Dokumenten zufolge vom Architekten des Einsiedler Chors. Es kann sich dabei nur um den Vorarlberger Johann Georg Kuen handeln. Der Hinweis auf Einsiedeln in den Archiven erklärt sich daraus, daß unter Abt Bonifaz I. Tschupp (1677–1705) eine vorübergehende Vereinigung beider Klöster beschlossen worden war. Diese Verbindung dauerte von 1682 bis 1692, jene Zeit also, in die der Neubau von Pfäfers fiel. 1693 war der Rohbau vollendet. Am 13. Mai dieses Jahres wurden die beiden Tessiner Stukkateure Giovanni Bettini und Antonio Peri aus Lugano mit der Ausstattung beauftragt.

Die Gebäude des kleinen Klosters Pfäfers sind in einem Viereck angeordnet, dessen eine Seite die Kirche einnimmt. Die unterscheidet sich von den übrigen Bauten nur dadurch, daß sie um einige Meter vorspringt. An der Nordseite des Chors steht ein Turm mit achteckigem Abschluß und Zwiebelhaube. Seine asymmetrische Lage erklärt sich aus der Tatsache, daß er auf dem Stumpf seines Vorgängers gebaut wurde.

Im Grunde besteht der Konvent nur aus der Klausur im Westen und der Prälatur im Süden. Der Nordtrakt ist nicht viel mehr als eine Verbindung zwischen Klausur und Kirche.

Die Gliederung der vierjochigen Wandpfeilerkirche ist ungewöhnlich. Die beiden mittleren Joche bilden das Langhaus und den Altarraum. Nord- und Südjoch sind in zwei Stockwerke unterteilt, wobei im südlichen die Seitenempore des Langhauses durchgezogen wird. Dort oben, wo heute die Orgel steht, war früher die direkt mit der Prälatur verbundene Abtkapelle. Das nördliche Joch ist nach Süden hin völlig abgeschlossen. Es enthält zwei je sechsjochige Stockwerke, von denen das Erdgeschoß die Sakristei und das Obergeschoß den Mönchschor umfaßt. Der Gang, der den Nordflügel des Klostervierecks bildet, verbindet diesen Chor mit der Klausur. Im Grunde genommen ist diese Anordnung sehr klar; sie beruht auf der eindeutigen Trennung von Abt, Mönchen und Gemeinde. Die Abt- und Mönchsbereiche liegen in den Obergeschossen, die Gemeinde verfügt über die beiden freien Langhausjoche. Hier nimmt der Altar die ganze nördliche Abschlußwand ein. Rücken an Rücken mit ihm steht der Mönchsaltar. Die völlige Abtrennung des Mönchschors machte Schule und wurde beispielsweise 1746 in Einsiedeln wiederholt.

Die Seitenemporen der einzelnen Joche ruhen auf einer Doppelarkade mit toskanischer Säule. Die Säulen bilden mit den mächtigen korinthischen Pfeilern einen romanisch anmutenden Stützenwechsel von starken und schwachen Elementen. Dieses romanische Formenzitat wird vervollständigt durch je ein Fensterpaar pro Jochgeschoß und über den Emporenfenstern liegende Ochsenaugen. Die heutige Orgelempore wird von vier Säulen getragen. Die insgesamt acht Säulen verleihen dem Raum Leichtigkeit und Eleganz, die durch die Steinbalustraden der Emporen noch gesteigert werden. Das Material ist ein Marmor aus der Nähe von Pfäfers. Die Stukkatur ist sehr zurückhaltend und betont die architektonischen Linien. Sie verziert Kapitelle, Gewölbegrate, Gurtbogen und Freskeneinfassungen. An den Zwickeln der unteren Arkaden spielen Putti mit Draperien. Die Dekormotive sind klassisch; Eiche, Lorbeer, Akanthus und an den Bogenschlußsteinen Cherubim.

97 Benediktinerstift Pfäfers. Inneres der Kirche
Der zierliche Bau entstand gegen Ende des 17. Jahrhunderts. Aber die schwarzen Marmorsäulen, die Steinbalustraden und die zurückhaltende Stuckierung längs der konstruktiven Linien sind noch Formenzitate der Renaissance.

Das Hervorheben der Struktur durch den Dekor, die klare Raumgliederung und die Verwendung von echtem Marmor für Säulen und Balustraden, all das ist eigentlich viel eher Renaissance als Barock. Zu diesem Eindruck trägt nicht zuletzt auch der Goldene Schnitt bei, der den Maßverhältnissen der einzelnen Joche (17,05 × 10,35 m) zugrunde liegt. Diese zierliche Kirche ist für ihre Entstehungszeit sehr ungewöhnlich, vor allem, wenn man sie mit dem gleichzeitig entstandenen Obermarchtal vergleicht. Ist die Ursache für diese verspätete Renaissance möglicherweise darin zu suchen, daß hier Künstler aus dem italienischen Sprachbereich am Werk waren? In den Zeiten großer schöpferischer Tätigkeit können immer wieder verschiedene stilistische Entwicklungsstufen nebeneinander bestehen und eine einzigartige Ausdrucksvielfalt bewirken. Ein gewisser Archaismus ist der schweizerischen Kunst durchaus eigen. Wir werden noch verschiedenen Beispielen begegnen. Der Bildhauer und Architekt Hans Franz Reyff etwa baute im 17. Jahrhundert in Freiburg im Uechtland mehrere Kirchen in einem Mischstil aus Gotik, Renaissance und Barock [1]. Die Berner Heiliggeist-Kirche überrascht in den Seitenschiffen mit Netzgewölben, wie sie während des 15. Jahrhunderts in Hallenkirchen üblich waren. In Pfäfers führte dieser Archaismus zu einem durchaus gelungenen, harmonischen Ergebnis.

III

BESCHWINGTE FORMEN
ROHR UND WELTENBURG

Die wohl bedeutendsten bayerischen Künstler der ersten Hälfte des 18. Jahrhunderts waren die Brüder Asam. Beide verbrachten ihre Kindheit in unmittelbarer Nähe von Klöstern. Im Taufregister der Benediktinerabtei Benediktbeuern finden wir unter dem 28. September 1686 Cosmas Damian. Er war am Tag zuvor auf die Welt gekommen und erhielt die Namen der Tagesheiligen. Sein Vater, der Kirchenmaler Hans Georg Asam, war mit der Tochter seines Lehrers, des Hofmalers Nikolaus Prugger, verheiratet. Er lebte und arbeitete seit 1681 in der Abtei Benediktbeuern. 1688 rief man ihn ins Kloster Tegernsee, wo er den Chor der Kirche auszumalen hatte. In Tegernsee wurde am 1. September 1692 Egid Quirin geboren.

Der Maler Cosmas Damian und der Bildhauer-Stukkateur Egid Quirin, die beide gelegentlich auch als Architekten auftraten, bildeten eine erfolgreiche Gemeinschaft. Mit ihrem erarbeiteten Vermögen bauten sie sich in München ein Stadtpalais und eine kleine Privatkirche. Diese Kapelle mit ihrem schwungvollen Wandverlauf ist ein Kleinod des Rokoko. Das über den Hochaltar in den Raum gehängte und von Gottvater getragene Kruzifix ist eines der schönsten Skulpturenschauspiele Egid Quirins. Die Kirche ist dem hl. Johannes Nepomuk geweiht, dessen Martyrium Cosmas Damian im Deckenfresko festhielt. Johannes Nepomuk war der Beichtvater der böhmischen Königin Johanna und wurde auf Veranlassung von deren Gemahl Wenzel IV. hingerichtet, weil er sich geweigert hatte, das Beichtgeheimnis preiszugeben. Aufgrund seiner Folter- und Todesart verehrte man ihn als Schutzpatron gegen Feuer und Wasser. Seit dem 17. Jahrhundert war er ein in Mitteleuropa sehr beliebter Volksheiliger, der im Jahre 1729 auch von der Kirche heiliggesprochen wurde. Im gleichen Jahr schloß Egid Quirin Asam die ersten Grundstück-Kaufverträge für sein Haus und die Kirche in München ab. 1730 machte er sich an die Planungsarbeiten. Ohne Zweifel wollten sich die Brüder unter den Schutz des neuen Heiligen stellen, der inzwischen zu einem bayerischen Landespatron erhoben worden war. Von 1712 bis 1714 hatten die beiden Asam in Rom eine vom Kloster Tegernsee finanzierte künstlerische Ausbildung genossen. Egid Quirin war erst 24 Jahre alt, als er 1716 von Patritius von Heydon, dem Prior des Augustinerstifts Rohr, den Auftrag erhielt, eine neue Kirche zu entwerfen. Schon drei Jahre zuvor war der damals kaum ältere Cosmas Damian nach Weltenburg berufen worden, um für das dortige Benediktinerkloster ebenfalls eine neue Kirche zu bauen. Weltenburg und Rohr liegen nur wenige Kilometer auseinander. Die Brüder konnten sich also in ihrem Können messen. Warum haben wohl die beiden Klöster diese Anfänger erfahreneren Architekten vorgezogen? Im Falle Weltenburg mag die Erklärung darin liegen, daß der Bauabt Maurus Bächl vorher Prior in Tegernsee war und somit die Familie Asam gut kannte.

Beurteilt man nur die Grundrisse, scheint Cosmas Damian der phantasievollere der beiden Asam gewesen zu sein. Allerdings mußte Egid Quirin wohl bis zu einem gewissen Grad einem vorgegebenen Programm folgen, als er die eher herkömmliche Wandpfeilerkirche mit großem Querschiff und Rundchor entwarf. Mag dieser Raum auch noch so verschieden von der Weltenburger Rotunde sein, beiden liegt der Gedanke eines Theatersaales zugrunde.

Das lange Rohrer Kirchenschiff ist ganz auf den eindrucksvollen Hochaltar im Halbrund der Apsis ausgerichtet. Diese gigantische Maschinerie, ein immerwährendes Schauspiel der Himmelfahrt Mariens, stellte Egid Quirin von 1717 bis 1723 auf. Es ist der wohl bedeutendste Beitrag zu diesem im Barock sehr beliebten Thema. Die Kulisse wird von einer Art Triumphbogen mit hohen Stuccolustro-Säulen gebildet. Hinter einer von ihnen kommt eine der am Drama beteiligten Figuren hervor auf den Bühnenraum. Maria schwebt, von zwei Engeln gestützt, zum Auszug empor, wo sich eine himmlische Gesellschaft bereit macht, sie zu empfangen. Unter ihr ist das leere Grab, ein prachtvoller geschwungener Sarkophag aus imitiertem Porphyr mit vergoldeten Bronzebeschlägen. Asam ging es darum, nach dem Vorbild von Leonardos »Abendmahl« den Seelenzustand eines jeden der acht beteiligten Apostel darzustellen. Völlig verwirrt blickt etwa der hl. Thomas in den leeren Sarkophag. Hier griff der Künstler den Ereignissen vor, denn der Legende nach war Thomas bei der Himmelfahrt nicht zugegen. Erst später zeigten ihm die anderen Apostel das verlassene Grab. Die erhobenen Arme zweier

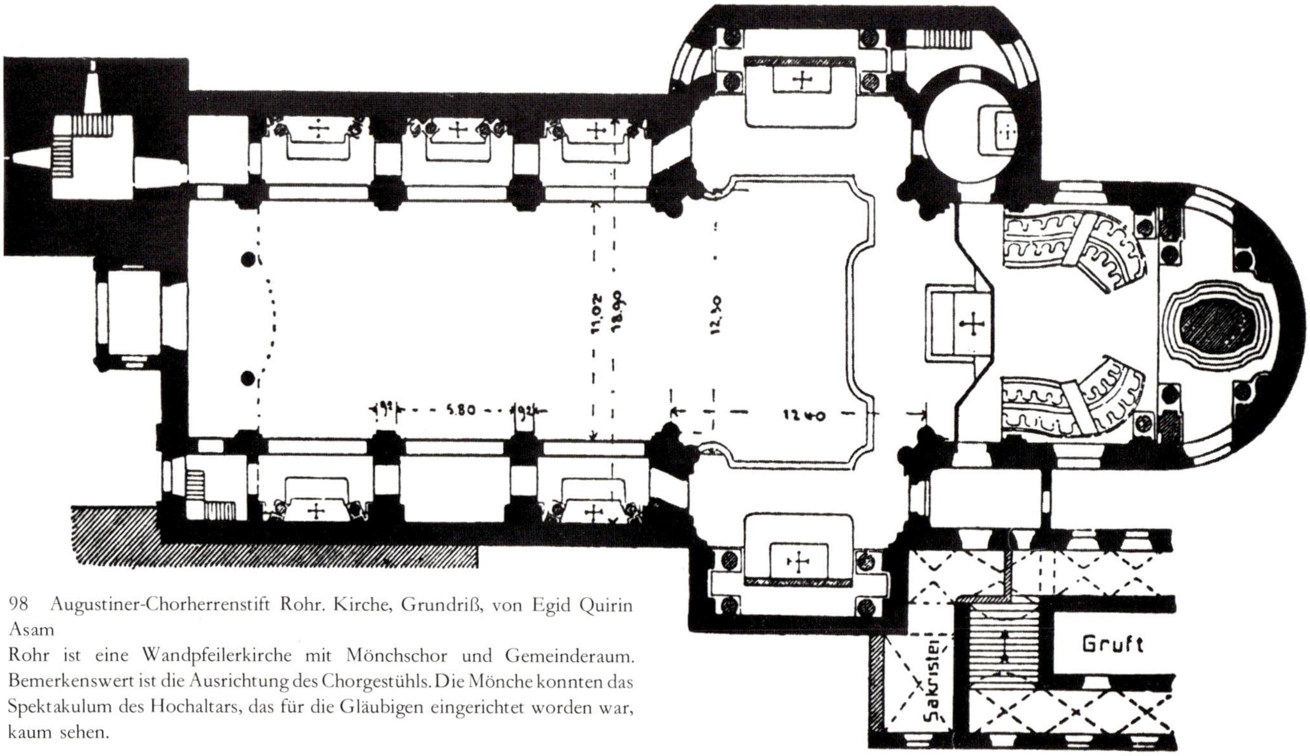

98 Augustiner-Chorherrenstift Rohr. Kirche, Grundriß, von Egid Quirin Asam
Rohr ist eine Wandpfeilerkirche mit Mönchschor und Gemeinderaum. Bemerkenswert ist die Ausrichtung des Chorgestühls. Die Mönche konnten das Spektakulum des Hochaltars, das für die Gläubigen eingerichtet worden war, kaum sehen.

Gestalten im Hintergrund bilden gewissermaßen den Endpunkt einer Gestik, die die erschreckten, überraschten und erstaunten Figuren vereint. Drehpunkt der bewegten Komposition scheint die große Kerze in der Hand eines der Apostel zu sein, der dadurch gleichsam zum Spielleiter des Spektakels wird.

Um den Blick auf dieses Schauspiel freizugeben, ist der eigentliche Altar sehr niedrig gehalten. Er steht ganz vorne im Chor. Zwischen der Mensa und dem Retabel ist in leichter Schwingung das Chorgestühl aufgestellt. Die Chorherren konnten also den Priester am Altar nicht sehen. Die Messe wurde in erster Linie nicht für sie, sondern für die Gemeinde gelesen. Aber sie wenden auch der Himmelfahrt den Rücken zu. Hier wird ganz deutlich, daß diese Kirche in erster Linie für die Gläubigen gebaut wurde.

In Rohr wird deutlich, was Egid Quirin in Rom beeindruckt hat: die theatralischen Bildwerke Berninis, die Engel der Engelsbrücke etwa, oder die selige Ludovica Albertoni in San Francesco a Ripa und die Verzükkung der hl. Theresa in Santa Maria della Vittoria. Cosmas Damian zog reichere Lehren aus seinem Aufenthalt in der Ewigen Stadt. Er erlebte auch den Architekten Bernini in Sant'Andrea al Quirinale und die Deckenmaler, allen voran den Jesuiten Andrea Pozzo. Als Cosmas Damian von Abt Maurus Bächl nach Weltenburg gerufen wurde, war er noch ganz erfüllt von diesen frischen Eindrücken.

Die uralte kleine Benediktinerabtei Weltenburg liegt romantisch in einer Donauschleife. Die Flußufer werden von hohen Felswänden und dichten Wäldern gesäumt. Die schlichten Konventgebäude baute der Franziskanermönch Philipp Plank in den Jahren 1714 bis 1716. Warum mag der Abt gerade den hl. Georg zum Kirchenpatron gewählt haben? Wollte er sich die Gunst des Hofes erwerben, als er damit eine Wallfahrt zum Schirmherrn eines Wittelsbacher Ritterordens begründete? Kurfürst Karl Albrecht erneuerte anläßlich seiner Thronbesteigung im Jahre 1727 den St. Georgsorden, und Weltenburg ist vor allem eine Wallfahrtskirche. Den

99 Augustiner-Chorherrenstift Rohr. Kirche, Hochaltar, »Himmelfahrt Mariens«, von Egid Quirin Asam, 1717–1723
Aus den zahlreichen Darstellungen der Himmelfahrt Mariens ragt Rohr als bedeutendstes Beispiel heraus. Maria, von der Dreifaltigkeit erwartet, entschwebt den Blicken der Apostel, die sprachlos am leeren Grab stehen.

100 Benediktinerabtei Weltenburg. Gesamtansicht
Die Abtei liegt an einer der schönsten Stellen des Donautals. Der Fluß bildet hier eine Schleife mit steilen und hohen Uferwänden. Die Klostergebäude (1714–1716) sind vom Franziskanerbruder Philipp Plank.

Mönchen steht an Platz nur das Allernötigste zur Verfügung.

Mit dem elliptischen Grundriß hat Cosmas Damian Asam eine glückliche Wahl getroffen. Wohl gab es in Deutschland schon vorher Zentralräume, doch das Vorbild für Weltenburg scheint eindeutig Sant'Andrea al Quirinale zu sein. Hier wie dort wird die der Ellipse eigene Ausdehnung des Raumes durch massives Mauerwerk und kräftige Strebepfeiler eingeschränkt. Waren dies in Sant'Andrea noch Pilaster, so sind es in Weltenburg rote Marmorsäulen aus den reichen Steinbrüchen der Umgebung. In der großen Achse der Ellipse schließt sich ein tiefer Chor an, in dessen Hintergrund der Hochaltar mit gewundenen Säulen (ein Bernini-Zitat) steht. Hier tritt der Held der Kirche auf: der hl. Georg zu Pferde, der unter den Augen der erstarrten Königstochter den Drachen mit seiner Flammenlanze tötet. Es ist wirklich ein Held, mehr noch, ein Theaterheld, der hier in strahlendem Gegenlicht erscheint. Mit dem Federbusch am Helm erinnert er an die römischen Imperatoren der Oper des 18. Jahrhunderts. Die hll. Martin und Maurus begrüßen ihn zwischen den gewundenen Säulen. Hinter dem Reiter ist in hellen Farben die Verkündigungsszene dargestellt. Zu Füßen der Madonna sind Maurus Bächl und Kurfürst Karl Albrecht zu erkennen. Im Auszug erscheint im Gegenlicht die Himmelskönigin zwischen zwei Engeln. Die Art, ein Motiv silhouettenartig von einem leuchtenden Hintergrund abzuheben, hat Asam wiederum bei Bernini kennengelernt. Auch die Spanier arbeiteten mit scheinbar übernatürlichem Licht in ihren

101 Benediktinerabtei Weltenburg. Hochaltar, von Egid Quirin Asam, 1721 und nach 1730
In einer leuchtenden Aureole, ein architektonischer Geniestreich der Lichtführung, reitet St. Georg, der Drachentöter, wie ein Theaterheld auf die Bühne. Den Prospekt bildet ein Fresko von Cosmas Damian Asam. Er malte die Verkündigungsszene, darunter den Abt Maurus Bächl und den bayerischen Kurfürsten Karl Albrecht.

Barockkirchen. Auf ähnlichen optischen Illusionen beruht das berühmte »transparente« von Toledo. Den Altar wie auch die Verantwortung für die ganze Ausstattung überließ Cosmas Damian 1718 dem bildhauerischen Talent seines Bruders Egid Quirin. Sich selbst behielt er das ovale Hauptdeckenfresko vor, das mit der Jahreszahl 1721 signiert ist und durch eine ebenso geschickte Lichtführung ausgeleuchtet wird wie der Altar. Raffiniert versteckte Cosmas Damian die acht Okuli des Kuppeltambours hinter einer großen Hohlkehle, die Egid Quirin mit vergoldeten Stuckreliefs verzierte. Über der Kehle tragen Engel einen großen Kronreif. Im Gegensatz zum Halbdunkel der Kirche erstrahlt die Decke wie eine Vision im hellsten Licht. Dargestellt ist die triumphierende Kirche. Mit anderen Mitteln wird der gleiche Symbolgehalt wie in Rohr ausgedrückt: die Opposition von irdischem und himmlischem Dasein. Der hl. Georg steigt im Glanz eines übersinnlichen Wesens vom Himmel herab und nähert sich der Menschheit, die ihm ergriffen entgegentritt.

Einen Mönchschor sucht man in diesem Kirchenraum zunächst vergeblich. Man könnte meinen, die Patres hätten sich unsichtbar machen wollen, denn sie legten den Psallierchor über der Vorhalle an (deren Beichtstühle

102 Benediktinerabtei Weltenburg. Inneres der Kirche
Nach Vollendung der Rohbauarbeiten begann Cosmas Damian Asam umgehend mit der Malerei. 1721 signierte er die Decke. Von seinem Bruder Egid Quirin ist die Stukkatur und das gleichzeitig entstandene Georgstandbild. Der Weltenburger Kirchenraum ist ein Theatersaal. Das Schauspiel wickelt sich auf der Bühne hinter dem Hochaltar ab.

den Besucher mahnen, vor dem Betreten des Gotteshauses Buße zu tun). Die Orgel versperrt den Mönchen den Blick auf den Hochaltar wie auf das Kuppelfresko. Es gibt in Deutschland mehrere Beispiele für den Coro Alto, der seit den Katholischen Königen in Spanien und später ebenfalls in Lateinamerika üblich war. Auch in der Kirche des Escorial ist diese Anordnung anzutreffen, aber dort haben die Patres Sichtverbindung zur Capilla Mayor und zum Retabel. In Weltenburg entsteht mehr noch als in Rohr der Eindruck, das ganze Schauspiel gehe die sich der Kontemplation widmenden Mönche gar nichts an.

Die Rohrer Himmelfahrt und das Weltenburger Kuppelfresko gehören zu jener beschwingten Ausdrucksweise, die nach Heinrich Wölfflin eines der Merkmale des Barock ist und die im Rokoko ganze Kirchenräume zum Vibrieren brachte. Weltenburg ist jedoch ein in sich ruhender Raum, dessen Geschlossenheit durch den symmetrischen Reliefdekor noch gesteigert wird. Cosmas Damian Asam setzte hier, Bernini folgend, römische Barocktraditionen fort, die nur selten zu einer Auflösung der Formen führen. Die äußerlich völlig schmucklose Kirche birgt in ihrem Innern einen spannungsreichen Raum, in dem Formen und Farben sich in einem Akt glühender Frömmigkeit gegenseitig übertreffen.

Cosmas Damian ließ sich in dieser meisterlichen Schöpfung von seinem Bruder verewigen. Mit einem etwas spöttischen Lächeln lehnt sich seine Porträtbüste über den Kuppelkranz und lädt wie ein Spielleiter den Besucher mit einer Handbewegung ein, Platz zu nehmen, um dem von ihm inszenierten Schauspiel zu folgen.

IV

WALLFAHRT VOR ALLEM EINSIEDELN

Der Genfer Kaufmann Jean-Pierre Vieusseux, der in Florenz einen berühmten literarischen, politischen und wissenschaftlichen Salon führte, besuchte im Jahre 1813 Einsiedeln und notierte in seinem Reisetagebuch: »Das Kloster ist Gegenstand großer Verehrung in der katholischen Welt... Es ist das Delphi der Schweiz«. Vieusseux fand zwar kein Orakel, dafür aber viele Wunder. Auch der Fanatismus sei hier wie dort der gleiche. Er hielt weiter fest, daß im vorangegangenen Jahrhundert die Kirche abgebrannt, das Gnadenbild, eine Marienstatue, aber unversehrt aus der Asche geborgen worden sei. »Sie [die Statue] war nun schwarz vom Rauch wie eine Kongonegerin. Fortan zog die nunmehr schwarze Liebe Frau von Einsiedeln gewaltige Pilgermassen an. Dank deren Spenden konnte ihr eine äußerst prächtige Heimstätte errichtet werden. Es wurden so viele Messen gestiftet, daß die Mönche — 70 an der Zahl — gar nicht mehr nachkamen. Pro Messe waren ihnen zehn... [das Wort ist unleserlich] zu entrichten. Sie verhandelten mit Kirchen in Italien, die Tausende von Messen zu vier... [das Wort ist wieder unleserlich] übernahmen. Der Verdienst war immer noch hoch genug.« Vieusseux fährt fort, das Kloster habe eine Schule eröffnet, in der unter anderem Philosophie gelehrt werde, »aber was werden das schon für Philosophen sein, die Einsiedeln verlassen. Es können nur Dummköpfe oder Heuchler sein«.

Es ist begreiflich, daß ein solcher Meßhandel bei einem Protestanten wie Vieusseux, der in einem progressiv-aufklärerischen Milieu aufgewachsen war, Anstoß erregte. Allerdings ging er etwas großzügig mit dem Wahrheitsgehalt seiner Informationen um. So wurde das Kloster zum Beispiel nie im 18. Jahrhundert, wohl aber in den Jahren 1029, 1226, 1465 und 1577 eingeäschert. Eine Brandkatastrophe konnte somit nicht der Grund für den Wiederaufbau sein. Vieusseux' Sarkasmus angesichts der Einsiedler Wallfahrt ist durchaus verständlich, zumal er ein erklärter Gegner des Bilderkultes war.

Nach dem Jubeljahr 1700, das 140 000 Pilger nach Einsiedeln gelockt hatte, erlebte das Kloster seine Blütezeit. Die Wallfahrer kamen hauptsächlich aus Nordfrankreich, dem Elsaß, den Niederlanden, dem Rheinland und dem badischen Raum. Die katholische Welt verehrte Einsiedeln wegen seiner zahlreichen Wunder als heiligen Ort. Der hl. Meinrad, ein Benediktiner von der Reichenau, hatte sich hier als Einsiedler niedergelassen und während 25 Jahren in Buße gelebt. Am 21. Januar 861 erschlugen ihn zwei Wegelagerer, die der Legende nach von seinen beiden Raben der Justiz überführt wurden. Unmittelbar nach Meinrads Tod begann die Wallfahrt zu seiner Zelle. 947 bestätigte Otto I. die 934 erfolgte Klostergründung, und bald wurde um Meinrads Hütte eine Kirche gebaut. Von der Gründungszeit bis in unsere Tage zieht Einsiedeln die Pilgerscharen an. Im Festsaal hängen noch heute die Porträts all der Fürsten, die seit Otto I. bis ins 19. Jahrhundert die Einsiedler Wallfahrt auf sich nahmen.

Die schwarze Madonna von Einsiedeln hat die Meinradszelle in der Gunst der Pilger weitgehend verdrängt. Sie ist eine jener Marienstatuen, die im Laufe der Jahrhunderte vom Kerzenqualm geschwärzt worden sind und denen der Volksglaube einen sagenhaften Ursprung in grauer Vorzeit zuschreibt. Die Einsiedler Madonna ist nicht sehr alt. Aufgrund ihrer Machart im sogenannten weichen Stil der deutschen Holzschnitzer des 15. Jahrhunderts ist sie etwa auf das Jahr 1440 zu datieren. Im 19. Jahrhundert wurde sie der Hauptanziehungspunkt der Wallfahrt. War sie nicht auf »wunderbare« Weise der Plünderung durch die Truppen des französischen Generals Masséna entgangen, der 1790 die meisten Kunstschätze des Klosters nach Paris brachte? Der Klosteradministrator hatte, als Hausierer verkleidet, die Statue ins vorarlbergische Kloster St. Peter gebracht. Dort entdeckte man, daß die schwarze Färbung eine Ablagerung von Kerzenrauch ist. Aber man hütete sich, sie bei der Restaurierung zu entfernen. In der Folge kam das Gnadenbild nach Tirol und schließlich nach Triest.

Nach dem großartigen Anblick der aus der Westfront des Klosters vorspringenden Kirchenfassade ist man einigermaßen überrascht, wenn man einen engen, niedrigen Zentralraum betritt. Die Sicht nach vorne ist durch ein kleines schwarzes Marmorbauwerk verstellt, das schon wegen seiner klassizistischen Gestaltung nicht in die Kirche passen will. Hinter dieser Gnadenkapelle öffnet sich das Langhaus mit zwei quadratischen Jochen. Auch hier sind die Kuppelgewölbe nicht sehr hoch. Es folgt der Chor mit dem Hochaltar im Hintergrund.

103 Benediktinerabtei Einsiedeln. Westfassade Rechts die Prälatur, links die Schulen. Auf dem Platz das Halbrund der sogenannten Kramgassen, eine Portikusanlage, die nach einem Entwurf des Italieners Paolo Federico Bianchi von 1745 erstellt wurde. In der Mitte der Liebfrauenbrunnen (s. Grundriß Abb. 9).

104 Benediktinerabtei Einsiedeln. Kirche, Gnadenkapelle
Die kleine Kapelle wurde nach 1615 von Santino Solari gebaut, 1798 von den Franzosen zerstört, und 1815–1817 unter Verwendung von Originalteilen wiederhergestellt. Sie umschließt das Gnadenbild der Einsiedler Wallfahrt und das Meinradgrab.

Dramen behandelten alle Themen der Weltgeschichte. Die Helden des Altertums wurden ebenso auf die Bühne gebracht (zum Beispiel in »Die Milde des Titus« von Metastasio) wie die Heiligen, die Märtyrer, insbesondere die örtlichen Heiligen (allen voran Meinrad), aber auch Genesis und Passion. Im Volks- und Schultheater wurden daneben auch zeitgenössische Themen behandelt wie die Türkenkriege oder das »Incendium Londoni«, ein Stück von Gregor Hüsser aus dem Jahre 1667. Der Brand Londons wurde als Strafe Gottes für die Lasterhaftigkeit der Engländer hingestellt und mit dem Brand Trojas verglichen. Den Part der Helena hatte dabei Anna Polena (Ann Boleyn) zu übernehmen.

Die Wallfahrerstücke wurden meistens auf dem Kirchplatz gegeben, aber auch in der Kirche selbst fanden heilige Spiele statt. Für die Darbietungen des »Schultheaters« im Konvent richtete man den Fürsten- oder den Kapitelsaal entsprechend ein.

Unter die Schauspiele sind auch die Prozessionen einzureihen, nicht nur wegen der goldfunkelnden Gewänder und Reliquiare, sondern auch wegen der farbenprächtig als Engel oder Heilige kostümierten Teilnehmer. Zudem marschierte bei solchen Gelegenheiten auch das Militär mit glänzenden Uniformen auf. Der größte Aufwand wurde alljährlich mit der Fronleichnamsprozession getrieben. Der beflaggte Kirchplatz, Ausgangs- und Zielpunkt aller Prozessionen, war gleichsam der Theatersaal mit der Klosterfassade als »frons scenae« und den Alpen als Bühnenhintergrund.

Außerordentlich beliebt und für den Einsiedler Platz hervorragend geeignet waren Feuerwerke. Alle möglichen geistlichen und weltlichen Symbole wurden als flammende Allegorien in den Nachthimmel gezeichnet, etwa die Papstkrone oder der Reichsadler, und daneben die Namen Jesus und Maria. Dazu spielte lautstark eine Blaskapelle. Ein besonders guter Anlaß für solche Spektakel war das Fest der Engelweihe.

Der Einsiedler Platz wurde ebenso sorgfältig geplant wie die Kirche. Caspar Moosbrugger legte mehrere Vorschläge vor. Wiederum wurde der Mailänder Freund Marsiglis zu Rate gezogen. Später kamen noch Entwürfe anderer Architekten hinzu. Verwirklicht wurde schließlich ein an Berninis Petersplatz orientiertes Projekt von Paolo Federico Bianchi. Allerdings mußte dafür der Liebfrauenbrunnen aus dem 17. Jahrhundert versetzt werden.

Das Kloster Einsiedeln wurde schon der »Escorial der Schweiz« genannt. Tatsächlich ist es eines der interessantesten Beispiele eine regelmäßigen Klosteranlage. Die Kirche bildet die Mittelachse des in vier Höfe geteilten Klostergevierts. Die beiden westlichen umfassen Prälatur und Gästetrakt, die etwas größeren östlichen sind der eigentliche Konventbereich. Das ganze Kloster und die südlich anschließenden Wirtschaftsgebäude sind von einer langen Mauer umgeben. In der Südwestecke liegt ein französischer Garten. Der Einsiedler Plan überzeugt wie jener des Escorial durch sein Gleichmaß, das auf einem konsequent umgesetzten Raumprogramm beruht. Das Kloster ist eines der schönsten Bauwerke, die aus der von den Mönchen »ausgebeuteten« Volksfrömmigkeit hervorgegangen sind, wie sehr dies Vieusseux auch mißfallen haben mag.

Es war ein anderer Genfer Calvinist namens Merveilleux, der im Jahre 1726 die Baustelle des portugiesischen Klosters Mafra besuchte und ähnliche Überlegungen anstellte wie Vieusseux[1]. Daß die Protestanten diese prunkvollen Klosterbauten als Herausforderung betrachteten, liegt auf der Hand, und ihre ironische Mißbilligung steht gegen den frommen Eifer der katholischen Erbauer.

V

DER BLUTRITT
WEINGARTEN

Alljährlich am Freitag nach Christi Himmelfahrt kommen Tausende von Reitern aus allen Himmelsrichtungen zu früher Morgenstunde in der Abtei Weingarten zusammen. Wenn die Sonne über dem Horizont steht und die Nebelschwaden auflöst, übertönen Pauken und Trompeten den Gesang der Lerchen.

Früher, als die Straßen noch nicht asphaltiert waren, mischte sich der von den Hufen aufgewirbelte Staub mit dem Morgendunst. Damals nahmen auch württembergische Dragoner mit ihren Lanzen und schwarzen Wimpeln an der Wallfahrt teil, darunter der Leutnant und spätere Feldmarschall Rommel. Infanterietruppen mischten sich unter die Reiter. Besonders beliebt waren die Grenadiere mit ihren weißen Uniformen und den hohen, kokardengeschmückten Mützen. Ihre Bajonette funkelten in der Frühlingssonne.

Auch heute noch ist die Tradition des Weingartner Blutritts lebendig. Jahr für Jahr nehmen 2000 Reiter daran teil. Vor dem Kirchenportal erwartet sie der Prozessionsleiter zu Pferd, in einer Hand ein kostbares Reliquiar, in der anderen die Zügel. Nun beginnt die lange Prozession durch das Städtchen und die umliegende Landschaft. Früher hatte sie wie die Bittage den Zweck,

107 Benediktinerabtei Weingarten. Idealplan, 1740, Stich nach einer Zeichnung von 1723
Von dem großartigen Bauvorhaben wurden nur die Kirche, der Südhof und Teile des Nordhofes verwirklicht.

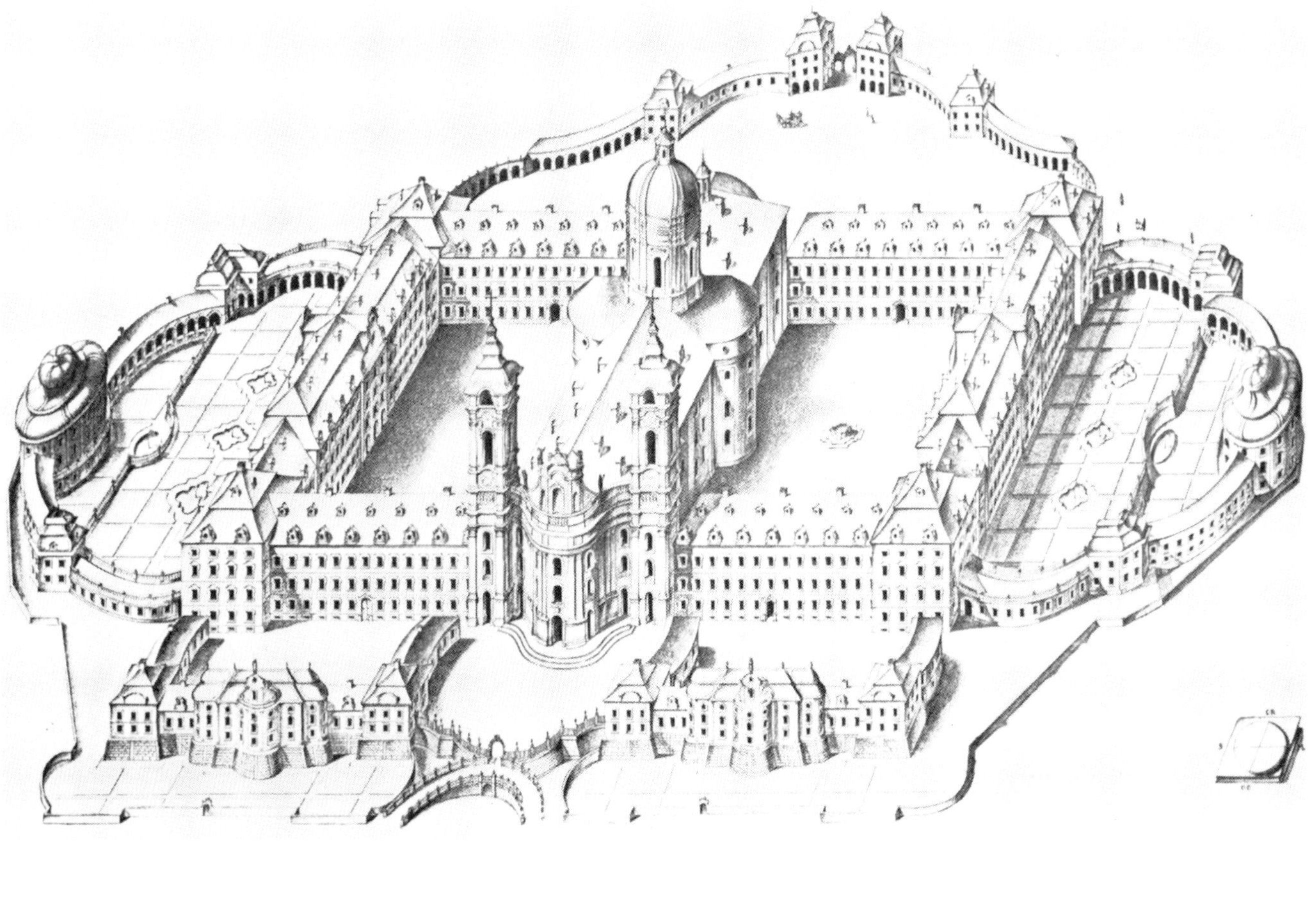

108 Benediktinerabtei Weingarten. Inneres der Kirche St. Martin
Das schöne Gitter, das heute vor dem Hochaltar steht, trennte ursprünglich Mönchs- und Laienkirche am Choreingang. Die Ausstattung der Kirche ist für ihre Entstehungszeit erstaunlich karg. Schwerpunkt — und durch die Lichtführung wirkungsvoll hervorgehoben — ist die Deckenmalerei von Cosmas Damian Asam (1718–1720).

109 Benediktinerabtei Weingarten. Kirche St. Martin, Vierungskuppel und anschließendes Langhausjoch
In der Kuppel malte Cosmas Damian Asam die triumphierende Kirche mit der Gemeinschaft der Heiligen, im Gewölbefeld die leibliche Aufnahme Mariens in den Himmel. 1718 hatte Asam den Auftrag erhalten, sämtliche Deckengemälde der Weingartener Stiftskirche auszuführen. Bereits nach zwei Jahren hatte er das Riesenwerk vollendet.

Fruchtbarkeit über die Felder zu erflehen und einen allzu harten Winter abzuwehren. Woher kommt dieser seltsame, uralte Brauch?

Weingarten ist eines der altehrwürdigsten Klöster Deutschlands. Im 11. Jahrhundert verlegten die Welfen, die ersten Bayernherzöge, das bescheidene Frauenkloster Altdorf ins nahe Weingarten und wandelten es in eine dem hl. Martin geweihte Benediktinerabtei um. Das neue Kloster wurde zur welfischen Grabstätte. Der zweite Patron Weingartens ist der hl. Oswald. Judith von Flandern, die Frau Welfs IV., hatte seinen Leichnam aus England mitgebracht, wo sie in erster Ehe mit Graf Totig von Northumberland verheiratet war, dem Bruder König Haralds. Kostbarer noch war das Geschenk, das sie am 31. Mai 1090 dem Kloster überreichte: ein Glasfläschchen mit der von Christi Blut getränkten Erde von Golgatha. Sie hatte es von ihrem Vater Balduin geerbt, der es von Kaiser Heinrich III. erhalten hatte. Das Fläschchen war ursprünglich ein Teil jener Reliquie, die Longinus, der als römischer Wachoffizier Christus die Lanze in die Seite stieß, der Kirche Sant'Andrea in Mantua geschenkt hatte. Der Besitz einer solch kostbaren und gnadenspendenden Reliquie eröffnete dem Kloster einen nicht abreißenden Spendenstrom. So kam Weingarten zu seinem Reichtum, den es auch nach dem Sturz der Welfen erhalten konnte.

Die Weingartner Pferdewallfahrt ist also eigentlich eine folgerichtige Fortsetzung der Geschichte des Klosters. Man denke nur, wie viele Ritter an seiner Entstehung beteiligt waren: die Welfen, der hl. Martin, der hl. Longinus und wohl auch der hl. Oswald, der königlicher Abstammung war.

Als alle großen deutschen Klöster ihre Macht und ihr ehrwürdiges Alter mit Neubauten zur Schau stellten, konnte Weingarten nicht abseits stehen. Es galt, dem Gedächnis an eines der ältesten deutschen Herrschergeschlechter und der Verehrung des Heiligen Blutes einen würdigen Rahmen zu geben. Den Entschluß zum Neubau faßte Abt Sebastian Hyller (1697–1730). Seine hochfliegenden Pläne illustriert ein 1740 veröffentlichter Stich nach einer Zeichnung aus dem Jahre 1723. Zweifellos wäre Weingarten heute, hätte man es vollendet, das schönste Kloster in Deutschland. Die Kirche teilte nach dem Axialschema des Escorial das Klostergeviert in zwei Höfe. Auf allen Seiten waren niedrige bogenförmige Zusatzbauten vorgesehen, die mit den Eckpavillons des Klosters verbunden waren. Der Gesamtplan erhält dadurch die Form einer Kartusche. Dieses Projekt hätte sogar Ottobeuren übertroffen. Man kann sich fragen, ob hier nicht einer jener prachtvollen und großzügigen

110 Benediktinerabtei Weingarten. Kirche St. Martin, Westfassade
Die Fassade weist große Ähnlichkeit mit Fischer von Erlachs Salzburger Kollegienkirche auf.

Idealpläne vorliegt, von denen man nur auf dem Papier träumen kann. Von den Konventbauten wurden nur die nördlichen ausgeführt. Die Kirche aber konnte in erstaunlich kurzer Zeit vollendet werden. Allerdings wurden dabei die Klosterfinanzen erschöpft, was angesichts der Größe des Bauwerkes keineswegs erstaunlich ist. 1715 begonnen, stand der Rohbau bereits in den Jahren 1719 und 1720. 1724 fand die Einweihung des Gotteshauses statt, doch dauerten die Arbeiten an der Ausstattung noch bis 1738.

Einmal mehr bereitet die Identifizierung des Architekten große Schwierigkeiten; allzu viele Fachleute wurden von Abt Hyller und seinem Vorgänger zugezogen: Caspar Moosbrugger, Franz Beer und Andreas Schreck, alle drei Mitglieder der Auer Zunft, ferner Johann Jakob Herkommer aus Füssen und schließlich Donato Giuseppe Frisoni, einer jener Italiener, die in Süddeutschland zu Hofarchitekten aufgestiegen waren. Er brachte eine Anzahl Landsleute für die Ausstattung mit. Der Vorarlberger Christian Thumb übernahm die Bauleitung nach dem Ausscheiden Franz Beers. Eine Besichtigung des Gebäudes wird uns vielleicht etwas Klarheit über seinen Urheber verschaffen.

Von allen deutschen Abteikirchen des 18. Jahrhunderts ist Weingarten die größte. Mit 101,74 m Länge, 30 m Breite, 44,74 m Querschifflänge, 28 m Gewölbehöhe und 66 m Kuppelhöhe hat sie die Ausmaße einer Kathedrale. Auf den ersten Blick scheint der Grundriß nicht ungewöhnlich, und man fragt sich, warum so viele Architekten daran beteiligt waren. Als andere nach neuen Möglichkeiten suchten, griff Abt Hyller auf Altbewährtes zurück. Tatsächlich ist die Kirche eine schlichte dreischiffige Basilika mit markantem abgerundetem Querschiff. Möglicherweise dachte man zeitweise sogar an einen Chorumgang, verwarf dann aber den Gedanken als zu altmodisch. Immerhin führt ein Gang außen um die Apsis herum. Diese Anordnung glaubt man schon auf dem St. Galler Klosterplan zu erkennen, verwirklicht wurde sie unter anderem in einigen Kirchen des Maasgebietes.

Die Arkaden auf den hohen Pfeilerbündeln reichen bis ins Gewölbe. Gemeinsam mit den Gurtbogen tragen sie die querrechteckigen Hängekuppeln über den einzelnen Jochen. Um den majestätischen Raumeindruck nicht zu stören, sind die Seitenemporen als konkav aus dem Raum zurückweichende Brücken zwischen den Pfeilern gestaltet. Sie sind eher Laufgänge als Emporen. Das nördliche Querschiff ist die Heiligblutkapelle. Im Gewölbefresko behandelte Cosmas Damian Asam das mittelalterliche Thema der »Heiligen Kelter«, ein symbolisches Bild, das auch die Menschen der Aufklärung noch ergreifen konnte. Der Altar des südlichen Querschiffarmes ist der hl. Eucharistie geweiht. So wird die Gegenwart Christi in Form von Leib und Blut, von Brot und Wein, allen sichtbar.

Das kunstvolle perspektivisch gearbeitete Chorgitter, das heute unmittelbar vor dem Hochaltar steht, schloß ursprünglich als eine Art durchsichtiger Lettner den Chor ab und teilte den Raum in Mönchs- und Laienkirche.

Angesichts der konvex vorgewölbten Westfassade mit den zwei gedrungenen Türmen wird der Besucher unweigerlich an Fischer von Erlachs Salzburger Kollegienkirche denken. Überhaupt erinnert die Weingartener Kirche an die zeitgenössische kaiserlich-österreichische Kunst. Von dem Farben- und Formenreichtum des deutschen Barock ist hier kaum etwas zu spüren. Alles ist auf Größe und Erhabenheit ausgerichtet. In diesem Zusammenhang ist der Hinweis bedeutsam, daß Sebastian Hyller Kurator des Salzburger Benediktinerkollegs war, ehe er 1697 als Abt nach Weingarten kam. Zahlreiche Übereinstimmungen in den Details mit anderen Kirchen Herkommers sprechen dafür, daß er den grundlegenden Entwurf zeichnete. Als Frisoni eingriff, war der Bau bereits bis zum Kranzgesims gediehen. Immerhin konnte der Italiener die äußere Erscheinung der Kirche noch entscheidend beeinflussen. Er erhöhte die Kuppel und entwarf die Westfassade und die Türme. Zudem gestaltete er den Hochaltar und die Querschiffaltäre.

Wie Obermarchtal gehört auch das wesentlich größere Weingarten zur Gruppe der in sich geschlossenen Kirchenräume; allerdings ist die Abteikirche von strahlender Helligkeit erfüllt. Als Joseph Gabler 1737 den Auftrag für die große Orgel erhielt, war das mit der Auflage verbunden, auf die Lichtführung Rücksicht zu nehmen. Er gab seinem Instrument, dem wohl schönsten in Deutschland, ein ungewöhnliches Aussehen, indem er die Pfeifen zwischen den Fenstern bündelte. Wenn die Orgel ertönt, scheinen Licht und Schall der gleichen Quelle zu entströmen.

Die Weingartener Kirche ist ein klassisch gegliederter Raum. Der Blick wandert von Joch zu Joch. Jedes Joch hat seine von Gurtbogen und Arkaden abgegrenzte Hängekuppel. In die Gewölbefelder malte Cosmas Damian Asam seine erbaulichen Fresken: die Verherrlichung des Heiligen Blutes, die Glorie des hl. Benedikt, die leibliche Aufnahme Mariens in den Himmel, die triumphierende Kirche (Vierungskuppel), die Sieben Gaben des Heiligen Geistes und die Anbetung des Lammes. So wird der Besucher ständig ans Jenseits erinnert. Die Gewölbefresken sind gleichsam ein spielerischer Unterricht in Theologie.

Weingarten war der erste große Auftrag für Cosmas Damian Asam, den er in ungewöhnlich kurzer Zeit, von 1718 bis 1720, ausführte. Die Art, wie er seine vergeistigten Kompositionen perspektivisch verkürzte, steht noch ganz unter dem Eindruck seiner Römer Lehrjahre. Von 1711 bis 1713 hatte er in Rom beim Maler Ghezzi studiert; Pater Pozzos Grundsatzwerk über perspektivische Deckenmalerei war zudem 1706 in Wien auf deutsch erschienen. Auch der zurückhaltende Stuck, der Asams Fresken umrahmt, ist italienisch beeinflußt. Diese Kirche ist eine monumentale Basilika, deren Gewölbe sich dank dem Zauber der Scheinarchitektur zum Himmel öffnen.

VI

PECUNIA, PATIENTIA, PRUDENTIA
OTTOBEUREN

Im Jahre 1710 wurde Rupert II. Neß Abt des reichen Klosters Ottobeuren im Allgäu, an der Grenze zwischen Schwaben und Bayern. Mit diesem Sohn eines Wangener Schmiedes lebte der Name des seligen Abtes Rupert I. (1104–1145) wieder auf, der ein ebenso großer Bauherr war, wie sein Nachfolger einer werden sollte; Neß hatte beschlossen, die Abtei von Grund auf zu erneuern. Um freie Hand zu haben, kaufte der ordnungsliebende Mann zunächst die Vogteirechte zurück, die der Augsburger Bischof über das Kloster ausübte. Dann bereinigte er die Finanzlage der Abtei, bezahlte die aufgelaufenen Schulden und reorganisierte die Verwaltung der Klostergüter. Jetzt erst machte er sich an den Neubau, dem er schließlich 30 Jahre seines Lebens widmen sollte. Seine Denkweise, Methodik, Frömmigkeit und nicht zuletzt sein Bauherrenstolz gehen aus seinem Tagebuch hervor. In diesem Pergamentband hielt Neß Tag für Tag den Arbeitsfortschritt, seine Überlegungen und seine Korrespondenz fest. Als ihm der Neresheimer Abt mit einem Unterton von Bitterkeit vorhielt, sein Vorhaben widerspräche dem Geist mönchischer Bescheidenheit, antwortete Neß am 23. Mai 1724, er baue Kloster und Kirche zur größeren Ehre der Dreifaltigkeit, er sei sicher, sich damit vor Gott und den Menschen Verdienste zu erwerben. Neben dem Gotteslob war für diesen Mönch zeitliches Ansehen durchaus von Bedeutung. Als gewissenhafter Buchführer konnte er schließlich stolz darauf hinweisen, daß sein Neubau über den ordentlichen Klosterhaushalt finanziert wurde (»ex ordinariis reditibus«). Sein Siegel trug drei P, die Kurzform seiner etwas bürgerlichen Devise »Pecunia, Patientia, Prudentia« (»Vermögen, Geduld, Vorsicht«). Man begegnet ihnen an manchen Stellen im Kloster. Am 31. Oktober 1726 schrieb er in sein Tagebuch, man müsse eigentlich noch die »Judicia architectonica« hinzufügen. Aber hatte dieser Mann tatsächlich ein architektonisches Fachurteil, da er doch den Entscheid über den endgültigen Kirchenplan jahrelang vor sich herschob? Oder war dieses Zögern eher eine Folge von allzu vielen Projektvorschlägen? Jedenfalls findet man bei deutschen Äbten im allgemeinen nicht die zupackende Tatkraft eines Berthold Dietmayr von Melk oder eines Plazidius Much von Altenburg.

Unentschlossen zeigte sich Neß nur bei der Kirche, vielleicht deshalb, weil niemand seinen großartigen Vorstellungen gerecht werden konnte. Das Kloster selbst bereitete ihm bei weitem nicht die gleichen Schwierigkeiten. Am 5. Mai 1711 legte Abt Rupert an der Südostecke des künftigen Bauwerkes den Grundstein. Es entsprach dem allgemeinen Brauch, daß zuerst das Haus der Menschen und erst dann das Haus Gottes erbaut wurde. Zudem befand sich die alte Kirche aus dem 16. Jahrhundert in gutem baulichem Zustand und konnte ohne weiteres noch einige Jahren ihren Dienst versehen. Neß hatte für den Klosterbau einen Wettbewerb ausgeschrieben, an dem die zwei Vorarlberger Christian Thumb und Franz Beer, Johann Jakob Herkommer aus Füssen und ein unbekannter Karmelitermönch teilnahmen. Die Wahl fiel schließlich auf den Vorschlag des Benediktiners Christoph Vogt. Er war wie so viele gelehrte Mönche seiner Zeit ein Absolvent der Salzburger Benediktiner-Universität und Subprior in Ottobeuren. Vogt war keineswegs ein Dilettant, sondern ein Fachmann, der neben verschiedenen Nutzbauten die Kirchen von Edelstetten, Niederdorf, Ummendorf, Oberopfingen, Theinselberg, die Michaelskapelle auf dem Buschelberg und die zu Ottobeuren gehörende Wallfahrtskirche Eldern gebaut hatte.

Nach nur 20 Jahren war das gewaltige Bauwerk vollendet. Sobald die Maurer einen Trakt hochgezogen hatten, machte sich dort ein Heer von Dekorateuren, Malern, Bildhauern, Stukkateuren und Schreinern an die Arbeit. So konnten die Gebäude bereits 1731 dem Bauherrn übergeben werden.

111 Benediktinerabtei Ottobeuren. Gesamtanlage, Kupferstich von Johann Baptist Klauber, 1764
Der Stich zeigt das Kloster und seine Nebengebäude im wesentlichen so, wie sie heute noch bestehen. Man betritt die Abtei durch einen Portalbau im Westen und steht dann vor dem Gästetrakt mit dem Kaisersaal in der Mitte zwischen zwei Ehrentreppen. Dahinter der Ehrenhof und der Konventeingang. Im Trakt zwischen nördlichem und südlichem Konventhof Refektorium und Bibliothek. Hinter der Kirche die dem hl. Benedikt geweihte Hauskapelle. Im Süden ein Garten und anschließend der U-förmige Ökonomiehof. Die Gesamtlänge des Klosters von der Kirchenfassade bis zu den Wirtschaftsgebäuden beträgt 480 m.

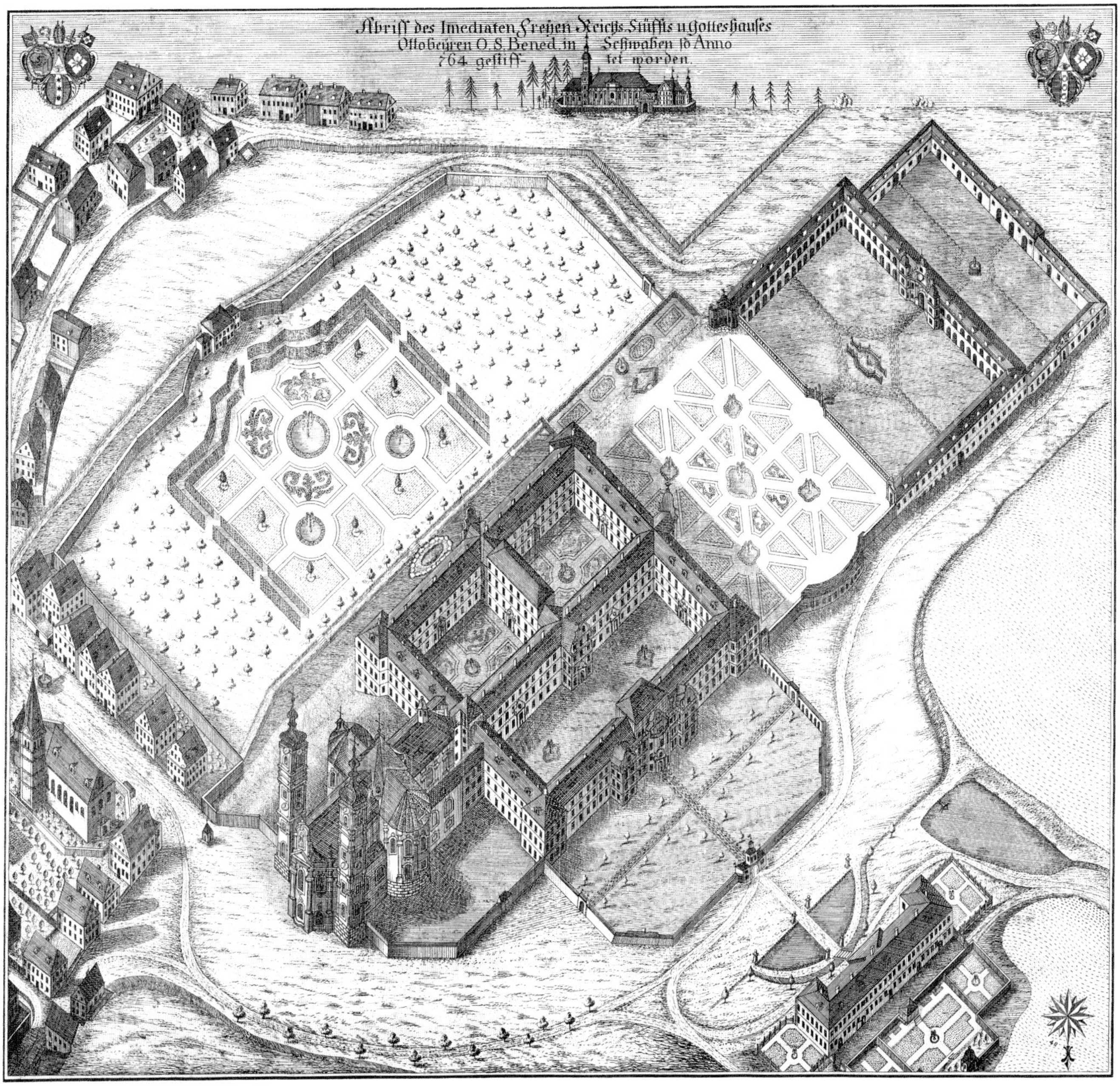

Nun war der Weg frei für den Neubau der Kirche, für den der Abt schon verschiedene Fachleute zu Rate gezogen hatte. Neß wünschte, daß die Kirche noch schöner und prächtiger als das Kloster werden sollte. Bis zum Baubeginn verstrich allerdings noch viel Zeit. Wie in Weingarten ist es auch hier schwierig, den Urheber eindeutig zu bestimmen. Schon während der Bauzeit des Klosters hatte Pater Vogt einen der Salzburger Kollegienkirche nachempfundenen Plan gezeichnet. Neß aber wollte noch weitere Vorschläge sehen. Zunächst holte er solche bei den am Klosterbau beteiligten Meistern ein. Andrea Maini aus Lugano, der einen großen Teil der Stukkaturen ausgeführt hatte, legte um 1730 ein Modell vor. Sein im Geiste Borrominis konzipierter Zentralraum erschien dem Abt wohl allzu kühn oder er entsprach nicht seinem Programm, jedenfalls lehnte Neß ihn ab. Er

bestellte weitere Entwürfe beim Wessobrunner Dominikus Zimmermann und beim örtlichen Stukkateur Kaspar Radmiller. Auch der Wessobrunner Joseph Schmuzer machte einen Vorschlag. Den Zuschlag erhielt schließlich das Projekt von Simpert Kraemer, dem verantwortlichen Maurermeister des Klosterbaus.

Am 13. Oktober 1736 erklärte das Kapitel, »im Namen des Herrn und zum größeren Ruhme Christi« könne nun mit der neuen Kirche begonnen werden. Der Abt schrieb in sein Tagebuch: »Wann mir Gott die Gnad gibt, auch die Kirche zu bauen, so werde ich alle Kraft anwenden, einen raren Tempel SS trinitati zu bauen...« Es sollte ihm nicht mehr vergönnt sein, seine Pläne in die Tat umzusetzen, denn er starb im Jahre 1740. Sein Nachfolger Anselm Erb (1740–1767) nahm als Bauherr zunächst eine zögernde Haltung ein. Zudem bereitete die Fundierung der Kirche Schwierigkeiten, denn bei den Grabungsarbeiten war man auf einen Grundwassersee gestoßen. Neue Anregungen suchte Erb 1744 bei Joseph Effner, dem in Paris geschulten Münchener Hofbaumeister. Im gleichen Jahr entschied sich der Abt, Johann Michael Fischer, den wohl bedeutendsten damals lebenden Kirchenarchitekten, nach Ottobeuren zu rufen. Dessen Eingreifen brachte die Dinge wieder in Fluß. Er paßte das Projekt dem Zeitgeschmack an und sorgte für einen zügigen Baufortschritt. Noch während an den Türmen gearbeitet wurde, begann Johann Michael Feichtmayr, Deutschlands berühmtester Stukkateur, mit der Ausstattung.

Wie Weingarten gab auch Ottobeuren einen Stich mit der Klosteransicht aus der Vogelperspektive heraus. Während es sich jedoch bei Weingarten um einen Idealplan handelt, der allenfalls unsere Sehnsüchte wecken kann, wurde nahezu alles, was auf dem Ottobeurener Stich zu sehen ist, auch tatsächlich ausgeführt.

Das Kloster ist ein genau nach den Himmelsrichtungen ausgerichtetes Rechteck von 142 × 128 m Seitenlänge. Den Ost-, West- und Südfronten ist je eine Gartenanlage vorgelagert. Die Kirche steht frei vor der Nordfassade; nur der Chor schließt an die Konventgebäude an. Sie ist also von allen Seiten sichtbar. Die gleiche Anordnung einer Kirche für alle finden wir in Kempten, Obermarchtal, Fulda, Diessen und St. Blasien.

112 Benediktinerabtei Ottobeuren. Wandelgang im Ostflügel des Konvents
Dieser Zellengang mit Gemälden an Decke und Wänden steht den Prunkräumen in der Ausstattung kaum nach. Die Stukkatur schuf Johann Baptist Zimmermann 1714–1717. Türen in schöner Einlegearbeit.

Der Klostereingang liegt an der Westfassade. Ein großer Torbau eröffnet zunächst die Gartenanlage. Im Süden sieht man in recht großer Entfernung die U-förmig angeordneten Wirtschaftsgebäude, die 1865 und 1950 abbrannten. Dahinter liegen die flachen Stallungen. Sie umfaßten ursprünglich drei Trakte, der westliche davon steht heute nicht mehr. Von den Wirtschaftsgebäuden bis zur Kirchenfassade hat das Kloster eine Gesamtlänge von 480 m.

Der kräftige Mittelrisalit des Westflügels birgt zwei symmetrische Ehrentreppen, die den Kaisersaal erschließen. Man muß diesen Gästetrakt und den folgenden, die ganze Klosterbreite einnehmenden Hof durchqueren, um zum Eingang der Konventgebäude zu gelangen. Dieser liegt in der Mitte eines parallel zum Westflügel verlaufenden Traktes. Der Konvent ist um einen Nord- und einen Südhof angelegt. Der Verbindungsbau dazwischen enthält auf zwei Stockwerken das Refektorium und die Bibliothek. War es Absicht, daß man leibliche und seelische Nahrung übereinander anordnete?

Endlos lange Gänge erschließen auf drei Geschossen alle Räume dieser Gebäude. Sie haben Kreuzgewölbe sowie Stuck- und Gemäldeschmuck. Sogar in diesen Wandelgängen fand der Mönch also Anregungen zur Meditation. Die Zellen sind nach Norden, Osten und Süden ausgerichtet. Es gibt zwei Typen; die kleineren umfassen nur einen Raum, die weitaus zahlreicheren größeren dagegen enthalten Alkoven, Arbeitszimmer, Vorzimmer und Oratorium. Im Vorzimmer stand der Kachelofen, der von Laienbrüdern oder Hausangestellten vom Gang aus beheizt wurde, um den Mönch nicht zu stören.

Die Winterprälatur liegt in dem von Nord nach Süd laufenden Innentrakt, die Sommerprälatur eigenartigerweise im Südflügel. Der Kapitelsaal ist in der Nordostecke untergebracht. Die ganze westliche Hälfte des Nordflügels nimmt ein zweigeschossiger Theatersaal ein. Mit der Benediktkapelle verfügten die Mönche über eine eigene Kirche. Dieser dreigeschossige Zentralbau ist an den Chor der Klosterkirche angebaut.

Die 16 zum Teil äußerst prächtig ausgestatteten Treppenhäuser und 837 Fenster geben einen Eindruck von den Größenverhältnissen des Klosters. In den Zellen und anderen Räumen sind noch einige der alten Kachelöfen erhalten. Einer davon — er steht in der ehemaligen Klerikatur — trägt die Inschrift »RAMO 1723«, das heißt »Rupert Abbas Monasteri Ottoburani 1723«. Der prunkliebende Abt legte Wert darauf, da und dort sein Porträt, sein Siegel und seinen Wahlspruch zu verewigen.

Die ganze zwischen 1711 und 1731 entstandene Ausstattung gehört zum Spätbarock. Der Wunsch nach architektonischer Einheitlichkeit zeigt sich in den zahlreichen Säulen aus rotem Marmor mit vergoldeten korinthischen Kapitellen. Sie sind zum Teil freistehend (Theater, Bibliothek), zum Teil als Halbsäulen in die Wand eingebunden (Kaisersaal). Die Ornamentik ist überall symmetrisch und sehr feingliedrig.

Brutal fiel 1802 die Säkularisation über das Kloster her. In diesem Jahr hatten die Mönche das 50jährige Profeßjubiläum ihres Priors gefeiert. Aus diesem Anlaß wurde im Kaisersaal die »Schöpfung« von Haydn gegeben. Die Kommissare drangen ins Kloster ein und nahmen rücksichtslos alle Kunstschätze mit. Das gesamte Mobiliar wurde an den Meistbietenden verkauft oder auf andere Institutionen verteilt. Der Subprior Maurus Feyerabend verfaßte eine ergreifende Schilderung dieser amtlichen Plünderung. In knapper Form zählt er die Möbel der Gästezimmer und anderer Räume auf, die Gemälde des Bildersaales, die Kunstgegenstände und das Meßgerät der Kirche, die Archive und Bücher, dazu in bunter Reihenfolge die Einrichtungen und Werkzeuge der Werkstätten, die Küchengeräte, Wagen und Pferde, bis hin zu den Vorräten in den Speichern. »Alles, was zu Geld gemacht werden konnte, wurde fortgetragen. Nicht einmal die Insignien der Abtwürde wurden verschont... So endete im Jahre 1802 das altehrwürdige Reichsstift Ottobeuren, nachdem es 1038 Jahre lang unter 55 Äbten geblüht hatte.«

Der Subprior irrte sich. 1834 kamen die Benediktiner nach Ottobeuren zurück. Das Kloster wurde zunächst als Priorat von St. Stephan in Augsburg geführt und 1920 wieder zur Abtei erhoben.

Einige Kunstwerke waren dem Vandalentum entgangen, vermutlich, weil man sie für gotischen Trödel hielt, darunter die sorgfältig demontierten Holzskulpturen aus der alten Kirche, die unter Abt Kaspar Kindelmann (1547–1584) gebaut und 1748 abgerissen wurde. Einigen Malereien schrieb man allenfalls ikonologischen Wert zu, weshalb man sich die Mühe sparte, sie von den Wänden zu nehmen.

Von der Ausstattung blieb nur das, was fest mit Wänden und Decken verbunden war: Fresken und Stukkatur. Aber schon dies ist für den interessierten Besucher Grund genug, einige Tage im Kloster zu verbringen und die Ikonologie zu entschlüsseln. Es ist kaum vorstellbar, wie die Abtei vor der Säkularisation ausgesehen hat. Der Band in der Reihe »Bayerische Kunstdenkmäler« über Ottobeuren beschreibt 302 Räume, und es sind in Wirklichkeit noch mehr!

Die Ikonologie dieses überschäumenden Dekors ist etwas konfus. Es fehlt die durchgehende Linie, wie man sie in Melk oder Altenburg antrifft. Geistliches und Weltliches werden vermischt. Mehr oder weniger überall erscheinen der hl. Benedikt und die Geschichte seines Ordens. Zweimal ist Einsiedeln und einmal Montecassino dargestellt. An der großen Klostertreppe empfängt uns Benedikt in seiner ganzen Herrlichkeit mit den Allegorien der Gnaden seines Ordens: sanfter Tod, Fortbestand des Ordens bis ans Ende der Zeiten und ewige Glückseligkeit. Ein kurzes Leben und ein schlimmer Tod sind das Schicksal der Verfolger der Benediktiner. Drei Arbeiten des Herkules in der Stukkatur deuten auf den Heldenmut des Heiligen hin. Im ehemaligen Noviziat sind die Mönchstugenden Glaube, Gehorsam, Armut und Barmherzigkeit dargestellt. Das Kreuz an der Decke im Raum des Subpriors wird mit der Inschrift »Vita beata monachi crux est« erläutert; angesichts all der verschwenderischen Pracht fällt es schwer zu glauben, daß das Kreuz das Lebensglück des Mönchs sein soll. Allerdings hatte diese Bilderwelt ja gerade den Sinn und Zweck, den Ordensmann zu Gebet und Meditation anzuregen. Zwar lebte er in einem Palast, doch befreite ihn das keineswegs von den Verpflichtungen seiner Gelübde. Selbst die Zellen wurden ausgeschmückt. Über den Türen hingen Medaillons mit dem Porträt Benedikts, und ein Gemälde religiösen Inhaltes zierte eine Wand des Raumes.

Ein großer Teil der Ikonologie spricht für sich selbst. Im Refektorium etwa stehen die Weizenernte, die Weinlese und der Fischfang für Brot, Wein und Fisch, die Attribute Christi. Daß man über den Bettnischen der Prunkzimmer Allegorien von Tag und Nacht und den Abendstern entdeckt, ist kaum überraschend. Auch Friede und Gerechtigkeit sind neben dem guten Ruf und dem Auge Gottes, dem nichts verborgen bleibt, im Gerichtssaal des Abtes am richtigen Platz. In der Sommerprälatur treffen wir erneut auf sie, die sich hier zur Erneuerung ihres Bundes umarmen. Allegorien der Vernunft, des Verstandes, des Willens, des Gedächtnisses, aber auch der Sinne begleiten diesen Ausbruch der Leidenschaft. Ebenfalls der Zweckbestimmung des Raumes angepaßt sind an der Decke des Kuriositätenkabinetts die Vier Weltteile, die Malerei, die Bildhauerei, die Musik, die Astronomie sowie der Kunstsinn und der Natursinn.

Die Ikonologie der Bibliothek — in Deutschland sonst reich an feinsinnigen Anspielungen — ist in Ottobeuren recht gewöhnlich. Immerhin ist es bemerkenswert, daß im Vorzimmer wieder Herkules erscheint. Diesmal bewahrt er die Seele vor dem Pfad des Lasters. An der Decke preisen Stuck und Malerei die Stärke, Unsterblichkeit, Barmherzigkeit und Heiligkeit Gottes sowie die Dreifaltigkeit, hier symbolisiert durch die Allmacht des Vaters, die Weisheit des Sohnes und die Frömmigkeit des Heiligen Geistes. Einige religiöse Themen — etwa die Gründung Montecassinos durch den hl. Benedikt — haben mit dem Raum an sich nichts zu tun. Doch sind auch Allegorien von Kunst und Wissenschaft vorhanden. Eine schöne farbig gefaßte Minervastatue in der Mitte der Bibliothek hat ein eher kriegerisches als philosophisches Aussehen.

Mehr Zusammenhang mit der Funktion der Räume hat das ikonologische Programm der Gästezimmer. Die Vier Weltreiche des Altertums, symbolisiert durch Alexander den Großen, Nebukadnezar, Kyros und Augustus, an der Decke des Vestibüls verweisen auf den imperialen Charakter dieser Räume. An den Wänden stehen römische Kaiserbüsten auf Konsolen. Die Einführung in diese profane Welt geschieht über den Umweg der Mythologie. Wir begegnen den Musen, Symbolen für die Kultur der Fürsten, und den Göttern des Olymp, denen die Herrscher der Barockzeit an Majestät gleichgestellt sind.

Die Decke des Vorzimmers zum Kaisersaal zeigt die Josephslegende, ein Thema, für das wohl die Gestalt des Pharao den Ausschlag gab. Die Tugenden des guten Fürsten sind in der Stukkatur dargestellt: Gelassenheit, Bescheidenheit, Würde, Gottesfurcht, Nächstenliebe und Weisheit — alles christliche Tugenden. Weiter hinten indessen erinnern die Monarchie und die Macht daran, daß es ohne Macht kein Königtum gibt.

Das Deckenfresko des Kaisersaals spielt mit der Krönung Karls des Großen auf die Ursprünge des Reichsstifts an. Ringsum sind einige der großen Glaubensstreiter dargestellt: Gregor VII., Karl Martell und Chlodwig (im Augenblick seiner Taufe). Über den Fenstern hängen Porträts der neun frühen Kaiser von Otto dem Großen bis Friedrich II. Einige Kaiserinnen blicken von den Supraporten herab. Der Ehrenplatz ist den 16 Habsburgern von Rudolf I. bis Karl VI. vorbehalten. Sie stehen als ziemlich schwerfällige, von den Insignien zusätzlich belastete Holzstatuen an den Säulen. Mit dem Heiligen Römischen Reich wird zugleich der Bund zwischen Thron und Altar gepriesen. Am Deckenrand sind Gipsbüsten von Päpsten aufgereiht und weisen auf das gute Einvernehmen von Reich und Kirche hin. Adam und Eva, Kain und Abel, Agar in der Wüste und Moses im Binsenkorb deuten auf die Anfänge der jüdisch-christlichen Kultur hin. Die Profildarstellungen von Cäsar und Augustus in den Medaillons am Eingang zum Fürstensaal schaffen die Verbindung zum Römischen Reich.

Der große Theatersaal hat sein Vorbild im Salzburger Benediktinerkolleg. An der Decke erscheinen Apollo und Pallas Athene, die Schöpfer und Schirmherren von Tragödie und Komödie. Mythologische Gestalten wie Herkules und Omphale, Diana und Endymion, ein Faun und eine Nymphe sind in Grisaille dargestellt. Zahlreiche Engel und Putti begleiten all diese Szenen. Sie tragen Verzierungen, Girlanden und Draperien und spielen mit Musikinstrumenten und Attributen. Die Engel sind in Ottobeuren ein beliebtes Thema. Man begegnet ihnen im Kloster auf Schritt und Tritt. In der Treppe zur Benediktkapelle hat der Stukkateur Andrea Maini mit Geschick Borrominis expressionistische Engelsköpfe der Lateransbasilika nachgeahmt.

In Ottobeuren stellt sich ähnlich wie in Weingarten die Frage, warum der einfache Kirchengrundriß so viel zu reden gab. Es handelt sich um eine schlichte Wandpfeilerkirche. Chor und Langhaus sind nahezu gleich groß. Dazwischen liegt das auf beiden Seiten halbrund abgeschlossene Querschiff. Wie Weingarten erinnert auch Ottobeuren mit seiner gewölbten Doppelturmfassade und dem markanten Querschiff an die Salzburger Kollegienkirche. Diese Kirche muß die Mönche beider Klöster fasziniert haben. Pater Christoph Vogt hat sie in seinen ersten Skizzen nahezu wörtlich kopiert. Im Unterschied zu Weingarten fehlt in Ottobeuren der hohe Kuppeltambour. Das erleichterte dem Maler seine Arbeit, denn der Blick des Besuchers fällt schon beim Betreten des Raumes auf das Kuppelfresko.

Der Grundriß ist für eine Kirche aus der Mitte des 18. Jahrhunderts nicht mehr ganz zeitgemäß. Es ist deutlich spürbar, daß er zu Beginn des Jahrhunderts entstanden ist. Daran konnten auch spätere Korrekturen nichts mehr ändern. Selbst Fischer, bei dessen Eintreffen der Bau schon begonnen war, mußte ihn mehr oder weniger so belassen, wie er war.

In der Literatur wird immer wieder auf die Diskrepanz zwischen der barocken Architektur und Johann Michael Feichtmayrs von 1757 bis 1764 entstandener Rokoko-Ausstattung hingewiesen. Einige Autoren empfinden dabei sogar ausgesprochenes Unbehagen und halten dieses Mißverhältnis für den großen Mangel der Kirche. Ein bißchen erinnert das an jenen Mann, der sich über die Schönheit seiner Frau beklagt.

Eigentlich ist es ein seltenes Vergnügen, in einem Raum von der Ausdehnung Ottobeurens (89 m Länge)

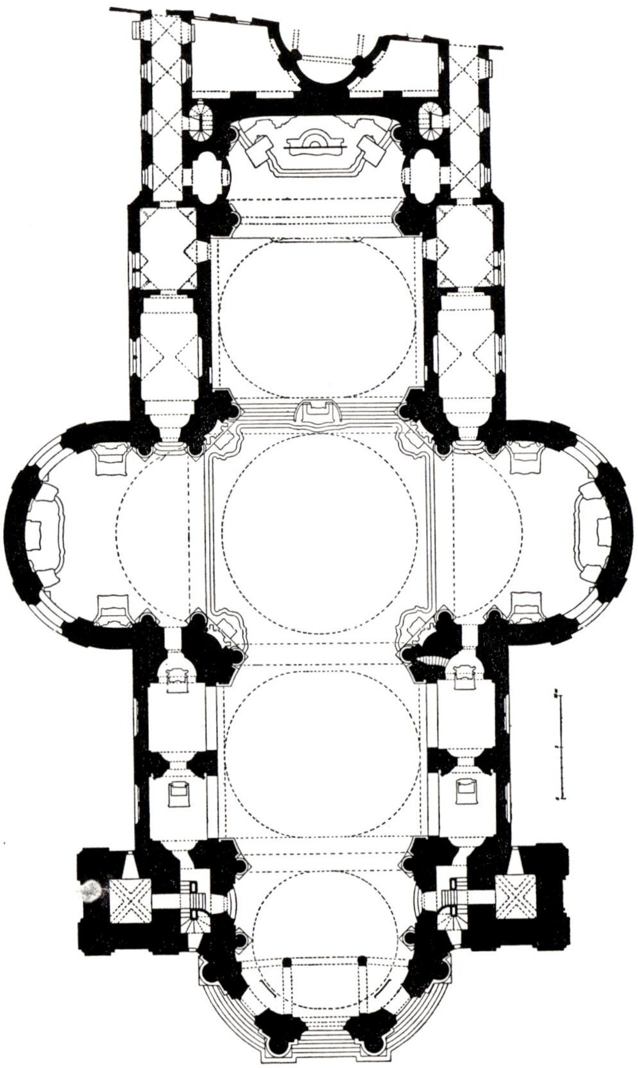

113 Benediktinerabtei Ottobeuren. Kirche, Grundriß
1737 war die Grundsteinlegung, 1756 war der Bau so weit gediehen, daß der Stukkateur Johann Michael Feichtmayr mit der Ausstattung beginnen konnte.

114 Benediktinerabtei Ottobeuren. Kirche, Vierungskuppel, Fresko von Johann Jakob Zeiller, 1763–1764, Ausschnitt
Das Gemälde zeigt das Pfingstwunder und die Sieben Gaben des Heiligen Geistes. Die Perspektive ist auf einen Standpunkt am Eingang der Kirche ausgerichtet.

eine Rokoko-Ausstattung zu sehen. Das Rokoko entfaltet sich am besten, wenn es in die architektonische Struktur eines kleineren Raumes eingebettet ist. In einer Kirche wie etwa Balthasar Neumanns Vierzehnheiligen, die schon von der Konzeption her Rokoko ist, entwickelt sich die Dekoration wie selbstverständlich aus der baulichen Grundlage. Es wäre falsch zu behaupten, in Ottobeuren sei das nicht der Fall. Wenn die Ausstattung hier auch nur Schmuck ist, so integriert sie sich doch voll in die Struktur, die sie zugleich hervorhebt. Dank der Geschlossenheit des architektonischen Rahmens strahlt der Raum heitere Gelassenheit aus, die man etwa in Steinhausen, in der Birnau oder der Wies nicht spürt. Dort wird der leidenschaftliche Ausbruch des Rokoko zum Jubelgesang. Seine gleichsam fiebrige Erregung verleiht der Freude, die es freisetzt, einen pathetischen Anstrich. Das »Te Deum« Ottobeurens ist den Glaubenswahrheiten näher als das »Sursum corda« der Wies.

Für manchen Besucher mag sich Ottobeuren mit Begriffen wie Oster- oder vielmehr Pfingstjubel verbinden. Der Schöpfer dieses Raumes, wer immer es war, wollte Laien und Mönche gleichermaßen an dieser Freude teilhaben lassen. Alle Blicke treffen sich am Hochaltar. Johann Michael Feichtmayr schuf diese gewaltige Anlage, die bis in den Gewölbescheitel reicht, in den Jahren 1761 bis 1766. Feichtmayr, der verantwortliche Leiter der ganzen Ausstattung, entwarf auch das zweireihige Chorgestühl. Die ausführenden Künstler waren Joseph Christian und Martin Hermann. Kräftige, alle menschlichen Empfindungen ausdrückende Hermen gliedern die Dorsale. Dazwischen schuf Joseph Christian seine vergoldeten Flachreliefs. Er wandte dabei das Schiacciato an, ein von den Renaissancemeistern entwickeltes, stark perspektivisches Zusammendrängen der Bildebenen. Dargestellt sind das Leben des hl. Benedikt und alttestamentarische Szenen. In dieses Chorgestühl komponierte Karl Riepp, der wohl begnadetste Orgelbauer seiner Zeit, die beiden Chororgeln. Leider konnte er die Hauptorgel auf der Eingangsempore nicht mehr bauen. Sie wurde erst 1957 eingefügt. Diese zwar stimmgewaltige, aber in ihren Ausmaßen geschickt klein gehaltene Marienorgel läßt das Licht durch drei Fenster auf das Deckenfresko »Das tausendjährige Ottobeuren« strömen [1]. In der Laienkirche stehen noch die ursprünglichen Rokokobänke. Sie wurden durch die Bankreihen — darunter zwei Kinderbänke — der ehemaligen Pfarrkirche ergänzt, als die Klosterkirche 1803 die Seelsorge der Pfarrei übernahm.

Der Altar am Choreingang scheint ausschließlich der Volksfrömmigkeit gewidmet zu sein. Über dem niedrigen Tabernakel schwebt ein romanischer Kruzifixus vor einer Strahlensonne in der Art alter Ostensorien. In seiner künstlerisch hochentwickelten Umgebung wird dieses urtümliche Gnadenbild zum eigentlichen Mittelpunkt der ganzen Kirche. Es verbindet das neue Gottes-

115 Benediktinerabtei Ottobeuren. Kirche, Chor
Im Hintergrund der 1761 begonnene Hochaltar. Das Blatt von Johann Jakob Zeiller zeigt die Dreifaltigkeit und den Ratschluß der Erlösung des Menschengeschlechts. Links und rechts Joseph Christians Chorgestühl mit integrierten Chororgeln. Vor dem Mönchschor der Kreuzaltar mit dem seit alters her verehrten Gnadenbild. Dieser romanische Kruzifixus vor der Strahlensonne ist der eigentliche Mittelpunkt des Raumes.

haus mit der Vergangenheit und bestätigt den Fortbestand des Glaubens durch alle Zeiten und Stile.

Während Weingarten durch seine weißen Wände majestätisch-kühl wirkt, erglänzt Ottobeuren in festlicher Stimmung. Die zarten, gebrochenen Farben, mit denen die Rokokokünstler die Stukkaturen belegten und die im Widerschein der Vergoldungen zu leuchten beginnen, nehmen der Architektur die Schwere. Wer durch diese Kirche schreitet, die in ihren oberen Raumzonen ein einziger Lobpreis der Herrlichkeit des hl. Benedikt und seines Ordens ist, der hebt unweigerlich den Blick zum Fresko der Vierungskuppel. Maria steht hier unter einer Art Triumphbogen, der links und rechts von Obelisken flankiert ist. Gemeinsam mit den Aposteln empfängt sie die Sieben Gaben des Heiligen Geistes. Die Apostel können nun dank der wunderbaren Vielsprachigkeit die neue Heilslehre in die Welt hinaus tragen, die hier durch die vier damals bekannten Kontinente dargestellt ist.

Alle Fresken der Kirche sind vom Tiroler Johann Jakob Zeiller, dem nur sein Vetter Franz Anton Zeiller hilfreich zur Seite stand. Dieser Künstler schuf eine Synthese aus venezianischer und römischer Deckenmalerei. Er entwickelte seine Kompositionen mit Hilfe der Scheinarchitektur in die Tiefe. Seine geschickt verteilten Figuren schweben im Raum. Die hellen Farben und die Ausgewogenheit seiner Malerei tragen wesentlich zur Harmonie des Kircheninnern bei. Andere deutsche Barockmaler wie Matthäus Günther oder Franz Joseph Spiegler stellten eine im Leeren taumelnde Welt dar, die nichts mit der Unbeschwertheit der paradiesischen Räume zu tun hat. Gerade diese finden wir jedoch in der Engelskuppel über dem Chor. Umrahmt von Episoden des Alten Testaments, in dem den Engeln eine bedeutsame Rolle zukommt, ist im Scheitel die Anbetung Gottes durch die neun Engelschöre dargestellt. Am Kuppelrand werden Luzifer und die Schar seiner abtrünnigen Engel in den Abgrund gestoßen. Folgerichtig sind die zwei Altäre an den Vierungspfeilern dem hl. Michael und den Schutzengeln geweiht.

Die Engelsverehrung, von der schon das Kloster einen Vorgeschmack gab, wird in der Kirche zur Apotheose. Gemalt oder in Stuck, erfüllt eine heilige, geflügelte Legion den ganzen Raum. Die Anmut der schlanken, biegsamen Körper mag vielleicht zweideutig scheinen, doch bekanntlich sind Engel geschlechtslose Wesen. Wo sie auch auftauchen, werden sie von hilfreichen Putti umschwärmt. Dieser gewaltige Engelchor scheint die Kirche vom Erdboden loszureißen und in himmlische Höhen zu tragen, ganz im Sinne der Inschrift über dem Eingangsportal: »Haus Gottes und Himmels Porten«. Alle Künstler, die in Ottobeuren beschäftigt waren, müssen wohl vom Gedanken beseelt gewesen sein, ein Abbild des Himmels auf Erden zu schaffen. Ihre Gefühle drückte ohne Zweifel der Zimmermann Michael Klein aus. Er brachte im Dachstuhl eine Inschrift an, in der er sich freute, dieses gewaltige Werk zur Ehre und im Namen Jesu Christi vollendet zu haben; daraus schöpfte er für sich die Hoffnung, dereinst im »himmlischen Vaterland« aufgenommen zu werden.

VII

PROBLEME DES ROKOKO
BANZ, ZWIEFALTEN, DIESSEN, NERESHEIM

In Österreich konnte das Rokoko nie richtig Fuß fassen. Deutschland dagegen fand in diesem Stil einen eigenständigen künstlerischen Ausdruck. Allerdings übernahm es einige Elemente der Ornamentik aus Frankreich und die architektonischen Prinzipien aus Böhmen. Die Familie Dientzenhofer, die in Prag die Grundlagen schuf, stammte zwar aus Bayern, wanderte aber nach Böhmen aus, da in ihrer Heimat seit 1650 immer mehr italienische Architekten zu Ansehen und Vermögen kamen. Christoph Dientzenhofer, der ältere der beiden Brüder, entwickelte den Rokokostil in der zwischen 1703 und 1711 erbauten St. Niklauskirche auf der Prager Kleinseite. Seine Vorbilder waren Borromini und Guarini. St. Niklaus ist vom Grundriß her eine Wandpfeilerkirche. Aber Dientzenhofer wandelte das Schema dynamisch ab. Er besetzte die Pfeiler mit schräggestellten Pilastern, verkröpfte das Gesims und zog geschwungene Emporen ein. Gurtbogen wurden weggelassen, dafür aber Diagonalbogen eingesetzt, die eine Folge von Ellipsen bilden [1]. Das System von Vor- und Rücksprüngen und die über die Joche hinweg ineinandergreifenden elliptischen Gewölbe heben die Längenbetonung des Raumes auf und versetzen die Kirche in Schwingung, ja man möchte sagen, in Trance.

Wenig später gestaltete Christophs jüngerer Bruder Johann Dientzenhofer (1663–1726) die Kirche des fränkischen Benediktinerklosters Banz nach den gleichen Prinzipien. Die Bauzeit erstreckte sich über die Jahre 1710 bis 1719. Johann Dientzenhofer war Hofbaumeister des Fürstbischofs von Bamberg. Er hatte eine sehr vielseitige räumliche Phantasie, denn für den Fürstabt von Fulda — vermutlich auf dessen ausdrücklichen Wunsch — entwarf er eine Kirche, die eine völlig andere Grundhaltung widerspiegelt: Ihr Vorbild war St. Peter in Rom.

Der Besucher der Kirche von Banz ist zunächst einmal überrascht, wenn er am Gewölbe die den Graten folgende Bandstukkatur erblickt, die den Raum seltsam zu verdrehen scheint. Das Auge sucht vergeblich irgendein Fortschreiten oder eine Abstufung. Jedes Joch gewinnt räumlichen Eigenwert, bedingt durch das stark verkröpfte, symmetrische Gesims über den Pilastern. Die in einer Gegenbewegung ein- und auswärts geschwungenen

116 Kirche St. Niklaus auf der Kleinseite in Prag. Langhaus, 1703–1711
Die Kirche beruht auf dem Wandpfeilerschema, doch überdeckten die Architekten Christoph und Kilian Ignaz Dientzenhofer, Vater und Sohn, die solide Konstruktionsstruktur mit verschiedenen Kunstgriffen, so daß der Raum als schwungvolle Einheit wirkt.

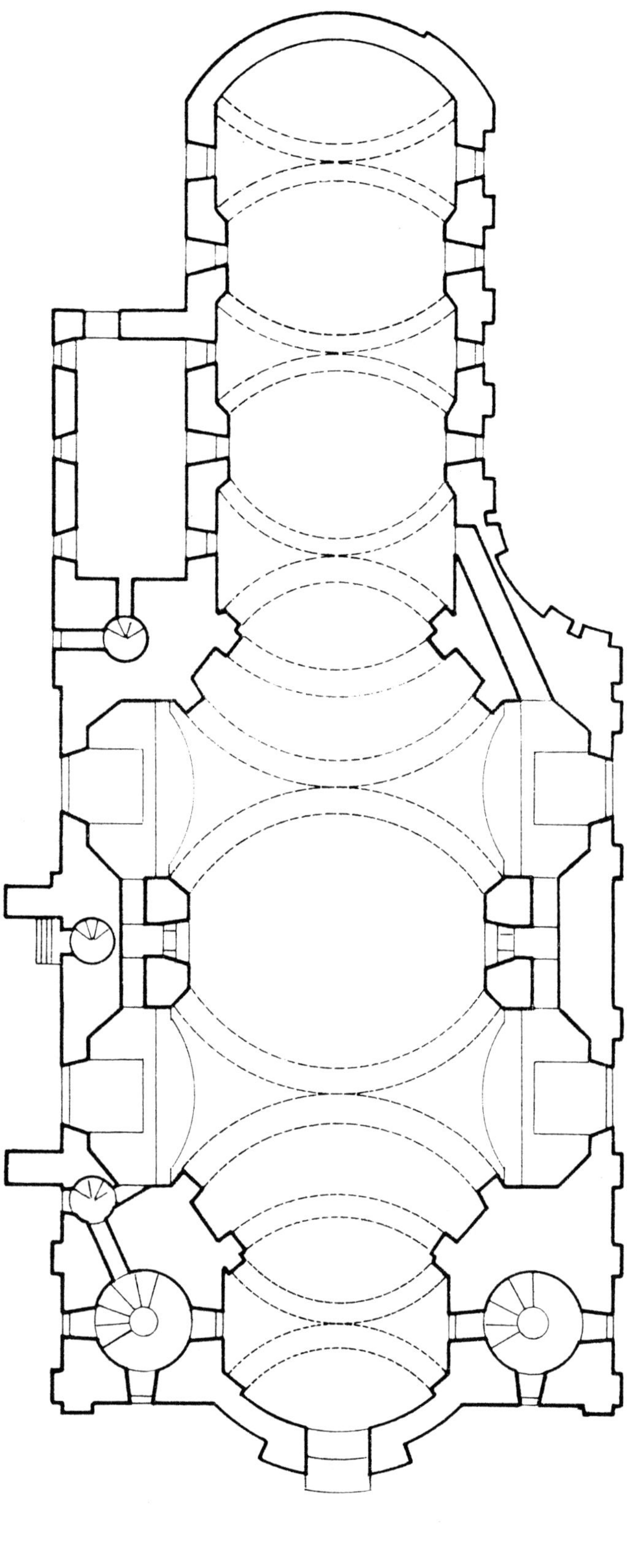

Seitenemporen steigern diese Wirkung. Schließlich findet das Auge in dieser Formenvielfalt doch einen ruhenden Pol: das Retabel des Hochaltars am Choreingang. Scheinbar schließt es das Langhaus ab; der Eindruck täuscht jedoch, denn dahinter liegt der Mönchschor. Das Chorgestühl, eine kostbare Einlegearbeit aus Silber, Perlmutt und Elfenbein, verleiht diesem Raum den Charakter eines Schmuckkästchens. Hier legten die Mönche also Wert auf eine den Blicken der Gemeinde entzogene Kapelle. Sie hatten sogar an der Chorrückwand einen eigenen Altar, dessen Bild das Martyrium des Kirchenpatrons Dionysius zeigt. Ein ausgeklügelter Kunstgriff schafft eine Verbindung zur Laienkirche; durch das durchbrochene große Retabel fällt von dort der Blick genau auf das Altarblatt des Mönchsaltars, das sich auf diese Weise in den Hochaltar einfügt, als sei es ein Teil desselben.

Der Innenraum von Banz leidet unter dem Mißverhältnis zwischen der kühnen Architektur und dem schweren Stuck, der noch auf den statischen und symmetrischen Gestaltungsgrundsätzen des Barock beruht. Übermaß und Schwülstigkeit dieses Dekors machen den räumlichen Schwung zunichte. Der Dekorateur konnte mit dem Architekten offensichtlich nicht Schritt halten. Die Rokoko-Ornamentik wurde in Bayern von François Cuvilliés eingeführt, einem Wallonen, den Kurfürst Max Emanuel 1715 nach München geholt hatte. Von 1724 bis 1739 schuf er sein Hauptwerk, das Jagdschlößchen Amalienburg im Park von Schloß Nymphenburg. Das war zugleich der Beginn des bayerischen Rokoko. Banz entstand rund zehn Jahre früher. Erschwerend kommt hinzu, daß sich der Bamberger Stukkateur J. J. Vogel einer sehr schwerfälligen, veralteten und provinziellen Formensprache bediente.

Die gewölbte Kirchenfassade und die hohen Türme, die mit ihren Schieferhelmen an die Bauern des Schachspiels erinnern, beherrschen das Maintal. Der anschließende Klosterflügel ist 170 m lang. Der Architekt war Leonhard Dientzenhofer (1640–1707), dessen Bruder Johann später die Kirche bauen sollte. In diesem Trakt

117 Benediktinerabtei Banz. Kirche, von Johann Dientzenhofer, 1710–1719, Grundriß
Johann Dientzenhofer übernahm die Prinzipien, die sein Bruder Christoph und sein Neffe Kilian Ignaz in Prag erarbeitet hatten. Mit einem raffinierten Diagonalbogensystem überdeckte er die tatsächliche Struktur des Raumes.

118 Benediktinerabtei Banz. Inneres der Kirche
Die schwerfällige und altertümliche Stukkatur des Bambergers J. J. Vogel kann mit der fortschrittlichen Raumauffassung Dientzenhofers nicht Schritt halten. Von der Gemeindekirche aus reicht der Blick durch den Aufsatz des Altars am Choreingang hindurch bis zum Hochaltar im Mönchschor.

119 Benediktinerabtei Banz. Gesamtansicht
Vor den Konventgebäuden des 17. Jahrhunderts wurde im 18. Jahrhundert ein großer Ehrenhof angelegt, für den auch Balthasar Neumann ein Projekt entwarf.

sind die Mönchszellen untergebracht. Der Fassade ist eine lange Terrasse vorgelagert, auf der die Mönche in Ermangelung eines Kreuzganges im Sommer lustwandeln und die herrliche Flußlandschaft genießen konnten. Der parallel verlaufende Nordtrakt enthielt die Prälatur und die Gästezimmer. In drei Verbindungsbauten waren Bibliothek, Refektorium, Kapitelsaal, Naturhistorisches Museum und Münzkabinett untergebracht.

Der Haupteingang des Klosters liegt an der Nordseite. Der ursprünglichen Gestaltung mangelte es offenbar an der nötigen Pracht, denn vor der Fassade wurde ein ausgedehnter, von drei Gebäudeflügeln gesäumter Ehrenhof angelegt. Die Eingangsfront wird von zwei Pavillons mit schweren Knickdächern gerahmt. Im Innern des Hofes führen zwei geschwungene Rampenarme mit zusätzlichen Treppen zum Eingang der Prälatur, der im Rokokostil umgestaltet wurde. Die Pläne dazu zeichnete A. F. Ritter zu Grünstein. Allerdings gibt es auch einen Entwurf Balthasar Neumanns aus dem Jahre 1750. M. Küchel leitete den Umbau bis zur Vollendung 1772. Diese Jahreszahl steht in einem üppigen Rokokodekor am Tympanon über dem Portal des Ehrenhofes.

Der Einfluß der Profanarchitektur ist hier deutlich zu spüren. Dies ist viel eher der Eingang eines Schlosses als der eines Klosters. So ist es auch nicht weiter erstaunlich, daß nach der Säkularisation Herzog Wilhelm von Bayern die Abtei 1814 kaufte und in seine Sommerresidenz umwandelte. Das ehemalige Kloster blieb bis 1933 im Besitz seiner Familie, dann wurde es der Kirche zurückgegeben.

In der schwäbischen Benediktinerabteikirche Zwiefalten erreicht das deutsche Rokoko seinen Höhepunkt, ja möglicherweise ist der Zenit bereits überschritten. Der Neubau begann 1739 unter Abt Augustin Stegmüller. Erstaunlicherweise zog der Abt auch hier mit den Brüdern Joseph und Martin Schneider ortsansässige

120 Benediktinerabtei Banz. Treppenanlage am Eingang der Prälatur
Im 1772 fertiggestellten Ehrenhof von M. Küchel ist der Einfluß der Profanarchitektur unübersehbar. Neben den Treppenarmen verlaufen Rampen, auf denen Kutschen vorfuhren.

121 Benediktinerabtei Zwiefalten. Kirche, Deckengemälde, von Franz Joseph Spiegler
Die Fresken in der Kirche malte Franz Joseph Spiegler 1748–1751. Am Gewölbe stellte er mit einer Unzahl von Gestalten die allumfassende Fürsprache der Gottesmutter dar. Vermittler der Gnaden ist der hl. Benedikt. Der Himmel erscheint als Wolkenstrudel, der wegen der Verwendung mehrerer Fluchtpunkte im Raum zu schwanken scheint.

Baumeister zu. Schon bald zeigte sich deren Unvermögen. Nun erst berief Stegmüller einen ausgebildeten Architekten: Johann Michael Fischer.

Die Kirche von Zwiefalten erreicht mit 93,50 m Länge fast die Ausmaße Weingartens (s. Abb. 19). Dem Grundriß nach ist sie ein zwitterhaftes Gebäude. Das Langhaus ist eine herkömmliche Wandpfeilerkirche. Daran schließen ein ausladendes Querschiff und ein langer Chor an. Die Vierung hebt sich optisch kaum von Langhaus und Chor ab. So entsteht für den Besucher am Eingang der Eindruck einer ausgeprägten Längsentwicklung, im Gegensatz etwa zur fächerartigen Ausweitung Ottobeurens oder zur majestätischen Raumfolge Weingartens. Zweifellos entspricht diese Perspektive den Absichten Fischers, denn er betonte sie noch mit einem für diese Zeit recht ungewöhnlichen gradlinigen Gebälk. Ebenso ungewöhnlich sind die doppelten Stuckmarmorsäulen mit korinthischen Kapitellen, die in profanen Räumen wie Kaisersälen, nicht aber in Kirchen üblich sind. Die Emporen schwingen bogenförmig in den Raum. Erwartet hätte man eine spannungsreichere gegenläufige Bewegung. Soviel Steifheit paßt schlecht zu der am Gewölbeansatz wuchernden Rokoko-Stukkatur des Wessobrunners Johann Michael Feichtmayr (1709–1772).

Der Auftrag, das riesige Deckenfeld über dem Langhaus auszumalen, ging an Franz Joseph Spiegler (1709–1757). In der Regel sind die Themen der Malerei in den Kirchen der Andacht der jeweiligen Raumzone zugeordnet. Zwiefalten dagegen folgt einem präzisen, durchgehenden Programm. Die Entschlüsselung ist nicht immer einfach, es sei denn, man habe eine Anleitung, wie sie einige Klöster herausgaben. Der Leitgedanke kommt in einer Inschrift auf der großen Muschelkartusche am Kuppelrand zum Ausdruck: »Maria Regina Sanctorum omnium« (»Maria Königin aller Heiligen«). Im Deckenfresko des Langhauses, das nicht auf die Jochgliederung der Seitenwände eingeht, erscheint Maria als Vermittlerin zwischen Gott und seinen Auserwählten. Inmitten eines großen wolkenartigen Gebildes empfängt sie den Segen der Dreifaltigkeit. Von ihrem Herzen fällt ein Lichtstrahl auf ein Marienbild, von dort strahlt das Licht weiter zum hl. Benedikt, und aus dessen Herzen fallen flammende Zungen auf Heilige und Marienverehrer. Deutlicher kann man den sich in der Kirche drängenden Pilgern nicht klarmachen, daß alle Gnaden von der Gottesmutter und von Benedikt ausgehen. Rings um diesen strahlenden ovalen Wolkenfleck bewegt sich vor dunklerem Hintergrund auf einer Art Podest ein Zug der Großen dieser Welt, die der Madonna Verehrung entgegenbrachten: der bayerische Kurfürst Ferdinand Maria als Erbauer von Altötting, Papst Urban VIII. und der hl. Stephan von Ungarn, der sein Land unter den Schutz der Gottesmutter stellte. Der hl. Meinrad weiht Maria sein Kloster Einsiedeln, und der französische König Ludwig XIII. vertraut ihr Frankreich an[2]. Auf großen Muschelkartuschen am Gewölberand erscheinen Allegorien von Tugenden und Lastern, eine barocke Abwandlung des mittelalterlichen Seelenzwistes. Über der Orgelempore wird Maria von den Heiligen des Benediktinerordens verherrlicht. An den Gewölben der Abseiten ist das Wirken der Gottesmutter innerhalb des Ordens zu sehen, während ihr irdisches Dasein das Hauptthema der Seitenkapellen ist.

Querschiff und Chor sind dem Lobpreis der heiligen Benediktiner gewidmet. Die marianische und benediktinische Ikonologie setzt sich in unzähligen Einzelheiten auf den Altären fort. Mittelpunkt ist der Hochaltar. Auf dem Altarblatt verheißt Jesaja die Jungfrau als Mutter des Erlösers.

Joseph Christian schnitzte von 1755 bis 1757 die 20 vergoldeten Lindenholzreliefs an den Dorsalen des Chorgestühls. Wie in Ottobeuren schuf der Meister virtuose Perspektiven mit erstaunlicher Tiefenwirkung. Das Chorgestühl, dessen Entwurf Johann Michael Feichtmayr zugeschrieben wird, ist ein prachtvolles Rokokomöbel des Schreiners Martin Hermann aus Villingen. Auf beiden Seiten sind harmonisch die Chororgeln eingegliedert.

Am riesigen Gewölbe des Langhauses hat Franz Joseph Spiegler die schwierige Aufgabe gelöst, ein Heer von Gestalten in eine nachvollziehbare Ordnung zu bringen. Aber seine Raumauffassung scheint eher eine nebelschwangere Welt anzudeuten, nicht jene Unbeschwertheit der himmlischen Auserwählten, wie sie zum ersten Mal Gaudenzio Ferrari im 15. Jahrhundert gestaltete und deren Tradition Zeiller in Ottobeuren wieder aufgriff. Spiegler stand angesichts der riesigen Fläche vor der Notwendigkeit, mehrere Fluchtpunkte einzuführen. Dadurch gerät seine Komposition aus dem Gleichgewicht. Sie scheint den Raum in der Diagonale zu durchqueren und langsam davonzugleiten. Aus dem Grundgedanken der Fürsprache Mariens macht Spiegler ein Drama. In seiner Art der Deckenbehandlung bricht jene deutsche Unruhe durch, die Maulbertsch in Österreich in echten Expressionismus umsetzte.

122 Benediktinerabtei Zwiefalten. Kirche, Detail der Stukkatur
Die Ausstattung der Zwiefaltener Stiftskirche ist ein Höhepunkt des Rokoko. Die Rocaille breitet sich tentakelartig in alle Richtungen aus und erinnert an die Brandung des Meeres.

Die Stukkatur steigert noch die Dramatik der himmlischen Ereignisse. Gelöster erscheint dagegen das Erdendasein, das seinen Ausdruck im soliden Rhythmus des unteren Langhausbereiches findet. Von den großen Kartuschen am Gewölberand gehen wie Meereswogen züngelnde Rocaillen aus, deren gezackte Ränder an Drachenmäuler erinnern. Einige dieser Kartuschen sehen wie Polypen aus. Die Ausstattung von Zwiefalten — das ist die Rocaille in ihrer ungebundensten Form, gleichsam wie von explosiver Gewalt an die Wände geschleudert.

Eine dumpfe, spannungsgeladene Unruhe geht von dieser ungewöhnlichen Kirche aus. Architekten, Malern und Stukkateuren ist es gelungen, ausgerechnet das zu sprengen, was sie anstrebten, die harmonische Einheit. Ein Grund dafür liegt zweifellos in den riesigen Ausmaßen der Kirche. Das Rokoko ist eine intime Kunst. Es verlangt nach kleineren Räumen mit geschwungenen Linien; nur dort verschmelzen Architektur und Ausstattung zu einem Ganzen. In den Klosterkirchen, die einer großen Zahl von Mönchen und Gläubigen Platz bieten mußten, konnte das kaum gelingen. Um so anerkennenswerter ist Feichtmayrs Leistung in Ottobeuren. Dort erreichte er, was er in Zwiefalten verfehlte. Ottobeuren (1756–1766) ist nach Zwiefalten (1747–1758) entstanden. Hat Feichtmayr seinen Stil »korrigiert«? Vielleicht wurde er dort auch von dem gelungenen Grundriß beflügelt oder von der ausgeglichenen Fröhlichkeit seines Mitarbeiters Zeiller.

Zahlreiche Klosterkirchen wurden während des Rokoko um- oder neugebaut. Doch die uneingeschränkte Bewunderung der Kunsthistoriker wie auch vieler Besucher gilt nicht ihnen, sondern einigen wenigen Wallfahrtskirchen wie Steinhausen, Vierzehnheiligen, der Wies oder der Birnau. All diese Räume bauen bezeichnenderweise auf dem dynamischen Prinzip der Kurve auf und sind von kleineren bis mittleren Ausmaßen.

Trotz ihrer beachtlichen Größe ist die Kirche des Augustiner-Chorherrenstifts Diessen am Ammersee ein Rokokobauwerk, in dem Architektur und Ausstattung vollkommen übereinstimmen. Vom Grundriß her, den 1720 Magnus Feichtmayr, ein bescheidener Maurer, zeichnete, ist sie eine typisch barocke Wandpfeilerkirche. Dieser 70,30 m lange Raum mit kaum ausgeprägtem Querschiff verlangte nach perspektivischer Gestaltung. Johann Michael Fischer, der einmal mehr eine verfahrene Situation retten mußte, erkannte das Problem. Propst Herkulan Karg hatte ihn berufen, weil er über den Bau, den sein Vorgänger 1729 begonnen hatte, beunruhigt war. Karg schwebte ein zeitgemäßes Gebäude vor. Gemeinsam mit Fischer unternahm er Studienreisen, um die herrschenden Strömungen in Architektur und Ausstattung kennenzulernen. Fischer brach den allzu betonten Rhythmus der Wandpfeiler, indem er die Gurtbogen in den Raum einzog und die Altäre der Seitenkapellen an deren Ostwänden anordnete. So bilden die Altäre eine Reihe, die ähnlich wie Theaterkulissen optisch zum triumphalen Hochaltar führt. Karg war gut beraten, als er diesen bei François Cuvilliés bestellte. Der Lütticher griff Fischers perspektivische Gestaltung auf. Er stellte, wohl nach dem Vorbild von Berninis Kathedra-Altar im Petersdom, je zwei große Statuen der Kirchenväter gestaffelt zu beiden Seiten des Altares auf. Diese Standbilder scheinen die Gebete der Gläubigen entgegenzunehmen und der Madonna auf dem Altarblatt weiterzuleiten. Maria bringt sie der Dreifaltigkeit im Auszug dar. Die Idee der Fürsprache, die hier harmonisch und klar formuliert wird, war den Augustinern teuer. Ihre besondere Verehrung galt den Kirchenvätern, deren berühmtester ihr eigener Ordensgründer ist. Der Hochaltar stammt aus dem Jahre 1738, das Altarblatt ist von 1736. An der Ausstattung waren wiederum Johann Michael und Franz Xaver Feichtmayr beteiligt. Die Altäre sind Arbeiten Münchener Künstler. Cuvilliés scheint mit verschiedenen Entwürfen der führende Kopf gewesen zu sein. Hier hat das Rokoko noch seine ganze schöpferische Spontaneität und jugendliche Frische.

Wie in Zwiefalten umgeben elegant gezackte Rocaillen die Deckenmalerei des Langhauses. Hier aber stört der Stuck nicht, er bildet harmonisch den Rahmen. Feichtmayr war in Zwiefalten sich selbst überlassen. Stellenweise nahm er sich die Freiheit, Figuren des Freskos vollplastisch in Gips auszubilden. Sein Verhalten als Ornamentist ist etwa einem Solisten vergleichbar, der eine Kadenz in die Länge zieht und dabei das Orchester vergißt. Das »Gesamtkunstwerk«, das die Künstler des deutschen Rokoko anstrebten, setzte ein gutes Einvernehmen aller Beteiligten voraus, was durchaus nicht immer einfach zu erzielen war. Ottobeuren und Diessen sind seltene gelungene Ergebnisse einer solchen Zusammenarbeit. Wer aber war tatsächlich der Dirigent? War es Fischer? Wenn er Feichtmayr in Diessen und Ottobeuren zwang, sich einzuordnen, warum ließ er ihm in Zwiefalten freie Hand?

123 Augustiner-Chorherrenstift Diessen. Kirche, Langhaus
Die Kirche wurde 1732–1739 von Johann Michael Fischer erbaut. Die Stukkatur ist von Johann Michael Feichtmayr, die Malerei von Johann Georg Bergmüller. Gesichert ist auch die Mitwirkung des Münchener Hofarchitekten François Cuvilliés.

XIII

DIE SEELENAPOTHEKE
ST. GALLEN

Über der Eingangstür der St. Galler Stiftsbibliothek steht in griechischer Sprache die Inschrift »Seelenapotheke« oder »Heilstatt der Seele«. Der Ausdruck stammt von Diodoros von Sizilien, einem griechischen Historiker und Zeitgenossen Cäsars. In seiner Weltgeschichte schreibt er, diese Inschrift habe sich an der Tempelbibliothek des ägyptischen Königs Osmandiar befunden. Osmandiar dürfte eine Abwandlung von Usima-Re sein, einem der Namen von Ramses II. (1293–1225 v. Chr.). Die Inschrift muß also am Ramesseum in Theben gewesen sein.

Das Werk des Diodoros wurde 1559 von Henricus Stephanus unter dem Titel »Bibliotheca historica« veröffentlicht. Dieses Buch hatte der St. Galler Abt Otmar Kunz gekauft und um 1569 für die Klosterbücherei binden lassen. Es war also Coelestin II. Gugger von Staudach, dem Bauabt der Stiftsbibliothek, bekannt. Der Spruch taucht auch in dem Standardwerk des Jesuiten Clément über Bibliotheken (1635) auf; dort wird er mit dem ägyptischen Mondgott Hermes Trismegistos in Verbindung gebracht. 1732 erscheint die Devise in Terrassons Buch »Sethos Histoire, ou vie tirée des monuments, anecdotes de l'ancienne Egypte« (Amsterdam). Auf griechisch steht die Inschrift an einigen um 1760 eröffneten Bibliotheken, so in Uppsala, Wien und Modena.

Der Zusammenhang zwischen der Sorge um Leib und Seele muß Abt Coelestin ein Anliegen gewesen sein, denn zugleich mit dem Bibliotheksneubau schlug er dem Kapitel auch ein neues Krankenhaus vor. Am 28. September 1757 konnte er glücklich in seinem Tagebuch notieren, die Kredite seien einstimmig genehmigt worden, und er könne nunmehr mit beiden Bauwerken beginnen.

Der Bauauftrag für die neue Bibliothek ging an Peter Thumb, der bereits mit dem Neubau der Stiftskirche beschäftigt war. In ihren Grundzügen ist sie Thumbs Klosterbibliothek von St. Peter im Schwarzwald sehr ähnlich. Für die Stukkaturen wurden die Gebrüder Gigl aus Wessobrunn verpflichtet. Sie waren von 1761 bis 1763 an der Arbeit. Die Deckengemälde sind von Joseph Wannenmacher. Der Klosterbruder Gabriel Loser (1701–1785) schuf nach eigenen Plänen die schönen eingelegten Bücherschränke und das prachtvolle Parkett, das in Tannen-, Nußbaum- und Kirschbaumholz die Deckeneinteilung nachzeichnet.

Der Grundgedanke der griechischen Inschrift, daß die Erkenntnis geeignet ist, den Menschen von seinen Fehlern zu befreien, entspricht der Geisteshaltung der Aufklärung. Indessen ist eine derartige Heilung nach der Ikonologie der St. Galler Bibliothek nur über die Glaubenswahrheiten möglich. Die Wissenschaft wird hier nur andeutungsweise und am Rande behandelt. Das Programm ist also sehr in der Tradition verhaftet, ja sogar veraltet, vergleicht man es mit anderen Klosterbibliotheken, wo man sich bemühte, das Zusammenwirken von Wissenschaft und Glauben darzulegen.

Die Deckengestaltung ist eine einzige Rechtfertigung des Althergebrachten. Die Deckengemälde erinnern an die vier großen Konzilien, in denen die Glaubenssätze gegen die Ketzerei aufgestellt wurden: Nikäa gegen den Arianismus (325), Konstantinopel gegen den Mazedonismus (381), Ephesus gegen den Nestorianismus (431) und Chalzedon gegen den Monophysismus (451). Am Deckenrand sind abend- und morgenländische Kirchenväter dargestellt.

Kunst und Handwerk, auch die Wissenschaft, die Produkte des menschlichen Forschergeistes, werden sehr wohl in diesem Raum behandelt, aber sie sind leicht zu übersehen. Wer den Sinn nicht kennt, kann das Spiel der Putti leicht für Selbstzweck halten. Sie stehen in Nischen über den Schränken und hantieren mit allerlei Gegenständen. Anhand dieser Attribute kann man sie identifizieren. Im ganzen sind es 20 solche Engelchen, die uns weismachen wollen, daß ihr übermütiges Spiel sehr ernsthaft sei. Da gibt es den Dichter (mit Lorbeerkranz), Arzt, Botaniker, Zimmermann (ehemals mit Senkblei)[1], Apotheker, Glockengießer, Geschützgießer, Goldschmied, Orchestermusiker (ehemals mit Flöte), Sänger, Maler, Gärtner, Komponist, Kaufmann, Bildhauer,

127 Benediktinerabtei St. Gallen. Stiftsbibliothek
Der Baumeister Peter Thumb, die Stukkateure Gebrüder Gigl aus Wessobrunn, der Maler Joseph Wannenmacher und der Kunstschreiner und Klosterbruder Gabriel Loser schufen in St. Gallen eine der schönsten heute noch bestehenden Klosterbibliotheken.

128 Benediktinerabtei St. Gallen. Stiftsbibliothek, Putto als Maler
Insgesamt 20 dieser Putti, die eine Reihe von Berufen darstellen, sind im Schnitzwerk der Bibliothek verteilt.

Geograph, Architekt, Astronom, Mathematiker und Orgelbauer.

Der Gedanke liegt nahe, all diese Putti seien aus der Hand von Bruder Gabriel Loser, aber das ist nur eine Vermutung. Die kaum 35 cm großen Gestalten erinnern an die Porzellanfigurinen der Manufakturen Meißen, Wien, Ansbach oder Nymphenburg, die damals außerordentlich beliebt waren. Es macht den Eindruck, als seien diese Berufe und Künste einfach in bunter Reihenfolge auf die vorhandenen Nischen verteilt worden. Es wäre auch denkbar, daß man die verschiedenen am Klosterbau beteiligten Handwerkerinnungen darstellen wollte. Apotheker, Arzt und Botaniker wären eine Anspielung auf das Krankenhaus. Den Mathematiker könnte man noch verstehen, was aber hätte der Geschützgießer hier zu suchen? Jedenfalls ist es charakteristisch für die Aufklärung, das Handwerk aufzuwerten.

Die St. Galler Stiftsbibliothek gehört zu den größten erhaltenen Klosterbüchereien. Sie umfaßt 100 000 Druckwerke und 2000 Handschriften über alle Wissensgebiete vom Hochmittelalter bis zum 16. Jahrhundert. Einige der zum Teil in Elfenbeinplatten gebundenen Handschriften gehen auf das 8. und 9. Jahrhundert zurück, andere stammen aus romanischer Zeit. Das kostbarste Dokument ist in einer Vitrine ausgestellt. Es ist der berühmte Klosterplan, den ein Reichenauer Abt um 820 bis 830 seinem St. Galler Amtsbruder Gozbert sandte. Er ist gewissermaßen der Ursprung einer der hervorragendsten Ausdrucksformen abendländischer Kultur.

Die wertvollen Handschriften werden heute im Manuskripteraum, der ehemaligen Raritätenkammer des Klosters, aufbewahrt. Die herrlichen Schränke dieses Raumes schuf Bruder Gabriel Loser ab 1768. Bei den Intarsienbildern ließ er sich teilweise von den Illustrationen aus dem »Thesaurus Graecorum antiquitatum« leiten, den Jacobus Gronovius von 1697 bis 1702 in Leiden herausgab. Hier kann sich die Vorliebe der Mönche für das klassische Altertum frei entfalten. Auf 88 Feldern sind Götter, Halbgötter, Heroen, Imperatoren, Musen und andere mythologische Szenerien dargestellt.

Während im Kloster, das seit einigen Jahren im Bau war, die prunkvolle Bibliothek entstand, wurde nebenan die Kirche vollendet. Seit der Säkularisation der Abtei ist sie die Hauptkirche von St. Gallen.

Wer sich ihr nähert, wird seine Schritte unweigerlich zur Ostseite lenken. Hier wölbt sich die herrliche Kirchenfassade zwischen zwei stolzen Türmen hervor.

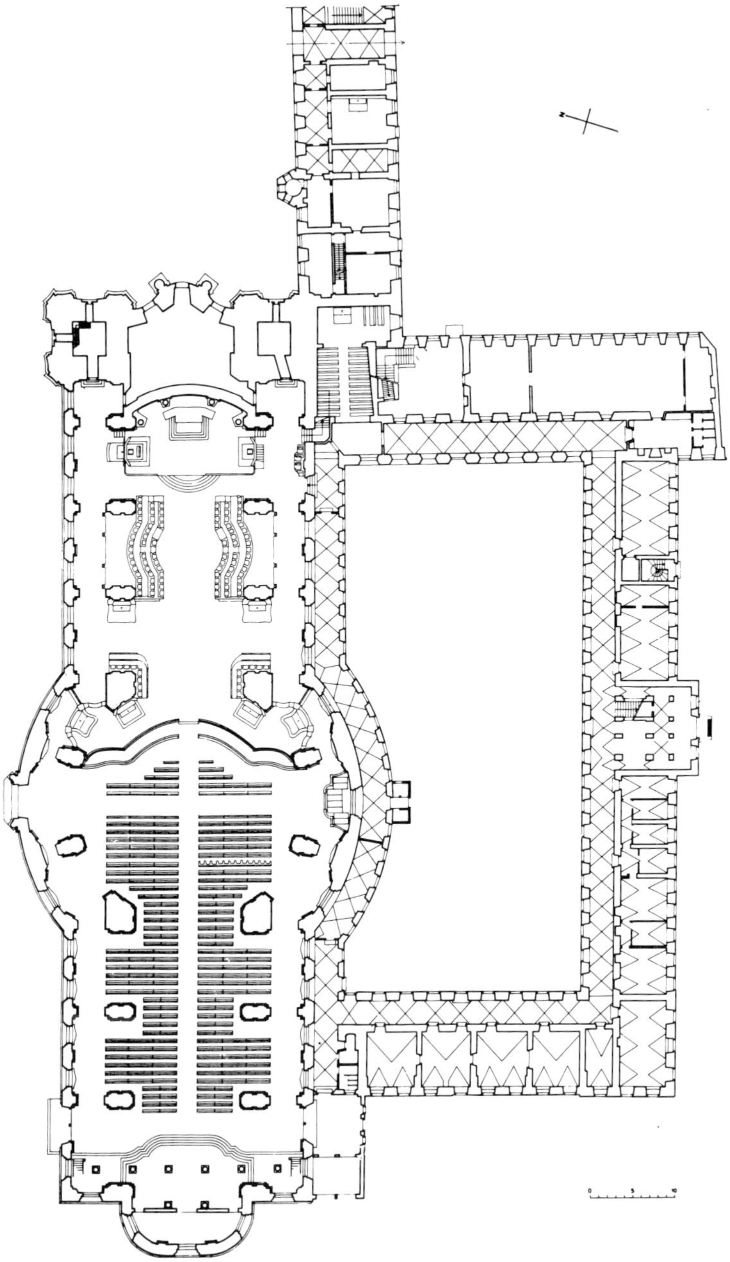

129 Benediktinerabtei St. Gallen. Kirche und Konvent, Grundriß
Der Eingang der Kirche an der Nordfassade führt in die zentrale Rotunde. An sie schließen im Osten die Mönchskirche mit dem Chorgestühl und im Westen die Laienkirche mit den Bankreihen an. Diese Anordnung ist eine Übernahme des mittelalterlichen Doppelkirchenschemas, bestehend aus Galluskirche und Otmarsmünster, an der gleichen Stelle.

Den Giebel ziert ein großes Relief, das seit 1934 ein völlig verwittertes Original von Joseph Anton Feichtmayr aus dem Jahre 1758 ersetzt. Es zeigt die Krönung Mariens. Hier gibt es kein Entschweben, keine Himmelfahrt. Maria ist bereits die Himmelskönigin. Feichtmayr, der in der Birnau so viele von Gottessehnsucht gepeinigte Gestalten schuf, drückte hier die gelöste Heiterkeit der ewigen Seligkeit aus.

Wem Ottobeuren und Weingarten bekannt sind, der würde dies für die Eingangsfront der Kirche halten. Doch gibt es hier keinen Zugang. Folgen wir der Nordwand, so entdecken wir in einer Art Rotunde ein Portal. Hätte die Kirche ein traditionelles Querschiff, so dürfte hier keine Eingangstüre sein. Deutsche Barockquerschiffe werden im Innern von Altären abgeschlossen. Es hat jedoch keinen Sinn, der Nordseite bis zur Westfassade zu folgen, die nur von Fenstern durchbrochen ist.

Betritt der Besucher die Kirche durch den einzig möglichen Zugang auf der Nordseite, so wartet eine neue Überraschung auf ihn. Er steht nicht in einem Querschiff, sondern in einem weiten Rundraum mit Nischenkranz. Der Blick wird unverzüglich nach oben gezogen, in die Kuppel mit der Vision des Paradieses. Rechts und links öffnen sich zwei Schiffe, deren eines vom Hochaltar, das andere von der Orgelempore abgeschlossen wird.

Ähnlich wie in Einsiedeln wird an dieser in der sakralen deutschen Barockarchitektur einzigartigen Raumordnung die Klostergeschichte ablesbar.

Im Jahre 612 kam Columban, ein irischer Missionar, der schon vor Benedikt Mönchsregeln aufgestellt hatte, auf seiner Reise in die Lombardei durch das heutige St. Gallen. Gallus, einer seiner Weggefährten, blieb hier krank zurück. Nach seiner Genesung gab er seine missionarische Tätigkeit auf und widmete sich fortan einer kontemplativen Lebensweise. An dem einsamen Ort richtete er für sich und seine sechs Begleiter eine Einsiedelei ein. Die Sieben führten ein Gemeinschaftsleben wie die ägyptischen Anachoreten oder später die Kartäuser. Im 8. OJahrhundert wandelte der hl. Otmar die Einsiedelei in ein richtiges Kloster um, das in der Karolingerzeit eines der großen geistigen Zentren Mitteleuropas war. Otmar behütete ehrfürchtig die Kapelle des Eremiten Gallus und baute westlich davon seine eigene Kirche. Bis zum Neubau im 18. Jahrhundert hatte St. Gallen zwei Kirchen.

Noch 1750 standen die westliche Otmarskirche und das östliche Gallusmünster. Dazwischen war ein Langhaus als Verbindung eingeschoben. Reste dieser beiden ursprünglichen Gotteshäuser sind im Untergeschoß des Neubaus erhalten. Die Galluskrypta wurde zwar 1642 erneuert, aber die des hl. Otmar hat ihre Säulen aus dem 10. Jahrhundert bewahrt.

Der ungewöhnliche Grundriß der St. Galler Kathedrale leitet sich von dieser mittelalterlichen Doppelpoligkeit ab. Das Problem stellte sich also ähnlich wie in Einsiedeln, wurde aber wesentlich eleganter gelöst. Allerdings brauchte es dazu mehr als 30 Jahre.

Das Abttagebuch beschreibt den mühevollen Weg bis zur vollendeten Kirche. Sämtliche Projekte, Beratungen und Unterredungen sind dort gewissenhaft aufgezeichnet. Darüber hinaus besitzt St. Gallen eine Plansammlung, wie sie in solchem Umfang kein anderes Kloster außer Klosterneuburg vorweisen kann. Bis auf zwei Zeichnungen, die in der Luzerner Zentralbibliothek und im vorarlbergischen Au aufbewahrt werden, liegen heute noch sämtliche Pläne im St. Galler Stiftsarchiv. Die Sammlung umfaßt insgesamt 14 Projekte auf 33 Blättern.

Trotz oder gerade wegen dieser reichhaltigen Unterlagen ist die Frage nach der Urheberschaft der Kirche bis heute ungeklärt. Immerhin können wir Schritt für Schritt das zögernde Vorgehen der Äbte verfolgen, die sich mit dem schwierigen, mitunter umstrittenen Neubau befaßt haben. Die zahlreichen Vorschläge, die sie einholten, mögen teilweise mehr Verwirrung als Klarheit gestiftet haben. Außerdem kritisierten und widersprachen sich die zugezogenen Fachleute zum Teil erheblich.

Im Jahre 1721 machte der Einsiedler Stiftsbaumeister Caspar Moosbrugger einen ersten Entwurf für Abt Joseph von Rudolfi (1717–1740). 1725 und 1726 folgte der Benediktiner Gabriel Hecht mit einem interessanten Projekt. Abt Coelestin II. Gugger von Staudach (1740–1767), der Erbauer der Bibliothek, vertiefte sich sechs Jahre lang in das Problem. Von den vielen Projekten, die er anfertigen ließ, überragen zwei alle anderen an Qualität. Das eine stammt von Giovanni Gaspare Bagnato aus Como, das andere von Bruder Gabriel Loser.

Den St. Galler Mönchen stellte sich die schwierige Frage, ob sie einen umfassenden Neubau wollten, oder ob nur das Langhaus zwischen den Chören ersetzt werden sollte. Es befand sich in so bedenklichem Zustand, daß an eine Renovation gar nicht zu denken war. Als der Abt am 14. August 1744 das Problem vor dem Kapitel darlegte, konnte er sich auf das Urteil von Bagnato und Peter Thumb stützen. Beide zeigten sich erstaunt, daß der Bau überhaupt noch stand. Beim nächsten heftigen Gewitter, so meinten sie, müsse er einstürzen. Einig war man sich jedoch darüber, daß der unter Abt Ulrich VIII. Rösch (1463–1491) erbaute Chor erhalten werden solle.

Trotzdem legte Bagnato, der damals für die Abtei in Rorschach ein Kornhaus baute, am 29. Oktober verschiedene Skizzen für einen Gesamtneubau vor. Erst im April 1752 wird ein Holzmodell der neuen Kirche von Gabriel Loser erwähnt. Es muß aber bereits früher entstanden sein. Heute ist es in der Bibliothek ausgestellt. Beiden Vorschlägen ist eine Rotunde zwischen zwei Chören gemeinsam. Wer aber hatte den grundlegenden Einfall? Bagnato scheint etwas früher gewesen zu sein, aber man sollte Loser nicht unterschätzen. Es mag seltsam klingen, aber dieser Laienbruder, der von Haus aus Schreiner war, verfügte über ein hervorragendes architektonisches Fachwissen. Er gestaltete auch die schwungvolle Galerie und die Balkone der Bibliothek. Wahrscheinlich ist die Idee der Rotunde von ihm. In einem Brief vom 12. März 1763 an die Solothurner Regierung, der St. Gallen damals unterstand, hebt der Abt eindeutig die Verdienste von Bruder Loser um die Ausarbeitung des Projektes hervor, ja er spricht ihm mehr Einfluß zu als Bagnato. Abgesehen von den Seitenemporen, die den Schwung des Raumes stark gebremst hätten, ist Losers Modell stilistisch sehr viel fortschrittlicher und eleganter als alle anderen Projekte.

Das Ausführungsprojekt der St. Galler Klosterkirche leitet sich von Losers Holzmodell ab. Allerdings wurden die Emporen weggelassen und die Lage der Türme verändert. Loser hatte sie im Winkel zur Fassade vorgesehen, was zweifellos eleganter gewesen wäre und wohl auch besser dem Geist des Rokoko entsprochen hätte.

Am 13. September 1752 beschloß das Kapitel, den alten Chor stehen zu lassen und nur den westlichen Teil neuzubauen. Möglicherweise waren dabei weniger die Sorge um den Erhalt baulicher Substanz maßgebend als vielmehr finanzielle Bedenken. Immerhin stand der Neubau des Klosters und einiger Zweigbetriebe kurz vor dem Abschluß. Es galt also zunächst einmal, Geld und Baumaterial bereitzustellen und die Verträge mit den Unternehmern abzuschließen. Zum Baumeister wurde der in Konstanz ansässige Vorarlberger Peter Thumb bestimmt. Er war der Sohn Michael Thumbs, des Erbauers von Obermarchtal. Erst 1755 begannen die Arbeiten. Da aber sämtliche »Praeparatoria«, wie das Kapitel sich ausdrückte, sorgfältig erledigt waren, machte der Bau gute Fortschritte. Im November 1760 wurde die Kirche geweiht.

130 Benediktinerabtei St. Gallen. Kirche von Nordosten
Der Eingang der Kirche liegt im zentralen Rundbau.

131 Benediktinerabtei St.Gallen. Inneres der Kirche
Ein herrliches Gitter trennt den Mönchschor von der Laienkirche. Der Entwurf dazu ist von Antoni Dick (1772), dem Verantwortlichen für die Gesamtausstattung. Ausgeführt wurde es von Joseph Maier aus Bütschwil. Neben Weingarten besitzt St.Gallen wohl das schönste Chorgitter im deutschen Sprachraum.

132 Benediktinerabtei St.Gallen. Kirche, Abtstuhl (heute Bischofstuhl) auf der Epistelseite
Die beiden Throne von Abt und Dekan sowie das Chorgestühl sind das Werk von Joseph Anton Feichtmayr, wohl unter Mithilfe von Bruder Gabriel Loser. Der diesbezügliche Vertrag datiert vom 17.Januar 1763. 1767 war die Arbeit abgeschlossen. Die Reliefs an den Dorsalen schildern das Leben des hl.Benedikt. Am Abtstuhl ist der Tod der hl. Scholastika dargestellt.

Noch während der Bauzeit fand ein Meinungsumschwung hinsichtlich des alten Chors statt. Zweifellos hätte dieser neben dem Neubau außerordentlich störend gewirkt. Zudem konnte sich jedermann anhand von Losers Modell ein Bild von der Schönheit des Gesamtneubaus machen. Der Abt hielt es für notwendig, ein neues Projekt machen zu lassen, vor allem wegen der Türme. Da Peter Thumb bereits 80 Jahre alt war, ging der entsprechende Auftrag gemeinsam an Gabriel Loser und Johann Michael Beer, einen weiteren Meister der Auer Zunft, der als Palier bei Thumb gearbeitet hatte und überdies mit ihm verwandt war. Im Jahre 1766 war Beers neuer Chor errichtet. 1773 mußte die Kuppel ausgebessert werden, da infolge einer mangelhaften Berechnung der Schubkräfte Schäden aufgetreten waren. Die Reparatur war immerhin so umfangreich, daß man auch Stukkatur und Malerei überarbeiten mußte. Das Fresko führte nicht mehr Christian Wenzinger aus, sondern Antoni Dick aus Isny, allerdings nach Entwürfen des Meisters.

Der Besucher der Stiftskirche sollte sich zunächst in die Mitte der Rotunde stellen. Die beiden Schiffe im Osten und Westen stoßen in diesen Rundraum vor. Das bewundernswerte Chorgitter unterstreicht diese Wirkung. Es steht nicht zwischen den beiden Pfeilern des Choreingangs, sondern durchquert die Rotunde und bezieht sie in den Chorbereich ein. Mönchs- und Laienkirche sind nahezu gleich groß. Angesichts des Chors mit dem prachtvollen Gestühl vor dem Altar versteht man, warum die Türme in Anlehnung an das deutsche Mittelalter an die Ostseite verlegt wurden. Die Hauptfassade liegt vor dem vornehmsten Teil des Innenraumes.

Das Äußere ist wesentlich bewußter gestaltet, als das sonst bei Barockkirchen der Fall ist. Nach Loser hätte die Ausschmückung der Fassaden sogar noch reicher ausfallen sollen. An seinem Modell werden die Seitenwände von ionischen Pilastern im Rhythmus der Joche gegliedert. Die Fensterreihen hatte er zweigeschossig vorgesehen. Da aber die Emporen im Innern weggelassen wurden, war es nur logisch, daß Thumb die Fenster über die ganze Höhe durchlaufen ließ. Die Seitenansicht erhält dadurch einen aufwärtsstrebenden Schwung.

Das Innere vermittelt den Eindruck maßvoller Weiträumigkeit. Die Seitenschiffe in Langhaus und Chor und die Nischen der Rotunde geben dem Raum eine reiche Gliederung. Die Stukkatur folgt geschickt der architektonischen Linienführung. Ihr fehlt das Phantasievolle der Birnau oder gar das Rauschhafte Zwiefaltens. Sie ist elegant und leicht, hat aber einen etwas abstrakten

Charakter, der andererseits vollkommen auf die übergeordnete Architektur eingeht. Die Stukkateure des Mönchschors waren Johann Georg und Matthias Gigl aus Wessobrunn. Das Langhaus gestaltete Christian Wenzinger aus Freiburg im Breisgau. Dieser Künstler war ein Universaltalent. Er betätigte sich als Maler, war aber in erster Linie Bildhauer und sogar Monumentalbildhauer. Er schuf einen Teil der Statuen und Reliefs an den Fassaden.

Die Innenausstattung ist nicht mehr in allen Teilen original. Nach der Klosteraufhebung am 8. Mai 1805 wurde das Gotteshaus die katholische Hauptkirche des Kantons St. Gallen und 1824 die Kathedrale des neugeschaffenen Bistums. Vor allem der Chor wurde für den Bischof umgestaltet. Zwischen 1808 und 1810 wurde ein klassizistischer Hochaltar aufgestellt, ein schwerfälliges Gebilde, das in keiner Weise mit dem schwungvollen Raum harmoniert. Auch einige der Fresken wurden ersetzt. 1824 waren diese Arbeiten abgeschlossen.

Die ikonologische Programm, das durch die Umbauten des 19. Jahrhunderts etwas in Mitleidenschaft gezogen wurde, ist ganz auf die Kuppel der Rotunde ausgerichtet. Hier wird der Gläubige unmittelbar in himmlische Sphären gehoben. In der Mitte erscheinen die Dreifaltigkeit, Maria, Johannes der Täufer und Joseph. Um sie herum stehen die acht Seligpreisungen der Bergpredigt (Matth. 5, 3–1). Die kreisförmig angelegte Komposition um einen Mittelpunkt unterstreicht die Bedeutung der Rotunde als Zentrum des Raumes.

Die deutschen Kunsthistoriker haben sich eingehend mit den Bemühungen um eine Synthese zwischen Zentral- und Langraum auseinandergesetzt. Im Fall St. Gallen möchte man meinen, daß zuviel in den Raum hineininterpretiert worden ist[2]. Der schöne Grundriß dieser Kirche ist nichts weiter als die räumliche Umsetzung eines vorgegebenen Programmes. Er ist, wenn man so will, die Antwort auf eine Herausforderung. Oft sind die spekulativsten Bauformen fest in der Realität verankert. Man denke etwa an die Kirche San Carlino in Rom. Wegen der außerordentlich beschränkten Platzverhältnisse gab es für Borromini gar keine Wahl. Er konnte den Raum nur über ein System von Kurven und Gegenkurven spannungsvoll gestalten. Heute bewundern wir diese zierliche Kirche, die geheimnisvoll zu pulsieren scheint wie ein pochendes Herz.

Einer von Moosbruggers Entwürfen aus dem Jahre 1721 deckte das St. Galler Problem eher auf, als daß er es löste. Er sah zwischen Gallusmünster und Otmarskirche eine quadratische »Zwischenkirche« vor. Genial war die Idee, diesem Verbindungsbau einen runden Grundriß zu geben. Die Kreisfigur, sich öffnend und schließend zugleich, symbolisiert in hervorragender Weise jene Vereinigung von Mönchen und Laien, nach der die Klosterbaukunst im 18. Jahrhundert strebte.

IX

EINE REIHE VON PALÄSTEN
FULDA

Die Benediktinerabtei Fulda gehört zu den ehrwürdigsten deutschen Klöstern. Sie wurde 744 vom hl. Sturmius gegründet. Er war ein Schüler des hl. Bonifatius, des »Apostels der Deutschen«, der von heidnischen Germanen erschlagen wurde und in Fulda seine letzte Ruhestätte fand. Zu den Reliquien des Klosters gehörte auch ein Buch des Heiligen, das Blutspuren von ihm aufwies. Schon bald kamen die Pilger in Scharen, um die Fürsprache des hl. Bonifatius zu erflehen. Später war die Abtei neben St. Gallen eine der kulturellen Hochburgen des Karolingerreiches. Damals war Rabanus Maurus (780–856) Abt zu Fulda. Dieser hochgebildete Mann war ein Schüler Alkuins, des Ministers Karls des Großen, der zahlreiche Bücher veröffentlicht hatte, darunter Bibelkommentare, sprachwissenschaftliche und liturgische Studien, aber auch Gedichtbände. Rabanus Maurus eröffnete in Fulda ein bedeutendes theologisches Seminar. Unter seiner Leitung wurde das Kloster zum Zentrum der Evangelisation des noch weitgehend heidnischen Germaniens. Weit über die Grenzen hinaus hatte die Abtei einen hervorragenden Ruf. Schüler aus ganz Europa kamen in die Fuldaer Klosterschule, deren Scriptorium für seine illuminierten Handschriften berühmt war.

Im Laufe der Zeit entwickelte sich aus der bescheidenen Ansiedlung vor dem Kloster eine Stadt. Im 9. Jahrhundert ließ Abt Ratger eine jener Doppelchorbasiliken bauen, wie sie für die karolingische Epoche charakteristisch sind.

Kaiser Rudolf von Habsburg verlieh der Abtei und ihren Besitzungen das Recht der Reichsunmittelbarkeit. Der Superior hatte den Rang eines Fürstabtes. Alle Fuldaer Äbte waren von adliger Geburt. Sie verkehrten mit den Fürstbischöfen von Bamberg und Mainz und hatten Beziehungen mit Rom, Wien und Paris. Als Adalbert von Schleiffras im Jahre 1700 zum Abt gewählt wurde, sah er ein, daß die ehrwürdige karolingische Basilika nicht mehr der Bedeutung des Klosters entsprach. Für den Neubau von Kirche und Kloster verpflichtete er Johann Dientzenhofer, der zuvor bei seinem Bruder Leonhard, dem Hofarchitekten des Bamberger Fürstbischofs, als Palier oder Bauleiter gearbeitet hatte.

Vom Grundriß her ist das Kloster ein einfaches Viereck mit einem offenen und einem geschlossenen Innenhof. Die Kirche steht frei, nur ihr Chor ist in die Konventbauten eingebunden. Im wesentlichen folgt sie dem karolingischen Vorgängerbau, denn die Seitenwände von Langhaus und Chor stehen auf den alten Fundamenten. Auch die Fassadentürme der Ratgerkirche sind noch vorhanden, allerdings verborgen hinter einer neuen Ummauerung. Es ist nicht nur Sparsamkeit, die Abt und Architekt zu diesem Vorgehen veranlaßte. Man wertete ganz bewußt die Vergangenheit auf, indem man sie zur Grundlage des Neuen machte. Aus dem gleichen Grund ließ man auch die Michaelskirche stehen, eine Totenkapelle, die als romanischer Rundbau der Jerusalemer Grabeskirche nachempfunden ist. Die toten Mönche sollten in einem ähnlichen Raum ruhen wie Christus selber.

Betrachtet man nur den Innenraum der großen Fuldaer Barockkirche, die seit 1752 den Rang eines Domes hat, so könnte man meinen, sie sei von Rom hierhergebracht worden. Dort allerdings wäre sie wohl ein Jahrhundert früher entstanden. Möglicherweise hatte

133 Benediktinerabtei Fulda. Fürstäbtliche Residenz
Dieser schwerfällige, 1707–1714 errichtete Schloßbau zählt kaum zu den Meisterwerken seines Architekten Johann Dientzenhofer.

134 Benediktinerabtei Fulda. Fürstäbtliche Residenz, Kaisersaal, 1727–1731, von Maximilian von Welsch und Andreas Gallasini, Hermen von Johann Friedrich Humbach, Stukkatur von A. Schwarzmann und C. M. Pozzi
Die Deckengemälde von Emanuel Wohlhaubter (1738–1740) zeigen die Vier Weltreiche des Altertums, die Vorläufer des Heiligen Römischen Reiches.

135 Benediktinerabtei Fulda. Orangerie, Lustschloß von Fürstabt Konstantin von Buttlar, begonnen 1721 von Johann Dientzenhofer und Andreas Gallasini nach Plänen von Maximilian von Welsch
Welsch, der Hofbaumeister des Mainzer Erzbischofs und Kurfürsten, hat sich hier ganz offensichtlich an französische Vorbilder angelehnt.

der Abt vom Architekten sogar ausdrücklich verlangt, sich an den großen Basiliken der Ewigen Stadt zu orientieren. Jedenfalls sind die Parallelen zu Sant'Andrea della Valle, Il Gesù und St. Peter offensichtlich. Im Gegensatz zur überschwenglichen Ausschmückung schwäbischer und bayerischer Kirchen ist der Fuldaer Innenraum sehr zurückhaltend gestaltet. In der ganzen Kirche gibt es kaum Fresken. Das Hauptelement der Ausstattung ist der nach römischen Vorbildern gearbeitete Auszug des Hochaltars mit einer recht unglücklichen Darstellung der Himmelfahrt Mariens. Am Gewölbebogen darüber macht sich die Dreifaltigkeit bereit, die Madonna zu krönen.

Die Abtresidenz, ein reiner Renaissancebau, war beim Amtsantritt von Abt Adalbert noch keine 100 Jahre alt. Schleiffras erschien sie jedoch zu altmodisch. Er ließ sie bis auf einen kleinen Flügel mit einem Turm abbrechen, auf dem er als wissenschaftlich interessierter Mensch ein Observatorium einrichtete. Johann Dientzenhofer baute die neue Residenz, ein großes U-förmig angelegtes Schloß, dessen Schwerfälligkeit nicht eben für den Architekten spricht.

Das Innere macht einen freundlicheren Eindruck als das Äußere. Schleiffras erlebte jedoch die Ausschmükkung seines Schlosses nicht mehr. Sie fiel in die Amtszeit seiner Nachfolger Adolf von Dalberg, Konstantin von Buttlar und Amand von Buseck. Das Prunkstück ist der Kaisersaal, der von 1727 bis 1731 eingerichtet wurde. Kräftige Atlanten in Form von Hermen tragen das Gewölbe. Das Deckenfresko spricht für die reichsfürstliche Selbstherrlichkeit des Hausherrn. Es ist ein einziger Lobpreis des imperialen Gedanken, der hier wie so oft durch die vier Weltreiche des Altertums — Babylon, Persien, Griechenland und Rom —, vertreten durch Nimrod, Kyros, Alexander und Augustus, ausgedrückt wird. Dieser Raum hatte eigentlich nur symbolischen Charakter, denn die offiziellen Anlässe fanden im Fürstensaal statt, der auch den glanzvollen Rahmen für Theater-, Opern- und Ballettaufführungen abgab. Das Deckenfresko ist profanen Inhalts und orientiert sich an den »Metamorphosen« Ovids. Ähnlich liebenswert ist das Fresko des Speisesaals. Sein Thema, die »Göttertafel«, spricht für sich selbst. Im Audienzsaal wird der Fürst gezeigt, wie er sein soll: mächtig, gutmütig, gerecht, weise und klug. Er darf vor Strafe nicht zurückschrecken (was durch einen Blitz versinnbildlicht wird), muß aber auch belohnen können (Füllhorn).

Gleichzeitig mit dem Schloß entstand ein weiteres Palais neben der Kirche. Bauherr war wiederum der Abt, Architekt der Franziskanerbruder Antonius Peyer. Der altertümliche Stil dieses Baus steht in lebhaftem Gegensatz zum Residenzschloß. Peyer brachte es fertig, in den Jahren 1702 bis 1704 immer noch in der Formensprache der Renaissance zu arbeiten.

Das Schloß macht mit seinen schmucklosen Fensteröffnungen und den deutschen Knickdächern einen eher strengen Eindruck. Abt Konstantin von Buttlar hatte darum das Bedürfnis nach einer gefälligeren Residenz. 1721 begann er mit dem Bau eines Lustschlosses, den sein Nachfolger Adolf von Dalberg zu Ende führte. Das Gebäude hat einen großen Mittelpavillon und niedrige Seitenflügel. Hier fühlt man sich nach Versailles versetzt, was durchaus der damals an deutschen Fürstenhöfen herrschenden Mode entspricht. Der Mittelpavillon erinnert mit seinen hohen korinthischen Pilastern an Marly. Die Arkaden und Pilaster der Seitenflügel sind dem Grand Trianon nachempfunden, und die Dächer könnten von Mansart sein. Zudem erhielt dieses Lustschloß einen französischen Namen: Orangerie. Baumeister waren der Tessiner Andreas Gallasini und Johann Dientzenhofer, der Architekt des Schleiffrasbaus. Der Entwurf allerdings stammt von einem moderneren Mann: Maximilian von Welsch. Er war in Mainz der Hofarchitekt des berühmten, von leidenschaftlicher Bauwut befallenen Kurfürsten und Erzbischofs Lothar Franz Graf von Schönborn. Für ihn baute Welsch in der Nähe von Mainz das Lustschloß Favorite, das Schönborn in einem Brief einmal »mein kleines Marly« genannt hat. Tatsächlich war es eine Kopie des Palais Ludwigs XIV., allerdings mit nur sechs anstatt zwölf Pavillons. Marly und sein rheinisches Gegenstück wurden von der Revolution hinweggefegt. Immerhin gibt die Fuldaer Orangerie noch einen Eindruck dessen, was Welsch in Mainz geschaffen hat.

Der Mittelpavillon umfaßt einen großen Festsaal, der im Gegensatz zum barocken Kaisersaal des Schlosses französisch-klassizistisch gestaltet ist. Anstelle der kräftigen Atlanten gliedert hier eine vornehme Reihe kannelierter korinthischer Pilaster die Wände.

Abt von Dalbergs Baufreude war mit der Orangerie keineswegs erschöpft. Auf seine Initiative gehen in Fulda zwei weitere Gründungen zur Pflege von Leib und Seele zurück: das Krankenhaus und die 1733 gegründete Universität.

Auch Amand von Buseck, der Dalberg im Amt folgte, war ein leidenschaftlicher Freund der Architektur. Von ihm sind zahlreiche Zeichnungen erhalten. Sein besonderes Interesse galt der Gartenbaukunst. Ein Porträt von Emanuel Wohlhaubter im Fürstensaal zeigt ihn mit der Hand auf einem Gartenplan. Er ließ zwischen dem Schloß und der Orangerie von Maximilian von Welsch einen großen mit allerlei modischem Zierrat ausgestatteten Barockgarten anlegen. Von all dem ist nichts mehr erhalten außer der ungewöhnlichen Floravase, die von Busecks großer Blumenliebe zeugt. Sie quillt über von Girlanden und Putti, die Flora in die Höhe heben. Die Göttin der Pflanzenwelt hält eine heraldische Lilie aus dem Abtwappen in der Hand. Man kann nur bedauern, daß die französischen Springbrunnen und die Wasserspiele verschwunden sind.

Abt von Dalberg war nicht nur ein großer Bauherr, sondern auch ein leidenschaftlicher Jäger. Er hatte sich in der Nähe der Stadt eine Fasanerie eingerichtet, die sein Nachfolger Buseck von 1737 bis 1756 zu einem herrlichen Jagdschloß mit Wachhäuschen, Ehrenhof und mehreren Corps de Logis ausbaute. Auch hier ließ er seiner Gartenliebe freien Lauf. Der Park der Fasanerie

136 Benediktinerabtei Fulda. Fasanerie, Jagdschloß des Fürstabts von Fulda, Mittelpavillon, erbaut unter Abt Amand von Buseck von Andreas Gallasini, 1737–1756
Der Pavillon ist der Mittelpunkt einer weitläufigen Anlage. Auch hier ist bis zu einem gewissen Grad französischer Einfluß zu spüren.

SCHLOSS
BESICHTIGUNG

enthielt einen Musikpavillon, ein japanisches Gartenhäuschen auf einer Insel, Wasserspiele und eine Reihe von Teichen mit dem Pegasusberg, einem Steinhaufen mit einem zum Flug ansetzenden Pegasus. Nichts davon ist erhalten geblieben. Im 19. Jahrhundert wurde der Barockgarten in einen englischen Park umgewandelt. Im Innern der Fasanerie tauchen in der Stukkatur wiederholt Bischofstab und Mitra auf; im Jahre 1752 waren die Fuldaer Abtei zum Fürstbistum und die Klosterkirche zum Dom erhoben worden.

Der Baustil der Fasanerie ist sehr viel deutscher als der der Orangerie. Die drei Abtresidenzen veranschaulichen auf diese Weise die Entwicklung der Architektur in diesem Teil Deutschlands.

Adalbert von Waldendorff war nur zwei Jahre Abt (1757–1759). Diese Zeit aber reichte ihm, um im Schloß ein Rokokospiegelkabinett einzurichten. Solche Räume erfreuten sich damals an den Fürstenhöfen großer Beliebtheit. Nach der Aufhebung des Fürstbistums wurde das Kabinett demontiert und ins Schloß Philippsruhe bei Hanau gebracht. Erst 1962 kam es an seinen ursprünglichen Standort zurück.

Zu den Räumlichkeiten einer jeden deutschen Residenz gehörte damals ein Porzellankabinett. Selbstverständlich hatten die Fuldaer Äbte auch daran gedacht. Sie richteten es in einem an das Spiegelkabinett anschließenden Raum ein. Es umfaßt eine Sammlung chinesischen Porzellans und dekorativer Fayencen. Die Kunst der Porzellanherstellung war eine der Leidenschaften deutscher Barockfürsten. Fast jeder Hof hatte seine eigene Manufaktur. Die Fuldaer Fabrik gründete im Jahre 1765 der Fürstbischof Heinrich VIII. von Bibra. Ihre Produkte sind heute im Museum des Schlosses ausgestellt. Dem gleichen Abt ist auch die zwischen 1771 und 1778 entstandene öffentliche Bibliothek zu verdanken.

Jeder Abt des 18. Jahrhunderts hat in Fulda seine baulichen Spuren hinterlassen. Private Bauherren folgten dem Beispiel, und so entstand in der kleinen Stadt um das Kloster ein Palais nach dem andern. Aus der alten karolingischen Klosteransiedlung wurde eine der schönsten deutschen Barockstädte. Seine abgelegene Lage bewahrte Fulda vor dem Bombenhagel des Zweiten Weltkrieges, der beispielsweise Würzburg in Schutt und Asche legte.

X

DAS ENDE DER »PALÄSTE DES GLAUBENS« IM KLASSIZISMUS ETTAL, ST. BLASIEN, BUCHAU, SALEM

Das Benediktinerkloster Ettal, am Fuß der Voralpen zwischen Oberammergau und Garmisch gelegen, macht von den Bergen aus gesehen immer noch einen stattlichen Eindruck, obwohl die Hälfte seiner Gebäude nicht mehr besteht. Die Anlage gehört mit zum Schönsten, was die Klosterbaukunst zu bieten hat. Ein großer, nahezu quadratischer Hof erstreckt sich vor der Kirche, die — das ist das Ungewöhnliche — ein Rundbau ist. Die Kirchenachse wird durch die Sakristei und die Bibliothek verlängert und teilt das Klostergeviert in zwei Innenhöfe.

Wenn sich die Rotunde auch harmonisch in die Landschaft eingliedert und gewissermaßen zu deren Mittelpunkt wird, der Besucher wird beim Betreten der Kirche doch recht verwirrt sein. Dieser kreisrunde Raum entspricht in keiner Weise den gewohnten Ausdrucksformen der bayerischen Frömmigkeit des 18. Jahrhunderts.

Die Erklärung für diese ungewöhnliche Anlage ist in ihrer Geschichte zu suchen. Ludwig IV. der Bayer, der die Kaiserkrone aus der Hand eines Gegenpapstes erhalten hatte, gründete Ettal im Jahre 1330. Er weihte das Kloster der Gottesmutter und nannte es »ê-tal«, wobei »ê« Bund, vor allem Ehebund, heißt. Ettal ist also die bauliche Manifestation des Bundes zwischen Kaiser und Gottesmutter. Ludwigs Gründung war insofern ungewöhnlich, als sie neben dem Konvent für 20 Mönche noch ein Stift umfaßte, in dem zwölf Ritter mit ihren Frauen und sechs Witwen lebten. Das Oberhaupt des Klosters war nicht der Abt, sondern ein dreizehnter Ritter. Die Symbolik der Zahl zwölf ist offensichtlich. Sie wurde in der Kirche, deren Grundriß ein Zwölfeck war, in Stein umgesetzt. Darin erinnert der Bau an die Templerkirchen, wenn auch dort die Ursachen andere sind. Wie in den Zellen der englischen »Chapterhouses« ruhte das Gewölbe auf einer Mittelsäule. Daran stand der Altar mit der wundertätigen Madonnenstatue, die der Kaiser in Italien von einem geheimnisvollen Mönch erhalten hatte. Für diesen sagenhaften Ursprung spricht der toskanische Marmor, aus dem sie gearbeitet ist. Ihr Stil erinnert an Giovanni Pisano, möglicherweise ist sie von Tino di Camaino. Um diese für bayerische Verhältnisse sehr fremdartige Statue entwickelte sich rasch eine bedeutende Wallfahrt. 1442 wurde die Kirche erneuert. Das damalige Aussehen des Gebäudes haben alte Stiche überliefert. Wir wissen auch, daß bei dem Umbau die Mittelsäule erhalten blieb, denn sie war im Laufe der Zeit selbst zum Gegenstand tiefer Verehrung geworden. Es ist recht häufig zu beobachten, daß ein Gnadenbild seine Heiligkeit auf alles überträgt, was mit ihm in Berührung kommt.

Als für die gotische Baugruppe die Stunde der barokken Umgestaltung schlug, ging es vor allem darum, die Gewohnheiten der immer größeren Pilgerscharen nicht zu stören (1734 kamen 70 000 Wallfahrer nach Ettal). Die Beibehaltung der zwölfeckigen Grundform wurde nicht als zwingend erachtet. Man wandelte den Raum in eine Rotunde von gleichen Ausmaßen um. Der einzige bedeutende Eingriff war der Abbruch der Mittelsäule. Sie war nicht mit dem neuen Stil vereinbar. Von ihr blieb nur eine Markierung im Bodenbelag übrig. Das Gnadenbild

137 Benediktinerabtei Ettal. Zustand vor dem Neubau des 18. Jahrhunderts, nach einem Stich Merians von 1644
Schon im Mittelalter stand die zwölfeckige, einem wundertätigen Madonnenbild geweihte Kirche. Auf ihren Fundamenten wurde im 18. Jahrhundert ein Rundbau mit zwölf Strebepfeilern errichtet. Rundherum entstanden die Konventbauten.

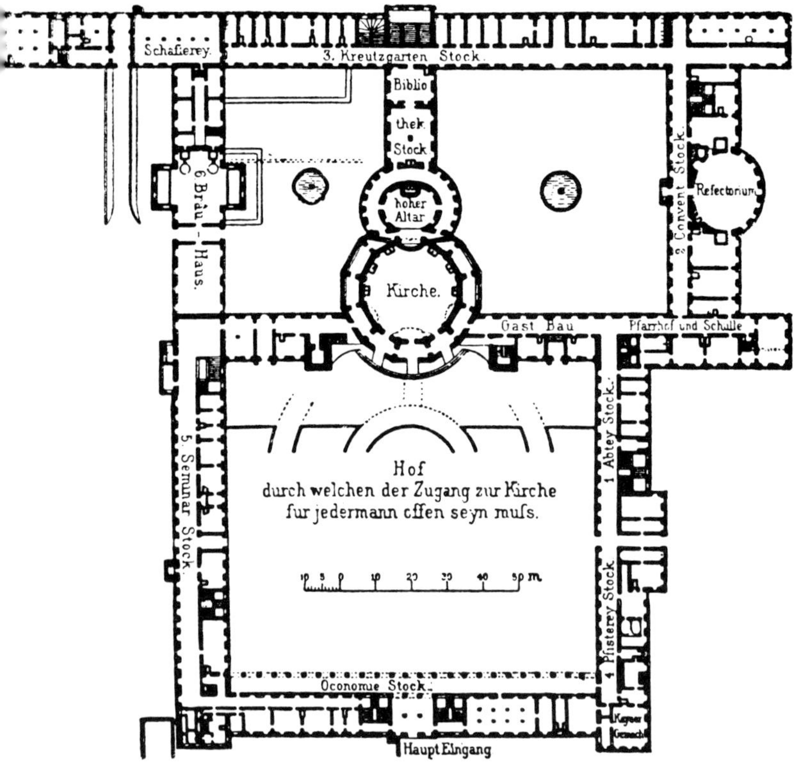

138 Benediktinerabtei Ettal. Grundriß, von Joseph Schmuzer, 1748
Zwar stammt das Projekt von Schmuzer, im wesentlichen aber dürfte er sich an einen älteren Entwurf von Enrico Zuccalli gehalten haben. Ein erster Hof umfaßt die Ökonomiegebäude, das Seminar, die Prälatur und den Gästetrakt. Kirche und Bibliothek trennen die Konventhöfe. Rechts das ovale Refektorium, links die Klosterbrauerei.

wurde auf den Hochaltar gestellt. Verantwortlich für diesen Umbau war Abt Plazidus II. Seiz. Den Planungsauftrag vergab er 1709 an den Münchener Hofarchitekten Enrico Zuccalli aus Roveredo. Das Projekt des Graubündners ist nicht erhalten, aber es dürfte sich nicht wesentlich von dem Vorschlag Joseph Schmuzers unterschieden haben, der auf einem Stich aus dem Jahre 1748 festgehalten ist. Zuccalli begann noch den Bau der Kirche, starb aber, bevor die Kuppel aufgerichtet wurde. Im Jahre 1744 zerstörte ein verheerender Brand Kirche, Bibliothek und Kreuzgang nahezu vollständig. Die 1711 als Ersatz für das Ritterstift gegründete Ritterakademie konnte nicht mehr weitergeführt werden. Nunmehr war ein vollständiger Neubau nicht mehr zu umgehen. Ab 1745 wuchs die Kirche erneut über den Grundmauern des gotischen Zwölfecks in die Höhe. 1747 wurde sie eingedeckt.

Eine eindeutige Aussage über den Architekt ist auch hier kaum möglich. Es ist anzunehmen, daß der Wessobrunner Joseph Schmuzer, der den Wiederaufbau nach dem Brand leitete, wenig zur Gestaltung beigetragen hat. Wahrscheinlich hielt er sich ziemlich streng an die Pläne und Skizzen Zuccallis.

Das dürfte auch der Grund für »römischen« Charakter des Bauwerkes sein, das so gar nicht in die bayerische Umgebung paßt. Die Fassade hat eine gewisse Ähnlichkeit mit Sant' Agnese an der Piazza Navona in Rom. Die zwölf Apostel in den Nischen der Platzfront symbolisieren das ehemalige Zwölfeck, während die zwölf Strebepfeiler des Kuppeltambours an die Ritter des ursprünglichen Klosters erinnern.

In dieser Kirche ist nichts von dem »heiligen Schauer« Ottobeurens und Weingartens, der Wies und der Birnau zu spüren. Der Raum hinterläßt einen Eindruck von Weite und hoffnungsloser Leere. Altäre, Orgelempore, Balkone und Beichtstühle scheinen ohne Zusammenhang an den Wänden angeordnet zu sein. Die ganze Ausstattung folgt keinem übergeordnetem Prinzip. Allerdings ist ein reiner Rundbau sehr schwer zu verzieren und bietet bei weitem nicht die Möglichkeiten eines gegliederten Zentralraumes. Mehr als ein Architekt ist an diesem Vorhaben gescheitert. Die Ausstattung von Ettal wirkt wie eine feine, an die Wände gehängte Stickerei, wie eine provisorische Festdekoration.

Die große, von Johann Jakob Zeiller ausgemalte Kuppel lastet schwer über dem Raum. Sie liegt auf einem von zwölf riesigen Fenstern durchbrochenen Tambour. Das einströmende Licht scheint die Kirche förmlich zu durchlöchern. Der Mönchschor schließt als querovaler Raum östlich an die Rotunde an. Der kurz vor der Säkularisation (1802–1803) aufgestellte klassizistische Hochaltar ist kaum geeignet, etwas Wärme in den Raum zu bringen.

Ettal, das die Handschrift Zuccallis trägt, ist ein Vorläufer des Klassizismus. Hier wird verständlich, warum die Mönche so oft den Hofarchitekten mißtrauten. Denn ob diese nun Ausländer oder Deutsche waren, sie waren in der städtisch-höfischen Kultur verwurzelt. Das ländliche Milieu der Klöster war ihnen fremd. Einheimische Handwerker mit bescheidenerer Ausbil-

139 Benediktinerabtei Ettal. Gesamtansicht
Die Klosteranlage geht auf einen Entwurf Enrico Zuccallis zurück. Die Fassade stammt aus dem Jahr 1711, die Kirche entstand 1745–1747. Die Gebäude sind um drei Höfe angeordnet und auf die Kirche ausgerichtet, die neben dem runden Gemeinderaum noch den kleineren elliptischen Mönchschor umfaßt.

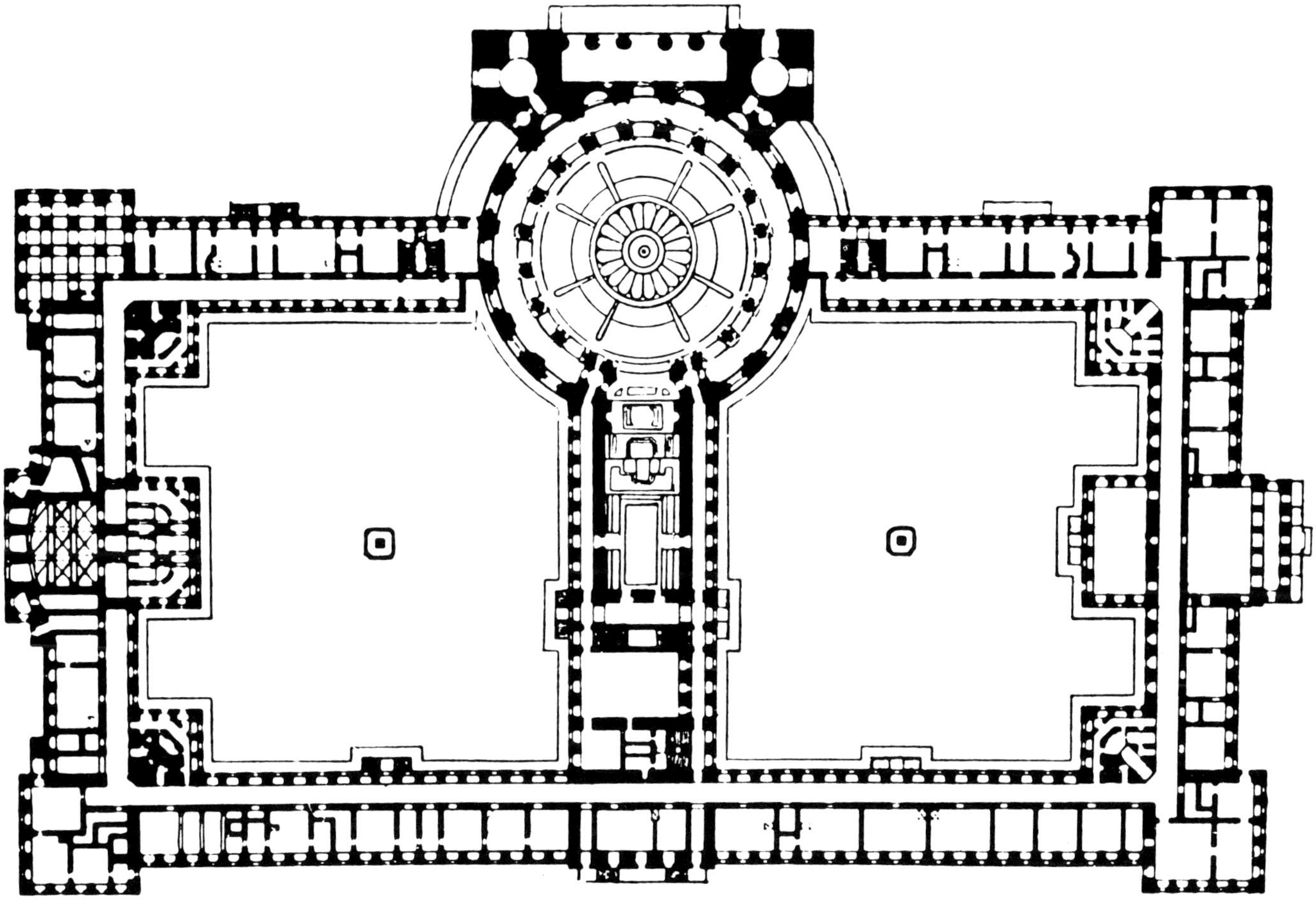

140 Benediktinerabtei Ettal. Inneres der Kirche
Der Rokokodekor wirkt aufgeklebt, Raum und Ausstattung bilden keine Einheit.

141 Benediktinerabtei St. Blasien. Grundriß, von Michel d'Ixnard
D'Ixnard begann den Neubau, nachdem das alte Kloster 1768 abgebrannt war. Die 1783 geweihte Kirche tritt mit ihrer Fassade aus dem Komplex hervor. Der große Rundbau mit Umgang ist die Gemeindekirche. Ihr schließt sich der rechteckige Mönchschor an, der die zwei Konventhöfe trennt.

dung waren eher in der Lage, die glühende Frömmigkeit nachzuvollziehen, die den Religiosen vorschwebte. Die Mönche verstanden die Kirche nicht als architektonische Schöpfung, sondern als »Theatrum sacrum«, das den Glauben der Gemeinde und der Pilger stärken sollte.

Das Kloster St. Blasien im Schwarzwald hat gewisse Ähnlichkeit mit Ettal[1], denn hier wie dort ist die ganze Anlage auf den großen Rundbau der Kirche ausgerichtet, der das Klostergeviert in zwei Höfe teilt. Anders als in Ettal liegt in St. Blasien der Grund für die Rotunde nicht in der Ehrfurcht vor der Vergangenheit, sondern im Gegenteil im Suchen nach neuen Wegen. Der Klassizismus trat an die Stelle des Rokoko.

Der Architekt von St. Blasien war einer jener Franzosen, die nach den Italienern in Deutschland zu Ansehen gekommen waren. Eigentlich hieß er Pierre Michel Dixnard. In Deutschland aber zeichnete er mit d'Ixnard, denn als Hofarchitekt mußte er einen adeligen Namen haben. Er wartete nicht erst ab, bis er von einem seiner fürstlichen Bauherren das ersehnte Prädikat erhielt, sondern versetzte sich mit Hilfe eines Apostrophs selber in den Adelsstand. Wahrscheinlich wurde er 1723 in Nîmes geboren. Seine Ausbildung war rein handwerklich. Allerdings hielt er sich zu einem Zeitpunkt in Paris auf, als dort heftige architekturtheoretische Diskussionen in Gang waren. Auf diese Weise erwarb er einige Kennt-

142 Benediktinerabtei St. Blasien. Inneres der Kirche, von Michel d'Ixnard
Der französische Architekt bricht hier vollständig mit der deutschen Rokokotradition. Er baute St. Blasien in einem Klassizismus, der damals in Frankreich üblich war.

nisse und entwickelte sich zu einem eifrigen Verfechter des antikisierenden Bauens. 1763 kam er über Straßburg an den Hof der Herzöge von Württemberg. Dort wurde er Mitarbeiter von Servandoni bei der Inszenierung und Gestaltung festlicher Hofanlässe. Er hatte rasch Erfolg und kam zu zahlreichen Aufträgen hauptsächlich profaner Natur. Wie viele Franzosen und Italiener veröffentlichte er einen »Recueil d'Architecture«, in dem er sein Werk und seine theoretischen Ansichten vorstellte und erläuterte.

Der Fürst von Hohenzollern-Hechingen, dessen Baudirektor d'Ixnard damals war, empfahl ihn dem Abt Martin II. Gerbert von St. Blasien, dessen Kloster am 23. Juli 1768 vollständig abgebrannt war. D'Ixnard leitete den Neubau nahezu bis zur Fertigstellung. Nur kurzfristig trat zwischendurch Nicolas de Pigage an seine Stelle, ein weiterer in Deutschland tätiger Franzose. Solche Wechsel in der Bauleitung sind als Folge der Unsicherheiten der Äbte in der Geschichte des Klosterbaus recht häufig.

Die Konsekration fand 1783 statt. Es war demnach ein praktisch neues Bauwerk, das 1806 säkularisiert wurde. Trotzdem sollte es abgerissen werden. Das Eingreifen des Architekten Friedrich Weinbrenner konnte es 1813 zwar vor der Zerstörung, nicht aber vor einer entehrenden Zweckentfremdung bewahren. Das heutige Aussehen von St. Blasien entspricht nicht mehr ganz dem ursprünglichen Zustand, denn nach einem neuerlichen Brand am 7. Februar 1874 mußte es renoviert werden.

Vor die Wahl gestellt, wie sie den Kirchenraum zwischen sich und der Gemeinde aufteilen wollten, entschieden sich die Mönche für die völlige Absonderung. Das war damals recht ungewöhnlich. Der Gemeinde und den Wallfahrern, die zu den Reliquien des hl. Blasius pilgerten, stellten sie die Rotunde zur Verfügung, sie selbst zogen sich in den anschließenden langestreckten Chor zurück. Der Altar der Laienkirche trennt die beiden Räume.

An der Fassade der Kirche sind die verschiedensten Einflüsse erkennbar. Die Anordnung der Kuppel zwischen zwei Turmstümpfen und der Peristyl mit dem typisch barocken vergrößerten mittleren Säulenabstand erinnern an die Wiener Karlskirche. Das Ganze ist erstaunlich schwerfällig. Was für einen Sinn hat es, die Kuppel 60 m in die Höhe zu ziehen, damit sie schließlich doch wie ein am Boden liegender Kürbis zwischen zwei Pfählen wirkt?

Der Innenraum hingegen ist nicht ohne Größe. Das Gebälk tragen 20 hohe korinthische Säulen, vier davon als Doppelsäulen am Choreingang. Darüber wölbt sich die Kuppel mit einem Durchmesser von nicht weniger als 34 m. Sie ist in Rippen und Kassetten gegliedert und wird von 17 Fenstern ausgeleuchtet. Die Säulen stehen frei, so daß eine Art ringförmiges Seitenschiff entsteht. Die von Gurtbogen unterbrochene Tonne des Chors ruht auf 20 ionischen Säulen, hinter denen eine durchlaufende Empore liegt. Hier wird der Einfluß französischer Theoretiker spürbar, die um 1750 für Kirchenräume die freistehende Säule empfohlen hatten. Damit sollte in erster Linie nicht eine antike Formensprache zitiert werden, der Grundgedanke war vielmehr eine Rückkehr zur leichten Eleganz gotischer Pfeiler. Contant d'Ivrys Benediktinerkirche in Arras oder Soufflots Sainte-Geneviève in Paris sind Beispiele dieser neuen Auffassung.

Sicherlich kann man d'Ixnard nicht für den Eindruck von Leere verantwortlich machen, den St. Blasien heute ausstrahlt, denn das Mobiliar und die Ausstattung sind entweder verschwunden oder gänzlich zerstört worden. Trotzdem hat man eher das Gefühl, in einem Pantheon zu sein als in einer Kirche. Hier klingt schon etwas von der Walhalla an, jenem Ruhmestempel der Deutschen, den Leo von Klenze ein halbes Jahrhundert später in der Nähe von Regensburg bauen sollte. Nirgendwo wird deutlicher spürbar, daß der Klassizismus einen Schlußstrich unter die sakrale Kunst zieht und ein neues, profanes Kunstverständnis einleitet. Hier begreift man auch, warum englische, französische und deutsche Architekten im 19. Jahrhundert wieder auf die Gotik zurückgriffen. Der Klassizismus war für heilige Räume denkbar ungeeignet.

Der Rationalist d'Ixnard scheint sich das Ziel gesetzt zu haben, als Totengräber des Rokoko in die Kunstgeschichte einzugehen. Eine weitere Gelegenheit, seiner Abneigung gegen diesen deutschen Stil Ausdruck zu verleihen, hatte er im oberschwäbischen Kloster Buchau. Die Nonnen dieses Damenstifts genossen ein äußerst seltenes Vorrecht: Sie durften das Kloster verlassen und sogar heiraten, denn ihre Gelübde waren nur auf Zeit abgeschlossen. Die Äbtissin führte den klangvollen Titel »des Heiligen Römischen Reiches Fürstin und Äbtissin des kaiserlich gefürsteten freiweltlichen Stiftes Buchau«.

Die Schwestern, meist wenig an Zahl, entstammten dem schwäbischen Hochadel. Bei der Säkularisation im Jahre 1806 verließen 13 Gräfinnen das Kloster.

Zwei Äbtissinnen des 18. Jahrhunderts, Maria Theresia von Montfort (1693–1742) und Maria Karoline von Königsegg-Rotenfels (1742–1774), führten die Erneuerung der Klosterbauten durch. 1773 wurde ein Ausschuß zur Klärung der Frage gebildet, ob die Kirche nach dem Vorbild anderer schwäbischer Klöster neugebaut werden sollte, oder ob eine Umgestaltung des bestehenden Baus sinnvoll wäre. Die Mehrheit entschied sich für die zweite Möglichkeit. Die Nonnen beriefen d'Ixnard als Architekt und trafen damit eine in die Zukunft weisende Wahl, denn der vorherrschende Stil war zu jener Zeit noch das

Rokoko. Der Franzose behielt zwar die basilikale Struktur der mittelalterlichen Kirche bei, aber er wandelte sie in einen klassizistischen Raum um. Er zog im Mittelschiff eine neue Decke ein und nahm es dabei auf sich, den gewaltigen Dachraum ungenutzt zu lassen. Man kann in diesem brutalen Abschließen des Raumes, in der Eindämmung jeden aufstrebenden Schwunges ein Zeichen der Zeit sehen. Hohe Pfeiler, denen Pilaster mit korinthischen Kapitellen vorgeblendet sind, tragen übergangslos die neue Decke. Dies ist eher ein Heiratszimmer im Rathaus irgendeiner Großstadt als eine Kirche.

Dem klassizistischen Despotismus d'Ixnards mußte sich sogar Joseph Christian beugen. Der Meister der großartigen Chorgestühle von Ottobeuren und Zwiefalten sah sich hier gezwungen, recht durchschnittliche Flachreliefs ohne jede Tiefenwirkung in ein Chorgestühl einzupassen, das einem Ladentisch ähnlicher ist als einem Kirchenmöbel. In Buchau war Christian von 1774 bis 1776 beschäftigt. Bei seinem letzten Werk, dem Wiblinger Chorgestühl (1771–1781), hatte er wieder freie Hand. Dort fand er zur alten Meisterschaft zurück, obwohl er nicht mehr im Rokokostil, sondern mit dem frühklassizistischen Zopfmuster arbeitete.

143 Damenstift Buchau. Inneres der Kirche, von Michel d'Ixnard nach 1773 vollständig umgebaut
Das Gewölbe der mittelalterlichen Kirche wurde durch eine Flachdecke ersetzt. Der Raum verlor dadurch jeden sakralen Charakter.

Am besten läßt sich wohl die stilistische Entwicklung der Ausstattung von Kirchenräumen im 18. Jahrhundert am Beispiel des Zisterzienserklosters Salem verfolgen. Das Kloster, das nach schweren Zerstörungen im Dreißigjährigen Krieg wieder aufgebaut worden war, fiel am 10. März 1697 einem Brand zum Opfer. Nur die Kirche überstand das Inferno. Der Weg war damit frei für einen Neubau im zeitgemäßen Stil. Bauabt war Stephan I. Jung (1698–1725), sein Architekt der Vorarlberger Meister Franz Beer (1660–1726). Ein Vierteljahrhundert später konnten die Mönche ihr neues Kloster beziehen.

Die Prunkräume wurden in den ersten Jahren des 18. Jahrhunderts spätbarock ausgestattet. Damals war der Wessobrunner Stukkateur Franz Joseph Feichtmayr (1659–1718) in die Salemer Gegend gezogen. Er eröffnete in Mimmenhausen eine Werkstatt. Ab 1707 arbeitete er an der Decke des Münzkabinetts in der Prälatur. 1708 wurde er mit der Ausstattung des Kaisersaals beauftragt. Sein Stil ist etwas schwerfällig und sehr handwerklich geprägt. Der statische und symmetrische Dekor wirkt wie ein Fremdkörper in diesem Saal. Feichtmayr bemühte sich zwar, ihm die Trägheit zu nehmen, doch das Mittel, das er anwandte — die stark plastische Durchbildung der Stukkatur —, bewirkte genau das Gegenteil. Interessant ist die Ikonologie dieses Raumes. Hier sind die Kaiser und Päpste dargestellt, die sich um den Erhalt der »Heiligen Rechte Salems« verdient gemacht hatten.

Franz Joseph Feichtmayr (oder Feuchtmayer) war aus dem österreichischen Linz nach Mimmenhausen gekommen. Dort war sein Sohn Joseph Anton (1696–1770) geboren worden, der einer der bedeutendsten deutschen Barockbildhauer werden sollte. Auch er arbeitete zeitweise in Salem. Sein Hauptwerk aber war die Ausstattung der Birnau. Diese Wallfahrtskirche gehörte dem Kloster Salem. Das ursprüngliche Gotteshaus lag auf Überlinger Stadtgebiet. Aber nach Meinungsverschiedenheiten mit der Stadt entschloß sich Abt Stephan II. Enroth im Jahre 1746, den Neubau näher am Mutterhaus und an herrlicher Lage über dem Bodensee auszuführen. Wegen dieser Standortänderung wird die Kirche auch Neu-Birnau genannt. Peter Thumb, der letzte große Architekt der fruchtbaren Vorarlberger Familie, war der Baumeister. Der Grundriß der Birnau ist T-förmig. Den Längsbalken bildet die Kirche, den Querriegel das sogenannte Priesterhaus, ein von den Salemer Mönchen geführtes Priorat. Ein schlanker Turm überragt den Kreuzungspunkt. Die Kirche ist ein einfacher Saalbau mit einer schwungvoller Galerie zwischen den beiden Fensterreihen. Das ist der Rahmen für Feichtmayrs großartige Ausstattung. Nach der Säkularisation kam die Birnau in den Besitz eines protestantischen Fürsten. Das ist der Grund, warum sie einen Großteil ihres ursprünglichen Mobiliars verlor, darunter die Bankreihen, die Orgel und die Beichtstühle, ferner sechs der bewundenswerten Kreuzwegstationen Feichtmayrs. Erhalten aber blieb die ganze Stukkatur und die Holzstatuen des großen Bildhauers. Trotz der Verluste ist die Birnau ein Kleinod des deutschen Rokoko und eine seiner ausgewogensten Raumschöpfungen. Die Figuren strahlen leidenschaftliche Begeisterung, ja geradezu mystische Verzückung aus. In keiner anderen Kirche sind die Putti so quicklebendig. An den Kreuzwegstationen nimmt ihr Ausdruck pathetische Formen an.

Abt Stephan II. starb noch im gleichen Jahr, als er den Entschluß zum Neubau der Birnau faßte. Sein Nachfolger Anselm II. Schwab (1746–1778) führte das Werk zu Ende. Er war es, der Joseph Anton Feichtmayr mit der Ausstattung beauftragte. Während seiner Amtszeit vollendete der Deutschordensbaumeister Johann Jakob Bagnato in Salem die Nebengebäude. Nun blieb nur noch die Umgestaltung der Kirche. Es mag erstaunlich klingen, daß das Gotteshaus bisher der fieberhaften Bautätigkeit widerstanden hatte. In seiner Predigt anläßlich der Weihe der Birnau am 20. Septembre 1750 legte Abt Anselm die Gründe dar. Er sprach von der wunderbaren Sorge der Gottesmutter um die Abteikirche. Einzig der Fürsprache Mariens sei es zu verdanken, daß sie die wiederholten Feuersbrünste überstanden habe. Man wagte nicht, sich an einem derart mit Gnaden überhäuften Gebäude zu vergreifen. So steht neben der barocken Abtei noch heute die hochgotische Kirche aus dem 14. Jahrhundert. Die Ehrfurcht vor dem Gebäude hinderte Abt Anselm

144 Wallfahrtskirche Birnau. Der Honigschlecker, Stuckputto, von Joseph Anton Feichtmayr
Stephan II. Enroth, Abt der Zisterzienserabtei Salem, entschloß sich 1746 zum Neubau der Wallfahrtskirche Birnau, die seinem Kloster gehörte. Er beauftragte den Baumeister Peter Thumb und den Stukkateur Joseph Anton Feichtmayr mit der Ausführung, die auch ein neues Priesterhaus umfaßte. Die Stukkaturen der Kirche gelten als die schönsten Deutschlands. Der Honigschlecker steht am Bernhardaltar. Er ist eine Anspielung auf den »doctor mellifluus« (dessen Rede wie Honig fließt), ein Übername des heiligen Abtes von Clairvaux. Überall in der Birnau findet die Symbolik ihren Ausdruck in kindlicher Anmut.

145 Zisterzienserabtei Salem. Inneres der Kirche
Weil man ihre Rettung in mehreren Brandkatastrophen der Fürbitte Mariens zuschrieb, wurde die alte gotische Kirche erhalten. Das Innere aber ließ Abt Anselm II. Schwab klassizistisch mit Marmor und Alabaster ausstatten. Der ausführende Künstler war Joseph Anton Feichtmayr, von dem die Rokokostukkatur der Birnau stammt. Zweifellos arbeitete er hier nach Entwürfen des Franzosen d'Ixnard.

allerdings nicht, es im Innern mit neuen Altären und Statuen auszustatten. Das einzige, was man an der Bausubstanz änderte, war die Aufhebung des doppelten Umganges um den quadratischen Chor. So wurde der Platz für den gewaltigen Altar gewonnen. Bei der Neugestaltung der Einrichtung ging man sogar so weit, einen praktisch neuen Hochaltar aus dem Jahre 1766 abzubrechen.

Vor dem Eingreifen Abt Anselms beanspruchten die Mönche fast die ganze Kirche für sich. Ihr Chor erstreckte sich bis in die Mitte des Langhauses. In der zeitgemäßen Absicht, die Kirche der Gemeinde zu öffnen, schränkte der Abt den Mönchsbereich auf den Chor der gotischen Kirche ein. Der Hochaltar wurde an den Choreingang versetzt. Er hat zwei Mensen, die in den Gemeinderaum und in die Mönchskirche ausgerichtet sind. Der Altaraufsatz ist bewußt niedrig gehalten, damit der Blick auf das große Retabel am Chorabschluß frei bleibt. Dieses monumentale Bildwerk zeigt in seinem oberen Teil als Relief die Himmelfahrt Mariens, darüber seltsamerweise eine Uhr. Anstatt zum Überzeitlichen emporzuschweben, begibt sich Maria an einen nach wie vor vom Ablauf der Zeit beherrschten Ort, eine eigenartige Entheiligung des Geschehens. Die weitere Figurenausstattung des Chors besteht aus acht Kinderpaaren und zehn Reliefs. Zudem befinden sich in der Kirche 26 Altäre mit Statuen und Reliefs, ein Denkmal, 16 Urnen mit je zwei Reliefs, acht Kinderpaare und vier pyramidenförmige Grabmäler, alles aus Marmor, Stuck und Alabaster gefertigt. Die Arbeiten an der Ausstattung dauerten von 1774 bis 1790. Die Künstler waren Joseph Anton Feichtmayr und sein Vetter und Schüler Johann Georg Dirr (1723–1779), der nach dem Tod des Meisters (1770) das Werk gemeinsam mit Georg Wieland (1750–1802) vollendete.

Wer die Birnau kennt, wird kaum glauben können, daß Joseph Anton Feichtmayr auch in Salem beteiligt war. Die Planung lag mit Sicherheit nicht in seinen Händen, denn alles hier ist klassizistisch. Auch Dirr kommt als Urheber kaum in Frage. Zwar war er jünger und dem neuen Stil gegenüber vielleicht aufgeschlossener, aber seine reizvollen Stukkaturen im Salon der Prälatur aus dem Jahre 1765 sind reines Spätrokoko. Offensichtlich war in der Kirche ein Außenstehender maßgebend. Tatsächlich stand Abt Anselm von 1767 bis 1773 in Briefwechsel mit d'Ixnard und dem Abt von St. Blasien. Aus diesen Schreiben geht eindeutig hervor, daß d'Ixnard einige »Desseins« für die Salemer Kirche angefertigt hatte. Offenbar befolgten die ausführenden Künstler diese Zeichnungen strenger bei den architektonischen Elementen und weniger genau bei den Statuen und Reliefs, die noch ganz barock gehalten

146 Zisterzienserabtei Salem. Kirche, Äbte-Epitaph
Todessymbolik an der schwarzen Marmorplatte mit den Namen von 40 Salemer Äbten

sind. Dafür stehen sie etwas beziehungslos in einem Rahmen, der ihnen nicht entspricht.

Abt Anselm war ein Eklektiker und seiner Zeit weit voraus. Schuf er mit der Birnau noch ein Meisterwerk des Rokoko, so ist Salem dessen Negation. Hatte er die Entwicklung richtig eingeschätzt? All diese Girlanden, Pyramiden, Kugeln, Urnen, Rosetten, Mäander, Sockel, Ovoiden und Kannelüren wirken in der gotischen Kirche wie ein Fremdkörper. In Zwettl dagegen, einer anderen Zisterzienserkirche, fügen sich die Rokoko-Altäre harmonisch in die Hallenkirche des 14. und 15. Jahrhunderts ein. Gotik und Rokoko sind sakrale Künste. Trotz der stilistischen Unterschiede gibt es geheime Verbindungen. Der Klassizismus ist eine profane Kunst. In der Salemer Kirche herrscht eine auffällige Grabesstimmung. Woran mag das liegen? Gewiß, es gibt zwei Skelette mit Mitra, die an der Basis einer Pyramide die Auferstehung der Toten nach der Prophezeiung von Ezechiel symbolisieren. Aber das ist eher noch Barock, der in dieser Kühle durchbricht. Möglicherweise empfinden wir die Kälte nur, weil bis heute die Friedhofkunst weitgehend klassizistisch geblieben ist. Schon St. Blasien schien eher ein Pantheon als eine Kirche zu sein. Das Rokoko ist von einer lebendigen, im sakralen Bereich mystischen Dynamik, der Klassizismus dagegen ist statisch und birgt den Todesgedanken in sich. Warum entwarfen gegen Ende des 18. Jahrhunderts so viele Architekturtheoretiker Grabdenkmäler? Die französischen Revolutionäre haben wohl die geheimen Neigungen des Klassizismus erkannt, sonst hätten sie Sainte-Geneviève nicht in ein Pantheon umgewandelt.

Auch wenn Barock und Rokoko teilweise eine — allerdings tiefgreifend veränderte — antike Formensprache anwendeten, beruhten sie auf einem schöpferischen Gestaltungswillen, der im sakralen Bereich ganz auf das Leben nach dem Tode ausgerichtet war. Der Klassizismus, der das antike Vokabular wörtlich übernimmt, lenkt unsere Phantasie auf eine Kultur, die längst nicht mehr besteht. Sein Kult ist der des toten Helden, dessen man schweigend gedenkt. Die barocke Verehrung gilt dem Heiligen im ewigen Leben. Man preist seine Seligkeit mit jubelnden Chören, begleitet vom Brausen der Orgel oder den Klängen eines ganzen Orchesters. Der Kirchenraum mit all seinen Formen und Farben beginnt im Gleichklang mitzuschwingen.

Der Klassizismus begann in Italien und England um 1725, in Frankreich um 1765. Deutschland trennte sich erst gegen 1780 vom Rokoko. Für die Sakralkunst war diese Verspätung ein Glücksfall; so erlebte sie als Apotheose eine letzte Hochblüte.

BELGIEN

I

KRIEG UND FRIEDEN

Belgien wurde von Kriegen heimgesucht wie kaum ein anderes Land. Während der Religionskriege lebte die Bevölkerung in ständiger Angst, da sich die Machtverhältnisse laufend änderten. Für kurze Zeit waren die Katholiken, dann wieder die Protestanten die Stärkeren. Der Waffenstillstand von 1609 brachte zwar eine Atempause und bescherte den Vereinigten Niederlanden praktisch die Unabhängigkeit, aber das Glück dauerte nur zwölf Jahre. Danach wurden die Niederlande in die Wirren des Dreißigjährigen Krieges hineingezogen. Erst nach dem Westfälischen Frieden kehrte endlich Ruhe in Europa ein. Doch der Ehrgeiz Ludwigs XIV. verwandelte die Spanischen Niederlande wieder in ein Schlachtfeld. Das erste Ziel des Königs war es, den ehemaligen »burgundischen Kreis« zu annektieren. Als der spanische König Philipp IV., der Vater von Ludwigs Gemahlin Maria Theresia, starb, hielt der Sonnenkönig die Gelegenheit für gekommen. Er berief sich auf das brabantische Devolutionsrecht, demzufolge ein Erbe den Kindern erster Ehe zusteht, wobei ihnen bei einer Wiederheirat des Vaters die Nutznießung sofort zufiel. Maria Theresia, die einzige Tochter des spanischen Königs, entstammte dessen erster Ehe mit Elisabeth von Frankreich. Als der französische König sie heiratete, verzichtete er gegen eine Mitgift von 500 000 Goldtalern auf sämtliche väterlichen Erbrechte. Da die Aussteuer nie gezahlt wurde, fühlte sich Ludwig XIV. jedoch nicht an seine Verzichterklärung gebunden. Im Mai 1667 schickte der König seine Armeen aus, um zu erobern, worauf er ein Anrecht zu haben glaubte. Der Feldzug war ein militärischer Spaziergang. Tournai, Douai, Courtrai und Oudenaarde fielen kampflos, Lille leistete neun Tage Widerstand. Ein Teilungsvertrag zwischen König und Kaiser sicherte Frankreich die Niederlande nach dem Tod Karls II. von Spanien.

Im Jahre 1670 marschierte Ludwig XIV. gegen Holland. Um den Kaiser nicht zu reizen, umgingen die französischen Truppen Belgien. Das Bistum Lüttich wurde allerdings doch gestreift. 1673 und 1674 standen sich in den Niederlanden Ludwig II. von Condé und Wilhelm von Oranien gegenüber. Der Krieg brachte große Not über die Bevölkerung. Condé, Valenciennes, Bouchain und Cambrai wurden belagert und eingenommen. Im Frieden von Nimwegen (1678–1679) erhielt der französische König eine Reihe befestigter Orte zurück.

1689 rückte der Marschall von Luxemburg gegen die Niederlande vor. Vauban nahm 1691 Mons ein. Seine Belagerungsmanöver galten als so spektakulär, daß Ludwig XIV. ein Jahr später bei Vaubans Sturm auf Namur seine Damen zusehen ließ. Es folgten die Siege in offener Feldschlacht von Steinkirchen und Neerwinden. Der Marschall von Luxemburg schickte noch und noch die Fahnen besiegter Gegner nach Paris, so daß er bald der »Tapezierer von Notre-Dame« genannt wurde.

Der Frieden von Ryswyk beendete 1697 die Feindseligkeiten, aber noch gehörte Belgien nicht zu Frankreich. Der nächste Krieg sollte nicht lange auf sich warten lassen. Anlaß war der Tod Karls II. von Spanien im Jahre 1700. Der König hatte ein Testament zugunsten von Ludwigs Enkel Philipp von Anjou hinterlassen. Der nun einsetzende Spanische Erbfolgekrieg drohte für Frankreich zur Katastrophe zu werden. Marschall de Villars konnte mit knapper Not die Niederlage abwenden; das Auseinanderbrechen der gegnerischen Allianz — einer ihrer Anführer war inzwischen Kaiser geworden — kam ihm dabei zu Hilfe.

Von 1701 an marschierten französische Truppen in die Niederlande ein, um die Anerkennung des neuen spanischen Königs, Philipps V., des Enkels Ludwig XIV., zu erzwingen. Die Belgier gaben sich zunächst gleichgültig. Sie waren es gewohnt, von fremden Herrschern regiert zu werden, ob das nun ein Bourbone oder ein Habsburger war. Bald aber wurden sie mit neuen Steuern und Forderungen belastet. Im wieder ausbrechenden Krieg maßen sich bis 1712 die größten Feldherren Europas auf dem belgischen Kampfplatz. Die Städte wechselten von einer Hand in die andere. Endlich gelang es de Villars in Denain, den Marsch des Prinzen Eugen auf Paris zu stoppen. Diesmal fiel der Entscheid zugunsten Frankreichs aus. Ludwig XIV. schloß in Utrecht und Rastatt ehrenvolle Friedensverträge. Die Bourbonen saßen fest auf dem spanischen Thron. Belgien fiel an Österreich, von dem es in der Folge klug regiert wurde.

Im Vergleich zu den heutigen Vernichtungsmöglichkeiten erscheinen die Waffen des 17. Jahrhunderts

147 Robert Bonnart, »Ludwig XIV. belagert Tournai«. Nach van der Meulen und Lebrun. Versailles, Musée national du Château
Die Niederlande waren seit jeher Schauplatz der bewaffneten Auseinandersetzungen unter den europäischen Mächten. Die Verwüstungen, die Ludwigs XIV. Armeen über das Land brachten, waren jedoch mit eine der Ursachen für den Aufschwung der Klosterbaukunst in der Barockzeit.

beinahe harmlos. Immerhin konnten die damaligen Kanonen in einer belagerten Stadt auf die Dauer großen Schaden anrichten. Noch heute grollen die Brüsseler dem Marschall de Villeroi, der am 13. und 14. August 1695 die Häuser am Marktplatz in Trümmer schießen ließ, obwohl sie den Platz weit schöner wiederaufbauten. Die verhängnisvollen Folgen einer offenen Feldschlacht hat Jacques Callot in seinen berühmten Stichen festgehalten, die zwar in der ersten Hälfte des 17. Jahrhunderts entstanden, ihre Gültigkeit jedoch längere Zeit bewahrten.

Vor allem waren es die ländlichen Gebiete, die unter Brandschatzungen, Plünderungen und Beschlagnahmungen zu leiden hatten. Dieses Schicksal traf auch die Klöster, die zumeist in solchen Gegenden lagen. Sie verfügten über große, für Truppeneinquartierungen gut geeignete Räumlichkeiten. Ihre Schätze stachelten die Habgier an. Die Lebensmittelvorräte und das Vieh boten sich geradezu an zur Requisition. So waren die Klöster außerordentlich verwundbar. Anderhalb Jahrhunderte lang lebten sie in ständiger Alarmbereitschaft. Am Beispiel La Cambre und Orval werden wir sehen, daß das Mönchsleben in Belgien alles andere als friedlich war.

Alle ländlichen Klöster Europas — und das waren die meisten — hatten in der nächsten Stadt oder sogar in mehreren Städten der Umgebung Verwaltungsbauten. Diese Häuser hießen in den Niederlanden bezeichnenderweise »Refugium« (»Zufluchtsort«). Bei den ersten Anzeichen eines bevorstehenden Truppendurchmarsches brachen Mönche und Nonnen mit dem Klosterschatz und den heiligen Reliquien zu ihrem Refugium auf. Nur eine kleine Anzahl blieb zurück, um das Kloster zu bewachen. Der Abt mußte als erster die Flucht ergreifen, denn für ihn bestand die Gefahr der Geiselnahme. Von den Kunstgegenständen wurde so viel wie möglich außerhalb des Klosters vergraben. In Einzelfällen legte man auch Verstecke in den Konventbauten an. Die Prämonstratenser von Parc zum Beispiel fanden solche 1828 in ihrem Schlafsaal. Sie stammten von ihren Vorgängern aus der Revolutionszeit.

Sobald die Gefahr vorüber war, kehrten die Mönche zurück. Das konnte jedoch Wochen, Monate, ja sogar Jahre dauern. Die Prämonstratenser von Averbode mußten während der Religionskriege 24 Jahre fern von ihrem Kloster ausharren.

Eine solche Rückkehr war nicht selten mit besonderen Schwierigkeiten verbunden. Zum einen lockerte sich die Disziplin in der Stadt. Die Refugien waren meist zu klein und konnten nicht alle Mönche und Nonnen aufnehmen. Jedes etwas länger dauernde Exil machte darum eine Reform notwendig. Ferner galt es, die Schäden an Haus und Feld zu beheben, wobei den Klöstern ihr Reichtum zustatten kam. Mehr noch als in Deutschland wurden die Klöster in Belgien wegen ihrer hervorragend organisierten Landwirtschaft zum Mittelpunkt des Aufschwunges nach den Kriegen. Namentlich die belgischen Prämonstratenserklöster waren maßgeblich daran beteiligt. Sie hatten überall auf ihren Gütern Priorate eingerichtet. Dort lebten einer oder mehrere Mönche mitten unter der Landbevölkerung, um ihr in Notzeiten als Berater beizustehen. Auch in Randbereichen der Landwirtschaft waren Mönche häufig geschätzte Fachleute. Gegen Ende des 18. Jahrhunderts wurde der Abt von Averbode von der Regierung berufen, die Regulierung der Flüsse Demer und Dyle zu leiten. Mehrere Klöster, wie die Zisterzienserabtei Orval, unterstützten die Bauern beim Neubeginn, indem sie Geld vorschossen. Eine weitere Quelle des Reichtums waren in den Bergbaugebieten Walloniens seit dem 18. Jahrhundert die ersten Industrieanlagen. Zu den ältesten Stahlwerken Europas zählen die der Abtei Orval. 1757 produzierte das Kloster 717 400 kg Eisen. Seine riesigen Wälder lieferten den Brennstoff für die Schmelzöfen. Zudem legten die Mönche von Orval umfangreiche Kanalsysteme an und betrieben mit der anfallenden Wasserkraft Sägereien und andere Werkstätten. Es gab nicht weniger als 36 hydraulische Mühlen auf den Gütern des Klosters.

Die älteste erhaltene Industrieanlage Europas bauten die Benediktiner von Saint-Hubert in den Ardennen. Es ist der St. Michaels-Hochofen, den man heute als Museum besichtigen kann. Er wurde auf Initiative des Abtes Dom Spirlet errichtet, den man als einen der großen Industriepioniere bezeichnen kann. Er hatte schon vorher mit Wasserkraft betriebene Sägereien, Gerbereien und Brauereien gebaut, wie das die Mönche seit Jahrhunderten taten. Eines Tages kam Spirlet nach dem Vorbild seines Nachbarn, des Zisterzienserabtes von Orval, auf den Gedanken, daß er mit seinem Holzreichtum eine eigene Eisenhütte betreiben könnte, anstatt andere Werke zu beliefern. 1772 baute er den St. Michaels-Ofen, an dem er bis zu 233 Arbeiter beschäftigte. Im gleichen Jahr kaufte Dom Spirlet die Fabriken von Habay-la-Neuve. Ermutigt durch seine Erfahrungen, verfiel der Abt dem Mythos des Wachstumsglaubens. Schon bald produzierte er mehr Roheisen, als Nachfrage vorhanden war. 1774 hatte er einen unverkauften Lagerbestand von 200 000 Pfund. Nun setzte sein unternehmerisches Genie ein. Er sah sich nach Exportmärkten um und fand sie in Übersee. Die Amerikaner hatten sich gegen die englische Krone erhoben und benötigten für ihren Unabhängigkeitskrieg dringend Waffen. Der Abt von Saint-Hubert wurde also Kanonenhändler. Er studierte Ballistik und experimentierte mit den verschiedensten Legierungen. Eigenhändig zeichnete er Konstruktionspläne, und wenig später hallten in den Klosterwäldern die ersten Probeschüsse seiner Kanonen wider. Von 1778 bis 1781 lieferte er 100 Geschütze an die aufständischen Amerikaner. Erst die Französische Revolution beendete die Tätigkeit seiner florierenden Waffenschmiede. Dom Spirlet starb im Exil in Montjoie. Auch dort quoll seine Kammer über von unzähligen Berechnungen und geheimnisvollen Aufzeichnungen. Ein kleiner Eisenklotz, der ihm als Briefbeschwerer diente, war der letzte Überrest seiner einst mächtigen Industriebetriebe.

Dom Spirlet stand keineswegs allein da mit seinen Aktivitäten. Andere Klöster beuteten die Torfmoore aus und verkauften den Torf als Heizmaterial. Wieder andere betrieben Kalkstein- und Marmorbrüche. Es entspricht nicht den historischen Tatsachen, wenn man den Klöstern des Ancien Régime eine rein parasitäre Rolle zuschiebt. Bis zuletzt waren sie ein lebendiger Bestandteil im Räderwerk der Gesellschaft.

Nicht selten wurden die Klöster in den Kriegen vollständig zerstört. Wenn die Mönche zurückkehrten, fanden sie nur noch rauchende Trümmer. Es blieb keine andere Wahl als der Wiederaufbau, der je nach der Wirtschaftslage länger oder kürzer dauern konnte. Nach den fürchterlichen Verwüstungen der Religionskriege mußte sogar die Regierung eingreifen. In den letzten Jahren des 16. Jahrhunderts erhielten 136 zerstörte Klöster von den Erzherzögen Albert und Isabella staatliche Unterstützung. Auch private Geldgeber zeigten sich großzügig. Manchmal nahm sich eine ganze Familie eines Klosters an. Die Borluut etwa unterstützten das Augustinerkloster von Gent während vier Jahrhunderten. Ein Epitaph im herrlichen, mit zwölf prachtvollen Steinportalen geschmückten Kreuzgang erinnert daran, daß diese Familie das Kloster 1205 gründete, 1625 erneuerte und 1689 noch einmal instandsetzte. Die Grabplatte ist über einer Türe angebracht, die mit Totenemblemen verziert ist, darunter zwei Schädel, ein Knochenfries, der Spaten des Totengräbers, eine Sanduhr und als Symbol der Ewigkeit eine Schlange, die sich in den Schwanz beißt. Die Familie Borluut brachte mehrere große Mäzene hervor. Die berühmte »Anbetung des Lammes« von Jan van Eyck in der Genter Kathedrale St. Bavo zum Beispiel ist ein Geschenk der Isabella Borluut und ihres Mannes Jodokus Vyd.

Das Pfründenwesen war in den Niederlanden verfassungsrechtlich verboten. So konnten die Klöster unmittelbar über ihre Einkünfte verfügen, was dem Wiederaufbau sehr förderlich war. Zudem fand der gewaltige Aufwand, den die Äbte betrieben, ähnlich wie in Frankreich oder Österreich Wohlwollen auf allerhöchster Ebene. Die Klostergemeinschaften konnten ihre Äbte zwar frei wählen, die Amtseinsetzung aber war von der Zustimmung der Regierung abhängig. Diese Billigung war mit einer Steuer verbunden, zudem mit dem Versprechen des neuen Abtes, einen gewissen Teil des Klostereinkommens für den Ersatz baufälliger Gebäude zu verwenden.

Die niederländischen Klöster waren außerordentlich gastfreundlich und mildtätig. Das Gästehaus der Zisterzienserabtei Orval stand allen Reisenden und Pilgern offen. Zudem nahm das Kloster Leute auf, die Exerzitien machen wollten. Im Durchschnitt wurden hier alljährlich 6000 Gäste beherbergt. Allein zwischen Ostern und Pfingsten des Jahres 1725 waren es nicht weniger als 2000. Ebenso großzügig wurde die Nächstenliebe geübt. Täglich gelangten Lebensmittel zur Verteilung. Zudem sprang das Kloster bei Hungersnöten, Brandkatastrophen oder Überschwemmungen mit rascher Hilfe ein.

In den Niederlanden gab es nur einen Fall von Reichsunmittelbarkeit. Er betraf die Schwesterabteien von Stavelot (Stablo) und Malmedy. Diese Situation brachte beiden Klöstern nichts wie Schwierigkeiten. Stavelot gehörte zum Bistum Lüttich, Malmedy zum Erzbistum Köln. Der gemeinsame Abt war ein souveräner Fürst. Da es regelmäßig Meinungsverschiedenheiten bei der Abtwahl gab, hatte man sich im 16. Jahrhundert darauf geeinigt, einen Außenstehenden, meistens einen Säkularkleriker, in dieses Amt zu berufen. Er hatte die zeitlichen Geschicke der Klöster zu lenken, die geistlichen lagen in den Händen von zwei Prioren. Der Fürstabt durfte Münzen schlagen und hatte das Recht, ein stehendes Heer zu unterhalten. Dies zählte am Ende des 18. Jahrhunderts einen Offizier, einen Unteroffizier und 24 Soldaten. Einer der Fürstäbte, der Graf Gembloux, pflegte an hohen Festtagen Helm, Degen und Pistole auf den Altar zu legen und so die Messe zu zelebrieren. Die Bauern und Bürger seiner Grafschaft mußten für ihn Militärdienst leisten. Um in den Zisterzienserinnenabteien Hocht und Herkenrode oder bei den Augustiner-Chorherrinnen von Sinnich aufgenommen zu werden, mußte die Bewerberin eine adelige Ahnenreihe nachweisen. Die Herkenroder Nonnen nahmen für sich das Recht in Anspruch, anstelle des Ordenshabits Phantasiekleider zu tragen. Den größten Stolz zeigten die Chorherrinnen von Münsterbilsen. Im 17. Jahrhundert maßte sich die Äbtissin den Titel einer Fürstin an und gab vor, direkt dem Papst unterstellt zu sein. Nach endlosen Streitereien mit dem Bischof von Lüttich wurden diese »Rechte« schließlich anerkannt, als 1728 Katharina von Hohenzollern, eine Angehörige des Hochadels, zur Äbtissin gewählt wurde.

148 St. Michaels-Hochofen (Luxemburg). Musée rural de la Wallonie
Dieser älteste Hochofen Europas stammt vom Ende des 18. Jahrhunderts. Er gehörte der Abtei Saint-Hubert und wurde unter Abt Dom Spirlet gebaut, nachdem 1770 auf den Klosterländereien eine Eisenmine entdeckt worden war. Den nötigen Brennstoff lieferten die Wälder der Abtei. Diese frühe Eisenhütte ist bemerkenswert gut erhalten. Zu ihr gehört auch ein Wasserrad, das den Blasebalg der Schmiede antrieb.

Gerade wegen der zahllosen Kriege ist Belgien ein geeignetes Studienobjekt, wenn es um das Wiederaufleben der monastischen Kunst in der Neuzeit geht. Mittelalterliche Klöster sind hier kaum zu finden. Nahezu alle wurden im 17. und 18. Jahrhundert neugebaut, mitunter auch mehrmals hintereinander. Die Belgier hingen viel weniger als die Franzosen an ihren alten Kirchen. Unbekümmert schritten sie zu Neu- oder tiefgreifenden Umbauten. Allerdings wendeten sie zumal im 17. Jahrhundert eine Formensprache an, die sich in den seltensten Fällen an den neuesten römischen Tendenzen orientierte. Anklänge daran findet man am ehesten noch im Aufriß von St. Peter auf dem Blandinusberg, der Genter Benediktinerkirche des Jesuiten Huyssens, aber auch sie ist im Grundriß ganz anders gestaltet. Im allgemeinen hielten sich die Baumeister an das mittelalterliche Brabanter Muster der dreischiffigen Kirche mit Säulen anstelle von Pfeilern. Den Chorumgang ließen sie weg, dafür erhielt auch der Chor Nebenkapellen oder Seitenschiffe. Bis ins 17. Jahrhundert wurden Lettner als Trennung von Mönchschor und Laienkirche gebaut; im folgenden Jahrhundert riß man sie wieder ab. In Frankreich und Deutschland wurden diese Bauteile schon zu Zeiten Ludwigs XIV. aus den alten Kirchen entfernt, um der Gemeinde einen besseren Zugang zum Meßopfer zu ermöglichen.

Die Gotik hielt sich das ganze 17. Jahrhundert hindurch und sogar noch darüber hinaus. Die Waltrudiskirche von Mons, ein großes Bauwerk mit Chorumgang, ist von erstaunlicher stilistischer Einheit, obwohl sich die Bauzeit von 1450 bis 1687 erstreckte. Die gleiche Einheitlichkeit macht den Reiz des weitläufigen Genter Klosterhospitals Byloke aus. Hier kann nur das geübte Auge des Kunsthistorikers erkennen, welche Teile des Backsteinbaus aus dem Mittelalter, dem 16. Jahrhundert oder den Jahren 1613, 1628 und 1665 stammen. Sämtliche Fenster weisen die gleichen steinernen Fensterkreuze auf, die in Gent erst im 18. Jahrhundert zugunsten des französischen Fensters aufgegeben wurden.

Wenn man die hohen Fenster am Chorabschluß der Prämonstratenser-Abteikirche Floreffe betrachtet, die im 18. Jahrhundert beim Einbau des Retabels zugemauert wurden, meint man, vor einem Bau des 13. Jahrhunderts zu stehen, tatsächlich aber ist er von 1638. In Parc setzte man im 17. Jahrhundert die Arbeiten am 1592 begonnenen Kreuzgang fort. Die Kirche des heute französischen Saint-Amand, die von 1648 bis 1675 gebaut wurde, hat noch steinerne Fensterkreuze und ein skulptiertes Portal. Kreuzgewölbe wurden selbst dann eingezogen, wenn der Baustil sonst zeitgenössisch war. Sogar Rippengewölbe kommen vor. Erst Dewez führte neue Wölbetechniken ein. Um das Kreuzgewölbe nicht aufgeben zu müssen, paßte man es der Zeit an. 1696 vereinbarte der Abt von Saint-Aubert in Cambrai mit dem Architekten Antoine Coly aus Lille, dieser habe ein Kreuzgewölbe auszuführen, je nach Gutdünken des Abtes »in alter oder neuer Weise«. Diese in den ganzen Niederlanden weit verbreiteten »modernen« Kreuzgewölbe sind eigentlich aus Backstein gemauerte Flachkuppeln auf sphärischen Hängezwickeln. Sie werden von Steinrippen gegliedert, die am Scheitelpunkt zu einem Okulus zusammenlaufen. Trifft ein klassizistischer Dekor auf eine mittelalterliche Gewölbeform, so entsteht eine eigenartige Kontrastwirkung. Das ist zum Beispiel in der Kapelle der Zisterzienserinnen der Genter Byloke der Fall. Kannelierte ionische Pilaster tragen ein leicht kuppelartiges Kreuzgewölbe, das man ohne weiteres ins 12. Jahrhundert datieren könnte.

Auch außerhalb der Kirchen blieben die Architekten einer spätmittelalterlichen Formensprache treu, so in den Genter Kreuzgängen des Baudeloo, der Byloke, von St. Peter[1], der Zisterzienserinnen von Nieuwe Bosch oder der Augustiner. Hier sind die Gurtbogen als sehr flache Kielbogen ausgebildet. Die Prämonstratenser von Drongen in der Nähe Gents zogen den Tudorbogen vor. In diesen von der Außenwelt abgeschlossenen Kreuzgängen sind die Kragsteine das einzige dekorative Element. An ihnen entfaltet sich der Einfallsreichtum der Bildhauer auf zum Teil recht phantastische Weise. In Drongen sind alle Kragsteine paarweise von Gurtbogen zu Gurtbogen verschieden gestaltet. Im Kreuzgang von Nieuwe Bosch stellen die Illustratoren der Kragsteine wie in romanischen oder gotischen Zeiten eine ganze Heiligengeschichte dar[2]. Die Bedeutung ist teilweise sehr feinsinnig. An der Wand zur Kirche sind Augustinus als Begründer der Mystik, Ambrosius und Karl Borromäus als Reformer der Liturgie und Cäcilia als Förderin der Musik dargestellt. Der hl. Laurentius befindet sich mit seinem Rost neben der Küchentüre.

Die Klostergebäude mit allen gemeinschaftlichen Einrichtungen und der Abtresidenz reihen sich wie im Mittelalter um den Kreuzgang. In dieser Hinsicht ist die unversehrt erhaltene Abtei Parc charakteristisch. Erst im 18. Jahrhundert kam die Zweiteilung der Klosteranlage auf. Der Konvent blieb weiterhin auf den Kreuzgang ausgerichtet. Abtresidenz und Gästehaus bildeten einen eigenen Komplex, der, zugleich als Eingang dienend, mit der Zeit zum Hauptbau des ganzen Klosters wurde. Seine Gestaltung mit Mittelpavillons zwischen zurückversetzten Flügeln richtete sich nach der Schloßarchitektur. Das

Ganze umgab ein weiträumiger Ehrenhof, dem häufig noch ein Vorhof vorgelagert war. Fortan war nicht mehr der Konvent, sondern die der Außenwelt offenstehende Abtresidenz das Zentrum des Klosters.

Die Renaissance konnte in Belgien nie richtig Fuß fassen. Sie brachte ein ornamentales System, das in den meisten Fällen die Gotik nur überlagerte und an den alten Strukturen festhielt. Der eigentliche Bruch mit der Vergangenheit kam erst im 18. Jahrhundert.

Die großen und vielseitig nutzbaren Abtresidenzen sind recht zahlreich erhalten. Erwähnt seien hier Val-Notre-Dame, La Cambre, Tongerlo, Malonne, Saint-Laurent in Lüttich, Grand-Bigard, Sinnich, Saint-Hubert und Saint-Trond. Die größte dieser Abteien ist Bonne-Espérance. Sie ist ein Beispiel für die Stetigkeit, mit der die Mönche arbeiteten. Der schöne Ehrenhof wurde während der Amtszeit dreier Äbte gebaut, von Jean Patoul (1709–1729) über Jérôme Petit (1729–1752) bis Adrien Houzé (1752–1772). In der zweiten Hälfte des 18. Jahrhunderts schuf der klassizistische Architekt Laurent-Benoît Dewez mehrere Anlagen dieser Art.

Im Konventbereich sind Refektorium und Bibliothek die Kernstücke der Ausstattung. Die Treppengeländer konnten, vor allem in der zweiten Hälfte des 18. Jahrhunderts, aus Schmiedeeisen sein. Meist aber waren sie aus Holz, denn Belgien besaß schon immer ein traditionsreiches Schreinerhandwerk. Die Treppenläufe selbst, die in Frankreich häufig den Wänden des Treppenhauses folgen, sind in Belgien frei in den Raum gehängt. Beliebt war zum Beispiel die T-förmige Treppe mit einfachem erstem und doppelt geführtem zweitem Lauf.

Die Abtresidenzen waren immer aufs prächtigste geschmückt und möbliert. Man kann sich das heute kaum mehr vorstellen, denn durch die vielen mißbräuchlichen Nutzungen wurden die Einrichtungen zum größten Teil zerstört. Den wohl schönsten Abtpalast baute sich von 1729 bis 1731 Abt Célestin Dejong in Saint-Hubert. Allerdings kostete es ihn auch ein Vermögen. Der reichlich eingesetzte Marmor kam aus eigenen Brüchen. Aber man verwendete auch italienischen Marmor und für die Altäre der Kirche den roten Marmor der Abtei Saint-Rémy in Rochefort, den schönsten Belgiens. Ausgerechnet in diesem Bauwerk wurde später ein Gefängnis eingerichtet. Heute wird es sinnvoller als Kulturzentrum genutzt. Der Bau gliedert sich in drei früher von Gittern abgeschlossene Höfe. In die Backsteinfassade setzte der Architekt elegante Rund- und Segmentbogenfenster mit wechselweise Dreieck- und Segmentgiebeln. Das sorgfältig gearbeitete Sockelmauerwerk, die Bogen aus blauem Stein und die Wappenschilder aus weißem Stein an den Frontispizen geben dem Gebäude einen vornehmen Anstrich. Diese Abtresidenz ist wohl der eleganteste Louis-XV-Bau Belgiens. Im Innern sind noch schöne Marmorkamine und -böden vorhanden. Bemerkenswert sind die zum Teil mit dem Abtwappen geschmückten Eichentüren. Sie stellen eine hervorragende Leistung des Lütticher Rokoko dar. Diese Sammlung von Prunktüren ist in Europa ohnegleichen. Nicht einmal Versailles kann ähnliches bieten.

Von den nichtklösterlichen Bauten der Mönche ist noch recht viel erhalten. In den Städten konnten einige Refugien aus verschiedenen Epochen überdauern. So kann man in Mons an der Rue de la Halle das von Dewez gebaute Refugium der Prämonstratenser von Bonne-Espérance sehen. Auf dem Lande stehen noch Priorate

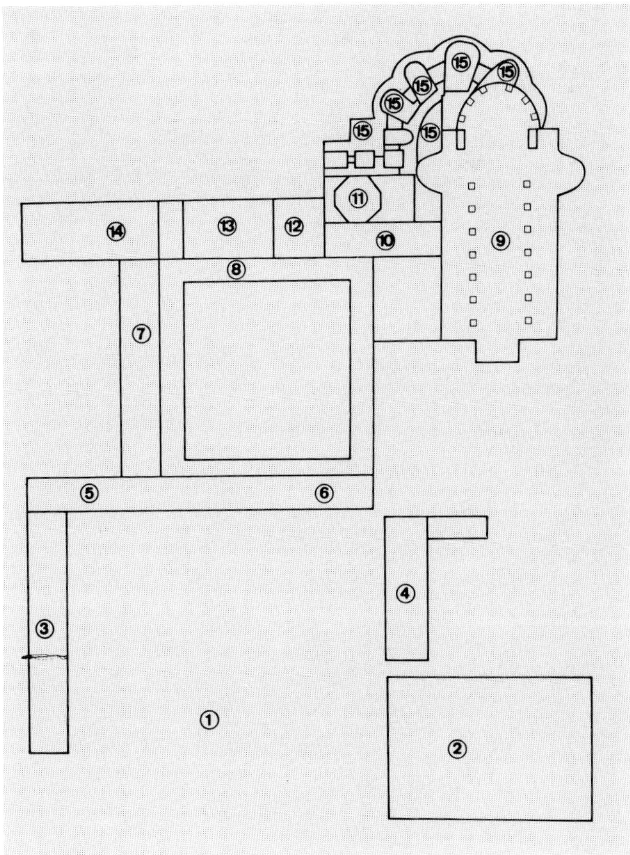

149 Prämonstratenserabtei Bonne-Espérance. Schematischer Grundriß
1 Ehrenhof 2 Ökonomiehof 3 Werkstatt 4 Back- und Brauhaus 5 Prälatur 6 Gästetrakt 7 Refektorium 8 Kreuzgang 9 Klassizistische Kirche des Architekten Dewez 10 Wandelhalle 11 Sakristei 12 Sprechzimmer 13 Kapitelsaal 14 Küche 15 Grundmauern der alten Kirche aus dem 13. Jahrhundert

und Pfarrhäuser, die einst von Klöstern betreut wurden. In Hairlemont konnte vor kurzem Dewez als Architekt eines schönen klassizistischen Priorats der Abtei Floreffe nachgewiesen werden. Häufig sind alte Scheunen, Bauernhäuser, Mühlen und Taubenschläge ein Hinweis dafür, daß hier früher Mönche wirkten. Die Landwirtschaftsgebäude der Klöster, die immer sehr solide gebaut waren, überstanden die Jahrhunderte, während andere aus weniger haltbaren Materialien längst verschwunden sind. Selbst wenn keine Spuren von Bauwerken mehr vorhanden sind, können Landwirte heute noch ehemalige Klosterländereien erkennen. Das ist um so bemerkenswerter, als den Mönchen häufig die schlechtesten, zum Teil sumpfigen Landstriche zugeteilt wurden. Mit Fleiß und Können gelang es ihnen, sie in fruchtbare Böden zu verwandeln.

Die Architekten der Klöster sind nicht immer bekannt. Meistens waren es keine Mönche, doch einige Kirchen und Klöster wurden auch von Ordensbrüdern gebaut. Im 17. Jahrhundert errichtete Wenceslas Cobergher die Kirchen der Augustiner in Antwerpen und der Unbeschuhten Karmeliterinnen in Brüssel. Von Jacques Francart ist die Brüsseler Augustinerkirche. Der Jesuit Peter Huyssens baute außer der berühmten Kirche seines eigenen Ordens in Antwerpen die Liebfrauen- und die St. Peterskirche in Gent und die Walpurgiskirche in Brügge. Auch die Norbertiner hatten ihre eigenen Architekten. In der zweiten Hälfte des 18. Jahrhunderts verbrachte Laurent-Benoît Dewez den größten Teil seines Lebens mit dem Klosterbau. Er war es auch, der den Klassizismus in Belgien heimisch machte.

150 Prämonstratenserabtei Bonne-Espérance. Ehrenhof, 1724–1769
Die belgische Klosterbaukunst hat sich wohl am meisten der Schloßarchitektur angeglichen, wofür Bonne-Espérance ein gutes Beispiel ist. Vor dem Klostergeviert der große Ehrenhof. Rechts, als einziger Rest des mittelalterlichen Baus, der Turm, den Dewez in seine klassizistische Kirche einbezog (1770–1776).

151 Benediktinerabtei Saint-Hubert. Abtpalast, 1729–1731
Der U-förmige Bau liegt neben der Kirche. Abt Célestin Dejong, der ihn errichtete, ruinierte damit die Finanzen seines Klosters.

Nirgends haben die Abteien so ausgeprägte Palastformen angenommen wie in Belgien, und man war sich dessen damals durchaus bewußt. Der Beauftragte für den Wiederaufbau des 1731 abgebrannten königlichen Schlosses in Brüssel schrieb, der König würde den Segen Gottes und des Volkes haben, wenn er die Abteien für die Baukosten aufkommen ließe. Diese bauten sich prachtvolle Paläste, die wohl einem Fürsten, kaum aber den armen Mönchen anstünden. Zudem sei viel Prahlerei und Mißgunst gegenüber anderen Klöstern mit im Spiel.

Die fieberhafte Bautätigkeit fand durchaus Unterstützung bei der Bevölkerung und wurde auch von der österreichischen Regierung gefördert, denn sie schuf Arbeitsplätze. Im 18. Jahrhundert unterstützten die Mönche die Politik des genußfreudigen Karl von Lothringen, der Kunst und Handwerk kräftig förderte. Der belgische Architekturhistoriker Schayer schätzt die Zahl der gegen Ende des Jahrhunderts im Klosterbau Beschäftigten auf über 20 000. Als unter Joseph II. die Klosteraufhebungen drohten, entstand unter den Bauunternehmern Panik. Dérival notierte im Herbst 1782 in

EXPOSITIONS

seinem Buch »Le voyageur dans les Pays-Bas«: »Einer meiner Freunde erzählte mir gestern, innerhalb von acht Tagen hätten mehr als 4000 Arbeiter bei einem Baumeister Beschäftigung gesucht. Sie waren alle bei verschiedenen Abteien angestellt, die nun aus Furcht vor der Aufhebung ihre Baustellen geschlossen haben.«

Schon vor Joseph II. war Maria Theresia gegen den übermäßigen kirchlichen Grundbesitz eingeschritten. Im Jahre 1752 wurde den Klöstern der Erwerb von Ländereien verboten. Zudem durften sie keine Novizen unter 25 Jahren aufnehmen. Einige Zeit später verkaufte die Regierung während einer Finanzkrise Grundstücke, um die Staatskasse zu füllen. Ausgerechnet die Klöster mußten nun gegen die Vorschriften der Kaiserin einen Teil davon kaufen. Rund 25 Jahre später wurden die Verordnungen Josephs II. auch in den zum Reich gehörenden Niederlanden durchgesetzt. 1781 erhielten die Behörden den Auftrag, sämtliche in Ordensbesitz befindliche Güter zu inventarisieren. Jede Abtei hatte einen Bericht über ihr Wirken für die öffentliche Wohlfahrt abzuliefern. Bemerkenswerterweise brachte die niederländische Verwaltung gegenüber dieser kaiserlichen Politik Vorbehalte an. Man hob hervor, daß die Klöster gerade in der Zeit drohender Arbeitslosigkeit und der Wirtschaftskrise beachtliche Summen investiert hätten. Im weiteren wies man darauf hin, daß für die Regierung eine wichtige Einnahmequelle verloren ginge, denn die Abteien gehörten zu den großen Steuerzahlern. Zudem zahlten sie ihre Altersrenten selber, für die normalerweise der Staat hätte aufkommen müssen. Aber Joseph II. blieb unbeugsam. Mit einem Edikt vom 17. März 1783 wurden sämtliche Klöster aufgehoben, die nicht in der Fürsorge, im Schulwesen oder im Pfarrdienst tätig waren. Diese Maßnahme fiel zeitlich mit schweren sozialen Spannungen zusammen. Da der Krieg mit den Vereinigten Niederlanden wieder aufflackerte, legte der Kaiser 1784 und 1785 in Belgien eine Anleihe auf. Dadurch wurde der Verkauf der beschlagnahmten Güter erheblich erschwert. Es wurde also genau das Gegenteil des angestrebten Ziels erreicht, die Operation endete mit einem Defizit. Denn nun mußte der Staat für die Renten der ehemaligen Mönche sorgen. Es wurde dafür ein eigener Fond eingerichtet, in den die Gelder der aufgehobenen Klöster flossen. Bald einmal stellte sich heraus, daß diese Mittel für die Pensionen nicht ausreichten, denn die nunmehr einzeln lebenden Mönche bedurften natürlich einer größeren Unterstützung als eine Gemeinschaft. Darüber hinaus hatten viele Klöster Grundbesitz im Ausland, an den die Staatskasse nicht herankam. Vollends ungenügend erwiesen sich die Finanzen für die staatlichen Schulen und Krankenhäuser, die jetzt die ehemaligen kirchlichen Einrichtungen ersetzen sollten. Die Neuverteilung der Pfarreien, ein Ziel der Klosteraufhebung, war in Belgien im Gegensatz zu Österreich völlig sinnlos, denn die Kirchgemeinden waren gut versorgt.

Der Kaiser, der gemeint hatte, seine Maßnahmen würden vom Volk begrüßt, hatte sich sehr unbeliebt gemacht. Der Widerstand gegen ihn war auch religiös motiviert. Während der Religionskriege hatten sich die südlichen Provinzen der Niederlande von den nördlichen gelöst. Belgien war im 17. und 18. Jahrhundert eine Hochburg des Katholizismus. Vom herrschenden Glaubenseifer zeugt nicht zuletzt die Kunst dieser Zeit. Auch aus diesem Grund hatte der Kaiser nicht nur die Klöster, sondern weite Kreise der Bevölkerung gegen sich. 1787 kam es zum Aufstand, der durch Verarmung, Arbeitslosigkeit und Bevölkerungsexplosion weiter genährt wurde. Die besitzende Klasse, die in den Parlamenten saß, sah die alten Rechte der Provinzen mit Füßen getreten und schloß sich der Rebellion an. Einige Mönche nützten die Gelegenheit und besetzten ihre ehemaligen Klöster. Im ganzen wurden 145 Abteien aufgehoben, die meisten davon Frauenklöster, denen der Almosenstrom und damit der Lebensnerv abgeschnitten war. Alle großen Abteien entkamen jedoch dem Josephinismus. Wenige Jahre später fegte allerdings der Sturmwind der Französischen Revolution über die belgischen Mönche. Wir werden am Beispiel der Abtei Orval sehen, mit welchem Haß sich die Sansculotten auf die niederländischen Klöster stürzten.

Wer sich mit der Geschichte des belgischen Mönchtums vom 16. bis 18. Jahrhundert beschäftigt, kann nicht umhin, die Lebenskraft dieser Klöster zu bewundern. Immer wieder erhoben sie sich aus Schutt und Asche. Trotz fast ununterbrochener Kriege gingen die Mönche beharrlich ihren Weg. Sie waren von ihrer Aufgabe als geistliche Führer der Menschheit in so hohem Maße beseelt, daß eine Entmutigung gar nicht aufkommen

152 Benediktinerabtei Saint-Hubert. Tür im Abtpalast
Für die Ausstattung des Abtpalastes wurde sehr viel Marmor verwendet, den man entweder unter erheblichen Kosten aus Italien importierte oder in den klostereigenen Brüchen von Saint-Rémy gewann. Weder davon noch vom herrlichen Mobiliar ist etwas erhalten geblieben, außer einer Reihe von Eichentüren mit den Wappen verschiedener Äbte. Hinter dem Schild kreuzen sich Krummstab und Schwert, die Insignien der geistigen und weltlichen Macht des Abtes.

konnte. Dieser standhafte Glaube sollte im 19. Jahrhundert wieder lebendig werden. Mehr als in anderen europäischen Ländern kehrten die belgischen Mönche in ihre ehemaligen Abteien zurück. Wenn sie zerstört waren, bauten sie auf dem von ihren Vorgängern geheiligten Boden neue Klöster. Ein Beispiel für diese Tatkraft geben die Trappisten von Orval. Im Jahre 1929 begannen sie nach den Plänen der Kirche des 18. Jahrhunderts und neben den Ruinen des Gotteshauses aus dem 13. Jahrhundert mit dem Wiederaufbau ihrer Abteikirche. Sie wurde am 5. Februar 1939, das neue Kloster am 8. September 1948 geweiht. Seine Grundmauern stehen auf denen des herrlichen Bauwerkes von Dewez, das die Kanonen der Revolutionäre vernichtet hatten.

II

VOM KREUZGANG ZUM PALAST
PARC UND AVERBODE

Als der ehemalige Jesuit Feller 1785 die Abtei Orval besuchte, stand das mittelalterliche Kloster noch. Die Arbeiten am Neubau waren im Gange. Feller notierte folgenden Gedanken: »Das alte Bauwerk gleicht einer Stadt, das neue einem Königsschloß.« Treffender kann man die Entwicklung des belgischen Klosterbaus während des 17. und 18. Jahrhunderts nicht umschreiben. Das mittelalterliche Kloster, das in seinen wesentlichen Teilen auf den Kreuzgang ausgerichtet ist, dessen Aufbau aber sonst keinem Schema folgt, entstand aus dem Prinzip des freien Wachstums und gleicht darin den Städten. Dem Kloster der Neuzeit dagegen liegt ein bewußt gestalteter Plan zugrunde, dem sich die Funktionen unterordnen. Es ist somit einem Schloß vergleichbar.

Die beste Vergleichsmöglichkeit dieser beiden Klostertypen bieten die Abteien Parc und Averbode, die nicht weit voneinander entfernt in der Nähe von Löwen liegen. Parc wurde im 16. und 17. Jahrhundert in der traditionellen Art gebaut. Averbode dagegen entstand im 18. Jahrhundert und gehört dem Palasttyp an. Beide sind Prämonstratenserklöster. Dieser Orden war in Belgien sehr wohlhabend. Die weißen Mönche entfalteten wie ihre Brüder in Frankreich eine leidenschaftliche und vom Prunk geprägte Bautätigkeit. Früher hatte man den Eindruck, die Abtei Parc sei ganz spontan aus ihrer Lage heraus entstanden und eng mit der umgebenden Natur verbunden. Heute liegt sie in einer charakterlosen Vorstadt Löwens. Man hat sogar in inmittelbarer Nähe einen

153 Prämonstratenserabtei Parc. Schematischer Grundriß, 17. Jahrhundert
Anders als Averbode (18. Jahrhundert) ist Parc vom Lageplan her noch ganz ein mittelalterliches Kloster.
1 Kirche 2 Kreuzgang 3 Prälatur 4 Kapitelsaal 5 Refektorium 6 Krankenhaus und Noviziat 7 Herberge 8 Norberttof 9 Verwaltungsbau mit Durchgang 10, 11 Gutshof, Stall, Scheune 12 Schmiede 13 Ehrenhof 14 Klostergarten 15 Obstgarten 16 Friedhof 17 Prälatengarten 18 Ökonomiehof 19 Lustgarten 20 Bruelbeekbach

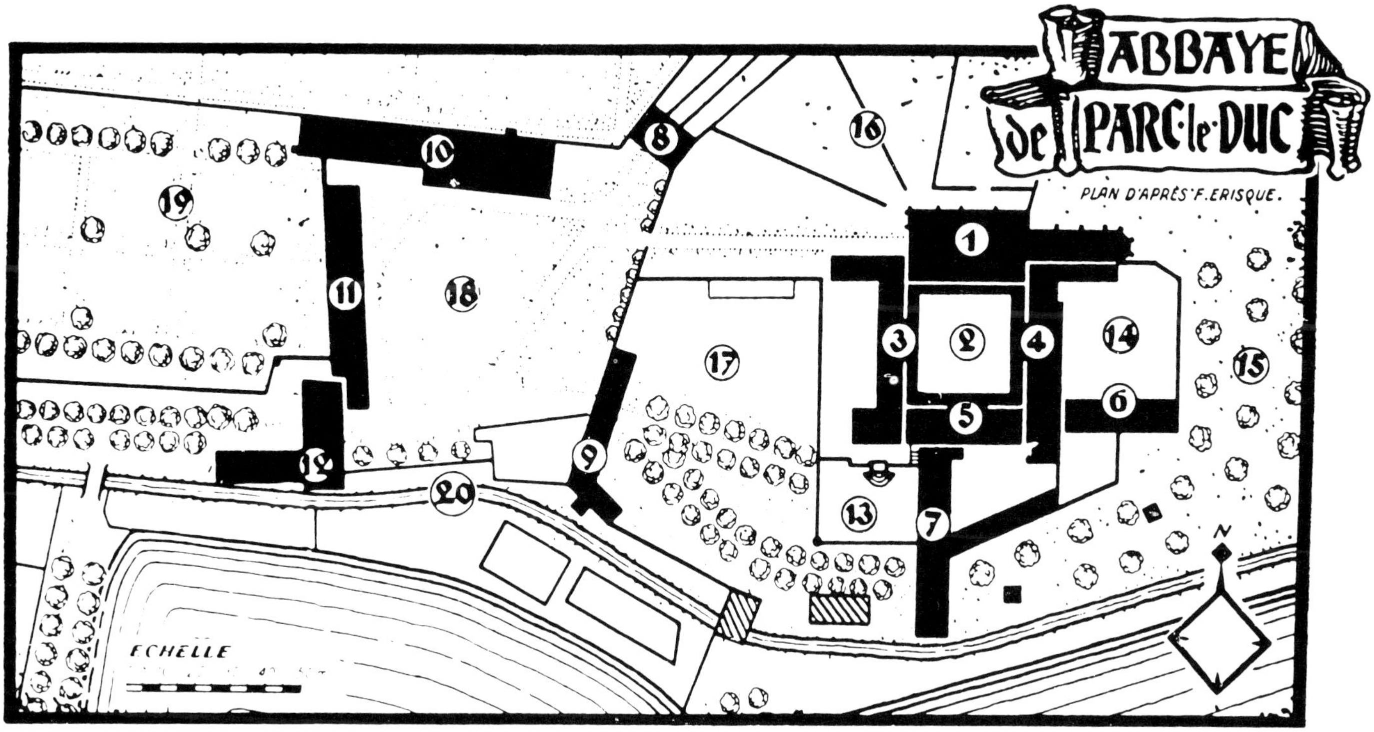

Fabrikneubau zugelassen, der die Silhouette des Klosters entstellt.

Abt de Waarseggere (1722–1729) hat versucht, den ländlichen Charakter Parcs zu überspielen, als er 1723 den monumentalen Eingang baute. Das Tor wird von zwei Quaderpfeilern flankiert, auf denen Löwen das Abtwappen halten. Dahinter erstreckt sich eine lange Allee. Sie führt zu einem zweiten Löwentor, das sich auf Teiche öffnet, und weiter zum Marientor, an dessen Seite das Armenhaus steht. Tag für Tag drängten sich hier mehr als 200 der Ärmsten, um Speise und Trank entgegenzunehmen. Man kann den belgischen Mönchen gewiß nicht nachsagen, sie hätten ihre soziale Aufgabe vernachlässigt. Stichhaltiger ist schon der Vorwurf, sie hätten mit ihrer Wohltätigkeit der Massenverarmung Vorschub geleistet. Der Zustrom der Bedürftigen nahm gewaltige Ausmaße an. 20 Menschen fanden den Tod, als sich am Gründonnerstag des Jahres 1632 Tausende dieser Unglücklichen vor dem Kloster Saint-Laurent in Lüttich drängten. Als Joseph II. die Abtei Parc schloß, befürchtete man allgemein einen Aufstand der Armen der Gegend.

Nach dem Marientor folgt man noch ein Stück weit einem schattigen Weg. Rechts liegen die alte Mühle, die bis 1963 in Betrieb war, und die Schmiede, der sich die heute verschwundene Gießerei anschloß. Diese Gebäude stammen aus dem 16. Jahrhundert, wurden aber im 18. Jahrhundert umgebaut. Man erreicht nun das hohe Johannestor, an dem die Jahreszahl 1722 auf die Umgestaltung des Bauwerkes aus dem 16. Jahrhundert hinweist. Das Tor öffnet sich auf einen weiten Vorhof mit den landwirtschaftlichen Betrieben. Sogar die Ehrengäste mußten zunächst einmal diesen Wirtschaftshof überqueren. Linker Hand liegt die Gutsverwaltung, ein Natur- und Backsteinbau mit flämischen Volutengiebeln, deren mittlerer einen Taubenschlag enthält. Für einen reinen Nutzbau ist dieses Haus erstaunlich kunstvoll gestaltet. Es stammt aus dem Jahre 1665. Hinter den Arkaden auf Pfeilern mit Blattkapitellen liegt die Wagenremise. Diese gotischen Pfeiler aus dem 16. Jahrhundert stammen vom alten Gästehaus. Ebenfalls zur Linken steht hinter der schönen Zehntenscheune von 1668 ein hoher Torbau mit Glockentürmchen aus dem 17. Jahrhundert, der im 18. Jahrhundert erneuert wurde. Es ist das prachtvolle Norberttor, das auf die Felder führt. Der Besucher durchquert dann das Verwalterhaus, einen Bau, der — wie Inschriften an beiden Seiten zeigen — 1722 und 1723 erneuert wurde.

154 Prämonstratenserabtei Parc. Löwentor, Eingang zur Prälatur, 1726
Die heraldischen Löwen tragen die Wappen des Abtes Jérôme de Waarseggere (1722–1729).

155 Prämonstratenserabtei Parc. Kreuzgang
Der Architekt Georg Nemp aus Löwen baute 1637–1641 die West-, Nord- und Südflügel (rechts) in Anlehnung an den Osttrakt aus dem 16. Jahrhundert, gliederte jedoch zusätzlich die Dächer mit flämischen Lukarnen. Aus klimatischen Gründen sind belgische Kreuzgänge verglast. Ein Teil der ursprünglichen Glasmalereien von Parc konnte inzwischen ins Kloster zurückgebracht werden.

156 Prämonstratenserabtei Parc. Verbindungsgang zum Schlaftrakt
An einer der Konsolen steht das Entstehungsjahr 1682. Bis mit Laurent-Benoît Dewez der Klassizismus in Belgien einsetzte, deckten die Architekten ihre Räume mit Kreuzgewölben, meistens aus Backstein. Das Korbbogenprofil im vorliegenden Fall ist eine Übernahme aus der Renaissance. Klassisch sind nur die Konsolsteine.

157 Prämonstratenserabtei Parc. Bibliothek, 17. Jahrhundert
Das Hauptelement der Dekoration ist das 1672 unter Abt Libert de Pape (1648–1692) entstandene Stuckgewölbe von Jean Christian Hansche. Wegen der geringen Raumhöhe sind die als Hochrelief gearbeiteten religiösen Szenen ohne Perspektive gestaltet. Sie müssen direkt von unten betrachtet werden. Die rahmende Ornamentik ist manieristisch. Am Schildbogen die Wallfahrt des hl. Norbert zum Gekreuzigten.

158 Prämonstratenserabtei Parc. Bibliothek, Stuckgewölbe, Ausschnitt
Im Gewölbescheitel und an den beiden Schildbogen über den Bücherschränken wird das Leben des hl. Norbert, des Gründers der Prämonstratenser, geschildert. Hier ist die Bekehrung des Ordenstifters im westfälischen Vreden dargestellt. Ein Blitz wirft ihn zu Boden. Aus seinem Mund kommen die Worte »Domine quid me vis facere« (»Herr, was willst Du, daß ich tue?«).

Endlich ist das eigentliche Kloster erreicht. Es ist rund um den Kreuzgang angelegt umd macht einen sehr bescheidenen Eindruck. Den Eingang bildet wieder ein Löwentor, mit dem Abt de Waarseggere wohl einen Eindruck von Größe hervorrufen wollte. Man steht nun vor der reizvollen Natur- und Backsteinfassade des Gästehauses aus dem Jahre 1688. Links führt eine Freitreppe zum Eingang der Prälatur. All dies ist sehr zurückhaltend, vornehm und ohne jeden Schnörkel.

Der Wiederaufbau des Kreuzganges begann 1561 mit dem Ostflügel. Die Bogenreihen sind mit verglastem flamboyantem Maßwerk ausgestattet. Die drei anderen Trakte wurden von 1637 bis 1641 unter Abt Jean de Maas gebaut. Sie sind ebenfalls gotisch und sogar noch etwas altertümlicher als der Ostflügel. Die Lukarnen und der Mittelgiebel dieses hübschen Steinbaus gehören stilistisch dem vorangegangenen Jahrhundert an. Die Mönche von Parc waren der Gotik sehr verbunden. Das ging so weit, daß man 1688 bei der Fassadenerneuerung des Gästehauses die Pfeiler und Arkaden des 16. Jahrhunderts sorgfältig von der Mauer löste und sie in der Gutsverwaltung wieder einbaute. Der Verbindungsgang zum Schlaftrakt im Obergeschoß des Kreuzganges stammt aus dem Jahre 1682. Er ist mit einem renaissanceartig abgeflachten Kreuzgewölbe gedeckt. Nur die Anfängersteine der Bogenrippen sind klassisch gezeichnet.

An der Ostseite bildet ein sehr zierlich gearbeitetes Renaissanceportal dorischer Ordnung den Zugang zum Kapitelsaal, dessen Kreuzgewölbe auf einem runden Mittelpfeiler ruhen.

Die Abtei Parc ist ungewöhnlich gut erhalten. Der bedeutendste und zugleich auch eigenartigste Bestandteil des künstlerischen Schmuckes sind die Stukkaturen von Jean Christian Hansche im Refektorium (1679), in der Bibliothek (1672) und in der Prälatur (1679). An der Decke der letzteren ist die Himmelfahrt dargestellt. Die Ausstattung der Bibliothek ist vielfältiger. Das flache Gewölbe zeigt Szenen aus dem Leben des hl. Norbert nach Stichen von Théodore Galle, ferner die vier Kirchenväter und die vier Evangelisten. An der Flachdecke des Refektoriums spielen sich Episoden aus dem Alten und Neuen Testament ab.

1672

Diese ungewöhnliche Stuckierung entsprach wohl eher dem Geschmack des Abtes Libert de Pape (1648–1692) als dem der Zeit, denn in Löwen finden sich zur gleichen Zeit sehr viel fortgeschrittenere Arbeiten. Die Figuren haben hölzerne Gerüste und sind plastisch sehr ausgebildet. Der Künstler gab sich keine Mühe, seine Kompositionen perspektivisch zu verkürzen. Er klebte an die Decke, was eigentlich an eine senkrechte Wand gehört. Doch ist es gerade diese Naivität, die Hansches Werk so reizvoll macht. Die Gestaltung der Kartuschen rund um die bildhaften Darstellungen erinnert an den deutschen Ohrmuschelstil. Es kann darum kaum überraschen, daß der Künstler aus Deutschland stammte.

Die Kirche ist im Kern romanisch, wurde aber unter Abt Jérôme de Waarseggere barockisiert. Dieser Mann setzte sich besonders für die bauliche Erneuerung seines Klosters ein, was überall in den Räumen aus seinem Wappen und Jahreszahlen hervorgeht. Trotzdem schreckte er davor zurück, die Kirche durch einen Neubau zu ersetzen. Die Umgestaltung bestand im wesentlichen aus einer Verblendung der Wände mit weißen und roten Stuckmarmorplatten. Der Raum ist eigentlich zu schmal für eine barocke Ausstattung. Das sehenswerteste Einrichtungsstück ist ein Marmorehrenmal, das Waarseggere 1723 zum Gedächtnis seiner Vorgänger aufstellen ließ. Es ist eine Arbeit des Bildhauers Jacques-J. Berger. Zwei Engelchen tragen einen zerbrochenen Krummstab als Symbol des Todes und eine Fackel. Die Fackel wird seltsamerweise nicht nach unten gehalten, wie es der Totenikonologie entsprochen hätte. Sie versinnbildlicht also die Hoffung auf das ewige Leben. Eine Allegorie der Zeit trägt Bänder mit den verschiedenen Abtwappen. Der Tod hält eine aufgerichtete Grabplatte, auf der die Namen der Prälaten eingraviert sind. Auf beiden Seiten des Ehrenmales stehen Platten mit schönen geschnitzten und vergoldeten Trophäen. Rechts wird mit liturgischem Gerät, Krummstäben, Mitren und der Tiara die geistliche Gesellschaft angedeutet, links mit Waffen, Helmen, Königs- und Kaiserkronen, aber auch mit einem Spaten die weltliche. Hier wird ausgedrückt, was schon Thema der mittelalterlichen Totentänze war: vor dem Tod sind alle gleich.

Die Abtei Parc konnte die Revolution nahezu unbeschadet überstehen. Der Abt hatte zur Vorsicht die kostbarsten Kunstschätze nach Holland in Sicherheit gebracht. Die Patres kauften ihre Abtei unter der Hand zurück und bezogen das fast unversehrte Kloster im Jahre 1802 wieder. Parc war zu diesem Zeitpunkt noch vollständig eingerichtet. Da aber die Mönche den größten Teil ihrer Ländereien verloren hatten, gerieten sie in wirtschaftliche Schwierigkeiten. Schon zu Beginn des 19. Jahrhunderts mußten sie Grundstücke, Möbel und die Bibliothek verkaufen, ja sogar die Glasmalereien des Kreuzganges mit der Schilderung des Lebens des hl. Norbert. Diese stammten teilweise aus dem 16. Jahrhundert, wurden aber in der Hauptsache im 17. Jahrhundert von Jean de Caumont geschaffen. Ein Händler verkaufte sie nach Brüssel und London, in die Vereinigten Staaten und nach St. Petersburg. Aber Norbert wirkte auch weiterhin seine Wunder. Eines Tages brachte ein Sonderflugzeug aus New York Kisten mit vier Glasgemälden des 17. Jahrhunderts. Eine großzügige Amerikanerin gab sie auf Vermittlung der Gesellschaft der Freunde von Parc dem Kloster zurück.

Der erste Eindruck von Averbode ist kaum anders als der von Parc. Hinter einem Portal mit Schwenktüren wird der Besucher von einem hohen Pförtnerhaus aus dem 14. Jahrhundert empfangen. Dahinter aber öffnet sich eine andere Welt. Rechts steht völlig frei die große Kirche, deren Fassade mit blauen und weißen Steinen geschmückt ist. Im Hintergrund liegt ein prachtvolles Bauwerk, das einem Palast gleicht: die Prälatur.

Averbode ist in bemerkenswerter Kontinuität entstanden. 1660 ließ Abt Servais Vaes (1648–1698) einen Plan für den vollständigen Neubau seines Klosters anfertigen. Sämtliche Konventbauten, die Kirche und sogar die Nebengebäude waren darin enthalten. Als erstes entstand zwischen 1664 und 1672 das prunkvolle Gotteshaus. Später machte man sich an die Abtresidenz und den Kreuzgang mit seinen angrenzenden Gebäuden. 1752 kamen Bibliothek und Krankenhaus in einem Anbau an das ursprüngliche Geviert hinzu. Der Gebäudekomplex umfaßt vier Schauseiten aus verschiedenen Epochen. Die zwei ältesten sind die der Prälatur. Sie wurden 1713 begonnen und sind aus Natur- und Backstein. Die schönere von beiden ist nicht die Eingangsfassade, sondern die Rückseite. Sie umfaßt einen Mittel- und am freien Ende einen Eckrisalit. Mit verschiedenen Fensterformen und einer Unterbrechung der Horizontalität des

159 Prämonstratenserabtei Averbode. Luftaufnahme
Im Vordergrund die L-förmige Prälatur (1712–1713), dahinter die Konventbauten mit Kreuzgang und dreiseitig umstandenem Hof. Ganz rechts der Torbau aus dem 14. Jahrhundert und das Wirtschaftsgebäude.

160 Prämonstratenserabtei Averbode. Gartenfassade des Konvents, 1739–1744
Am Giebel die Wappen des Klosters und des Abtes Gisbert Halloint

Daches durch Giebel und Lukarnen schuf der Architekt eine gelungene flämische Interpretation des Klassik. Die Gartenfassade des Konvents entstand zwischen 1739 und 1744. Hier ist ein Fortschritt in Richtung architektonischer Reinheit und weg vom Pittoresken feststellbar. In der Mitte trägt eine ionische Pilasterordnung einen großen Giebel mit Rocaillenornamenten und dem Doppelwappen des Klosters und des Abtes Gisbert Halloint. Diese monumentale, französischen Vorbildern nachempfundene Gestaltung aus dem Jahre 1744 ist von Grégoire Godissart, einem Laienbruder des Ordens. Die belgischen Künstler waren demnach im 18. Jahrhundert im Gegensatz zum 17. Jahrhundert über die Stilentwicklung im Ausland durchaus auf dem laufenden.

Diese schöne Baugruppe wurde in den Revolutionsjahren zerstört. Der Käufer, ein Brüsseler Altwarenhändler, hat das Kloster vollständig, bis hin zum Dachschiefer, ausgeplündert. Als die Mönche 1834 zurückkehrten, machten sie sich sofort an die Erneuerung ihrer Abtei. Gleichzeitig bauten sie neben den alten Landwirtschaftsgebäuden und glücklicherweise in einem ähnlichen Stil eine große Druckerei, die sie gegründet hatten, um sich wirtschaftlich über Wasser halten zu können. Eine Katastrophe machte alle Anstrengungen zunichte. Am 29. Dezember 1942 richtete ein Brand großen Schaden an. Nur die vielen massiv gewölbten Räume blieben einigermaßen verschont. Am stärksten wurde die Prälatur in Mitleidenschaft gezogen. Man baute sie zwar wieder auf, aber die Ausschmückung und ein Großteil des schönen Mobiliars sind verloren. Von den feinen, im 17. Jahrhundert in Mechelen hergestellten Korduanlederarbeiten blieb ein einziges Stück erhalten. Nur die hölzerne Ehrentreppe wurde wiederhergestellt. An ihrem Antritt ist das Lamm des hl. Johannes des Täufers, das Wappentier der Abtei, zu sehen. Die herrlichen Rokoko-Schreinerarbeiten der Sakristei und des Kapitelsaales in den Konventgebäuden wurden glücklicherweise vom Feuer verschont.

Die Kirche, eine Ruhmestat von Abt Servais Vaes, ist eine der schönsten Belgiens. Sie soll gemeinsam mit ihrer Zwillingsschwester, der Kirche von Grimbergen, beschrieben werden.

III

DAS NORBERTINISCHE HEILIGTUM
NINOVE – AVERBODE – GRIMBERGEN

Die drei Prämonstratenserkirchen Brabants sind einander so ähnlich, daß ihnen ganz offensichtlich die gleichen architektonischen und ikonologischen Richtlinien zugrunde lagen. Die älteste steht in Ninove. Sie wurde 1635 von einem unbekannten Architekten entworfen. Widrige Umstände in der Klostergeschichte zogen die Bauzeit derart in die Länge, daß die Kirche erst 1723 vollendet wurde, nahezu ein Jahrhundert nach Baubeginn. Erst dann kümmerte man sich um die Ausstattung. Grimbergen wurde 1660 begonnen. Architekt war der Ordensbruder Gibert van Zinnicq, der kurz nach Aufnahme der Bauarbeiten im Alter von 33 Jahren starb. Die Kirche wurde erst 1725 geweiht. Fertiggestellt war sie damals allerdings noch nicht, und sie ist es auch heute nicht. Vom ursprünglichen Plan fehlen zwei Joche und die Fassade. Das erklärt den häßlichen, provisorischen Mauerabschluß. Die Kirche von Averbode ist die einzige, die ihren klösterlichen Kontext behalten hat. Ihre Bauzeit war äußerst kurz. 1664 wurde nach Plänen des Antwerpeners Jan van den Eynde mit dem Chor begonnen. Bereits 1672 war der Bau vollendet.

Von den drei Kirchen weist Ninove den herkömmlichsten Grundriß auf. Der Raum steht in der Tradition der Brabanter Gotik; er ist dreischiffig mit Arkaden auf toskanischen Säulen. Langhaus und Querschiff haben Kreuzgewölbe. Der mönchische Einfluß wird im östlichen Bereich spürbar. Der von einer Apsis abgeschlossene Chor ist sehr lang. Er hat keine Seitenschiffe, dafür aber vom Querschiff ausgehende Nebenkapellen mit Altären. Zwei weitere Altäre stehen in den beiden Querschiffarmen.

Glücklicherweise ist die ursprüngliche Ausstattung der Kirche vollständig erhalten. Die Verteilung der Einrichtung und die Ikonologie werden dadurch bestimmt, daß das Gotteshaus zwei Heiligen geweiht ist: Kornelius und Cyprian. Der eine war Papst, der andere Bischof; beide waren eng miteinander befreundet und beide starben im 3. Jahrhundert den Märtyrertod. Die Wände der Seitenschiffe sind mit hohen Rokokopaneelen verblendet. Sie wurden 1736 beim Bildhauer Theodor Verhaegen aus Mechelen bestellt und bilden den Rahmen für Gemälde verschiedener Meister. Auf der Evangelienseite wird die Geschichte des hl. Kornelius, auf der Epistelseite die des hl. Cyprian geschildert. Die Paneele sind den Gemälden an Qualität hoch überlegen. Verhaegen schuf sie in der italienischen Schiacciato-Technik. Er rückte die Bildebenen eng zusammen und gab dem Relief so eine erstaunliche Tiefenwirkung. Sie erinnern an die Meisterwerke Joseph Christians in Deutschland.

Für die großen Rokoko-Altäre des Querschiffes wurden die Entwürfe und Modelle 1749 ebenfalls bei Verhaegen bestellt. Die Ausführung besorgte 1753 Alexander Turner. Ihr ikonologisches Programm ist seltsam, denn ein jeder behandelt ein Doppelthema. Hauptthemen sind rechts die Passion Christi und links Maria als Himmelskönigin. Auf der Epistelseite tragen Engel den gekreuzigten Christus in den Himmel, während sie auf der Evangelienseite ein einfaches Kreuz, das Sinnbild des Opfers, in die Höhe heben. Darunter sind jeweils ein Schwert und eine Palme gekreuzt, die Märtyrersymbole des Papstes Kornelius rechts und die des Bischofs Cyprian links. Über dem Hauptbild sind an jedem Altar zwei verschlungene Herzen dargestellt. Meiner Meinung nach wird damit auf die innige Freundschaft der beiden Heiligen angespielt. Zugleich sind dies aber auch die Heiligen Herzen Jesu und Mariens, denen die Altäre geweiht sind. Die Worte »Amore« auf der Evangelienseite und »Felix Concordia« auf der Epistelseite erhärten diese Ansicht. »Amore« ist aber auch die Devise des Abtes van der Haeghen (1712–1754). An dem von einer Madonnenstatue bekrönten Retabel des rechten Altars tragen Engel und Putti Attribute und Schrifttafeln zur Verherrlichung der Himmelskönigin und Mutter der Barmherzigkeit. Diese Barmherzigkeit Mariens ist aus der Erfahrung ihres großen Leids entstanden, das der Maler des Altarblatts eindrücklich festgehalten hat, indem er unter der Kreuzigungsszene die ohnmächtige Gottesmutter darstellte. Das Bild des anderen Altars schildert die Leiden Christi am Ölberg. An diesem Altar erinnern die Schlüssel Petri an den heiligen Papst Kornelius. Die Schrifttafel S.P.Q.R. erinnert an das römische Volk, das die Christen grausam verfolgt hat. Daneben steht Paulus mit seinem Schwert. In einer Kartusche sind die Worte »S Norberti Zanchelini debel-

lata« zu lesen. Hier wird auf die Auseinandersetzung Norberts, des Gründers der Prämonstratenser, mit dem Antwerpener Häretiker Tanchelin oder Zanchelin angespielt.

Der Zweck dieser Ikonologie ist eine Bekräftigung der Glaubenssätze von Erlösung und Buße. Die Erlösung kommt durch den Kreuzestod, aber nur, wenn der Sünder Buße tut und seine eigenen Leiden als Opfer darbringt. Die überragenden Vorbilder solcher Buße durch Mitleiden sind Maria, aber auch Kornelius und Cyprian, die ihr Leben für die Glaubenswahrheiten hingaben.

Zwei Statuen am Choreingang stellen Heilige dar, die ebenfalls diesem Ruf der Wahrheit folgten. Es sind die beiden Prämonstratensermärtyrer Jakob und Adrian. Sie gehörten zu den 17 Mönchen und einem Laien, die am 9. Juli 1572 in der holländischen Stadt Gorcum von Protestanten ermordet wurden.

Die beiden Heiligen ergänzen die in der ganzen Kirche vorherrschende Zweipoligkeit. Möglicherweise hat diese auch die Wiederholung der Doppelsäulen am Chorgestühl bestimmt, das 1632 geschnitzt wurde und noch zum ursprünglichen Kirchenprojekt gehört. Die manieristische Arbeit unterscheidet sich deutlich vom überschäumenden Barock der späteren Chorgestühle von Grimbergen und Averbode.

Das doppelte Patronat der Kirche erscheint im Rokoko-Hochaltar wieder. Er ist eine Arbeit des Brüsselers Jean-Baptiste van der Haeghen aus dem Jahre 1728. Im oberen Teil ist die Himmelfahrt dargestellt. Zwei Engel tragen Medaillons der hll. Kornelius und Cyprian, zwei weitere die Tiara des einen und die Mitra des anderen. Auf die Art, wie die beiden Heiligen durch ihren Märtyrertod ins Paradies eingingen, wird sehr feinsinnig hingewiesen. Die Seitenteile des Retabels sind von zwei Öffnungen durchbrochen. Darunter stehen in Kartuschen die Inschriften »Sanctis Cornelio« auf der einen Seite, und auf der anderen, vom Plural »Sanctis« bereits angekündigt, »atque Cipriano«. Dieser Plural unterstreicht die brüderliche Verbundenheit der beiden im Leben wie im Tode. Engel öffnen einen hellblauen Vorhang und geben den Blick auf Maria im Himmel frei. Die Draperie verschwindet hinter dem Retabel, taucht aber seitlich wieder auf und wird vor den beiden Durchbrüchen zur Seite gerafft. Wohin mögen sich die geheimnisvollen Fenster geöffnet haben? Der heutige Besucher kann ihre Funktion nicht mehr verstehen.

161 Prämonstratenserabtei Ninove. Kirche, 1635 begonnen
Ganz hinten der Auszug des Hochaltars mit der Himmelfahrt Mariens

162 Prämonstratenserabtei Ninove. Kirche, nördlicher Querschiffaltar, 1753
Über dem Altartisch von unten nach oben eine Madonnenstatue mit Kind, ein Porträtmedaillon des hl. Kornelius, die Jesaias-Worte »Oblatus quia ipse voluit« (»Dargebracht, weil er selbst es wollte«) auf einer Banderole, zwei kreuztragende Engel, das Wort »Amore«, zwei verschlungene Herzen als Symbol für die brüderliche Freundschaft zwischen den hll. Cyprian und Kornelius, aber auch die Heiligen Herzen Jesu und Mariens. Das Bild ganz oben zeigt die ohnmächtige Gottesmutter unter dem Kreuz. Daneben tragen Engel und Putti Tafeln und Banderolen mit den Inschriften »Ave Maria«, »Regina caeli« (darunter Zepter und Krone) und »Gloriosae Matri Dei consecrata«. Rechts schwenkt ein Engel eine Fahne mit der Inschrift »Janua caeli«, was bedeutet, daß Maria die Pforte des Himmels ist.

Ursprünglich erstrahlte dahinter der Himmel, der aber von klassizistischen Türattrappen verdeckt wurde. Wer auch immer sie um 1845 gemalt hat, er hat nichts von der feinen Symbolik verstanden, die hier beabsichtigt war. Er verstellte das Tor zum Paradies, das die gerafften Vorhänge offen halten wollten.

Der Gedanke von Erlösung und Buße kommt noch einmal an zwei Beichtstühlen zum Tragen. Theodor Verhaegen und Jaak de Koninck schufen diese gewaltigen Schnitzwerke, die sich über die ganze Höhe der Seitensschiffe erstrecken. Sie sind eine Antwort auf die großen Querschiffaltäre, denn der Beichtstühl auf der Epistelseite wird von einer Erlöserstatue beherrscht. Auf der Evangelienseite steht dagegen Maria, Zuflucht der Sünder, Mutter der Gnade und Barmherzigkeit. Darunter sind auf der einen Seite Petrus mit dem Hahn und Magdalena mit dem Schädel dargestellt, und auf der anderen Seite ein Mann und eine Frau, die die Fürsprache Mariens erflehen.

Der Priesterstuhl steht unter einem Baldachin mit von Putti getragenen Draperien. Links und rechts halten große Engel die Attribute von Glaube und Gerechtigkeit sowie von Hoffnung und Barmherzigkeit. Eine Kanzel von riesigen Ausmaßen, die sich heute in St. Peter in Löwen befindet und später beschrieben werden soll, vervollständigte früher diese apologetische Ausstattung.

Der Mönchschor der Kirche von Averbode ist ein langer Raum mit geschlossenen Seitenschiffen, die portugiesischen Kirchenkorridoren gleichen. Diese Anordnung erlaubte es zum einen, das Chorgestühl an eine durchgehende Wand zu stellen, zum andern entstanden neben dem Chor Verbindungsgänge, die mitunter auch Altäre aufweisen. Die Laienkirche ist ein Zentralraum mit Sterngewölbe. Niedrige Kapellen in den Ecken der Vierung erleichtern das Zirkulieren in der Kirche.

Früher waren Mönchs- und Gemeindekirche durch einen 1672 errichteten Lettner getrennt. In den Jahren 1773 und 1774 wurde sein Mittelteil abgebrochen, um zwischen beiden Räumen eine Sichtverbindung herzustellen. Die scharfe Abtrennung der beiden Kirchenbereiche geht auf das Mittelalter zurück. In Belgien wurde sie im 17. und 18. Jahrhundert noch beibehalten, während andere Länder, namentlich im deutschen Sprachgebiet, die vom Tridentinischen Konzil empfohlene Öffnung bereits durchführten.

In der großen Benediktinerkirche von Saint-Amand-les-Eaux, die unter spanischer Herrschaft gebaut wurde und nach dem Utrechter Frieden an Frankreich fiel, überließen die Mönche den ganzen Raum der Gemeinde. Sie selbst zogen sich auf die breiten Emporen über den Seitenschiffen zurück. Hinter dem Chor schuf die sogenannte Königstreppe die Verbindung zwischen oberer und unterer Kirche. Eine ähnliche Absonderung findet man gelegentlich auch in Deutschland (Rohr, Altomünster) und in der Schweiz (Einsiedeln, Pfäfers).

In St. Peter auf dem Blandinusberg in Gent liegen Mönchs- und Gemeindekirche auf gleicher Ebene. Beide Räume sind vom Grundriß her genau definiert. Ursprünglich waren sie auch durch einen Lettner getrennt, einem herrlichen Bauwerk aus buntem Marmor. Glücklicherweise wurde er nicht abgerissen, sondern an die Rückwand der Kirche versetzt, wo er seither die Orgelempore trägt.

Die merkwürdige Form von Averbode mit einem Zentralraum als Laienkirche ist charakteristisch für die belgische Mönchsarchitektur. Man begegnet diesen »umgekehrten« Kirchen recht häufig. Als der Jesuit Huyssens 1629 für die Genter Benediktiner die St. Peterskirche entwarf, übernahm er diesen Plan vermutlich ganz bewußt, denn er entspricht dem auf dem Kopf stehenden Kreuz des hl. Petrus. Den gleichen Grundriß finden wir bei den Karmeliterinnen von Vilvorde (1663–1665). In Grimbergen entsteht eine entsprechende Raumwirkung, weil zwei Joche des Langhauses fehlen. Seltsamerweise übernahm auch Dewez, der den Klassizismus nach Belgien brachte, das Schema für die Norbertiner von Vlierbeek. Denselben Plan hatte er ebenfalls für die Norbertiner von Heylissem vorgesehen, allerdings gelangte dort nur der Rundbau der Laienkirche zur Ausführung.

Der Chor von Averbode wird von hohen Fenstern ausgeleuchtet. Dazwischen stehen herrliche korinthische Pilaster, die auch die Vierungspfeiler zieren. Die Halbsäulen der Laienkirche sind toskanisch geordnet. Schon allein daraus geht hervor, daß der Chor von übergeordneter Bedeutung ist. Die gliedernden Elemente sind kräftig, sozusagen in flämischer Körperhaftigkeit, ausgebildet. Eigenartig ist, daß zwar die Gurtbogen Bänder mit sehr zeitgemäßen Streifenstukkaturen sind, daß aber die

163 Prämonstratenserabtei Ninove. Kirche, Chor und Hochaltar, von Jean-Baptiste van der Haeghen, 1728
Vom farbigen architektonischen Aufbau des Altars heben sich die Stuckfiguren weiß ab. Im Auszug die Himmelfahrt Mariens, darüber die Taube des Heiligen Geistes. Darunter tragen Engel ein Doppelporträt der Kirchenpatrone Kornelius und Cyprian. Hinter dem Chorgestühl links und rechts zwei Epitaphe aus dem Jahre 1731 mit den Namen verstorbener Äbte und Mönche.

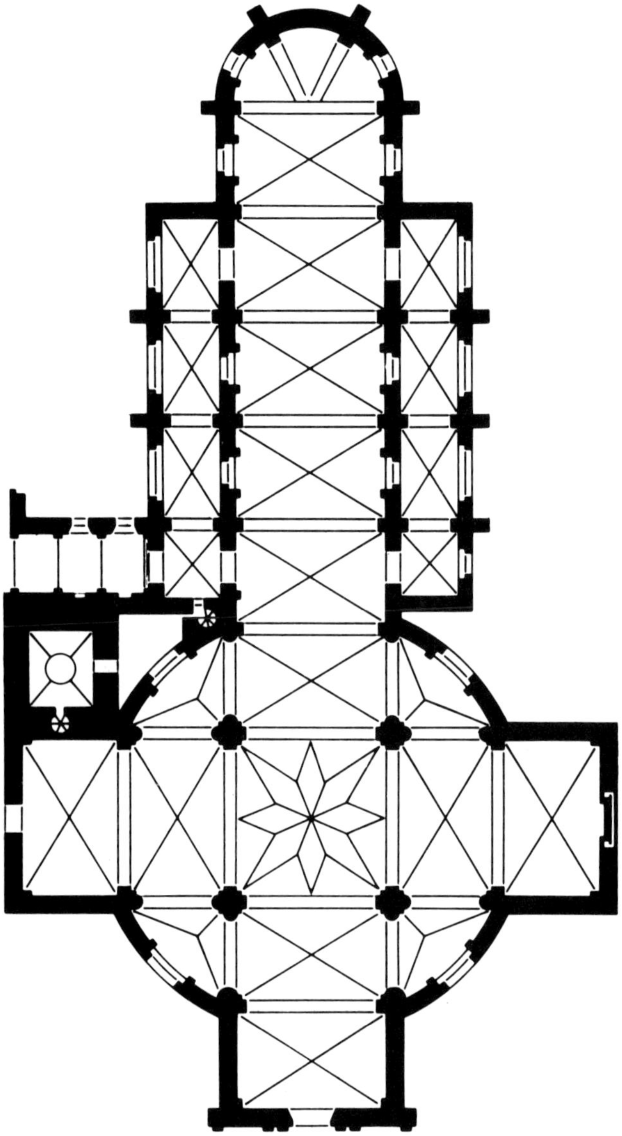

164 Prämonstratenserabtei Averbode. Kirche, Grundriß
Die Kirche ist deutlich zweigeteilt. Im Westen der Zentralraum der Laienkirche, im Osten der langgestreckte Mönchschor mit Seitenschiffen, die nur über Türen mit dem Chor verbunden sind.

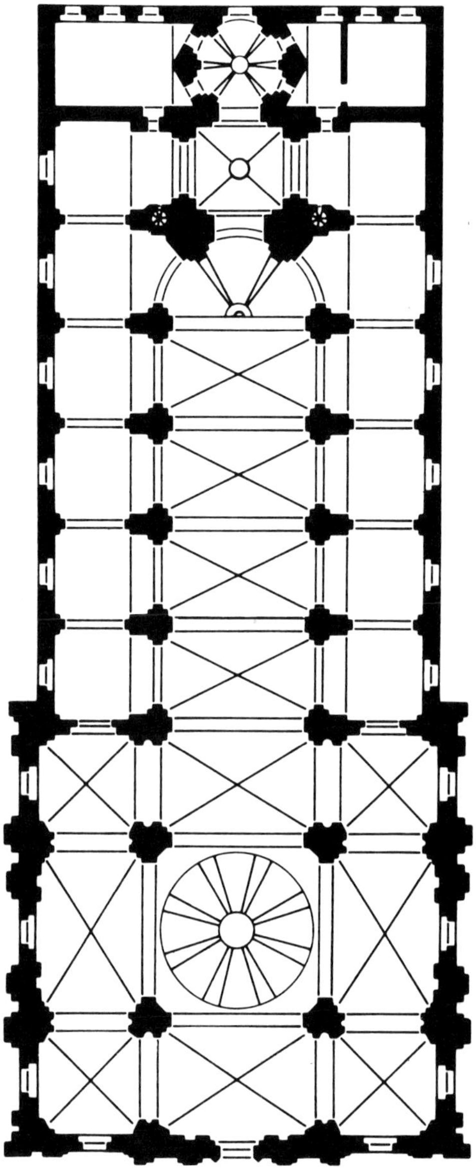

165 Benediktinerabtei St. Peter auf dem Blandinusberg in Gent. Kirche, 1629–1729, Grundriß
Die Kirche, ein Entwurf des Jesuiten Peter Huyssens, ist Averbode sehr ähnlich. Die quadratische Laienkirche war einst mit einem Lettner vom Mönchschor getrennt (er steht heute unter der Orgelempore). Die Anordnung des Turms hinter dem Chor ist in Belgien gelegentlich anzutreffen.

Diagonalbogen der Gewölbe immer noch in spätgotischer Weise prismatische Querschitte aufweisen.

Unter den Chorfenstern tragen Putti üppige Früchtegirlanden. In vier Jochen enthalten diese Girlanden die Attribute der Evangelisten. Die Gesimsfragmente über den Kapitellen sind mit Symbolen besetzt. In der Laienkirche sind es Passionsgegenstände: Dornenkrone, Ysop,

166 Prämonstratenserabtei Averbode. Mönchschor, von der Laienkirche aus gesehen
Vom ehemaligen Lettner sind nur noch die Seitenflügel vorhanden. Der mittlere Portikus wurde 1773–1774 abgetragen.

Hahn, Geißeln, Ketten, das Schweißtuch der Veronika, die nahtlose Tunika, daneben auch das Haupt des Johannes auf der Schale, das Osterlamm und zwei Engelsköpfe. Im Chor haben die Symbole liturgischen Charakter: zwei miteinander verbundene heilige Vasen, Reliquiar, offenes Meßbuch, Mitra, Kreuz, Kelch, der zwei Engelsköpfe überstrahlt, Kelch mit Patene und Tuch, Weihrauchfaß und zwei weitere Engelsköpfe.

Die ehemaligen Lettneraltäre aus schwarzem Marmor in der Art des 17. Jahrhunderts stehen heute neben dem Hochaltar, den zwischen 1753 und 1757 der Bildhauer Bayar aus Namur nach einem Entwurf seines Kollegen Houssart schuf. Er ist in hellfarbigem Stuck gearbeitet und stellt auf drei Ebenen die Himmelfahrt Mariens dar. Wahrscheinlich hat Houssart die berühmte Himmelfahrt von Rohr gesehen, denn die Apostel, die sich um das leere Grab drängen, haben eine ähnliche Gestik. Auch die schwebende Haltung der Jungfrau ist vergleichbar, ja das ganze Retabel erinnert an Egid Quirin Asams Hochaltar in der bayerischen Stiftskirche.

Das Chorgestühl von Averbode ist erhalten geblieben. Allerdings wurde es geringfügig beschädigt, als im 18. Jahrhundert der Mittelteil des Lettners entfernt wurde. Dennoch gehört es zu den schönsten Belgiens.

Die zwei monumentalen Altäre der Laienkirche sind dem hl. Norbert (Evangelienseite) und Johannes dem Täufer, dem Klosterpatron (Epistelseite), geweiht. Sie sind in Stuckmarmor gearbeitet, nur einige Statuen sind in echtem Marmor gehauen. Der Antwerpener Pieter Scheemaeker schuf sie zwischen 1699 und 1701. Der linke Altar ist ein Musterbeispiel norbertinischer Ikonologie. Am Giebel erhält Norbert die weiße Kutte aus der Hand Mariens. Links und rechts stehen Statuen der hll. Jakob und Adrian, der Märtyrer von Gorcum. Ein Engel triumphiert mit dem Kreuz und der Monstranz in der Hand über die Häresie. Im Altarblatt von Jan Erasmus dem Jüngeren übergibt Augustinus dem hl. Norbert seine Regel. Über der Marmormensa erscheint das Strahlenkreuz, das Norbert nach Prémontré leitete.

Eigentlich war es nicht beabsichtigt, daß Grimbergen Averbode so ähnlich wurde, denn das Langhaus hätte zwei Joche länger werden sollen. Dennoch ist das Prinzip das gleiche. Der Gemeinderaum wurde um die Vierung angeordnet, über die sich eine Kuppel wölbt. Die Mönche kamen in einem sehr langen vierjochigen Chor mit Apsis unter. Der Turm steht neben dem Chor, damit die Hauptfassade frei bleibt. Bei Klosterkirchen ist das durchaus nicht unüblich.

Hier trennen ionische Säulen Haupt- und Nebenschiffe. Die erhabenere korinthische Ordnung ist dem Chor und der Vierung vorbehalten. Der Raum ist im gleichen Geist wie Averbode mit Kreuzgewölben eingedeckt. Die Steindekoration ist nicht figurativ wie in Averbode, sondern rein architektonisch. Die stilistische Einheit, eine Folge der schnellen Ausführung, macht die Schönheit Grimbergens aus. Alles ist ihr untergeordnet. So sind zum Beispiel die abgerundeten Gemälde im Chor mit der Lebensgeschichte des hl. Norbert nicht einfach hingehängt, vielmehr waren sie von Anfang an eingeplant. Der lichtdurchflutete Raum scheint wie geschaffen, um den Hochaltar aus weißem und schwarzem Marmor kontrastreich hervorzuheben. Dieser Altar steht noch ganz im Banne des belgischen 17. Jahrhunderts. Laut einer Inschrift wurde er 1701 von Frans Langhermans aus Mechelen (1661–1720), einem Schüler des berühmten Architekten Faidherbe, aufgestellt. Aus Marmor ist nur der Unterbau. Die oberen Teile sind, wohl um Gewicht zu sparen, aus Holz und in Marmorimitation bemalt. Ein Unterschied ist allerdings nicht zu erkennen. Nur wenig später wurde der Schwarzweiß-Effekt zugunsten von Farben aufgegeben. Der Hauptaltar bildet eine Art Bilderwand im Chor. Über der Mensa stehen Petrus und Paulus, die Hauptpatrone der Kirche, zu beiden Seiten des Altarblattes mit der Himmelfahrt Mariens von Jan Eycken (1590–1678). Der Triumph der Gottesmutter wird gleich zweimal gestaltet, denn im Auszug ist die von Blumen und Engeln begleitete Ankunft Mariens im Himmel als Skulptur dargestellt. Die in Anbetung versunkenen Norbert und Augustinus sind unsere Fürbitter. Etwas unbescheiden ist das Wappen des Abtes de Munck (1698–1712) angebracht.

Im Chor steht ein Denkmal für die Klosteräbte seit 1128. Ähnliches ist auch in Parc zu sehen. Eine Allegorie der Zeit schreibt die Namen der Verstorbenen auf eine Pergamentrolle, die der Tod abwickelt. Die Fackel in der Hand eines Engelchens weist diesmal nach unten, ein Symbol des verlöschenden Lebens.

167 Prämonstratenserabtei Averbode. Kirche, Hochaltar, Entwurf von Houssart, Ausführung von Bayar (Namur), 1753–1757
Das Thema Mariä Himmelfahrt wird hier auf eine Art behandelt, die auf den Einfluß des Rohrer Hochaltars der Brüder Asam schließen läßt.

168 Prämonstratenserabtei Grimbergen. Kirche, Chor und Hochaltar
Der Altar wurde 1701 aufgestellt. Mit seiner schwarzweißen Farbgebung gehört er stilistisch allerdings noch dem 17. Jahrhundert an. Die Kirchenpatrone Petrus und Paulus stehen zu beiden Seiten von Jan Eyckens Himmelfahrt.

169 Prämonstratenserabtei Grimbergen. Kirche, Hochaltar, Ausschnitt
Die Inschrift »Conterenti Draconem« widmet den Altar der Bezwingerin des Drachens.

Der Maler Pieter Joseph Verhagen arbeitete während der zweiten Hälfte des 18. Jahrhunderts in Löwen fast ausschließlich für klösterliche Auftraggeber. Vor allem zu den Prämonstratensern hatte er gute Beziehungen. Einer seiner Söhne war diesem Orden beigetreten. Verhagen wurde 1728 geboren. Nach einem vielversprechenden Beginn seiner Laufbahn gestattete ihm ein kaiserliches Stipendium 1771 einen zweijährigen Studienaufenthalt in Rom. Anschließend fand er eine ehrenvolle Aufnahme am Wiener Hof, bevor er nach Löwen zurückkehrte. Während mehrerer Jahre malte er Bilderzyklen für die Prämonstratenserabteien Parc, Averbode und Tongerlo. Seine Bilder für die langen Chorräume von Parc und Averbode sind noch an Ort und Stelle. Die neun Gemälde, die er für Tongerlo schuf, hängen heute in der Katharinenkirche von Herzogenbusch.

Seit einem halben Jahrhundert hält sich in der Kunstgeschichte hartnäckig die Vorstellung, Verhagen sei ein zweiter Rubens. Seine dichten Kompositionen stehen dem allerdings entgegen. Es fehlt ihm die leichte Machart. Er trug seine Farben als Pasten auf, nicht als durchscheinende Schicht. Seine Gestalten sind ungekünstelt, seine Gesichter abgeklärt. Er liebte es, die Figuren des Alten Testaments mit verlumpter oder orientalischer Kleidung auszustatten. Das erinnert eher an Rembrandt, auf keinen Fall aber an Rubens. Sinnvoller scheint mir der Vergleich mit dem Franzosen Restout, dem anderen bedeutenden Mönchsmaler des 18. Jahrhunderts.

Verhagens Malerei gewinnt durch ihre Solidität einen monumentalen Charakter. Gerade darum kann sie sich so hervorragend in einen architektonischen Rahmen einpassen. Im Museum verlieren seine Gemälde an Aussagekraft. Dem Klassizismus konnte Verhagen, der 1811 starb, nichts abgewinnen, so verbrachte er seine letzten 20 Jahre in einer fremdgewordenen Welt.

IV

DIE HOLZSCHNITZKUNST

Die Kunst der Holzbearbeitung, die besondere Sorgfältigkeit und Detailliebe voraussetzt, fand seit dem 15. Jahrhundert in der niederländischen Empfindsamkeit einen guten Nährboden. Schreiner aus Flandern und Brabant waren im 15. Jahrhundert in ganz Europa mit Ausnahme Italiens tätig. Die größten Erfolge hatten sie in Deutschland und vor allem in Spanien. Ihr virtuoses Geschick in der Herstellung filigraner Schnitzereien lag genau auf der Linie herrschender Strömungen, des flamboyanten Stils zuerst und später des Manierismus.

Holz war im niederländischen Barock das bevorzugte Material, ähnlich wie der Stuck in Deutschland. Stein- und Marmorbildhauer richteten sich nach der italienischen Schule. Glatte Oberflächen und Unpersönlichkeit wurden zu ihrem Ideal. Die Holzschnitzer dagegen blieben ihrer flämischen Sinnlichkeit treu. Später, im 18. Jahrhundert, entwickelten die Lütticher eine wahre Meisterschaft im Schnitzen von stickereifeinen Rocaillenornamenten. Und wieder begann die Auswanderung der Handwerker. Sie gingen vor allem nach Paris, angezogen vom großen Bedarf des französischen Hofes an Luxusmöbeln. Die Vorstadt Saint-Antoine wurde zur Hochburg der flämischen Kunstschreinerei. Diese Ebenisten bildeten eine höchst undisziplinierte Gesellschaft. Die Französische Revolution fand in ihnen willige Streiter für die ersten Volksmilizen, die zum Sturm auf die Bastille gebildet wurden.

In belgischen Kirchen ist ein bedeutender Teil der Einrichtung das Werk von Schreinern und Ebenisten: Beichtstühle, riesige Kanzeln, Chorgestühl und, vor allem in den Sakristeien, Holzverkleidungen. All das ist mit Ornamenten, Flach- und Hochreliefs und unzähligen Statuen überzogen. In den Prämonstratenserkirchen stößt man auf besonders bemerkenswerte Beispiele dieser Kunst.

170 Prämonstratenserabtei Ninove. Kirche, Beichtstuhl auf der Evangelienseite, von Jaak de Koninck (Brüssel), 1739
Unter der Taube des Heiligen Geistes eine Statue Mariens, »refugium peccatorum«, »mater graciae« und »mater misericordiae«. Auf den seitlichen Voluten Hieronymus und Maria Magdalena. Neben dem Eingang des Beichtstuhls die Hoffnung (mit Anker) und die Barmherzigkeit (mit Kreuz und Herz).

ligen Klosterkirchen. Es ist erstaunlich, daß man mitten im Klassizismus des 19. Jahrhunderts diese phantasievollen Arbeiten so hoch einschätzte, daß man sie unter erheblichen Kosten demontierte und in andere Kirchen überführte.

Die Kanzel setzt sich aus verschiedenen Elementen zusammen: dem Fuß, dem Podest mit der Brüstung, der Treppe und dem Schalldeckel. Im 17. Jahrhundert bleibt die Struktur noch deutlich sichtbar, obwohl die Ausschmückung mit Statuen und Ornamenten nicht reich genug sein konnte. Zu diesen um 1670 entstandenen Kanzeln gehören die von Vilvorde, die ursprünglich in St. Georg in Antwerpen stand, und die von Saint-Vincent in Soignies. Die Kanzel der Prämonstratenser von Grimbergen wurde zu Beginn des 18. Jahrhunderts von Henri-François Verbruggen geschaffen. Der Künstler behielt zwar den traditionellen Aufbau der Kanzel bei, aber er überhäufte sie mit einer barocken Figuren komposition. Große Mühe gab er sich bei der Gestaltung des Schalldeckels. Er wirkt, als hätten Engel ihn vom Himmel heruntergeholt, und er schwebt nun, mit einem komplizierten System von vergoldeten Seilen an der Wand befestigt, im Raum.

Die Grimberger Kanzel ist ein richtiges apologetisches Traktat. Der Sockel behandelt den Triumph der Orthodoxie. Der hl. Augustinus schreibt gegen die Pelagonier, und der Ketzer Tanchelin wird vom hl. Norbert mit Füßen getreten. Dahinter schneidet der unterlegene Teufel Grimassen. An der Brüstung stehen Hieronymus, Ambrosius und Gregor. Sie werden vom Löwen des Markus, dem Stier des Lukas, dem Adler des Johannes und dem Engel des Matthäus begleitet. Die Treppe wird von zwei Engeln bewacht, die auf dem Alten und Neuen Testament die Gesetzestafeln und einen Kelch tragen.

Das Medaillon des Kirchenpatrons Servatius am Schalldeckel steht auf einem Drachen, der an den Kampf des heiligen Bischofs gegen den Unglauben erinnern soll. Vier Engel an den Ecken halten einen Kelch, eine Waage, Zügel und eine Säule, die Sinnbilder von Glaube, Gerechtigkeit, Mäßigung und Standhaftigkeit.

Die Kanzel der Kathedrale von Antwerpen stammt aus dem St. Bernhardkloster der gleichen Stadt. Sie wurde 1713 von Michiel van der Voort vollendet. Kanzelfuß und Brüstung sind architektonisch aufgebaut. Aus der Treppe, deren Geländer von verflochtenem Astwerk gebildet wird, wächst ein Baum bis über den Schalldeckel hinaus, der als eine von kleinen Engeln getragene Draperie gestaltet ist.

Auch die beiden ungewöhnlichsten Kanzeln Belgiens sind klösterlichen Ursprungs. Die eine befindet sich heute in der St. Romboutskirche in Mechelen. Sie wurde von Theodor Verhaegen für das Prämonstratenserpriorat Liliendael geschnitzt. Zwei Jahre lang war der Künstler an der Arbeit. Er gestaltete die Kanzel als Felsenhaufen. Die Treppe ist sehr grob aus dem vermeintlichen Stein gehauen. Sie führt zu einem Scheunentor, das sich auf das Podest öffnet. Als Schalldeckel dienen die Äste eines Baumes. Das ikonologische Thema ist höchst interessant, aber nicht einfach zu erkennen. Es hat drei Bestandteile: den Sündenfall (Eva bekommt den Apfel von der Schlange, die zusammengerollt auf einem Baumstumpf liegt), die Erlösung (Christus am Kreuz zwischen Maria und Johannes) und schließlich die Buße (die Bekehrung des hl. Norbert, der vom Blitz getroffen vom Pferd stürzt, nicht weit davon die Menschheit, die unter Tränen Demut und Reue zeigt).

Die Kanzel von St. Peter in Löwen ist erst seit 1807 in dieser Kirche. Sie stammt aus der Prämonstratenserkirche Ninove. Dort muß sie hervorragend die dogmatische Beweisführung der Ikonologie ergänzt haben. Diese Anhäufung von Felsblöcken, Tieren, Draperien, Ästen und ganzen Bäumen wäre auch in einem Dekor von 1900 durchaus kein Fremdkörper. Der Schalldeckel ist eine Art Vorhang. Kleine Engel ziehen an seinen Schnüren, um ihn zu entfalten. Er wird von zwei riesigen Dattelpalmen mit reifen Früchten überragt. Das Thema ist die Vergebung der Sünden. Auf der einen Seite ist die Bekehrung des hl. Norbert dargestellt. Sein Pferd liegt auf dem Rücken und schlägt mit den Hufen um sich. Auf der anderen Seite bereut Petrus weinend, daß er Christus beim Hahnenschrei verleugnet hat. Diese Kanzel, 1739 in Auftrag gegeben, führte der Brüsseler Jacques-J. Berger im Jahre 1742 aus. Wenn es den Mönchen ein Anliegen war, ihre Kanzeln gleichsam als Lehrbücher zu gestalten, so zeigt das deutlich, daß sie ihre Kirchen ebenso für die Gemeinde wie für sich selbst bauten.

Mehrere belgische Klöster haben ihr Chorgestühl erhalten. Hier spielte sich alltäglich der wesentlichste

175 Prämonstratenserabtei Averbode. Chorgestühl, Entwurf von Corneille Lowies, Ausführung von Octavius Herry (Antwerpen), fertiggestellt 1672, Ausschnitt
An jeder Rückenlehne steht eine Heiligenstatue. Die Meisterschaft des Künstlers zeigt sich in den Pflanzen- und Tiermotiven an den Spiralsäulen.

176 Prämonstratenserabtei Floreffe. Chorgestühl, Ausschnitt
Die musizierenden Putti stammen aus dem 18. Jahrhundert. Wahrscheinlich hat sie Laurent-Benoît Dewez entworfen und dem Chorgestühl des 17. Jahrhunderts hinzugefügt. Die Putti des Klassizismus wirken sehr viel wohlerzogener als die des Rokoko.

Bestandteil des Mönchslebens ab, das Opus Dei. Die schönsten Beispiele stammen aus dem 17. Jahrhundert. Ihre üppige Bilderwelt bewegt sich noch ganz im Rahmen mittelalterlicher Traditionen, mit denen die Niederlande erst sehr spät brachen. Eine barocke Formensprache, deren Hauptelement die gewundene Säule war, tauchte erst in der zweiten Hälfte des 17. Jahrhunderts auf. Bis zu diesem Zeitpunkt folgte die Verzierung der verwickelten Ornamentik des Manierismus. In diese Kategorie gehört das Chorgestühl von Ninove aus dem Jahre 1632. Hier sind nur die Zwischenwangen der Sitze, die sogenannten Docken, von vierflügeligen Engelsköpfen belebt. Das Dorsale hingegen wird von einer Reihe von Segment- und Dreieckgiebeln bekrönt, die von je drei Doppelsäulen getragen werden.

Im gleichen Jahr wurde das Chorgestühl der Prämonstratenserabtei Floreffe begonnen. Pierre Enderlin, ein zweifellos in Antwerpen ausgebildeter Meister, war 16 Jahre an der Arbeit. Dieses Möbel ist so reich verziert, wie Ninove nüchtern ist. Auf 42 Medaillons sind neben dem Klosterpatron Johannes die heiligen Prämonstratenser und die großen Erneuerer der Mönchsorden abgebildet. Das Erstaunliche an diesem Chorgestühl sind die ebenfalls 42 Atlanten oder Hermen. Sie sind zwar im einzelnen nicht zu bezeichnen, im ganzen aber stellen sie die himmlische Gesellschaft der Patriarchen, Propheten und Apostel dar. Vor allem deutsche und niederländische Ornamentisten befaßten sich gegen Ende des 16. Jahrhunderts außerordentlich intensiv und in unzähligen bebilderten Abhandlungen mit dem Thema der menschlichen Gestalt als Säule in der Architektur. Solche Figuren heißen Karyatiden, oder, wenn sie männlichen Geschlechts sind, Atlanten. Sind sie nur als Büsten dargestellt, so spricht man von Hermen. Das ist hier der Fall. Nicht nur Holzschnitzer haben dieses Motiv zur Verzierung von Möbeln verwendet, sondern auch Steinbildhauer, wie das Beispiel des Heidelberger Schlosses zeigt.

Das Chorgestühl von Floreffe erinnert an St. Urban in der Schweiz. Während aber dort die Karyatiden rein dekorativ sind, haben die Hermen hier eine allegorische Bedeutung. In diesem klassizistischen Raum wirken die eigenartigen Figuren herausfordernd, ja fast zweideutig. Sie haben allzu viel Heidnisches an sich. Als Dewez den Chor umgestaltete und dabei das Gestühl an die Außenwände versetzte, versuchte er es etwas zu veredeln. Er entfernte die Bekrönung, um mit dem Architrav einen gradlinigen Abschluß zu erhalten. In der Absicht, das Ganze etwas gefälliger zu machen, stellte er acht musizierende Engel auf die Wangen.

Das reichverzierte Chorgestühl von Averbode hat zwei Sitzreihen. Die untere ist für Laienbrüder und Novizen, die obere für die Patres. Die Arbeiten wurden 1672 zur Konsekration des Chors abgeschlossen. Der Entwurf stammt von Corneille Lowies, dem bauleitenden Architekten der Kirche. Der ausführende Künstler war Octavius Herry aus Antwerpen. Die Docken münden in Löwenpranken und werden von schönen Engelsköpfen bekrönt, die ihrerseits mit Blumen, Ähren und Weinranken geschmückt sind. Auf den Wangen halten stehende und liegende Löwen das Wappen des Abtes Servais Vaes. Die Miserikordien sind Phantasieformen oder Köpfe. An den Feldern des Dorsale wechseln sich Engel mit den Marterwerkzeugen Christi und die Heiligen des Prämonstratenserordens ab. Die Verzierung der gewundenen Säulen ist ungewöhnlich üppig. In den Spiralen winden sich Ranken verschiedenster Pflanzen, die von kleinen Figuren belebt werden. Als Beispiel für den Reichtum des Dekors werden im folgenden die Motive der Epistelseite in der Reihenfolge von West nach Ost aufgeführt [1].

Der (vorspringende) Sitz des Priors:

An beiden Halbsäulen Tannenzapfen; ein Adler verschlingt eine Schlange; ein Satyr mit Schlange; zwei kämpfende Hunde; ein bockfüßiger Putto mit Bogen und gegenüber ein gleicher mit Köcher. An den freistehenden Säulen sind vier geflügelte Putti in Eichengerank mit Eicheln zu sehen; ein Putto gibt einem Vogel eine Eichel; ein anderer vergnügt sich auf einem Eichenzweig; ein Hahnenkampf

Die Sitze der Mönche:

Säule 1: Rosenranken mit Blüten; ein einzelner Vogel; ein Vogel vor einer Schlange

Säule 2: Eichenranken mit Eicheln; ein Vogel

Säule 3: Weinranken; zwei Putti spielen Tamburin und Flöte; ein Putto bei der Weinlese; ein Adler pickt an einer Traube

Säule 4: Getreidehalme und Ähren; eine Trappe setzt einen Fuß auf eine Kröte; ein Putto mäht das Korn mit der Sense; ein Putto spielt auf einer Leier; ein Putto tötet mit einem Knüppel eine Schlange

Säule 5: Unbestimmbare Pflanze; ein Putto hält einen Hund am Hals; eine Schlange bedroht einen Putto; ein Hund greift einen Adler an; eine Sphinx

Säule 6: Distelranken; ein bockfüßiger Putto; zwei kleine Vierfüßler; ein Hund greift einen Stier an; eine Schlange greift einen Hund an

Säule 7: Hahnenfußranken; ein Papagei; ein Hund greift eine Schlange an; ein Putto, umgeben von Blumen und Hahnenfuß; ein Affe beißt in eine Frucht

Säule 8: Weinranken; eine Gestalt mit Fackel; ein Putto mit einer umgekehrten Fackel; ein feuerspeiender Drache; ein Satyr legt Feuer mit einer Fackel

Säule 9: zwei Putti; ein Hund; ein Kopf; ein Puttokopf

Säule 10: Weinranken; zwei Putti; ein Hund; ein Kopf

Säule 11: Blumen- und Blätterranken; ein Hund jagt ein Wildschwein; zwei streitende Putti; zwei Schwäne ziehen den Wagen der Venus; ein Putto mit dem Helm des Merkur unter einer Strahlensonne

Säule 12: Eichenranken mit Eicheln; ein Putto mit Draperie; ein Adler verschlingt eine Schlange; zwei Putti umarmen sich; eine Schlange speit Feuer

Die beiden großen Altäre der Gemeindekirche von Averbode haben ebenfalls gewundene Säulen. Hier ist die Natur noch reicher vertreten als am Chorgestühl. Künstlerisch zusammengestellte Bukette mit Wein, Korn, Mais, Rosen und Sonnenblumen winden sich durch die Spiralen. Dazu kommt noch allerlei Geflügel. Im einzelnen sind eine Schnepfe, eine Taube, ein Fasan und ein Uhu, der Vogel Minervas, zu erkennen. Zuoberst auf einer der Säulen sitzt ein Affe und verzehrt eine Frucht.

Das schöne Chorgestühl mit gewundenen Säulen, das heute in der Kirche der Karmeliterinnen von Vilvorde steht, gehört eigentlich nicht an diesen Ort. Es ist das einzige, was von Groenendael, einem Kloster im Wald von Soignes, übrigblieb. Dort war es 1663 aufgestellt worden.

Das Chorgestühl von Grimbergen wurde zwischen 1680 und 1690 von einem unbekannten Meister geschaffen, dessen Phantasie sich vor allem im unteren Teil entfaltet hat. Die Docken stehen wieder auf Löwenpranken. Sie werden von sehr schönen Jünglingsköpfen abgeschlossen. Am Mittelteil sind Phantasieköpfe angebracht, die der Kurvenlinie folgend Adlernasen haben und an gewisse Maya-Typen erinnern. Auch die Misericordien sind Phantasieköpfe oder manieristische Masken. Das Dorsale wird von gewundenen Säulen gegliedert. Dazwischen sind Medaillons mit Heiligenreliefs angeordnet, die wie geneigt aufgehängte Porträts wirken.

Die Säulen sind auf beiden Seiten des Chors spiegelbildlich aufgestellt. So genügt es, nur eine Reihe zu beschreiben, denn das Gegenüber ist identisch. Die Verzierung ist einfacher als in Averbode. Das tierische Element ist weniger ausgeprägt, das pflanzliche dafür um so mehr. Die Beschreibung beginnt wieder im Westen.

Säule 1: Haselstrauch; ein Eichhörnchen knackt eine Nuß; ein Vogel

177 Prämonstratenserabtei Grimbergen. Chorgestühl, 1680–1690, Ausschnitt
Das Chorgestühl von Grimbergen ist etwas jünger als das von Averbode und stilistisch entsprechend fortgeschrittener, blumiger und leichter. Geblieben ist jedoch der Naturalismus, mit dem der Künstler ohne jeden symbolischen Hintergrund die Spiralsäulen bearbeitete.

Säule 2: Stechpalmenzweig; eine Eidechse; eine Schlange; ein Putto; Psyche; ein Adler greift eine Schlange an

Säule 3: Birnbaumzweig mit Früchten

Säule 4: Pflaumenbaumzweig mit Früchten; eine

V

LA CAMBRE, DAS »ZIMMER« UNSERER LIEBEN FRAU

Südlich von Brüssel erstrecken sich die Höhenzüge des Waldes von Soignes, ein beliebtes Brüsseler Naherholungsgebiet. Früher suchten hier Einsiedler Einsamkeit und Stille. Den Eremiten folgten die Mönche. Augustiner, Zisterzienser, Benediktiner und Franziskaner gründeten in der Tiefe des Waldes nicht weniger als 13 Klöster, die nach den Worten des Barons Terlinden die »mystische Krone des Brabanter Waldes« bildeten. In einem von ihnen, dem Kloster Rouge-Cloître, verbrachte der Maler Hugo van der Goes als Laienbruder in den Jahren 1475 bis 1482 seinen Lebensabend. Von diesen Klöstern besteht heute nur noch eines. Die letzten Reste der anderen sind einige Teiche, die die Mönche zur Entwässerung der Sümpfe angelegt hatten und die für sie zu einer Quelle des Wohlstands wurden, denn wegen der zahlreichen Fastentage war die Fischzucht damals ein überaus lohnendes Geschäft.

Das Kloster, das die Zeiten überdauerte, ist die Zisterzienserinnenabtei La Cambre. Sie wurde 1196 von der Brüsseler Nonne Gisèle gegründet und erhielt den Namen »Camera Beatae Mariae Virginis«, das »Zimmer Unserer Lieben Frau«. Die Abtei liegt auf dem Gebiet der Gemeinde Ixelles in einer Talmulde neben zwei Teichen, die das Kloster mit Fisch versorgten.

La Cambre hat eine höchst dramatische Geschichte hinter sich. Nach verschiedenen Katastrophen während des 15. Jahrhunderts legten 1587 spanische Marodeure Feuer in der Abtei. Sie brannte vollständig nieder. Die Nonnen flohen in ihr Brüsseler Refugium. Wenige Jahre später konnten sie mit der Unterstützung der Erzherzogin Isabella das Kloster wieder aufbauen. 1622 marschierte Heinrich von Nassau und Mansfeld in Brabant ein. Seine Truppen vertrieben die Nonnen erneut. Im Jahre 1625 kamen französische und holländische Soldaten und verwüsteten das Kloster. In der zweiten Hälfte des 17. Jahrhunderts waren die Armeen disziplinierter als während des schrecklichen Dreißigjährigen Krieges. Zudem hatten die Nonnen nun genug vom ständigen Leben auf der Flucht. Sie erbaten sich von verschiedenen Heerführern Schutzbriefe. Eine ganze Reihe dieser Schreiben ist im Klosterarchiv erhalten geblieben. Sie geben einen Überblick über die angstvollen Jahre, die den Nonnen noch bevorstanden. Le Tellier schrieb 1657 einen Schutzbrief für die französische Armee und der Marquis von Caracena 1658 für das königliche Heer. 1675 folgte das Schreiben von Dom Geronimo de Benavente Quinones, im nächsten Jahr eines vom Grafen Waldeck, einem Feldmarschall in holländischen Diensten. Aus dem Jahre 1677 liegt ein Brief des Herzogs von Villahermosa vor, der 1678 erneuert wurde, nachdem Graf Montal, der Oberkommandierende der Armee des französischen Königs, seinen Beistand zugesichert hatte. Von 1678 bis 1709 gewährten nacheinander Schutz: der lothringische Prinz de Vaudemont, der englische Graf Athlow, Friedrich III. von Brandenburg, der norwegische Kronprinz, der Herzog von Schleswig-Holstein, Kaiser Leopolds Kanzler Kaunitz, Heinrich von Nassau als Vertreter der Vereinigten Niederlande, Prinz Friedrich von Hessen, Prinz Eugen von Savoyen und schließlich der Herzog von Vendôme als General Seiner Majestät in Flandern. Die Mächtigen Europas sind hier also ziemlich vollständig vertreten.

Die Nähe zu Brüssel gefährdete das Kloster sehr. Im November 1708 richtete der bayerische Kurfürst hier sein Hauptquartier ein. 1747 besetzten es französische Gendarmen, und Ende 1790 schlug General Bender in der Abtei seine Zelte auf. Die Schutzbriefe wirkten sich nur auf das Kloster selbst aus. Die Güter hingegen wurden immer wieder verwüstet. Die Soldaten holzten weite Teile des Waldes ab, stahlen Pferde und Rinder, plünderten die Scheunen und mißhandelten die Bauern.

Das 18. Jahrhundert bescherte den Nonnen eine lange, nur vom Siebenjährigen Krieg unterbrochene Friedenszeit. Die Mädchenschule, die sie mindestens seit dem 16. Jahrhundert führten, blühte auf. Die Ausbildung war für mehr als die Hälfte der Schülerinnen unentgeltlich, die anderen bezahlten einen bescheidenen Beitrag. Im Laufe des 18. Jahrhunderts wurde die flämische Sprache durch die französische ersetzt. Die Französisierung ist keineswegs irgendeinem Machtmißbrauch zuzuschreiben. Warum auch hätte Österreich in Flandern die französische Sprache erzwingen sollen? Die Umstellung war eher eine spontane Annäherung an die französische Kultur, die damals in alle Länder Europas ausstrahlte. Sogar

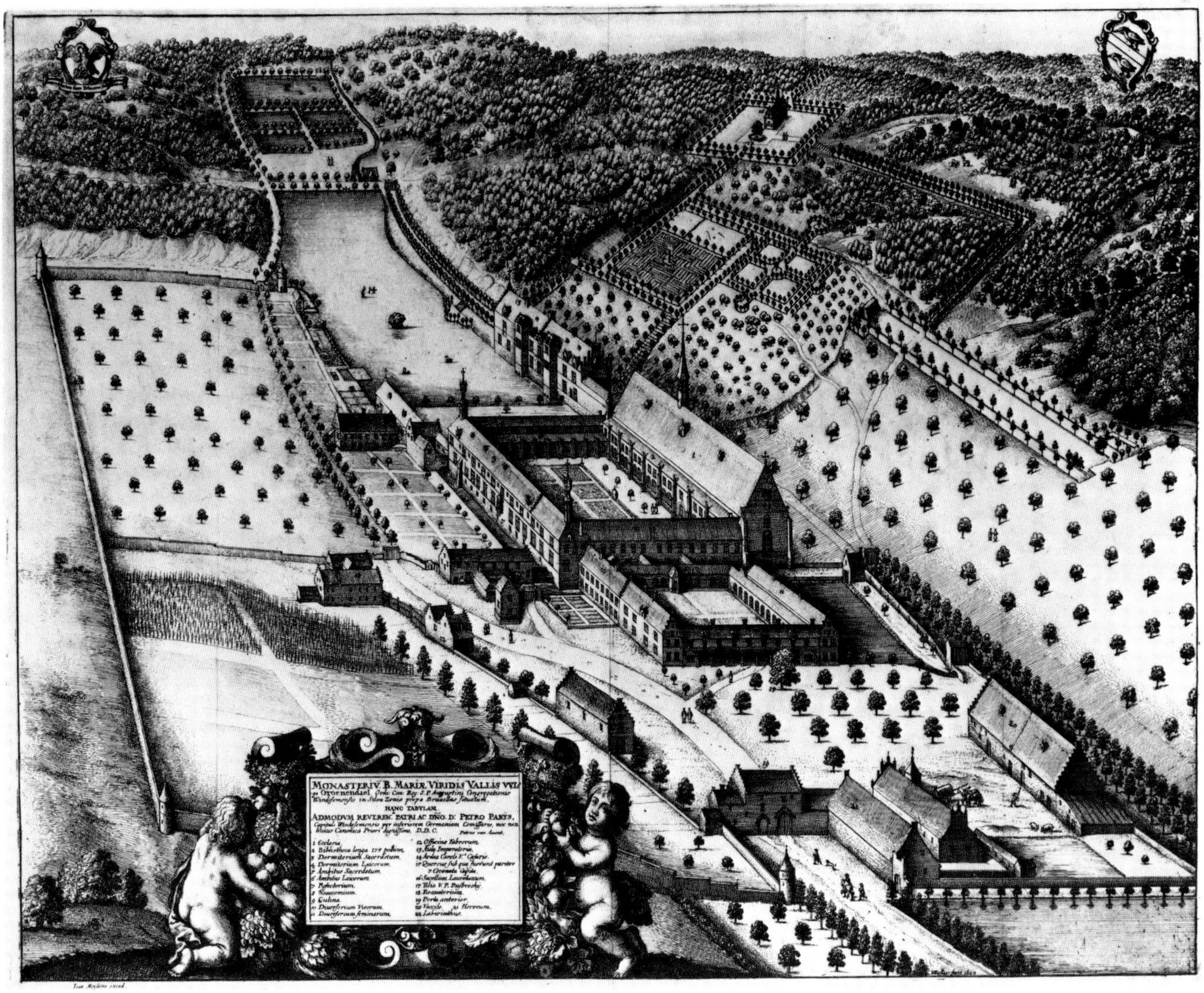

178 Augustiner-Chorherrenstift St. Marien in Groenendael. Nach einem Stich von Wenzeslas Holler, 17. Jahrhundert
Das Stift ist eines der 13 Klöster im Wald von Soignes südlich von Brüssel, die alle bis auf die Abtei La Cambre zerstört worden sind.

Frankreichs erklärter Feind Friedrich II. von Preußen sprach mit Vorliebe französisch. Im Grunde war das eher mundartliche Flämisch der Ausbreitung der flandrischen Denkart geradezu hinderlich. Der große Durchbruch der flämischen Kultur gegen Ende des 19. Jahrhunderts war nur mit Hilfe der französischen Sprache möglich. Auch der ungewöhnliche Aufschwung der Antwerpener Akademie ist hauptsächlich dem Französisch zu verdanken. Seit dem 17. Jahrhundert hatte diese Kunstschule ein bedeutungsloses Dasein gefristet. In der zweiten Hälfte des 18. und während des ganzen 19. Jahrhunderts aber war sie das führende Institut Europas, das sogar von amerikanischen und kanadischen Schülern besucht wurde.

Die Schwestern unterhielten in ihrem Kloster auch eine Damenpension. Eine Dame hatte ein schreckliches Schicksal hinter sich, als sie nach La Cambre kam: Sabine von Bayern, Gräfin Egmont, die im Jahre 1568 nach der Enthauptung ihres Mannes mit zwölf Kindern um Aufnahme im Kloster ersuchte. Sie blieb mehrere Jahre hier. Eine ihrer Töchter wurde Novizin, ging dann aber in ein anderes Kloster und lehnte es ab, Äbtissin von La Cambre zu werden.

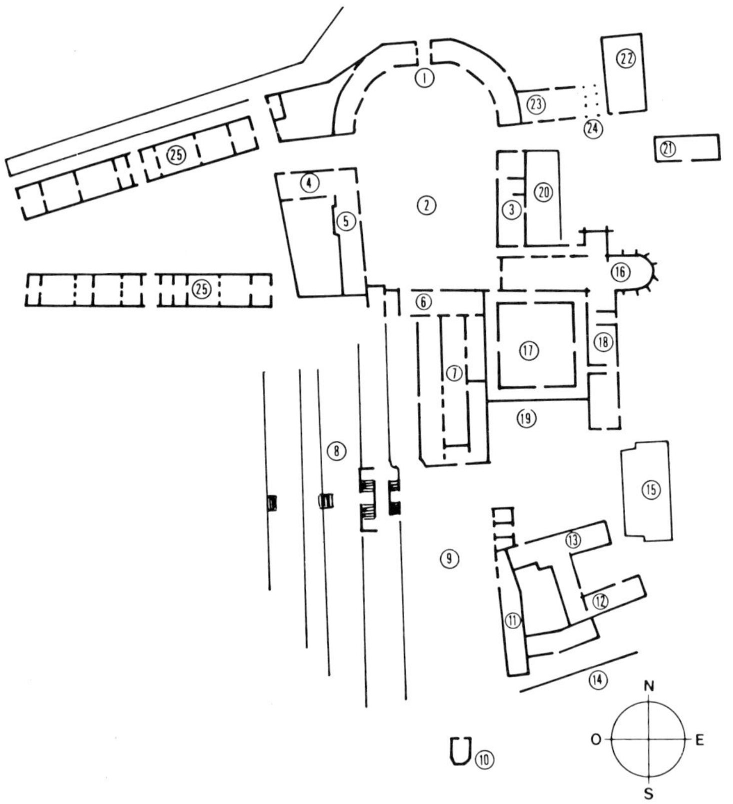

179 Zisterzienserinnenabtei La Cambre bei Brüssel. Grundriß
La Cambre ist typisch für die Zeit des Umbruchs im 18. Jahrhundert, als die Klöster immer schloßartiger wurden. Aus dem 17. Jahrhundert stammen die Bauten um den Kreuzgang (17) und südlich der mittelalterlichen Kirche (16). Im 18. Jahrhundert verlagerte sich der Schwerpunkt vom Klausurbereich zum Ehrenhof (2) mit Prälatur (6) und Gästetrakt (3).
1 Nordeingang 2 Ehrenhof 3 Gästetrakt 4 Brauhaus 5 Remisen 6 Prälatur 7 Hof 8 Gartenterrassen 9 Südhof 10 Bonifatiuskapelle 11 Wirtschaftsgebäude 12 Schule 13 Krankenhaus 14 Teil der früheren Mauer 15 Fischteich 16 Kirche 17 Kreuzgang 18 Trakt mit Sakristei, Kapitelsaal und Dormitorium 19 Refektorium 20 Garten 21 Bäckerei 22 Zehntenscheune 23 Ställe 24 Remise 25 Moderne Gebäude

Die Disziplin war auch im 18. Jahrhundert noch außerordentlich streng. Es kam zu Klagen, so daß Graf Cobenzl, der österreichische Bevollmächtigte in Brüssel und Zuständige für die belgischen Klöster, einschreiten mußte. Er unterzeichnete am 22. August 1757 einen Erlaß zur Milderung der Regeln in La Cambre. In der Folge wurde das Essen verbessert, und die Nonnen durften ein- oder zweimal in der Woche im Klostergarten oder auf den Terrassen spazierengehen. Später kamen weitere Erleichterungen hinzu. Ein undatiertes Schreibena einer Priorin oder Äbtissin im Archiv beginnt mit den Worten: »Da man ohne kleine Annehmlichkeiten nicht leben kann, erlaube ich..., mit einem Kopfkissen zu schlafen, Näh- und Stecknadeln zu sammeln und sie untereinander weiterzugeben, Nadel und Faden bei sich zu haben, im eigenen Zimmer zu beten, Gewürze und Zucker zu verwenden, sie ins Refektorium zu bringen und maßvoll zu teilen, einander Bücher zu leihen, zweimal in der Woche die Eltern zu besuchen oder öfter, wenn dies nötig ist und die Priorin und die Oberinnen es erlauben«.

Als der Friede endlich gesichert war, konnte man daran gehen, die Abtei zu verschönern und die Gebäude zu erneuern. Den leider nicht mehr vollständig erhaltenen Garten, der terrassenförmig den Hang entlangführte, ließ die Äbtissin Deliano y Velasco (1718–1735) anlegen. In ihre Amtszeit fällt auch die Renovation der Abtresidenz und der Baubeginn des Ehrenhofes. Die Äbtissin Séraphine Snoy (1756–1794) führte die Arbeiten zu Ende. Ihr Wappen mit drei kleinen Blumen ist an allen Gebäuden des Klosters zu finden. Der Konvent liegt um den Kreuzgang, der zu Beginn des 17. Jahrhunderts unter der Äbtissin du Penin gebaut wurde. Die Kirche ist aus dem 14. und 15. Jahrhundert.

Im Jahre 1783, als die Maßnahmen Josephs II. wirksam wurden, verfügten die Zisterzienser in den Niederlanden über 14 Männer- und 39 Frauenklöster. La Cambre entging der Aufhebung. Die Nonnen hatten sich auf ihre unentgeltliche Lehrtätigkeit nicht nur im Kloster, sondern auch in den umliegenden Dörfern berufen und eine Ausnahmebewilligung erhalten. Während der Französischen Revolution brachte die Äbtissin die gleichen Argumente vor, diesmal allerdings vergeblich. Am 20. Oktober 1796 wurde das Kloster aufgehoben. Der Kommissar, der den Besitzstand der Abtei aufzeichnen wollte, mußte feststellen, daß der Klosterschatz, das kostbare Mobiliar, ja sogar der Inhalt des Weinkellers fortgeschafft worden waren. Die Gebäude wurden an den Sohn des in ganz Europa berühmten Wagenbauers Simons verkauft, der allerdings bald Bankrott machte und die Abtei seinem Vater abtrat. Der Wagenbauer hatte jedoch Steuerschulden und mußte das Kloster dem Staat zurückgeben, der darin Bettler einquartierte. 1874 entstanden zwei Neubauten für das kartographische Institut der Armee. Um den Rest der Abtei stritten sich die Grundstücksmakler, die ein gutes Geschäft witterten.

180 Zisterzienserinnenabtei La Cambre bei Brüssel. Ehrenhof
Hinter die Prälatur (1760), rechts die ehemalige Wagenremise, hinter der das Brauhaus stand (1728), links der Sitz des Hausgeistlichen und der Gästetrakt mit dem Wappen der Äbtissin Louise Deliano y Velasco (1718–1735), dahinter das hohe Dach der Kirche.

1889 plante der Kriegsminister den Abbruch der alten Gebäude, mit Ausnahme des häßlichen kartographischen Instituts. Das Land sollte parzelliert und den Maklern überlassen werden. Da aber schritt König Leopold II. ein, dem der alte Baubestand, die Parks und Gärten in und um Brüssel am Herzen lagen. Die Kirche und ein Flügel der Abtresidenz, später auch der Kreuzgang, wurden der Pfarrei St. Philipp in Ixelles übertragen. In andere ehemalige Klosterbauten zog 1926 die Kunstgewerbeschule ein. 1905 wurde die Abtei unter Schutz gestellt, aber sie befand sich in einem traurigen Zustand. In den folgenden Jahren bildete sich ein Freundeskreis La Cambre, der 1926 unter der Leitung des Archivars des Marez und des Pfarrers von St. Philipp, Maxime Carton de Wiart, die Renovation der Gebäude begann. Dank des politischen Gewichts des Premierministers Baron Carton de Wiart wurden die Arbeiten erfolgreich abgeschlossen. Kurz vor dem Zweiten Weltkrieg war die Abtei wieder bereit, den Jahrhunderten zu trotzen. Erneute Gefahr drohte, als Gestapoleute auf den Gedanken kamen, im Klostergarten Sprengstoff zu zünden. Einige beherzte Brüsseler verhinderten das Unheil. Sie luden die Kisten auf einen Wagen und zogen ihn zu einer verlassenen, Teufelsloch genannten Stelle am Rand des Waldes von La Cambre, wo die Explosion weniger Schaden anrichtete.

Man sollte meinen, daß die Abtei nun endlich zur Ruhe kommen konnte. Aber vor rund zehn Jahren wurde unmittelbar neben dem Kloster ein gewaltiger Wolkenkratzer projektiert. In Brüssel brach ein Sturm der Entrüstung aus. Die Gegnerschaft formierte sich, konnte aber gegen den mächtigen US-Konzern ITT nichts ausrichten. Die Zeiten eines Leopold II. waren längst vorbei. Heute steht das Hochhaus drohend wie ein Raubtier neben der zierlichen Abtei, die sich wie ein schutzloses Schaf in seinen Schatten duckt.

Der Besucher von La Cambre steht vor zwei Eingängen. Wählt er den linken, dessen Gewölbe von zwei Pfeilerreihen getragen wird, so betritt er den Klausurbereich. Früher standen hier zur Linken die Verwaltung, die Wirtschaftsgebäude und die Zehntenscheune. Das rechte Portal ist in monumentaler dorischer Ordnung gestaltet. Es führt in den Ehrenhof. Im Hintergrund erstrecken sich die Abtresidenz und links davon die Kirche. Der Bau dieses großen Platzes ist kennzeichnend für die Umwandlung des Klosters in ein Schloß. Schwerpunkt war nun nicht mehr die Klausur, sondern das Abtpalais; das Hauptgewicht lag auf der Repräsentation nach außen.

Die Abtresidenz wird von zwei zurückweichenden Flügeln flankiert. Der linke dient heute als Pfarrhaus, war aber schon in früheren Zeiten der Wohnsitz des Hausgeistlichen und der Beichtväter. Der Trakt rechts mit seinen Arkaden ist die ehemalige Wagenremise. Er enthält auch die Klosterbrauerei. Zwei eingeschossige, einen Halbkreis beschreibende Gebäude mit Mansardendächern verbinden diese beiden Flügel mit dem Pförtnerhaus.

Die Vorläufer dieses Platzes sind nach Thibaut de Maisières die Höfe gewisser Brüsseler Stadtpaläste. Die anmutige Kurvenlinie findet man aber auch in den Ehrenhöfen französischer Zisterzienserklöster wie Cercamp oder Valloires. Da La Cambre sehr oft Besuch aus Clairvaux und Cîteaux erhielt, ist es immerhin denkbar, daß die Anregung zu dieser eleganten Lösung aus Frankreich kam. Das Abtpalais ist von recht bescheidenen Ausmaßen. Drei Giebel ohne Figurenschmuck, die Tür- und Fensterstöcke und einige feine Rocaillenornamente aus blauem Stein sind die einzigen Zierformen. Links verdeckt ein kleiner Pavillon eine Seite des Kreuzganges. Aus Symmetriegründen wurde er rechts wiederholt, was der an sich zu kurzen Fassade nur gut getan hat.

Das Innere der Abtresidenz war früher mit Holzwerk ausgekleidet und mit Marmorkaminen geschmückt. Türen und Fenster hatten schön gearbeitete Beschläge. Von all dem ist nichts mehr vorhanden. Bevor Simons die Abtei der Staatskasse übergab, hatte er sie so weit wie möglich ausgeräumt.

Der Kreuzgang aus dem 17. Jahrhundert ist sehr schlicht. Die Maueröffnungen sollten ursprünglich verglast werden. Ihnen sind hofseitig schöne Bogen vorgeblendet. Die Mitte jeder der vier Kreuzganggalerien wird durch etwas höhere Bogen betont. Das Kreuzgewölbe des Kirchenchors ist ebenfalls aus dem 17. Jahrhundert. Im Langhaus wurde es bei der Restaurierung durch eine hölzerne Tonne ersetzt. Die Fassade der Kirche ist auf den Ehrenhof ausgerichtet. Das Portal ist dorisch geordnet. Der Besucher wird höchst überrascht sein, wenn er erfährt, daß die gotische Rose mit dem Strahlenmaßwerk erst 1609 entstanden ist.

181 Zisterzienserinnenabtei La Cambre bei Brüssel. Eingangsbauten, 18. Jahrhundert
Die beiden niedrigen halbkreisförmigen Flügel, unter Äbtissin Séraphine Snoy (1756–1794) entstanden, verleihen der sonst eher schlichten Abtei einen schloßartigen Charakter.

182 Zisterzienserinnenabtei La Cambre bei Brüssel. Kreuzgang, 17. Jahrhundert
Der Kreuzgang ist so einfach wie alle anderen Gebäude der Abtei. Er ist verglast, wie das damals in Belgien üblich wurde.

Zwischen den Weltkriegen erhielt die Kirche expressionistische Fenster. Aus der gleichen Zeit stammt auch das gesamte Mobiliar und die neugotischen Bilder, die allerdings nicht der Rede wert sind. Damals wurden auch in die Fenster zum Kreuzgang die Wappen der Äbtissinnen eingepaßt. Am Wappen von Maxime Carton de Wiart, dem Retter der Abtei, wird wohl kaum einer ohne innere Bewegung vorbeigehen. Es trägt die Inschrift »Parochus 1921, Cameram B^{ae} M^{ae} Virginis restituit«, und über dem aufrechten Löwen den stolzen Wahlspruch der Carton de Wiart »Ad altiora« (»Zu Höherem«).

Im Garten, auf halber Höhe des Hanges, steht eine kleine Kapelle. Sie wurde im 17. Jahrhundert am Ort der Zelle des heiligen Bischofs Bonifatius aus dem 13. Jahrhundert errichtet. Ihre bewegte Geschichte ist kennzeichnend für den Leidensweg der Abtei. 1917 stand sie dem Bau einer Straße im Wege. Auguste Liebaert, der sie kaufte, ließ sie sorgfältig abbrechen und im Park seines Schlosses Ter Linden in Ternath wiederaufbauen. Als beschlossen wurde, die Abtei zu restaurieren, trauerte man der Kapelle nach. Ihr Eigentümer erklärte sich bereit, sie zurückzugeben. Also wurde sie erneut abgetragen und an ihrem heutigen Standort aufgestellt, der näher bei der Abtei liegt als der ursprüngliche.

In den Archiven sind keine Hinweise auf die Architekten zu finden, die La Cambre im 17. und 18. Jahrhundert erbaut haben. In der Eleganz, der Schlichtheit und Bescheidenheit, ja man möchte sagen im »Zartgefühl« dieser ausgewogenen Bauten spürt man den weiblichen Einfluß, ähnlich wie beim »Kloster der Königin« in Versailles. Hinter dem schmucklosen Kreuzgang des 17. Jahrhunderts steckt ein vollendeter Sinn für das richtige Maß, und die Abtresidenz ist zurückhaltend und aristokratisch gestaltet. Dies ist tatsächlich die einem Nonnenkloster angemessene Architektur.

Daß die Abtei überlebt hat, verdankt sie einigen weitblickenden Männern und einem aufgeklärten König. Wenn sie heute noch besteht, so grenzt das ans Wunderbare, denn Brüssel hat sich im 19. und 20. Jahrhundert in rasantem Tempo immer weiter ausgedehnt, wobei bis in unsere Tage zahllose Zeugen der Vergangenheit verschwinden mußten. Wer La Cambre besuchen will, sollte die Straße den Teichen entlang wählen, den natürlichen Zugang. Wenn er die Stille, die ausgewogenen Gebäude, die Harmonie des Ehrenhofes, den friedlichen Kreuzgang und die anmutige Abtresidenz genossen hat, wird er die Großstadt Brüssel als absurde Welt empfinden.

VI

LAURENT-BENOÎT DEWEZ, EIN KLOSTERARCHITEKT

Mit den Vorarlberger Handwerkern und den Maurinern verfügten Deutschland und Frankreich über eigentliche Klosterbaumeister. Die einen wie die andern hielten sich streng an funktionale Bedürfnisse, ohne sich von ästhetischen Absichten leiten zu lassen. Auch bei Johann Michael Fischer, der so viele Klöster in Bayern baute, dabei allerdings oft Vorhandenes übernehmen mußte, läßt sich nur schwer ein persönlicher Stil erkennen. Ganz anders liegen die Dinge bei Laurent-Benoît Dewez (1731–1812), der zahlreiche Klöster und Kirchen entwarf und damit einen wesentlichen Beitrag zur Umorientierung der belgischen Kunst vom Barock zum Klassizismus leistete.

Dewez stammte aus bescheidenen Verhältnissen. Sein Vater war nach den einen Bauer, nach den anderen Händler in Petit Rechain in der Provinz Limburg. Aber damals spielte die soziale Herkunft noch keine große Rolle. Die Pfarrer, denen die Kinder anvertraut waren, konnten durchaus die einzelnen Begabungen erkennen und auch für eine entsprechende Ausbildung sorgen. Ein Bruder von Dewez wurde Hofarzt in Wien, ein anderer Hofjuwelier in Brüssel. Sie hatten alle die nötigen Mittel erhalten, um sich im Ausland auszubilden.

Als Laurent-Benoît 20 Jahre alt war, hatte er bereits sein Talent bewiesen. Er bekam vom Lütticher Domherrn Darchis ein Stipendium und reiste nach Rom. Von 1754 bis 1757 blieb er in Italien und bereiste in dieser Zeit auch Griechenland, Syrien und Ägypten. In der Folge tat es Dewez allen Intellektuellen seiner Epoche gleich, die als echte Europäer das Bedürfnis hatten, ihr Wissen zu erweitern: Er besuchte Portugal, Österreich, Deutschland, Schweden, England und Frankreich.

In Italien studierte Dewez bei Carlo Marchionni, der damals das Casino der Villa Albani vollendete, und bei Luigi Vanvitelli, der 1752 mit den gewaltigen Bauten der Reggia di Caserta und des Albergo dei Poveri in Neapel begonnen hatte. Der junge Architekt konnte also den Klassizismus an den Quellen studieren. Zu seinen Vorbildern kam noch der englische Palladianismus hinzu, denn er lernte Robert Adam kennen, der sich mit dem Franzosen Clérisseau zusammengetan hatte, um die Antike zu studieren. Die beiden stellten 1756 Dewez als Zeichner an, nachdem er ihnen seine diesbezügliche Begabung in überzeugender Weise dargelegt hatte. Im Mai 1757 untersuchte die kleine Gruppe den Diokletianspalast in Spalato und die Villen Palladios in Venetien. Im Oktober des gleichen Jahres reiste Dewez mit Adam nach London, wo er allerdings nur kurz blieb. Bereits 1759 hält er sich in der luxemburgischen Zisterzienserabtei Orval auf, um die Pläne für den Neubau des Klosters zu zeichnen. Dom Nicolas Spirlet, der 1760 Abt von Saint-Hubert wurde, hatte den Mönchen von Orval 1758 geraten, Dewez aus England zurückzurufen und mit der Erneuerung ihrer Abtei zu beauftragen. Zwischen Dewez und Spirlet muß ein verwandtschaftliches Verhältnis bestanden haben, denn der Abt spricht in seinen Briefen von seinem »lieben Vetter«.

Dom Spirlet hat in Belgien offenbar eine ähnliche Rolle gespielt wie Berthold Dietmayr in Österreich. Er beriet Graf Cobenzl, den österreichischen Bevollmächtigten in Brüssel, der für den Gouverneur Karl von Lothringen eine Art Ministerpräsident war und die Kontrolle über die Klöster ausübte.

Dom Spirlet, der Abt und Stahlunternehmer, war ein begeisterter Liebhaber der Baukunst. In seiner umfangreichen Korrespondenz, die in der Urschrift nicht weniger als 27 Bände füllt, schreibt er immer wieder von Architekturtraktaten, die er gekauft hat. 1777 erwartete er den Besuch von Clérisseau in Saint-Hubert. Er muß wohl selbst eine Vorliebe für die Antike gehabt haben, denn er drängte verschiedene Äbte, für ihre Bauvorhaben Dewez beizuziehen.

Der Reichtum der Abtei Orval erlaubte es dem 28jährigen, sein Genie aufgrund eines großartigen Programmes unter Beweis zu stellen. Seine Aufgabe war es, das gotische Kloster abzubrechen und daneben ein vollständig neues zu bauen. 1759 reichte er die Pläne ein, die von der Regierung gebilligt wurden. Im April 1761 wurde der Grundstein gelegt. Schon aus seinem ersten Auftrag machte Dewez ein Meisterwerk.

Der ehemalige Jesuit Feller war 1771 in Orval. In der Beschreibung seiner Reisen durch Belgien erklärt er, »daß es ein leichtes ist zu sehen, welches die schönste Abtei der Welt werden wird. Ihre Architektur ist einfach... Die drei Grundsätze, die das Institut unserer untergegangenen Gesellschaft [Jesu] für das Bauwesen

halbkreisförmigen Portiken aus, die er für Orval vorgesehen hatte.

Glücklicher als in Orval war Dewez in Afflighem, denn diese Benediktinerabtei konnte er fertigstellen. Den Auftrag für den Neubau des Klosters und die Umgestaltung der Kirche hatte er 1774 erhalten. Heute stehen davon nur noch ein paar Mauerreste. Die Klosterfront war sehr ähnlich wie Orval, aber die Kirche hatte eine Doppelturmfassade.

Der herrliche Abtpalast von Saint-Martin in Tournai, das Abt Delzenne 1764 in Auftrag gab, konnte die Zeiten überdauern, weil es als Rathaus Verwendung fand. Es ist einer der schönsten Louis-XVI-Bauten Belgiens. Die Fassade ist vielfältig gestaltet. Leider verbrannte im letzten Krieg die gesamte kostbare Inneneinrichtung.

Die Abtresidenz des Prämonstratenserklosters Heylissem, die Dewez 1768 baute, wurde in ein Schloß umgewandelt und besteht in dieser Form noch heute. Die Fassade weist drei Risalite auf. Der mittlere davon sollte

186 Benediktinerabtei Saint-Martin in Tournai. Abtpalast
Dewez entwarf diesen Bau 1764. Er wäre ebenso gut als Adelssitz denkbar.

187 Prämonstratenserabtei Floreffe. Kirche, Langhaus
Beim Umbau der mittelalterlichen Kirche konnte Dewez die von ihm bevorzugten freistehenden Säulen nicht anwenden. Er übernahm das Prinzip der alten Kreuzbündelpfeiler. Trotzdem ist der Raum von klassizistischer Kühle geprägt.

ursprünglich den Kircheneingang bilden. Von der Kirche selbst wurde nur der runde Gemeinderaum gebaut, der heute dem Schloß als Festsaal dient. Die Ehrenhoffassade der Abtei Gembloux dagegen mit einem Portikus in der Mitte erinnert eher an einen Justizpalast als an ein Kloster.

Einen Eindruck davon, wie Dewez den Kirchenraum verstand, geben die Klosterkirchen von Andenne, Floreffe, Vlierbeek und Bonne-Espérance. Die Benediktinerkirche von Vlierbeek in der Nähe von Löwen gestaltete er

nach dem eigenartigen belgischen Grundrißschema mit langem Mönchschor und als Zentralraum ausgebildeter Laienkirche mit Kapellenkranz. Dem gleichen Prinzip folgt auch Heylissem. In Floreffe hatte Dewez eine große mittelalterliche Basilika umzubauen. Da er im dreischiffigen Langhaus die alten Bündelpfeiler mit Pilastern und Diensten beibehalten mußte, fehlen hier die sonst von ihm so geschätzten Säulen. Er vergrößerte das Querschiff, um den Raum vor dem einschiffigen Chor zu erweitern und gliederte es mit festlichen korinthischen Säulen und Gesimsen. In Bonne-Espérance hatte Dewez wieder freie Hand. Hier legte er einen mächtigen Architrav direkt, ohne Bogen, auf eine korinthische Säulenreihe. Unbekannt ist, ob ihm französische Überlegungen zu diesem sogenannten griechisch-gotischen Stil bekannt waren, etwa der »Essai sur l'Architecture« von Cordemoy aus dem Jahre 1752. Auch ob er Saint-Waast in Arras, Condé-sur-Escault oder Notre-Dame in Guebwiller gesehen hat, ist ungewiß. Vielleicht brauchte er solche Vorbilder gar nicht, um diese tempelartige Bandgesimsarchitektur zu entwerfen.

Die Rückkehr zur Antike in der Kirchenbaukunst entsprach durchaus nicht jedermanns Geschmack. Feller, der 1774 in Bonne-Espérance war, kritisierte den »exotischen«, das heißt römischen, Geschmack von Dewez. Er spricht von »dieser Kirche, die etwas von den alten Juno- oder Bacchustempeln hat und etwas von einem modernen Opernhaus, die aber als ganzes mit nichts zu vergleichen ist«. Er stellt fest, die Kirche habe sich immer weiter von heidnischen Formen entfernt, aber »seit das Christentum vor unseren Augen untergeht, muß man mit Entsetzen zusehen, wie die Annäherung an das Heidnische so weit geht, daß das Haus des Einen Gottes den Tempeln der verdammenswerten Vielgötterei nachempfunden wird«.

In Orval bewunderte Feller das Kloster, beurteilte aber die Kirche zurückhaltend und bedauerte das alte Gotteshaus. »Obwohl die neue Kirche so prachtvoll ist, bin ich betrübt, daß die alte dem Untergang geweiht ist«.

Offenbar meinten selbst die Mönche, den antikisierenden Eifer von Dewez bremsen zu müssen. Tatsächlich griff im Jahre 1763 Etienne Fayn, der Architekt des Lütticher Fürstbischofs, in den Bau von Orval ein. 1768 schrieb der Architekt Antoine aus Metz, daß Fayn seit 1763 die Arbeiten in Orval leitete und »dabei den allzu altertümlichen Geschmack des Herrn Dewez korrigierte«. Altertümlich heißt hier nicht altmodisch, sondern antikisch. »Der Entwurf von Dewez«, so fährt Antoine fort, »entspringt einer Vorliebe für das Römische, für das Altrömische allerdings. Darum wird er nicht in allen Teilen befolgt.«

Dewez stattete seine Kirchen so nüchtern aus, daß man von einer Rückkehr zu mönchischer Strenge reden könnte. Dagegen steht aber seine Vorliebe für großzügige Räume, die Eleganz der »reichen« ionischen und korinthischen Ordnungen, die geschweiften Säulen, die Marmorböden, die Reliefs und die Säulen in den Chören und an den Altären. Hatte nicht Alberti für das Gotteshaus eine reine Schönheit verlangt, die dem Rhythmus und dem Spiel der Zahlen allein entspringt? Man kann darüber denken, wie man will, der Klassizismus, die Stilform eines positivistischen Jahrhunderts, ist für uns mit Verwaltungsbauten verbunden und nicht mit der Sakralarchitektur. Eine Kirche von Dewez kann man bewundern, einen »heiligen Schauer« verspürt man in ihr nicht.

Auf dem Höhepunkt seines Ruhms lernte Dewez die Mißgunst kennen. 1761 war der charakterlich zweifellos schwierige Mann mit den Mönchen von Orval in Streit geraten. Cobenzl mußte schlichtend eingreifen. Er schickte seinen französischen Architekten Le Virloys, der das Theater von Metz gebaut hatte und einmal Hofarchitekt des preußischen Königs und später der Kaiserin Maria Theresia werden sollte, zur Inspektion der Baustelle. Man warf Dewez auch eine erhebliche Kostenüberschreitung vor. Es kam hinzu, daß seine zahlreichen Bauten in ganz Belgien seine Kräfte zersplitterten. Er konnte sich gar nicht mehr allen mit der nötigen Sorgfalt widmen. So wurden denn seine Pläne in technischer Hinsicht nicht immer allen Anforderungen gerecht. Er war gerade mit den Arbeiten am Gefängnis von Vilvorde und dem Umbau der Kirche von Uccle beschäftigt, als 1774 eine Intrige gegen ihn eingeleitet wurde, die ihn von den großen in Brüssel geplanten Verwaltungsneubauten fernhalten sollte. Dewez zog sich auf seinen Landsitz Steen-sous-Elewijt zurück, der einst Rubens gehört hatte. Dort widmete er sich der friedlichen Beschäftigung mit der Landwirtschaft, bis ihn die Revolution vertrieb. In den folgenden Jahren hielt er sich in Wien und Prag auf. Als er völlig mittellos zurückkehrte, mußte er feststellen, daß die Revolutionäre mehrere seiner Werke zerstört hatten. Der Architekt so vieler herrlicher Stadthäuser, Klöster und Schlösser starb 1812 als 81jähriger von allen vergessen in Grand-Bigard.

VII

DAS WECHSELVOLLE SCHICKSAL DER ZISTERZIENSERABTEI ORVAL

Die Grenznähe der Zisterzienserabtei Orval in Luxemburg war einerseits Ursache großen Reichtums, denn das Kloster hatte Gönner in Lothringen, Frankreich und Belgien, andererseits brachte sie viele Unannehmlichkeiten mit sich und war schließlich der Grund für den Untergang.

Im Jahre 1556 standen französische Truppen vor dem Kloster und verwüsteten seine Güter. Als im Frieden von Cateau-Cambrésis Luxemburg an Spanien fiel, kehrten ruhige Zeiten ein, allerdings waren sie nur von kurzer Dauer. Banditen, die zuvor schon Saint-Hubert belagert hatten, plünderten am 13. und 14. Oktober 1568 das Kloster und steckten die Kirche in Brand. Unter Abt Lamberg de Hansimbourg (1588–1596) war die Lage des Klosters beklagenswert. Jegliche Disziplin war verloren gegangen. Die Mönche trugen weltliche Kleider und vergnügten sich des Nachts in den benachbarten Dörfern. 1593 besetzte der Herzog von Bouillon Luxemburg. Auch seine Soldaten plünderten das Kloster. Zu allem Unglück brach noch die Pest aus. Der Aufschwung kam, als Herzog Albert, der Gouverneur der Niederlande, Dom Bernard de Montgaillard (1605–1628) als Abt einsetzte. Dieser Mann, der in Paris eine wichtige Rolle in der Liga gespielt hatte, war von großer Gottesfurcht durchdrungen. Aber er war auch ein hervorragender Verwaltungsfachmann. In kurzer Zeit richtete er die Disziplin wieder her und erneuerte die Gebäude. 1637 besetzte Coligny, der Marschall von Châtillon, Luxemburg mit seinen polnischen und walachischen Landsknechten, die sich den Chroniken zufolge vor allem durch ihren Gestank auszeichneten. Coligny stellte Orval unter seinen Schutz. Am 28. und 29. Juli lagerte eine Artillerieabteilung unter Graf Piccolomini und Marschall Bellefond im Kloster. Auch die folgenden drei Tage zogen Truppen durch, ohne daß es zu Ausschreitungen kam. Aber am 2. August fielen 100 französische und schwedische Reiter über den Gutshof her. Sie raubten das Vieh und verjagten die Mönche mit Waffengewalt. Dann drangen sie in die Kirche Notre-Dame ein und zerstörten die 17 Altäre. Nachdem sie die Glocken, heiligen Gefäße, Bücher und Meßgeräte an sich genommen und den Tabernakel und das Allerheiligste geschändet hatten, kehrten sie ins Lager zurück und begannen, das Diebesgut zu verkaufen. Am 3. August kamen sie wieder. Diesmal steckten sie die Pfarrkirche Sainte-Marguerite und die Werkstätten in Brand. An den folgenden Tagen ging das Plündern und Zerstören weiter. Die Kirche wurde zum Abtritt der Soldaten und zum Pferdestall. Das Futter für die Tiere wurde auf dem Hochaltar hergerichtet.

Der Abt war abwesend, kehrte aber in aller Eile zurück und sandte einen Boten an den Marschall von Châtillon, um den versprochenen Schutz zu fordern. Am 11. August legten die Soldaten an vier Stellen des Klosters Feuer. Der Zellentrakt und das Abtpalais standen in Flammen. Am 12. August erschien der Feldadjutant des Marschalls und beteiligte sich höchstpersönlich an der Plünderung. Das geheime Einverständnis des französischen Generalstabs ist also unbestreitbar. Schließlich konnte eine spanische Einheit das Kloster entsetzen, aber es fehlten ihr die Mittel, den Brand zu löschen. Am 13. und 14. August überfielen erneut 40 französische Reiter das Kloster. Diesmal ging die Abteikirche Notre-Dame in Flammen auf. Die Höfe und Priorate des Klosters waren zerstört, die Kirchen geschändet. Abt Laurent de Laroche (1628–1633) blieb nichts anderes übrig, als mit den Mönchen in sein Refugium nach Montmédy zu ziehen.

Die Landwirtschaft war ruiniert, die Felder lagen brach, die Schmieden waren nicht mehr zu gebrauchen. Dennoch kehrte Abt Henri de Mengen (1639–1688) mit einigen Klosterbrüdern zurück und machte sich unerschütterlich an den Wiederaufbau der Abtei. Zunächst erstellten die Mönche behelfsmäßige Strohdächer über den Mauerresten, damit sie wenigstens etwas geschützt waren. In vielen Jahren hartnäckiger Arbeit setzte er die Schmiedewerkstätten wieder instand, und bereits 1657 war die Kirche neu erstanden.

Aber schon warf ein neuer Krieg drohend seine Schatten über die Abtei. Am 11. Juni 1657 umzingelte Ludwig XIV. Montmédy. Graf Alamont, der 33jährige Kommandant der Stadt, wurde tödlich getroffen und starb in den Armen seines Feldgeistlichen, des Abtes von Orval. Am 6. August fiel die Stadt, und der König von Frankreich gab sie zur Plünderung frei.

Im Pyrenäenvertrag vom 9. November wurde die Eroberung bestätigt. Die Grafschaft Luxemburg wurde aufgeteilt. Ein Teil der Güter Orvals fiel an Frankreich. Die Abtei war also fortan dem französischen und dem spanischen König untertan. 1659 stellte Ludwig XIV. das Kloster unter seinen Schutz. Abt de Bentzeradt (1666 bis 1702) betrachtete es als seine vordringlichste Aufgabe, zunächst einmal die sehr vernachlässigte Disziplin seiner Mönche wiederherzustellen. Er wandte sich ratsuchend an Abt de Rancé, den Gründer von La Trappe, schreckte aber vor dessen Härte und Strenge zurück. »Bedenken Sie, hochwürdiger Vater«, schrieb er ihm, »daß wir Menschen aus Fleisch und Blut zu führen haben, keine Engel.« Schließlich übernahm er doch die Regel von La Trappe, um den ehemaligen Gehorsam wieder durchzusetzen. Wie so oft in der Geschichte des Mönchtums hatte die neue, strenge Zucht einen Zustrom von Neuberufungen für Orval zur Folge.

Unter Abt de Monmetz (1729–1742) erlebte die Abtei ihre Blütezeit. Dieser Verwaltungsfachmann brachte Ordnung in die Rechte und den Besitzstand des Klosters. Er legte eine zehnbändige Urkundensammlung und ein Rentenregister an. Später fügte Abt de Meuldre die sogenannten »Pieds-terriers«, ein Grundstückverzeichnis, hinzu. Orval kam zu Wohlstand und war 1740 in der Lage, 422 806 Gulden zu einem Zinssatz von zwei bis fünf Prozent auszuleihen. Bei soviel Reichtum war es nicht zu vermeiden, daß die Vorliebe für Zeitliches überhandnahm. Auf den Urkundenband des Jahres 1740 schrieb eine unbekannte Hand auf lateinisch: »Unglück über euch, die ihr ohne Ende Häuser kauft. Ihr Unglücklichen, glaubt ihr allein auf der Erde zu leben? Ein Undankbarer, ein Verschwender wird sich vielleicht über eure Schätze freuen. Mönche und Prälaten, gebt acht, daß eure Herzen nicht nachgeben angesichts von soviel Speise und Trank.«

Die Sitten lockerten sich wieder. Abt de Meuldre wurde angeklagt, Klostergelder veruntreut zu haben, und abgesetzt. Die niederländische Regierung, die mehr und mehr die Klöster kontrollierte, erließ »Weisungen an den Abt von Orval zur besseren Leitung seines Hauses«.

Die immerhin beträchtlichen Sozialleistungen des Klosters und die wachsenden Steuern erreichten bei weitem nicht die Höhe des Einkommens. Der zunehmende Reichtum ermöglichte den Neubau des Klosters. Den Entschluß dazu faßte Abt Menne Effleur (1757–1764), ein »milder und gütiger Vater, der von den Mönchen geliebt und von den Fremden verehrt wurde«. Dieser liebenswürdige Herr war aber auch sehr ehrgeizig. Er wollte sein Kloster zum Palast ausbauen. 1759 berief er Dewez, um den Neubau zu planen. Die Arbeiten kamen zügig voran. Allerdings verschlangen sie solche Summen, daß die Rücklagen des Klosters erschöpft wurden. In den Jahren 1779 und 1781 mußte Abt Scholtus (1764–1787) gegen den Willen seiner Mönche Kredite aufnehmen.

Die Kirche wurde 1779 eingedeckt und am 6. August 1782 geweiht. Man hatte nicht an belgischem und italienischem Marmor gespart. Aus den Brüchen der Abtei Saint-Rémy in Rochefort wurde der schöne rote Marmor für die Säulen herangeschafft. Orval hatte das Glück, unter seinen eigenen Mönchen hervorragende Künstler zu haben. Bruder Abraham Gilson malte Refektorium, Kapitelsaal und Kreuzgang aus. Sein Atelier, ein Bau des mittelalterlichen Klosters, ist das einzige, was von der Abtei stehen blieb. Die schönen Kunstschmiedearbeiten an der Ehrentreppe und am Lettner sowie die zahlreichen Torgitter schuf Bruder Armand Robin.

Das Mönchsleben war im 17. und 18. Jahrhundert keineswegs geruhsam. Nach den Kriegswirren des 17. Jahrhunderts kamen die endlosen Bauarbeiten, verbunden mit unaufhörlichem Lärm und einem ständigen Kommen und Gehen fremder Leute. Die Fuhrwerke verwandelten vor allem im Winter die Zufahrtswege in tiefen Morast. Grund zur Klage war auch, daß die Mönche immer wieder neue Unterkünfte beziehen mußten. 1781 war in Orval der neue Schlaftrakt fertig, aber es gab noch keine Verbindung zur Kirche und zum Refektorium. Die Patres mußten also in Kälte, Regen, Schnee und Hagel hinaus.

1785 wurden die Arbeiten eingestellt. Sie sollten nie mehr aufgenommen werden. Man stand damals vor dem Abbruch der alten Kirche. Es wurde schon erwähnt, wie der ehemalige Jesuit Feller anläßlich eines Besuches in Orval bei aller Bewunderung für das Neue den Verlust des Alten beklagte. Es sollte nicht mehr lange dauern, bis die Kanonen der Französischen Revolution alles in Schutt und Asche legten.

Am 20. Juni 1791 traf der fliehende Ludwig XVI. in Varenne ein. Es ging das Gerücht, er habe Orval als erste ausländische Zufluchtstätte gewählt. Die Sansculotten sollten es das Kloster bitter büßen lassen. Wieder standen Kriegsschrecken vor der Tür, diesmal kamen jedoch noch die Grauen der Revolution hinzu. Am 17. Juli brachten die Mönche ihren kostbarsten Schatz, das Archiv, nach Luxemburg in Sicherheit. 1792 holten sie die wertvollen Möbel nach. Schon hatten plündernde Bauern die Grenze überschritten. Nach ihnen drangen reguläre französische Truppen mordend und brandschatzend in die Niederlande ein. Am 12. Juni 1792 machten Soldaten im Kloster halt, um sich etwas auszuruhen. Auch die 1800 Mann von

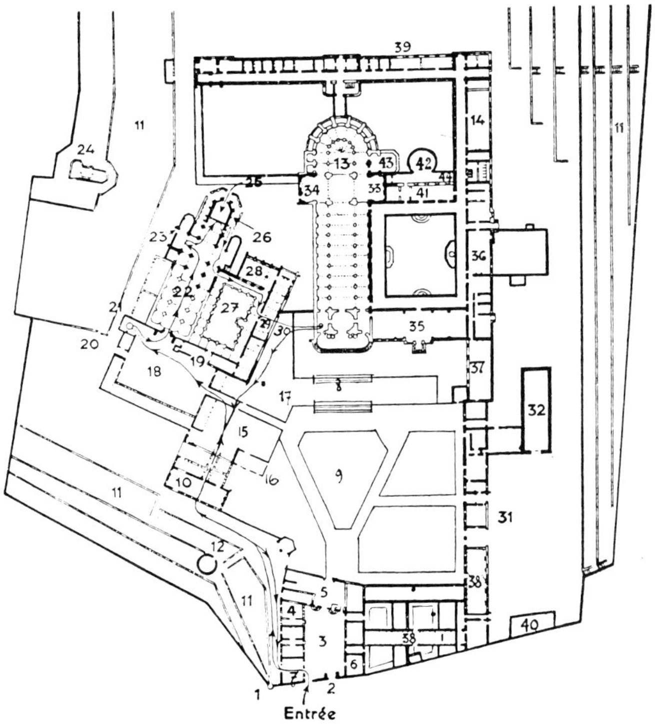

188 Zisterzienserabtei Orval. Grundriß
Dewez' Plan war zu nahezu drei Viertel verwirklicht worden. Links neben der fertiggestellten Kirche das alte Kloster. Es stand kurz vor dem Abbruch, um Platz für die restlichen Dewez-Bauten zu schaffen. Als Ruine hat es die Zeiten überdauert. 1926 kamen Trappisten nach Orval und bauten, teilweise auf den Grundmauern von Dewez, ein neues Kloster.

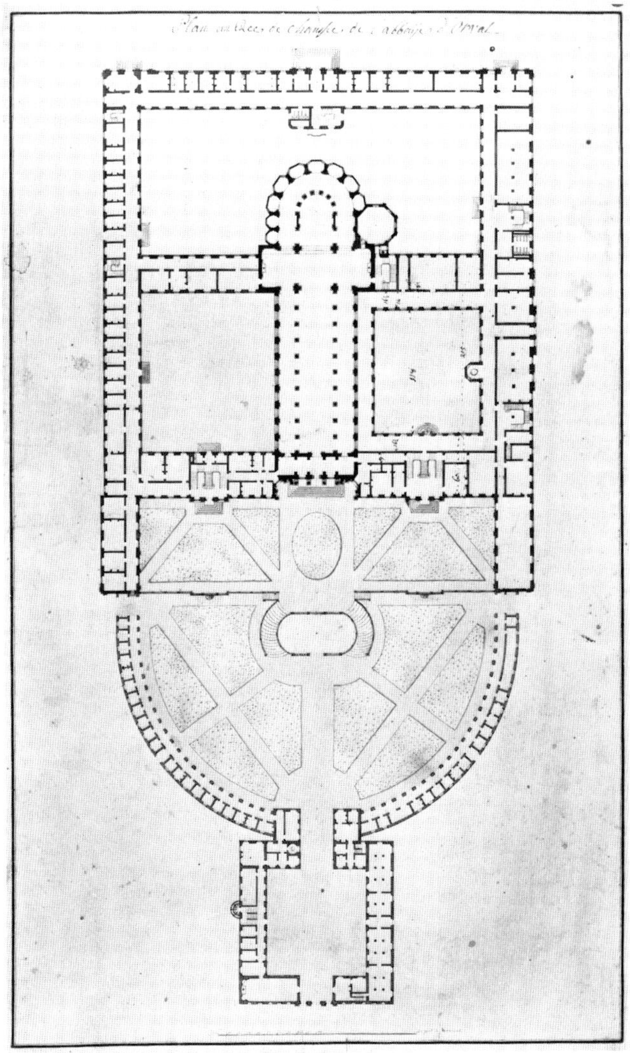

189 Zisterzienserabtei Orval. Wiederaufbauplan, von Laurent-Benoît Dewez, 1759
Hätte die Französische Revolution den Neubau nicht unterbrochen, Orval wäre wohl das schönste belgische Kloster des 18. Jahrhunderts geworden. Die geplante Anlage bestand aus einem quadratischen Eingangshof, dem folgenden halbrunden Ehrenhof und schließlich dem Kloster. Die Hauptfassade sollte in der für Dewez typischen Weise gegliedert werden, die Kirche in der Mitte, links und rechts die Risalite von Gästetrakt und Prälatur. Die Kirche ist wahrscheinlich auf Wunsch der Mönche ein traditioneller dreischiffiger Raum. Sie wird von den Konventhöfen umgeben. Hinten und links die Mönchszellen.

General Leveneur richteten anderntags keinen Schaden an. Bernard de Mogue jedoch, ein Gemeindepfarrer, der den Mönchen viel zu verdanken hatte, wurde zum Verräter und machte den Franzosen weis, das Kloster habe dem König Asyl angeboten. Nun mußten österreichische Truppen Orval verteidigen. Es gelang ihnen, die Franzosen in die Flucht zu schlagen, aber nur für kurze Zeit. Von Sedan ging ein neuer Angriff auf das Kloster aus, der von Bauern abgewehrt wurde, da die Mönche die Abtei verlassen hatten. Am 27. Oktober quartierten sich 600 kaiserliche Soldaten in Orval ein, was die Patres zur Rückkehr veranlaßte. Dies erwies sich als unvorsichtig, denn die Österreicher wurden an anderen Kriegsschauplätzen benötigt und abgezogen. Die Abtei war damit den Franzosen ausgeliefert. Prior und Mönche luden auf ihre Wagen, was immer für die Plünderer hätte reizvoll sein können, und flohen erneut. Am 9. Dezember trafen 6000 Soldaten in Orval ein, zwei Tage später kam ein ganzes Armeekorps unter General Charzot. Die Franzosen veranstalteten ein tolle Maskerade mit den Meßgewändern und feierten die Messe auf ihre eigene Art.

Januar und Februar waren einigermaßen ruhig. Mutig und hartnäckig, wie die Mönche waren, kehrten sie ins

I

DAS MÖNCHTUM IN RUSSLAND

Die Klöster des Berges Athos sind heute am Verfallen. Ihr Erhalt ist wegen des künstlerischen Wertes, den sie darstellen, eine ebenso vordringliche wie schwierige Aufgabe. Noch zu Beginn unseres Jahrhunderts stand die autonome Mönchsrepublik in Hochblüte. Eines der reichsten Klöster war St. Panteleimon, in dem damals 2000 russische Mönche lebten. Bis zur Oktoberrevolution flossen hier reiche Spendengelder aus ganz Rußland zusammen. Die Pilger kamen in Scharen und meist zu Fuß. Ein jeder trug sein kleines Bündel und den unvermeidlichen Teekessel als Samowar-Ersatz auf den Schultern. Sie machten damit den umgekehrten Marsch des Einsiedlers Antonius, der, vom Sinai herkommend, die Mönchsregeln des Berges Athos mit nach Kiew nahm, wo er 1062 das Höhlenkloster Petschersk gründete.

Das Mönchtum gehört zu den großen Traditionen des »heiligen Rußland«. Auch heute ist es noch nicht ganz untergegangen. Das russische Mönchtum unterscheidet sich sehr stark vom westlichen. Es ist auf einer früheren Entwicklungsstufe stehengeblieben und betrachtet — getreu der orientalischen Tradition — nicht die Gemeinsamkeit, sondern das Einsiedlertum als Ziel.

Wer sich im Westen für die mönchische Gemeinschaft entschied, tat dies, um sich auf das Leben nach dem Tode vorzubereiten. Das dazu nötige seelische Wohlbefinden fand er im gemeinsamen Beten, Denken und Handeln. Die handwerkliche Arbeit — vor allem die Landwirtschaft und der damit verbundene Kontakt zur Natur, der die meisten westlichen Mönchsorden nachgingen —, festigte das Gefühl der Gruppenverantwortung.

Die ersten Klöster, die der im 7. Jahrhundert niedergeschriebenen Regel des hl. Benedikt von Nursia folgten, waren unabhängig. Im 11. und 12. Jahrhundert schloß sich eine große Zahl dieser Benediktinergründungen in der Kongregation von Cluny zusammen. Das Bedürfnis, Gesellschaften mit eigenen Sitten und Gebräuchen zu bilden, führte im Westen zu einer Verfeinerung des Mönchslebens und schließlich zu den »Orden«. Die übergeordnete Instanz dieser Orden war das Generalkapitel. Hier fanden die einzelnen Klöster den Zusammenhalt der großen Gemeinschaft.

In Rußland dagegen war jedes Kloster unabhängig und befolgte seine eigene Regel. Allerdings unterschieden sich diese Regeln kaum voneinander. Sie leiteten sich alle von den Schriften des byzantinischen Mönchs Theodor von Studion (759–826) ab. Die klösterliche Zucht war nicht so streng wie im Westen. Viele Mönche, von den Einsiedlern sogar die meisten, waren mehr oder weniger von ihr befreit. Idiorrhythmie ist die griechische, Kelliotswo die russische Bezeichnung für diese freie Klosterform. Tatsächlich sind die russischen Mönche eher Eremiten, die wegen gewisser materieller Erleichterungen zusammenleben, als echte Zönobiten, das heißt, in ständiger Klostergemeinschaft lebende Mönche. Rund um die Klöster gab es die sogenannte Skiten, eigens für die Einsiedler errichtete Ansiedlungen, in denen sie ihrer besonderen Lebensweise nachgehen konnten. Die meisten russischen Klöster verdanken ihre Entstehung Eremiten, die häufig anderen Klöstern entflohen waren und im Grunde gegen ihren Willen mit ihrer Wundertätigkeit und Askese eine größere Zahl von Schülern um ihre Höhlen oder Hütten scharten. Einige unter ihnen versuchten ihre Nacheiferer abzuschütteln und zogen sich in die eisige Einsamkeit des Nordens zurück. Der Norden übte auf die Russen die gleiche Faszination aus wie die Wüste auf die orientalischen Mönche. Der große Büßer Zosimus beispielsweise suchte auf den Spuren des Asketen Savatius gemeinsam mit dem Einsiedler German die völlige Abgeschiedenheit auf der Insel Solowezk im Weißen Meer. Aber so unwirtlich die Gegend auch sein mochte, das heiligmäßige Leben der Eremiten zog so viele Anhänger an, daß sich die beiden schließlich gezwungen sahen, das Solowezkische Kloster zu gründen.

Gewaltige Spendenströme machten die russischen Klöster zu mächtigen Wirtschaftsfaktoren. Diese Situation beunruhigte vor allem Iwan den Schrecklichen. Auf seine Veranlassung hin verbot ein Konzil in den Jahren 1573 und 1580 den Klöstern jeglichen Landerwerb. Aber der Zar, der allen Grund hatte, sich um sein Seelenheil zu bemühen, war der erste, der diese Verfügung umging. Erst im 18. Jahrhundert ging der Staat ähnlich wie im Westen streng gegen die Klöster vor. Bis dahin hatten sie im russischen Alltag wichtige soziale Aufgaben erfüllt. Gerade ihre Vorliebe für verlassene Gegenden machte die Mönche zu Kolonisatoren. Sie waren Großbauern, obwohl sie nicht selber auf den Feldern arbeiteten. Das besorgten Leibeigene für sie. Vorsteher der Gutsverwaltungen waren die Zellerare oder Kämmerer.

Wie ihre westlichen Brüder waren die russischen Mönche um die Barmherzigkeit und die Verbreitung der Kultur besorgt. In ihren Klöstern entstanden die ersten Chroniken, die Vorläufer der Geschichtsschreibung. Von größter Bedeutung war auch die klösterliche Gastlichkeit in diesem riesigen Land, das kaum Straßen hatte, um die gewaltigen Entfernungen zwischen den einzelnen Städten zu überbrücken. Dieser Aufgabe kamen die Mönche bis zur Oktoberrevolution nach, denn das »heilige Rußland« hatte seine tiefe Gläubigkeit bewahrt. Lange Kolonnen von Pilgern (Bogomolzen) jeden Alters und Geschlechts zogen zu Fuß über Land, von Kirche zu Kirche, um ein Gelübde zu erfüllen, für eine Heilung zu danken, oder um einfach an den heiligen Stätten zu beten. Die Wallfahrer kamen bis ins Heilige Land, nach Konstantinopel und auf den Berg Athos. Sie wanderten durch Hitze und Kälte von Norden nach Süden. Im Sommer übernachteten sie im Freien, im Winter in den Hütten gastfreundlicher Bauern oder in den Gasthäusern der Klöster.

Rußland, dessen Grenzen lange Zeit unbestimmt und umstritten waren, hatte seinen Klöstern noch eine andere Aufgabe zugewiesen, die im Westen nur die Ritterorden in den Randgebieten der Christenheit übernommen hatten. Sie waren Grenzfestungen und Stützpunkte des nationalen Widerstands gegen Eindringlinge, die das Land von allen Seiten bedrohten. Der Moskauer Kreml wurde im Süden und Osten von einem Ring aus sieben Klöstern umgeben: Nowodjiwitschi, Donskoi, Danilow, Simonow, Nowospaski und Andronikow; das etwas weiter entfernte Kloster Troizko-Sergiew in Zagorsk spielte die Rolle eines vorgeschobenen Verteidigungspostens. Neben dem älteren Höhlenkloster Petschersk in Kiew war dies eines der berühmtesten russischen Klöster. Es gehörte zu den vieren, die den Ehrentitel einer Laura (Lawra) tragen durften. In einer kritischen Phase der russischen Geschichte durchlebte es ähnlich heldenhafte Tage wie das französische Mont-Saint-Michel während des Hundertjährigen Krieges.

Der Bojarensohn Bartholomäus, der unter dem Namen Sergius in die Kirchengeschichte einging, gründete das Kloster in Radonek 60 km vor Moskau. Er lebte zunächst als Einsiedler im Wald von Radonek, mitten unter wilden Tieren, die Zutrauen zu ihm gefaßt hatten. Aber Sergius widerfuhr das gleiche wie Antonius in Kiew oder Zosimus in Solowezk. Die Leute kamen mit seelischen oder körperlichen Gebrechen zu ihm. Er mußte dem Drängen der Gläubigen nachgeben, die sein Asketenleben teilen wollten, und eröffnete 1340 das der Dreifaltigkeit geweihte Kloster. Für Troizko-Sergiew malte Andrei Rubljew im folgenden Jahrhundert das schönste Werk der altrussischen Kunst, die Dreifaltigkeitsikone. Heute hängt sie in der Tretjakow-Galerie in Moskau, aber bis zur Revolution wurde sie in der Kathedrale von Zagorsk verehrt. Wie so viele andere Heiligenbilder überzog man sie im Barock mit einer Schicht aus Gold, Silber, Edelsteinen und Email, der sogenannten Oklad, die nur Hände und Gesicht freiläßt.

In den schwierigen Zeiten an der Schwelle vom 16. zum 17. Jahrhundert war das Kloster Troizko-Sergiew ein wichtiger Vorposten, denn es beherrschte die Ausfallstraßen nach Norden und Osten. Die Verhältnisse in Rußland waren damals anarchisch. 1591 ließ Boris Godunow den Sohn Iwans IV. des Schrecklichen, den achtjährigen Dmitrij, ermorden und sich selbst im Jahre 1598 nach dem Tod von Zar Feodor zum Zaren wählen. Mehrere Usurpatoren gaben sich in der Folge mit polnischer Unterstützung für Prinz Dmitrij aus. Einem von ihnen gelang es, sich 1605 unter dem Namen Demetrius zum rechtmäßigen Zaren ausrufen zu lassen. Aber er blieb nur ein knappes Jahr an der Macht, dann wurde er umgebracht. Neuer Zar wurde Wassilij Schuiskij. Er bekam sofort Schwierigkeiten mit einem Teil der Bojaren, die einen weiteren falschen Dmitrij unterstützten und erneut die Polen um Hilfe riefen. Der neue Prätendent residierte im Dörfchen Tuschino und ging als »Räuber von Tuschino« in die russische Geschichte ein. Der bekannte litauische Söldnerführer Jan Sapieha, eine Art polnischer Wallenstein, der einen bunten Haufen von polnischen, litauischen, deutschen, britischen und skandinavischen Landsknechten kommandierte, verband sich mit den Truppen von Tuschino und belagerte das Kloster Troizko-Sergiew.

Der Archimandrit Joasaph, ein Anhänger Schuiskijs, organisierte mit seinen 300 Mönchen die Verteidigung gegen den Räuber von Tuschino und die Söldner Sapiehas. Der Zar hatte 500 Soldaten zur Unterstützung geschickt. Zudem waren zahlreiche Bauern aus den benachbarten Dörfern mit ihren Familien ins Kloster geflüchtet, so daß dort insgesamt 2500 Mann bereitstanden. Die Belagerung dauerte 15 Monate, vom 23. September 1608 bis zum 12. Januar 1610. Das Kloster wehrte alle wütenden Angriffe des Gegners ab, der dabei 2000 Mann verlor. Schließlich sah sich Sapieha zum Abzug gezwungen.

190 Kloster Nowodjiwitschi bei Moskau. Wehrmauer
Russische Klöster hatten in Krisenzeiten als Festungen zu dienen. Nowodjiwitschi und Troizko-Sergiew gehörten lange Zeit, namentlich im 16. und 17. Jahrhundert, zum äußeren Verteidigungsring Moskaus. Gegen Ende des 17. Jahrhunderts ging diese Bedeutung verloren, und man versuchte, den Klöstern vermehrt ein schloßartiges Aussehen zu geben. Damals erhielten die ehemaligen Festungstürme ihre dekorativen Abschlüsse.

Peter der Große fand zweimal Schutz hinter den uneinnehmbaren Mauern von Troizko-Sergiew, einmal als sich die Strelitzen, die zaristische Leibwache, gegen ihn erhoben, und dann wieder, als die ehemalige Regentin Sophia für Unruhe sorgte.

Der Kämmerer Palizin war die Seele des Wiederstandes gegen Sapieha. Nach dem Krieg wandelte er das Kloster in ein Krankenhaus um. Er war es auch, der sich mit einer ganzen Gesandtschaft nach Kostroma begab, um Michael Romanow dessen einstimmige Wahl zum Zaren mitzuteilen. Sein Kloster wurde daraufhin ein Nationalheiligtum. Zar Alexei Michailowitsch kam alljährlich zwei- bis dreimal hierher. 1650 machte er die Wallfahrt mit der Zarin gar zu Fuß.

Einige Klöster waren bis ins 19. Jahrhundert Festungen. Während des Krimkrieges erwarteten die Zaren einen englischen Angriff aus dem Norden. Das Solowezkische Kloster wurde in Kriegsbereitschaft versetzt. Der Archimandrit, ein ehemaliger Soldat, ließ alle Kunstschätze aus dem Kloster nach Archangelsk bringen. Zur Verteidigung standen ihm allerdings nur veraltete Waffen zur Verfügung. Am 4. Juli 1854 liefen zwei englische Kriegsschiffe in die Bucht ein und nahmen das Kloster während 48 Stunden unter Beschuß. Die Mönche verbrachten Tag und Nacht im Gebet; mehr konnten sie auch gar nicht tun. Nachdem die beiden Schiffe erheblichen Schaden angerichtet hatten, zogen sie sich zurück.

Im 17. Jahrhundert erfuhr das russische Mönchtum ähnlich wie das westliche einen bemerkenswerten Aufschwung. Gegen Ende des Jahrhunderts befanden sich zwei Drittel des gesamten Grundbesitzes in der Hand des Säkular- und Regularklerus. Genau wie im Westen beunruhigte diese Lage den Staat, doch zunächst konnten sich die Klöster den Plänen der Zaren widersetzen. Im 15. und 16. Jahrhundert wurden 300 neue Klöster gegründet, im 17. Jahrhundert kamen noch einmal 220 weitere dazu. Damals begann man, den Prunk, der bisher auf die Kirchen beschränkt war, auch auf andere Klostergebäude auszudehnen. Schon Peter der Große hatte die Zahl der Mönche begrenzt. Seine Nachfolgerinnen, die Zarinnen Anna Iwanowna (1730–1741) und Elisabeth Petrowna (1741–1761), führten seine Politik mehr oder weniger erfolgreich weiter. Aber es war Katharina II., die mit einem Ukas vom 26. Februar 1764 sämtliche klösterlichen Vermögenswerte säkularisierte. Nur eine beschränkte Anzahl von Klöstern, die in vier Klassen eingeteilt wurden, erhielt staatliche Unterstützung. Die anderen wurden sich selbst überlassen.

II

DER WIEDERAUFBAU DER KLÖSTER IM 17. UND 18. JAHRHUNDERT

Im 17. und 18. Jahrhundert ist eine bemerkenswerte Übereinstimmung in der Geschichte russisch-orthodoxer und westlich-katholischer Klöster festzustellen. Die einen wie die andern erlebten vor ihrem Niedergang eine Blütezeit, während der sie vom Baufieber ergriffen wurden. Als sich im Zuge des Barock das Kloster zum Palast entwickelte, verkörperte der Patriarch Nikon den Widerstand Altrußlands. Er verurteilte den neuen Stil als dem Wesen nach profan. Den Lauf der Dinge jedoch konnte er nicht mehr aufhalten.

Am russischen Kloster ist die Idiorrhythmie, die Auffassung vom individualistischen Mönchsleben, recht deutlich ablesbar. Umzogen wird es von einer riesigen Umfassungsmauer mit mächtigen Bollwerken. Dahinter drängen sich die goldschimmernden Zwiebelhauben der Kirchen. Im Westen fanden die verschiedenen Heiligen, denen die besondere Verehrung der Mönche galt, alle in der Klosterkirche Platz. Sie hatten ihre Altäre in Nebenkapellen, die manchmal erst nachträglich angebaut wurden. In Rußland dagegen wurde jedesmal eine neue Kirche gebaut. So hat das Kloster Troizko-Sergiew deren zehn, das Alexander Newski-Kloster in St. Petersburg sogar zwölf.

Die Klöster hatten von Anfang an eine Umfassung, die sie von der Außenwelt abschloß. Im 15. und 16. Jahrhundert begann man, diese zu befestigen, zunächst mit hölzernen, bald aber mit massiv gemauerten Bollwerken. Darüber erhoben sich mächtige, von hohen Pyramiden bekrönte Türme, wie jene des Moskauer Kreml. Die Mauer von Troizko-Sergiew hat bei einer Länge von 1000 m und einer Dicke von 3 bis 4 m zwölf solcher Türme. Als gegen Ende des 17. Jahrhunderts das Kloster Nowodjiwitschi in einen Palast umgebaut werden sollte, erschien die Mauer den Mönchen allzu düster. Sie verzierten sie deshalb mit dekorativen Schießscharten. Die Türme versahen sie mit hohen Fensterattrappen, die alle verschieden geformt sind. Der Utitschaia-Turm von Troizko-Sergiew erhielt einen eleganten Glockenturm und eine offene Balustrade. Die Umfassungsmauern verliefen unregelmäßig und waren manchmal von Wasser umgeben, um die Verteidungsbereitschaft zu erhöhen [1]. Die Klostergebäude dahinter waren planlos verteilt. Sie wurden im Laufe der Zeit je nach den Bedürfnissen und dem zur Verfügung stehenden Platz gebaut. So entstanden die malerischen Silhouetten, die an orientalische Städte erinnern. Hier ist nichts von der straffen Organisation zu spüren, die den Klosteranlagen des Westens von Anfang an bis in die Barockzeit zugrundelag. Mit dem russischen Kloster verhält es sich

191 Kloster Troizko-Sergiew in Zagorsk. Grundriß
Russischen Klöstern lag in den seltensten Fällen ein Gesamtplan zugrunde. Die verschiedenen Gebäude, Kapellen und Kirchen sind meist wahllos innerhalb der turmbewehrten Umfassungsmauer verteilt. Troizko-Sergiew hat nicht weniger als neun Gotteshäuser.
1 Dreieinigkeits-Kathedrale 2 Nikon-Kapelle 3 Westliche Vorhalle 4 Serapionpalast 5 Patriarchenpalast 6 Kirche des Sergius von Radonek mit Refektorium 7 Michejewskaja-Kirche 8 Heilig-Geist-Kirche 9 Mariä-Entschlafens-Kathedrale 10 Brunnenkapelle 11 Gruft der Godunows 12 Obelisk (Ziborium) 13 Glockenturm 14 Kirche der Ikone der Gottesmutter von Smolensk 15 Zaren-Kartause 16 Spitalgebäude mit Sossima- und Sawwati-Kirche 17 Schatzmeister-Zellengebäude 18 Festungspalast 19 Treppenturm 20 Diakonikon 21 Barbaren (Don)-Zellenkomplex 22 Johannes des Täufers-Zellenkomplex 23 Torkirche Johannes des Täufers 24 Bücher-Bank 25 Wirtschafts-Zellenkomplex 26 Uhrturm 27 Mariä-Entschlafens-Zellenkomplex 28 Inspektoren-Zellenkomplex 29 Bibliotheksflügel 30 Spital 31 Klassenflügel 32 Speiseraumflügel 33 Bad 34 Festungsmauern 35 Pjatniza-Turm 36 Gemächer des Meisters Jelisei 37 Roter Turm mit Heiligem Tor 38 Mariä-Entschlafens-Tor 39 Trockenkammerturm 40 Ententurm 41 Klingender Turm 42 Salzturm 43 Feuertorturm 44 Gezimmerter Turm 45 Gästegemächer mit Hof 46 Zellenturm 47 Brauturm 48 Eiskeller 49 Wasserturm 50 Wassertor 51 Zwiebelturm

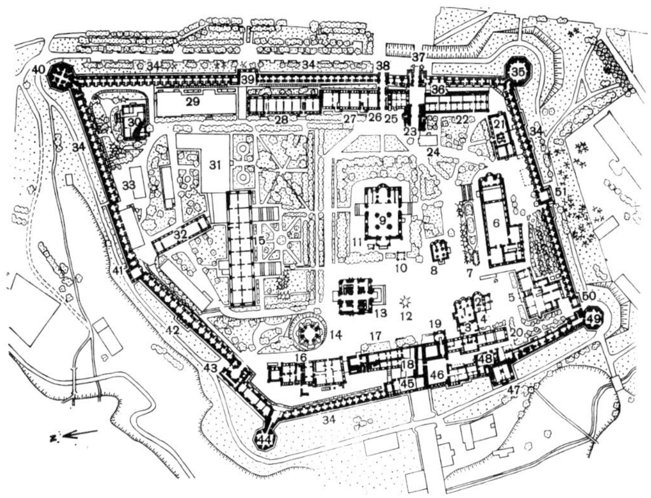

192 Kloster Troizko-Sergiew in Zagorsk. Gesamtansicht
Eine russische Klostersilhouette wird immer von zahlreichen Kirch-, Glocken- und Zwiebeltürmen überragt.

193 Kloster Rispolojenski in Suzdal. Torbau, 1688
Erster Ausdruck einer beginnenden Prunkliebe waren diese monumentalen Torbauten. Meist haben sie zwei Durchfahrten von unterschiedlicher Höhe.

ähnlich wie mit dem Kreml, der Fürstenburg. Beide scheinen zu Stein gewordene Nomadenlager zu sein, in denen jeder sein Zelt dort aufschlug, wo es ihm gerade paßte, im Gegensatz etwa zum streng organisierten römischen Castrum. Alles, was im Abendland nach den Römern gebaut wurde, beruht auf der Umsetzung eines intellektuell erarbeiteten Planes. Im Osten dagegen ging man pragmatisch vor, Schritt für Schritt und je nach den tatsächlichen Gegebenheiten. Das russische Bauwesen spiegelt bis zum Beginn der Moderne diese orientalische Geisteshaltung.

Als gegen Ende des 17. Jahrhunderts mit der Umgestaltung der russischen Klöster in Paläste begonnen wurde, hatte man keineswegs präzise Pläne. Vielmehr wurde ein Gebäude nach dem andern errichtet, wobei bedeutende Punkte hervorgehoben wurden. Es herrschte völlige Freiheit in der Anlage der Klöster, was dadurch begünstigt wurde, daß es keine übergeordneten Kongregationen oder Orden gab.

Der erste Gebäudeteil, der entsprechend der neuen Prunkliebe gestaltet wurde, war der Klostereingang. Er nahm die vielfältigsten Formen an, blieb aber dabei stets monumental.

Der Torbau umfaßte zwei in Form und Größe häufig verschiedene Portale. Das eine war den großen Fuhrwerken zugedacht, das andere Fußgängern, Reitern und kleineren Wagen. Darüber befand sich in der Regel eine Kapelle, die diesem wichtigen Bauwerk einen sakralen Charakter gab und es unter göttlichen Schutz stellte. Zum ersten Mal taucht dieses Element 1518 im Kloster Pokrow in Suzdal auf. Der Torbau ist hier ein kaum vorspringender quadratischer Turm. Im Obergeschoß umgibt eine offene Galerie die Kapelle. Pokrow folgt damit dem Vorbild von Troizko-Sergiew.

Im 17. Jahrhundert machte der Klostereingang eine bedeutsame Entwicklung durch. Das Portal des Klosters Ferapontow ist dem von Pokrow noch sehr ähnlich. Es ist ein massiges rechteckiges Bauwerk, das von zwei schlanken, hohen Pyramiden überragt wird. Wesentlich mächtiger sind diese Pyramiden am Eingang des Klosters Rispolojenski aus dem Jahre 1688. Hier spielte der Architekt mit der Wechselwirkung zwischen Naturstein und dem roten Verputz der Mauern. Im Kloster Borisoglebsk (1600–1690) in der Nähe von Rostow liegt der Eingang zwischen zwei dicken Türmen mit Pyramidendächern. Ein Backsteinaufbau über dem Portal trägt drei Glockentürmchen mit Zwiebelhauben. Ein Zwiebelturm überragt auch das oktogonale Obergeschoß des breiten Torbaus des Klosters der Unbefleckten Empfängnis in Moskau (1699).

Der Eingang des Josephsklosters in Wolokalamsk stammt aus der zweiten Hälfte des 17. Jahrhunderts. Der Architekt Trofin Ignatiew verzichtete hier auf jeden festungsmäßigen Charakter. Das langgestreckte Bauwerk hat im zweiten Stock eine offene Galerie und darüber auf einem Mauersockel Kokoschniki (Blendgiebel) und drei Zwiebeltürmchen.

Ganz anders erscheint der Torbau des Klosters Spaso Euphemii in Suzdal (um 1660). Hier gestaltete der Architekt den Eingang als mächtigen quadratischen Turm, dem auch drei Galeriegeschosse seine schwer lastende Strenge nicht nehmen können.

Das vielleicht schönste russische Klosterportal ist das von Nowodjiwitschi (1688) in der Nähe von Moskau. Es ist eine Art Triumphbogen mit zwei kleineren seitlichen Durchgängen und einem großen in der Mitte. Alle drei Tore werden von korinthischen Doppelpilastern gerahmt. Nur wenig hinter dem Eingang erhebt sich als elegantes Rechteck die Fassade der Preobrajenski-Kirche. Ihr quadratischer Turm hat drei Reihen von Muschelornamenten bekrönter Fenster. Fünf Zwiebelkuppeln künden den heiligen Charakter des Klosterportals an. Der rote Verputz der Mauern, der weiße Stein und die vergoldeten Kuppeln lassen dieses Eingangsmotiv wie ein Hosianna erschallen.

Im 18. Jahrhundert war der Kirchturm als Torbau sehr beliebt. Eine Vorstufe dazu bietet das Donskoikloster in Moskau (1713–1714). Über den drei Portalen erhebt sich ein reichverzierter runder Turm, dessen Stockwerke jeweils gegenüber dem darunterliegenden zurückversetzt sind. Den Abschluß bildet ein schlankes Glockentürmchen. Im Innern befindet sich die sogenannte Tikwin-Kirche. Hier taucht zum ersten Mal reiner Barock auf. Für die Gebäude vom Ende des 17. Jahrhunderts dagegen ist ein Mischstil aus Barock und altrussischen Elementen kennzeichnend. Ein Vorläufer der Entwicklung ist das Portal der Laura Petschersk in Kiew, in der die Dreifaltigkeitskirche untergebracht ist. Es stammt zwar noch aus dem ausgehenden 17. Jahrhundert, die Ausschmückung aber ist ganz im Geist des westlichen Barock gehalten.

In Rußland war der altorientalische Gedanke lebendig geblieben, daß der Eingang ein Ort besonderer Heiligkeit sei. Als der Moskauer Metropolit Chrutizki gegen Ende des 17. Jahrhunderts am Ufer der Moskwa ein Kloster

194 Kloster Nowodjiwitschi bei Moskau. Torbau, 1688
Der Eingang ist ein dreibogiger Portikus, eine Art Triumphbogen mit korinthischen Doppelsäulen. Dahinter erhebt sich der Backsteinturm der Preobrajenski-Kirche mit seinen fünf Zwiebeltürmchen. Er verleiht dem Eingang einen sakralen Charakter.

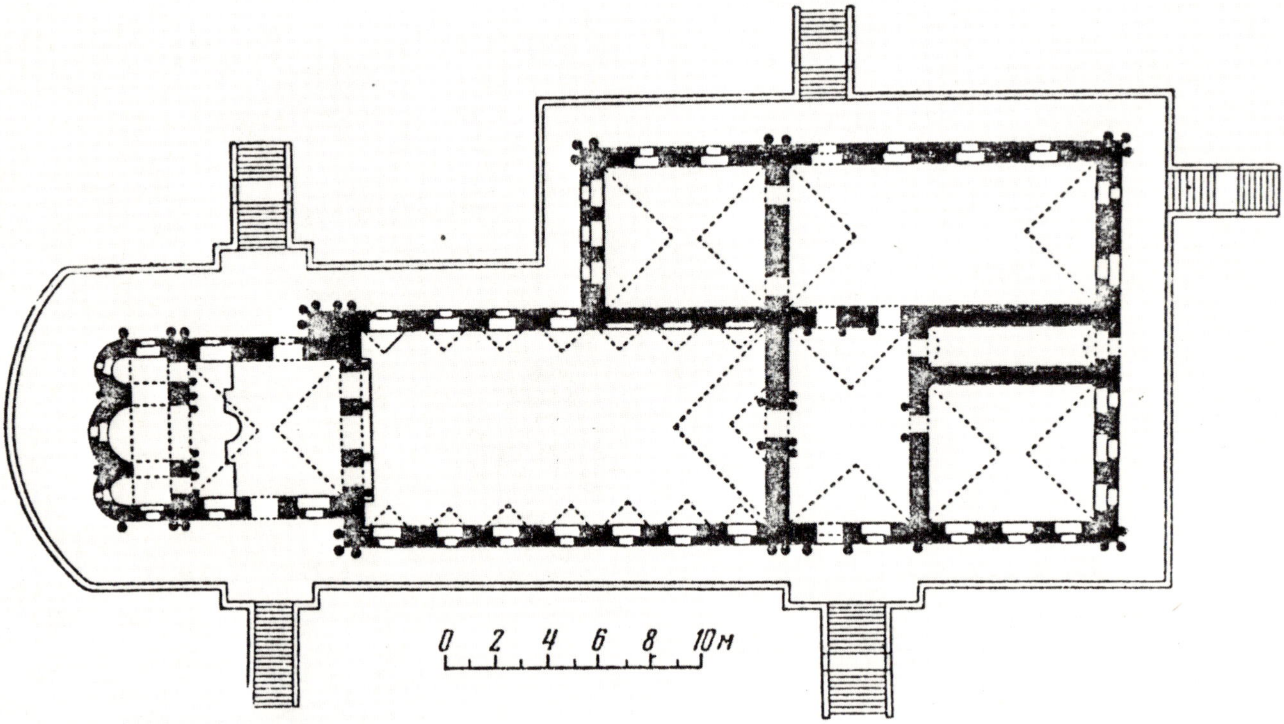

195 Kloster Nowodjiwitschi bei Moskau. Refektorium, Grundriß
Neben den Kirchen sind in den russischen Klöstern der Neuzeit die Refektorien die prunkvollsten Räume. Im Untergeschoß waren die Weinkeller untergebracht. Über eine Treppe ist das Vestibül zu erreichen; es führt in den großen Saal des Refektoriums, dessen Abschluß eine Dreiapsidenkapelle bildet.

196 Kloster Troizko-Sergiew in Zagorsk. Refektorium
Im Vordergrund die drei Apsiden der Refektoriumskapelle, dahinter ein hoher Turm mit Zwiebeltürmchen. Die Diamantquader, ein Relikt der Renaissance, sind aufgemalt.

197 Kloster Nowodjiwitschi bei Moskau. Ikonostase der Kathedrale Unserer Lieben Frau von Smolensk, 1687
Gegen Ende des 17. Jahrhunderts setzte sich der westliche Barock im vergoldeten Schnitzwerk der Ikonostasen durch. Diese Bilderwände trennten den Mönchschor von der Laienkirche.

baute, ließ er vom Architekten Ossip Starzew seine Residenz über dem Torbau einrichten. Es ist ein reizendes kleines Palais, dessen Wände mit bunten Fliesen verkleidet sind. Die Fenster mit ihren bewegten Giebeln werden von eleganten Spiralsäulen mit eucharistischen Dekorationselementen gerahmt.

Bei den russischen Klöstern, die in der zweiten Hälfte des 17. Jahrhunderts wieder aufgebaut wurden, ist ähnlich wie in Mitteleuropa das Refektorium eines der

prunkvollsten Gebäude des ganzen Konventbereiches. So verhält es sich auch im Moskauer Simonowkloster. Das Refektorium wurde 1677 von Parfen Potapow begonnen und in den Jahren 1682 bis 1685 von Ossip Starzew fertiggestellt. Hier ist die Entwicklung zu einer organisch-einheitlichen Grundrißgestaltung erstaunlich weit gediehen.

Im Erdgeschoß sind Küche, Weinkeller und Vorratsräume untergebracht. Das eigentliche Refektorium liegt im Obergeschoß. Eine gerade Außentreppe führt zunächst zu einem Vorzimmer. Rechter Hand folgen verschiedene Diensträume und links der Große Speisesaal. An ihn schließt sich die Kapelle an, ein rechteckiger Raum mit drei Apsiden. Das Refektorium des Klosters Nowodjiwitschi (1685–1687) ist nahezu identisch angeordnet. Nur die Diensträume des Obergeschosses sind etwas großzügiger gestaltet. Aus der gleichen Zeit stammt auch das prachtvolle Refektorium des Klosters Solotschinski (1689).

Die Ausstattung dieser Refektorien ist sehr reichhaltig. Zwei quadratische Türme in Nowodjiwitschi, ein einziger in Troizko-Sergiew unterstreichen die Bedeutung des Gebäudes. Ihre Außenwände sind mit scheinarchitektonischen Diamantquadern aus bemaltem Stuck besetzt, ein Überrest der Moskauer Renaissance. Die Fenster umgibt ein tabernakelartiger Dekor, der in Troizko-Sergiew mit Spiralsäulen und Weinranken besonders reich gestaltet ist. Hier werden die einzelnen Joche von hohen Säulen mit korinthischen Kapitellen gegliedert. An den Schäften winden sich gemalte Reben in die Höhe. Die großen Muscheln darüber sind ein Renaissancezitat. Ähnliche sieht man auch in der Kapelle des Torbaus.

In dieser Zeit hielt die Spiralsäule in der russischen Baukunst Einzug. Man findet sie auch an der Ikonostase der Refektoriumskapelle. Wenn sie im Refektorium selbst auftaucht, so ist das ein Hinweis auf das eucharistische Mahl, denn das gemeinsame Essen sollte für den Mönch stets eine Erinnerung an das letzte Abendmahl sein. Darüber hinaus sind die Refektorien reich mit Stuckreliefs und Malereien ausgestattet.

Vergoldete Spiralsäulen zieren als Hochrelief auf drei Stockwerken auch die Ikonostase der Uspenski-Kathedrale (Mariä Entschlafen) des Klosters Troizko-Sergiew (1687). Aus Stein gehauen, verzieren sie am gleichen Ort und aus der gleichen Zeit die Brunnenkapelle. Ganz allgemein kann man feststellen, daß die Spiralsäule in den achtziger Jahren des 17. Jahrhunderts von den Ikonostasen Besitz ergriffen hat, so auch in der Kathedrale Unserer Lieben Frau von Smolensk in Nowodjiwitschi (1683–1685). Es wäre wohl aufschlußreich, den Weg dieses eucharistischen Motivs von Rußland in den Westen zurückzuverfolgen, wo es im Verlauf des 17. Jahrhunderts in der katholischen Kunst heimisch wurde.

Zum Zwecke der Gastlichkeit mußten die russischen Klöster besondere Häuser bauen, etwas bescheidenere für die armen Leute, umso prunkvollere für die Ehrengäste. Ein Palais innerhalb der Mauern von Troizko-Sergiew hat einen außerordentlich reichen Skulpturenschmuck und einen Keramikfries. Es trägt den traditionellen Namen »Zarenpalast«, was man allerdings nicht wörtlich nehmen darf. Die Bezeichnung ist etwa dem »Königszimmer« französischer Schlösser des 17. und 18. Jahrhunderts oder dem »Kaisersaal« mitteleuropäischer Klöster vergleichbar. Immerhin pilgerten, wie schon erwähnt, mehrere Zaren zu diesem Nationalheiligtum und übernachteten im Kloster.

Im 18. Jahrhundert tauchte in den Pfarr- und Klosterkirchen ein neues Element von triumphaler Bedeutung auf: der Glockenturm. Jedermann hatte den Ehrgeiz, den größten und schönsten zu bauen. In den Klöstern ersetzten die Glocken das alte und ernste Simandron, die hölzerne Stundentrommel, die die Mönche zum Gottesdienst rief und die heute noch in den Athosklöstern in Gebrauch ist.

Der Ahnherr der russischen Kirchtürme entstand um 1690 im Kloster Nowodjiwitschi. Das schöne Bauwerk aus Natur- und Backstein hat sechs achteckige gestaffelte Stockwerke, deren letztes ein Türmchen mit vergoldeter Zwiebelhaube ist. An den Kanten der Oktogone stehen toskanische Säulen. Sie heben sich vom Backsteinmauerwerk ab, das von Fenstern mit steinernen Einfassungen und Giebeln durchbrochen wird. Das dritte Geschoß, in dem die Glocken hängen, hat offene Schallöcher. Der Turm mit zurückversetzten Geschossen entspricht der Urform des Leuchtturms von Alexandria, wie man ihn dank der Forschungsarbeit von Tirsch rekonstruieren konnte. In Zagorsk sind alle Geschosse achteckig. Der Gedanke, den Turm pyramidenartig aufzubauen, war naheliegend, wenn man vom recht großflächigen Sockel zur abschließenden kleinen Laterne kommen wollte.

Die Herkunft der Glocken selbst beschäftigte die Forscher schon frühzeitig, so die französischen Gelehrten du Cange und Rohaut de Fleury. Im Mittelalter glaubte man, ein Mann aus der Campania habe sie erfunden. So erklärte man sich die italienische Bezeichnung »campana«. Tatsächlich aber gab es die Glocke schon im Altertum. Der römische Dichter Martialis schreibt von Thermendienern, die mit kleinen Glöckchen die Badestunde ankündigten. Wahrscheinlich im 6. Jahrhundert

198 Kloster Nowodjiwitschi bei Moskau. Glockenturm, 1690
Der Turm ist 72 m hoch und aus Backstein mit Natursteinverblendungen gebaut. Von den sechs achteckigen Stockwerken sind das dritte und das fünfte als offene Glockenstuben ausgebildet.

199 Kloster Troizko-Sergiew in Zagorsk. Glockenturm, 1740–1771
Im Vergleich mit dem Turm von Nowodjiwitschi (1690) ist Troizko-Sergiew wesentlich fortgeschrittener in der Anwendung der westlichen Formensprache, was sich etwa im korrekten Gebrauch der Kolossalordnung zeigt.

wurden Glocken zum ersten Mal in einen Turm gehängt. Mohammed, der Syrien bereist hatte, wollte zunächst ebenfalls Glocken in die Minarette hängen. Um sich jedoch von den Christen abzuheben, ersetzte er sie durch die Stimme des Muezzin. Gregor von Tours erwähnt die Glocken gallischer Basiliken. In Noyon ist noch eine einfache aus dem 8. Jahrhundert erhalten. Sie besteht aus zwei miteinander vernieteten Metallplatten. In Rußland wurde die Glocke erst im 14. Jahrhundert heimisch. Aber es dauerte noch bis zum 17. Jahrhundert, bis man auf den Gedanken kam, sie in Türmen aufzuhängen. Zum akustischen kam damit noch ein optisches Signal, das die heilige Stätte schon am Horizont ankündigte.

Richtungweisend für den Bau von Glockentürmen wurde, obwohl er eigentlich kein solcher ist, der »Menschikow-Turm«. Menschikow, ein Freund Peters des Großen, ließ zwischen 1705 und 1707 eine Kirche bauen,

200 Kloster Smolny in Leningrad. Modell, Leningrad, Akademie der Künste
Erst gegen Ende des 18. Jahrhunderts setzte sich in Rußland die Idee eines axial auf die Kirche ausgerichteten Klosters durch. Die Grundform von Smolny ist das griechische Kreuz mit der Kathedrale im Zentrum. Vier weitere Kirchen bildeten die Ecken des Kreuzes. Der Torturm wurde nicht mehr gebaut. Gleichsam als Erinnerung an die alten befestigten russischen Klöster hatte der Architekt Rastrelli eine niedrige Umfassungsmauer vorgesehen.

201 Kloster Smolny in Leningrad. Kathedrale, 1748–1776
Am Kloster Smolny, von Rastrelli auf Wunsch der Zarin Elisabeth geplant, wurde zwar von 1748 bis 1776 gebaut, fertiggestellt aber wurde es nie. Unter anderem sollte es den Alterssitz der Kaiserin und eine höhere Töchterschule umfassen. Vollendet wurde die Kathedrale, ein Zentralbau, der der Mittelpunkt der Klosteranlage werden sollte.

in der er eine von ihm erworbene Marienikone aufzubewahren gedachte. Der Bau steht mit kräftigen Voluten am Portal fest auf dem Boden. Über seiner Mitte erhebt sich ein hoher Turm mit zurückversetzten Geschossen. Das erste ist quadratisch, die zwei folgenden achteckig. Das Bauwerk büßte seine Bedeutung ein, als ein Blitzschlag im Jahre 1723 seine Bekrönung zerstörte. Tatsächlich hatte es noch ein weiteres oktogonales Geschoß und eine schlanke Spitze, ähnlich der Peter-und-Paulskirche in St. Petersburg. Dieser Turm, der Iwan Petrowitsch Zarudni zugeschrieben wird, beeinflußte wesentlich die Stilentwicklung hin zu einer westlichen Formensprache, die Menschikow als Anhänger der Ideen Peters des Großen in Rußland einführen wollte. Man findet hier Anklänge an den italienischen Barock des 17. Jahrhunderts und an Borromini, etwa die Cherubim an den Pilasterkapitellen oder das Spiel von Voluten und Gegenvoluten an einigen Fensteröffnungen. Das Glockenspiel ließ Menschikow aus England kommen; man hatte zu diesem Zeitpunkt in Rußland immer noch erhebliche Schwierigkeiten mit der Herstellung von Glockenbronze.

Der schönste und bekannteste Glockenturm überragt das Kloster Troizko-Sergiew (1740–1771). Ein erster Entwurf, der zwei Stockwerke über einem quadratischen Sockel vorsah, wurde zugunsten eines weit großartigeren Projektes mit zwei zusätzlichen Geschossen verworfen. Diese beiden offenen Etagen tragen die Glocken. Doppelte oder einfache korinthische Halbsäulen bilden die Verzierung. Der blaue Verputz der Mauern gibt dem Bauwerk ein leichtes Aussehen. Der Sockel dagegen wirkt wegen seiner glatten oder aus Quadersteinen gemauerten Pilaster ohne Kapitelle außerordentlich solide.

Klassische Tendenzen kündigten sich in Rußland zuerst bei den Glockentürmen an. Im Kloster Nowospaski, das von 1759 bis 1784 erbaut wurde, überragt der Turm den Torbau. Über einem Sockel tragen drei abgestufte quadratische Geschosse mit abgeschnittenen Ecken eine Kuppel, die ihrerseits von einem Glockentürmchen abgeschlossen wird. Mit den Säulen ging der Architekt Jeribstow großzügig um. Als kräftige Bauglieder sind sie dem Turm ein klassischer Schmuck. Die Ordnung dieser Säulen und Architrave bleibt überall ablesbar. Anders liegen die Dinge im Kloster Petschersk in Kiew. Hier verwendete der Architekt an den drei oktogonalen Obergeschossen dorische, ionische und korinthische Säulen, die sich jedoch nicht sehr kunstvoll aneinanderreihen.

Hie und da bewahrt der Glockenturm die Form der alten Torbauten. Ein Beispiel dafür ist das Donskoi-Kloster in der Nähe Moskaus. Den Turm baute der Architekt Jewlaschew in den Jahren 1750 bis 1753. Der Sockel ist wie bei den frühen Klosterportalen ausgeweitet. Über einem quadratischen und einem achteckigen Obergeschoß erhebt sich eine Kuppel mit Glockentürmchen. Obwohl die Kapitelle der oberen Stockwerke unbearbeitet blieben, ist der Dekor der Säulen unverkennbar klassisch.

Auf diese Weise erlebte der Glockenturm, den das Abendland als zugleich optisches und akustisches Symbol des christlichen Glaubens geschaffen hatte, seine letzte Blüte im orthodoxen Rußland. Zu Bedeutung gelangte er hier allerdings erst zur Zeit des Barock, als er sie im Westen bereits weitgehend eingebüßt hatte. Er begann in den russischen Himmel zu ragen, als ein neues Zeitalter vor der Tür stand. Es war die Epoche Peters des Großen, der, ohne den Glauben seiner Väter aufzugeben, den Staat gegenüber der mächtig und einflußreich gewordenen Kirche aufwerten wollte.

Erst am Ende ihrer Entwicklung wurden russische Klöster nach Gesamtplänen errichtet. Hierher gehören das Alexander-Newski-Kloster, eine Gründung Peters des Großen, und das Kloster Smolny, beide in St. Petersburg. Für das Alexander-Newski-Kloster hatte Domenico Trezzini einen großartigen Entwurf geschaffen und 1715 dem Zar vorgelegt. Leider mußte er verworfen werden, da der Architekt die rituelle Ausrichtung der Gebäude nicht beachtet hatte. Es handelte sich um ein langgestrecktes Bauwerk an der Newa. Zwischen Kloster und Fluß war ein französischer Garten geplant. Links und rechts der von einem Turm beherrschten Kirche erstreckten sich die dreifach zurückgestaffelten Klostertrakte. Pavillons, von denen einer ebenfalls einen Turm trug, bildeten die Kopfbauten. Dahinter lag ein rechteckiger Hof, der seitlich von Gebäuden umstanden war. Die Rückseite wurde von einer Mauer abgeschlossen, durch die zwei Portale hinaus in die Landschaft führten.

Ein zweites Projekt (1720–1723) ist wie das erste durch einen Stich überliefert. Es stammte vom Deutschen Theodor Schwertfeger. Er richtete das Kloster senkrecht zum Fluß aus. Die Kirche hatte zwei Türme und eine überhöhte Kuppel. Zu beiden Seiten waren die dreifach zurückspringenden Gebäudeflügel angeordnet, die in zwei von Türmen überragten Kirchen endeten. Die Rückseite des Klosters öffnete sich auf einen Hof und weiter auf die Blumenrabatten eines großen Gartens, der nach dem Vorbild des Karlsruher Schloßparks von fächerartig verlaufenden Alleen unterteilt war. Eine halbkreisförmige niedrige Mauer mit einem monumentalen Torbau umschrieb den Klostervorhof. Schwertfeger baute die 1732 vollendete Kirche in einem hocheleganten mitteleuropäischen Rokoko. Leider ist von ihr nur ein Holzmodell erhalten, denn es zeigte sich bald, daß sie schlecht fundiert war und einzustürzen drohte. Schon 1755 mußte sie abgetragen werden. An ihrer Stelle errichtete Starow von 1776 bis 1790 die schwerfällige klassizistische Dreifaltigkeitskathedrale, die von Katharina II. eingeweiht wurde. Ihre Massigkeit bildet einen krassen Gegensatz zu den Rokokobauten des Klosters, die Antonio Trezzini der Jüngere ausführte.

Das Kloster, das den Rang einer Laura hatte, wurde an dem Ort errichtet, an dem der Legende nach der russische Großfürst und Nationalheld Alexander Newski im Jahre 1241 die Schweden schlug. Es war bis zur Oktoberrevolution eine richtige kleine Stadt. Innerhalb seiner Mauern umfaßte es zwölf Kirchen und Kapellen, die Residenz des Metropoliten, das eigentliche Kloster, eine geistliche Akademie, ein Seminar, eine Schule, den Sitz des St. Petersburger Konsistoriums, einen Friedhof und einen ausgedehnten Park.

Wäre es vollendet worden, das Kloster Smolny hätte vor allen russischen Klöstern mit den großen mitteleuropäischen Abteien verglichen werden können. Der Architekt Rastrelli hatte den Entwurf im Auftrag der Zarin Elisabeth ausgearbeitet. Der Plan sah eine Anlage in der Form eines griechischen Kreuzes vor. Darin enthalten war eine als Zentralraum ausgelegte Kathedrale mit einer Kuppel und vier Türmen. In den Innenecken der Kreuzarme waren vier weitere Kirchen vorgesehen. Ein gewaltiger Torturm vor der Kathedrale wurde nicht gebaut. Er sollte von einem langen steinernen Zylinder abgeschlossen werden, wie man am Holzmodell sehen kann, das glücklicherweise erhalten blieb und in der Leningrader Akademie der Künste ausgestellt ist.

Eine niedrige Mauer, die den Umrissen der Gebäude folgt, spielt symbolisch auf die Festungsbauten und die militärische Bedeutung der alten russischen Klöster an. Die Kathedrale und ein Teil der Gebäude wurden zwischen 1748 und 1776 nach den Plänen Rastrellis gebaut. Der Stil ist elegantes Rokoko. Zahlreiche Säulen heben sich wirkungsvoll von den blau verputzten Mauern ab. In den Jahren 1832 bis 1835 baute man nach den Originalplänen weiter. Zwar wurde das Kloster damals nicht fertiggestellt, aber es erhielt wenigstens eine regelmäßige Form.

Smolny ist in Rußland das Bauwerk, das dem Escorial am nächsten kommt, dies nicht nur der Form nach, sondern auch wegen der Absicht, mit der es gebaut wurde. Die Zarin wollte hier ihren Lebensabend verbringen. Überdies war ein Institut für adelige Töchter vorgesehen.

Die Oktoberrevolution bescherte den russischen Klöstern das gleiche Schicksal wie die Französische Revolution den Abteien des Westens. Die ausgedehnten Anlagen waren hervorragend als Gefängnisse verwertbar, an denen man großen Bedarf hatte. Später ließ Stalin das Meßopfer wieder zu, um den Unmut der Bevölkerung während des Krieges zu dämpfen. Einige Klöster kehrten zu ihrer frommen Bestimmung zurück, darunter auch Troizko-Sergiew in Zagorsk bei Moskau.

ANMERKUNGEN

DAS KLOSTER IN MITTELEUROPA

I. Im Zeichen des Heiligen Römischen Reiches Deutscher Nation

[1] Philipp von Chemnitz ließ im Jahre 1640 unter dem Pseudonym HIPPOLITHUS A LAPIDE eine *Dissertatio de ratione status in imperio nostro Romano-Germano* erscheinen.
[2] Samuel von Pufendorf veröffentlichte im Jahre 1667 unter dem Pseudonym SEVERINUS DE MONZAMBANO die Abhandlung *De statu imperii Germanici liber.*
[3] JOSEPH VON SONNENFELS, *Die Grundsätze der Polizei, Handlungs- und Finanzwissenschaft*, Wien 1765–1776.
[4] Vgl. dazu GERMAIN BAZIN, *Aleijadinho et la sculpture baroque au Brésil*, Paris 1963, S. 189–219.
[5] Sie wurden erst in den Jahren 1723 bis 1725 in Wien veröffentlicht.

II. Das Ende der Klöster

[1] JUSTINUS FEBRONIUS, *De statu ecclesiae et legitima potestate romani pontificius liber singularis*, Frankfurt 1763.

III. Die Klosterbauer

[1] Stil und Methoden der Vorarlberger Kirchen- und Klosterbauer werden eingehend untersucht in: NORBERT LIEB und FRANZ DIETH, *Die Vorarlberger Barockbaumeister*, München 1960.

IV. Das Bauprogramm

[1] Ein weiteres Beispiel für eine gelungene Barockisierung ist der Dom von St. Pölten; den Umbau leitete Jakob Prandtauer.
[2] Vgl. dazu H. TINTELNOT, *Die barocke Freskomalerei in Deutschland,* München 1951.
[3] Für die allgemeine Entwicklung der Deckenmalerei, vgl. GERMAIN BAZIN, *Destins du Baroque*, Paris 1968, S. 238–244.
[4] Das Fresko wurde im 19. Jahrhundert zerstört.
[5] Vgl. dazu GRETE LESKY, *Barocke Embleme in Vorau und anderen Stiften Österreichs, Ein Vademecum für den Kunstwanderer*, Graz [o.J.]
[6] Vgl. dazu GERMAIN BAZIN, *Destins du Baroque*, Paris 1968, S. 40–52.

V. Die Einrichtung

[1] Vgl. dazu die Ausführungen von J. VANUXEM in: *Congrès archéologique de France*, CV[e] session tenue en Souabe en 1947, Paris 1949, S. 230.
[2] Es handelt sich hier nicht um Cherubim nach heutigem Verständnis, sondern um jene den geflügelten Stieren verwandten Cherubim, die die Tore der assyrischen Paläste bewachen.

ÖSTERREICH

II. Der Ruhm des Reiches: St. Florian

[1] Vgl. dazu E. PANOFSKY, »Blind Cupido«, in *Studies in Iconology*, New York 1939, [2]1962.

III. Herkules, Held des Reiches: Melk

[1] Diese Mauern sind auf Mosaiken dargestellt. In der Nähe der römischen Stadt Cosa in Etrurien sieht man Überreste von drei Villen mit befestigten Mauern. Die Türme, die die Mauern flankieren, sind allerdings massiv und weisen lediglich Nischen auf. Die Löcher, die man sieht, stammen von Schatzgräbern aus einer Zeit, als sich noch Sagen um die Ruinen rankten.
[2] E. DES ESSARTS, *Du type d'Hercule dans la littérature grecque depuis les origines jusqu'au Antonins*, Paris 1871, S. 228.
[3] Vgl. dazu M. SIMON, *Hercule et le christianisme*, Paris 1955; E. PANOFSKY, *Herkules am Scheidewege,* Leipzig–Berlin 1930; E. PANOFSKY, *Studies in Iconology*, New York 1939, [2]1962.

IV. Beschwörung des Escorial: Klosterneuburg

[1] WOLFGANG PAUKER, *Beiträge zur Baugeschichte des Stifts Klosterneuburg*, Wien–Leipzig 1907–1908.
[2] Dieser Vertrag ist erhalten.
[3] Es fand also eine formlose und eine feierliche Grundsteinlegung statt.

V. Die unvollendete Sinfonie: Göttweig

[1] Brakteaten (von lat. bractea: dünnes Blech), auch Hohlpfennige genannt, sind einseitig geprägte Münzen, auf deren Rückseite das Bild der Vorderseite vertieft erscheint. Sie waren während des Mittelalters in Nord- und Mitteleuropa weitverbreitet.

DEUTSCHLAND UND DIE SCHWEIZ

II. Verspätete Renaissance: Pfäfers

[1] Hans Franz Reyff baute in Freiburg im Uechtland die Loretokapelle (1647–1648), die Ursulinerinnenkirche (1653–1654) und die Visitantinerinnenkirche (1653–1656), deren Netzgewölbe an die mährischen Kirchen von Santini Aichel erinnert.

IV. Wallfahrt vor allem: Einsiedeln

[1] Vgl. dazu GERMAIN BAZIN, *Paläste des Glaubens*, Bd. I, S. 119.

VI. Pecunia, Patientia, Prudentia: Ottobeuren

[1] Das Fresko erinnert an das Jubeljahr 1764. Es zeigt drei wichtige Momente der Klostergeschichte: die Gründung im Jahre 764 durch den Grafen Silach und seine Frau Erminswith, die Bestätigung als Reichsstift durch Karl den Großen und die Vollendung des Neubaus durch Abt Anselm Erb im Jahre 1764. In der Gründungsszene erkennt man die alte, 1748 abgetragene Kirche.

VII. Probleme des Rokoko: Banz, Zwiefalten, Diessen, Neresheim

[1] Christoph Dientzenhofers Sohn Kilian Ignaz entfernte diese Bogen, um das Gewölbe für ein durchgehendes Fresko freizumachen. In Christoph Dientzenhofers Kirche von Brewnow bei Prag sind sie noch erhalten.
[2] Nach B. Schnurr handelt es sich um die Wallfahrt Ludwigs XI. und seiner Gemahlin nach Fourvière; J. Vanuxem dagegen, dem ich mich hier anschließe, sieht in der Figur den französischen König Ludwig XIII., der sein Reich der Jungfrau weihte.

VIII. Die Seelenapotheke: St. Gallen

[1] Nach anderer Meinung handelt es sich hier um einen Baumeister oder Palier, da der Putto ein Senkblei hielt.
[2] Ein spekulatives Kabinettstück liefert PAUL-HENRY BOERLIN, »Die deutsche Spätbarockarchitektur im Spiegel der Stiftskirche St. Gallen«, in: *Die Kunstformen der Barockarchitektur*, Bern 1956, S. 110–143.

X. Das Ende der »Paläste des Glaubens« im Klassizismus: Ettal, St. Blasien, Buchau, Salem

[1] Mehr noch wird man an das Jesuitenkolleg von Loyola in Spanien erinnert, doch das dürfte Zufall sein.

BELGIEN

I. Krieg und Frieden

[1] Die Gewölbe stammen aus dem 17. Jahrhundert, während der Kreuzgang im 15. Jahrhundert gebaut wurde.
[2] Eine Reihe ist den Ordensgründern gewidmet, eine andere den Ortsheiligen. Man erkennt auch Konstantin den Großen, Chlodwig und Karl den Großen, drei Stützpfeiler der Kirche.

IV. Die Holzschnitzkunst

[1] Alle Putti sind unbekleidet.

DAS ORTHODOXE RUSSLAND

II. Der Wiederaufbau der Klöster im 17. und 18. Jahrhundert

[1] Kloster Iwer am Waldaisee, Joseph-Kloster in Wolokalamsk, Kloster Kirillow-Belozerski, Erlöser-St.-Euthym-Kloster in Suzdal.

AUSGEWÄHLTE BIBLIOGRAPHIE

Vom Gottesstaat zum Idealstaat

BAUER, HERMANN *Kunst und Utopie, Studien über Kunst und Staatsdenken der Renaissance*, Berlin 1965

BLOCH, ERNST *Geist der Utopie*, München–Leipzig 1918, Frankfurt am Main 1971 (erste Fassung)

FILARETE, ANTONIO AVERLINO *Traktat über die Baukunst nebst seinen Büchern von der Zeichenkunst und den Bauten der Medici*, hg. von W. VON OETTINGEN, Wien 1890

FIPPO, LUIGI »La citta ideale del Filarete«, in: *Studie in memoria di Gisela Solari*, Bd.I, Turin 1954, S. 11–59

GILSON, ETIENNE *Les métamorphoses de la Cité de Dieu*, Paris 1952

Les utopies de la Renaissance, Internationales Kolloquium (April 1961), Paris–Brüssel 1963

MUCCHIELLI, ROGER *Le mythe de la cité idéale*, Paris 1960

MÜNSTER, G. *Idealstädte, Ihre Geschichte vom 15. bis 17. Jahrhundert*, Berlin 1957

SERVIER, JEAN *Histoire de l'utopie*, Paris 1967

DAS KLOSTER IN MITTELEUROPA

I Im Zeichen des Heiligen Römischen Reiches Deutscher Nation

BLONDEL, G. »Allemagne, Saint-Empire, Autriche, Prusse«, in: LAVISSE, ERNEST und ALFRED RAMBAUD, *Histoire générale du IVe siècle à nos jours*, Bd.VII: *XVIIIe siècle*, Paris 1896, S. 893–942

BRAUNFELS, WOLFGANG *Die Kunst im Heiligen Römischen Reich*, 6 Bde., München 1979ff. (bisher erschienen: Bd. I, *Die weltlichen Fürstentümer*)

CARCOPINO, JERÔME »La date et le sens du voyage de Rutilius Namatianus«, in: *Rencontres de l'histoire et de la littérature romaine*, Paris 1973, S. 234–281

CONRAD, HERMANN *Deutsche Rechtsgeschichte, Ein Lehrbuch*, 2 Bde., Karlsruhe 1954–1966

DIEHL, A. »Heiliges Römisches Reich Deutscher Nation«, in: *Historische Zeitschrift* 156 (1937), S. 457–484

FOLZ, ROBERT *L'idée d'empire en Occident du Ve au XIVe siècle*, Paris 1953

— *La naissance du Saint-Empire*, Paris 1967

Kurfürst Max Emanuel, Bayern und Europa um 1700, Ausstellungskatalog, München 1976, 2 Bde., Bd. I: *Zur Geschichte und Kunstgeschichte der Max-Emanuel-Zeit*, Bd. II: *Katalog der Ausstellung im Alten und Neuen Schloß*

NOËL, JEAN-FRANÇOIS *Le Saint-Empire*, Paris 1976

RUTILIUS NAMATIANUS, CLAUDIUS *De reditu suo sive Iter Gallicum*, hg. von ERNST DOBLHOFER, Heidelberg 1972

ZEUMER, R. *Heiliges Römisches Reich Deutscher Nation, Eine Studie über den Reichstitel*, Weimar 1910 (Quellen und Studien zur Verfassungsgeschichte des Deutschen Reiches in Mittelalter und Neuzeit Bd. IV)

II Das Ende der Klöster

BOHNE, C., P. FRIED, E. KRAUSE, L. LAMPL, H. LINDEMANN, H. SCHMID und H. SCHNELL *700 Jahre Fürstenfeld*, München–Zürich [o.J.]

DUBE, WOLF-DIETER *Alte Pinakothek München*, München 1969

FEJTÖ, FRANÇOIS *Un Habsbourg révolutionnaire, Joseph II, Portrait d'un despote éclairé*, Paris 1953

SCHNELL, HUGO *Fürstenfeldbruck*, München–Zürich ⁴1962 (Kunstführer)

III Die Klosterbauer

Die Vorarlberger Barockmeister, Ausstellung in Einsiedeln und Bregenz zum 250. Todestag von Br. Caspar Moosbrugger, Ausstellungskatalog, Mai– September 1973

DUSSLER, HILDEBRAND *Der Allgäuer Barockbaumeister Johann Jakob Herkommer, Leben und Werk*, Kempten 1956

FEULNER, ADOLF *Johann Michael Fischer, ein bürgerlicher Baumeister der Rokokozeit (1691–1766)*, Wien 1922 (Süddeutsche Kunstbücher 16/17)

HEILBRONNER, PAUL J. *Studien über Johann Michael Fischer*, Diss., München 1933

HITCHCOCK, HENRY-RUSSELL »The Schmuzers: Johann, Franz Xaver and Joseph«, in: *Rococo Architecture in Southern Germany*, London 1968, S. 127–149

— »The Works of Johann Michael Fischer and Johann Balthasar Neumann«, in: *Rococo Architecture in Southern Germany*, London 1968, S. 179–224

LIEB, NORBERT und FRANZ DIETH *Die Vorarlberger Barockmeister*, München–Zürich 1960, ²1967

LIEB, NORBERT, HUGO SCHNELL und J. KLEIN *Wessobrunn, Geschichte, Bedeutung, Führung*, München ²1960

MARANGONI, MATTEO *I Carloni*, Florenz 1925

WERNEBURG, R. *Peter Thumb und seine Familie*, Straßburg 1916

ZIMMER, HANS *Die Dientzenhofer, Ein bayerisches Baumeistergeschlecht in der Zeit des Barock*, [Rosenheim] 1976

IV Das Bauprogramm

ADRIANI, GERTRUD *Die Klosterbibliotheken des Spätbarocks in Österreich und Süddeutschland*, Graz–Leipzig–Wien 1935

BAUR-HEINHOLD, MARGARETE und KARL BOSL *Schöne alte Bibliotheken*, München 1972

Bayerische Frömmigkeit, 1400 Jahre christliches Bayern, Ausstellungskatalog, München 1960
BENZ, RICHARD *Deutscher Barock, Kultur des 18. Jahrhunderts,* Stuttgart 1949
BLAZICEK, OLDRICH *Barockkunst in Böhmen,* Prag 1967
BOURKE, J. *Baroque Churches in Central Europe,* London 1958
BUCHOWIECKI, WALTHER *Der Barockbau der ehemaligen Hofbibliothek in Wien, Ein Werk von J. B. Fischer von Erlach,* Wien 1957
CHARPENTRAT, PIERRE *Du maître d'ouvrage au maître d'œuvre,* Paris 1974
CLARK, JOHN WILLIS *The Care of Books, An Essay on the Development of Libraries and their Fittings, from the Earliest Times to the End of the Eighteenth Century,* Cambridge 1909
CLÉMENT, CLAUDE *Musei, sive bibliothecae tam privatae, quam publicae extructio, instructio, cura, usus libri IV,* Lyon 1635
COLOMBIER, P. DU *L'architecture française en Allemagne au XVIIIe siècle,* 2 Bde., Paris 1956
FRANZ, HEINZ GERHARD *Die deutsche Barockbaukunst Mährens,* München 1943
HERMANN, W. *Der hochbarocke Klostertypus,* Diss., Leipzig 1924
HITCHCOCK, HENRY-RUSSELL *Rococo Architecture in Southern Germany,* London 1968
HOBSON, ANTHONY *Grandes Bibliothèques,* Paris 1971
HUBER, RUDOLF *Joseph Christian, der Bildhauer des schwäbischen Rokoko,* Tübingen 1960
KASPER, ALFONS *Der Schussenrieder Bibliothekssaal und seine Schätze,* Erolzheim 1954
KELLER, H. *Das Treppenhaus im deutschen Schloßbau und Klosterbau des Barock,* München 1936
KRAUSE, ADALBERT *Die Stiftsbibliothek in Admont,* Linz [o.J.]
LESKY, GRETE *Barocke Embleme in Vorau und anderen Stiften Österreichs,* Graz [o.J.]
LITSCHEL, RUDOLF WALTER *Land am Inn in Bayern und Oberösterreich,* Linz 1968
MASSON, ANDRÉ »Le baroque dans le décor des bibliothèques en Autriche et Allemagne du Sud«, in: *Gazette des Beaux-Arts,* März 1964
MESSERER, WILHELM *Kinder ohne Alter, Putten in der Kunst der Barockzeit,* Regensburg 1962
MIELKE, FRIEDRICH *Die Geschichte der deutschen Treppen,* Berlin–München 1966
MOSER, FRIEDRICH KARL VON *Teutsches Hof-Recht in 12 Büchern,* Frankfurt am Main–Leipzig 1754–1755
NEUMANN, JAROMIR *Das böhmische Barock,* Hannover 1969
NORBERG-SCHULZ, CHRISTIAN *Kilian Ignaz Dientzenhofer e il Barocco Boemo,* Rom 1968
OTRUBA, GUSTAV *Kirche und Kultur in Aufklärung und Barock,* Wien 1954
SCHÖNBERGER, ARNO *Ignaz Günther,* München 1953
STUVERAS, ROGER *Le Putto dans l'art romain,* Brüssel 1969
TINTELNOT, HANS *Die barocke Freskomalerei in Deutschland, Ihre Entwicklung und europäische Wirkung,* München 1951
TREPPLIN, DOROTHEA *Bau und Ausstattung des Klosters Ebrach im 17. und 18. Jahrhundert,* Berlin 1937
WAGNER, HELGA *Barocke Festsäle in bayerischen Schlössern und Klöstern,* München 1974

V Die Einrichtung

Barockausstellung »Jakob Prandtauer und sein Kunstkreis«, Stift Melk, Wien 1960
CZERNY, ALBIN *Kunst und Kunstgewerbe im Stift St. Florian,* Linz 1886, S. 175 ff.
KNOEPFLI, ALBERT »Das Kartäuserkloster Ittingen«, in: *Die Kunstdenkmäler der Schweiz, Kanton Thurgau,* Bd. I: *Der Bezirk Frauenfeld,* Basel 1950
— »Das Kloster Fischingen«, in: *Die Kunstdenkmäler der Schweiz, Kanton Thurgau,* Bd. II: *Der Bezirk Münchwilen,* Basel 1955
KNOEPFLI, ALBERT u.a. *Der Altar des 18. Jahrhunderts, Das Kunstwerk in seiner Bedeutung und als denkmalpflegerische Aufgabe,* München–Berlin 1978
KREISEL, HEINRICH *Die Kunst des deutschen Möbels,* Bd. III: *Spätbarock und Rokoko,* München 1970
HUBER, RUDOLF *Joseph Christian, der Bildhauer des schwäbischen Rokoko,* Tübingen 1960
PÜHRINGER-ZWANOWETZ, LEONORE *Matthias Steinl,* Wien–München 1966
REINLE, ADOLF »Beromünster«, in: *Die Kunstdenkmäler der Schweiz, Kanton Luzern,* Bd. IV: *Das Amt Sursee,* Basel 1956
— *Die Kunstdenkmäler der Schweiz,* Bd. V: *Das Amt Willisau mit St. Urban,* Basel 1959
RUESS, BERNHARD *Aus Schussenried, Geschichte und Kunst,* Waldsee 1938
SCHEFOLD, MAX *Kloster Obermarchtal,* Augsburg 1927
SCHMIDT, JUSTUS *Linz an der Donau,* München 1959

ÖSTERREICH

Einleitung

1000 Jahre Kunst in Krems, Ausstellungskatalog, Krems an der Donau, 1971
Herzogenburg, Das Stift und seine Kunstschätze, Ausstellungskatalog, Herzogenburg 1962
LITSCHEL, RUDOLF WALTER *Zwischen Hausruck und Enns,* Linz 1970
LUGER, WALTER *Stifte in Oberösterreich,* Linz 1969
Meisterwerke österreichischer Barockkunst, Ausstellungskatalog, Wien 1951
MICHAILOW, N. *Österreichische Malerei des 18. Jahrhunderts,* Frankfurt am Main 1935
ORTMAYR, PETRUS *Das Benediktinerstift Seitenstetten,* Wels 1955
RIESENHUBER, MARTIN *Die kirchliche Barockkunst Österreichs,* Linz 1924
RÖHRIG, FLORIDUS *Alte Stifte in Österreich,* 2 Bde., Bd. I: *Wien, Nieder- und Oberösterreich,* Bd. II: *Steiermark, Kärnten, Salzburg, Tirol, Vorarlberg,* Wien 1966–1967
SCHMIDT, JUSTUS *Linz an der Donau,* München 1959
SEDLMAYR, HANS *Johann Bernhard Fischer von Erlach,* München 1925, ²Wien–München 1956
SPIELMAN, JOHN P. *Leopold I of Austria,* London 1977
TAPIÉ, VICTOR-L. *Monarchies et peuples du Danube,* Paris 1969
— *L'Europe de Marie-Thérèse,* Paris 1973
TSCHUPPIK, KARL *Maria Theresia,* Amsterdam 1934
WODKA, J. *Kirchen in Österreich,* Wien 1960
Kunstdenkmäler in Österreich, Ein Bildhandbuch, München–Berlin ²1975 ff.

I Kremsmünster

DORN, THEOPHILUS *Kremsmünster, Abriß der Baugeschichte,* [o.O.] 1931
FRANZ, HEINZ GERHARD »Die Fassade der Klosterkirche in Kremsmünster«, in: *Wiener Jahrbuch für Kunstgeschichte* XVI (1954), S. 199 ff.
KELLNER, ALTMAN *Stift Kremsmünster,* München–Zürich 1957 (Kunstführer)

II St. Florian

CZERNY, ALBIN *Kunst und Kunstgewerbe im Stift St. Florian*, Linz 1886
HOLLNSTEINER, JOHANNES *Das Chorherrenstift St. Florian, Bilder zur Kultur- und Kunstgeschichte*, Steyr 1923, Augsburg–Köln–Wien 1928
KIRCHNER-DOBERER, ERIKA *Stift St. Florian*, Wien 1948
KORTH, THOMAS *Stift St. Florian, Die Entstehungsgeschichte einer barocken Klosteranlage*, Nürnberg 1975
LINNIGER, FRANZ *Führer durch das Chorherrenstift St. Florian*, Stift St. Florian ²1958

III Melk

Barockausstellung »Jakob Prandtauer und sein Kunstkreis«, Ausstellungskatalog, Stift Melk, Wien 1960
CANET, FRÉDÉRIQUE *Johann Wenzel Bergl*, Ecole du Louvre, Paris (unveröffentlicht)
DION, ROGER »Mythes au service de la patrie, La promotion d'Hercule«, in: *Antiquités Nationales et Internationales* III (1962), Nr. 1–2, S. 12–30
ESSARTS, EMMANUEL DES *Du type d'Hercule dans la littérature grecque depuis les origines jusqu'aux Antonins*, Paris 1871, S. 228
FLOSSMANN, GERHARD und WOLFGANG HILGER *Stift Melk*, St. Pölten–Wien 1976
HANTSCH, HUGO *Jacob Prandtauer*, Wien 1926
KEIBLINGER, I. *Geschichte des Stiftes Melk*, Wien 1851
KLAUNER, FREDERIK *Die Kirche vom Stift Melk*, Wien 1946
PANOFSKY, ERWIN *Herkules am Scheidewege*, Leipzig–Berlin 1930
— *Studies in Iconology*, New York 1939, ²1962
SCHIER, WILHELM *Das Benediktinerstift Melk a.d. Donau*, Wien 1928
— *Neuester Führer durch Melk*, Stift Melk 1959
SIMON, M. *Hercule et le Christianisme*, Paris 1955

IV Klosterneuburg

LUDWIG, V. O. *Klosterneuburg*, Wien 1951
PAUKER, WOLFGANG *Beiträge zur Baugeschichte des Stiftes Klosterneuburg*, 2 Bde., Bd. I: *Donato Felice von Allio und seine Tätigkeit im Stifte Klosterneuburg*, Wien–Leipzig 1907
— »Daniel Gran und seine Beziehungen zum Chorherrenstift Klosterneuburg«, in: *Jahrbuch des Stiftes Klosterneuburg* I (1906)
RÖHRIG, FLORIDUS *Klosterneuburg*, München–Zürich 1958 (Kunstführer)

V Göttweig

GRIMSCHITZ, B. *Lucas von Hildebrandt*, Wien 1932, ²1956
KOLLER, LUDWIG *Göttweig, Wachau*, München–Zürich ⁴1954 (Kunstführer)
LECHNER, GREGOR M. *Stift Göttweig und seine Kunstschätze*, St. Pölten–Wien 1977
RITTER, EMMERAN *Göttweig, Wachau*, Göttweig ⁶1971
VASICEK, E. *Abt Gottfried von Bessel*, [o.O.] 1912

VI Zwettl

MUNGENAST, EMMERICH *Joseph Munggenast, der Stiftbaumeister (1680–1741)*, Wien 1963
ÖZELT, HADMAR *Stift Zwettl*, München–Zürich 1959
SCHMALBANG, REYNOLD *Stift Zwettl*, München–Zürich 1949

VII Altenburg

ENDL, FRIEDRICH *Stift Altenburg*, Augsburg–Wien 1929
Paul Troger, der Maler des österreichischen Barocks, Ausstellungskatalog, Innsbruck 1962, Stift Altenburg 1963
ROMANUS, JAKOB *Paul Troger*, Wien 1930
SCHWEIGHOFER, G. *Stift Altenburg, Eine Führung*, Stift Altenburg 1957

VIII Dürnstein

MUNGENAST, EMMERICH *Joseph Munggenast, der Stiftbaumeister (1680–1741)*, Wien 1963
PAUKER, WOLFGANG »Die Kirche und das Kollegialstift der ehem. regulierten Chorherren zu Dürnstein«, in: *Jahrbuch des Stiftes Klosterneuburg* III (1908)
PÜHRINGER-ZWANOWETZ, LEONORE *Matthias Steinl*, Wien–München 1966
WILLNER, DOMINIK *Stiftkirche Dürnstein, Wachau*, München–Zürich ⁵1969 (Kunstführer)

DEUTSCHLAND UND DIE SCHWEIZ

Einleitung

Barock am Bodensee, Architektur, Ausstellungskatalog, Bregenz 1962
BOECK, W. *Joseph Anton Feuchtmayer*, Tübingen 1948
GANTNER, J. und A. REINLE *Kunstgeschichte der Schweiz*, Bd. III, Frauenfeld 1956
GYSI, FRITZ *Die Entwicklung der kirchlichen Architektur in der deutschen Schweiz im 17. und 18. Jahrhundert*, Aarau–Zürich 1914
LIEB, NORBERT *Barockkirchen zwischen Donau und Alpen*, München 1953, ³1969
RUPPRECHT, BERNHARD *Die bayerische Rokoko-Kirche*, Kallmünz 1959
SCHNELL, HUGO *Der baierische Barock, die volklichen, die geschichtlichen und die religiösen Grundlagen, sein Siegeszug durch das Reich*, München 1936
THON, CHRISTINA *Johann Baptist Zimmermann als Stukkator*, München–Zürich 1977
ZIMMER, HANS *Die Dientzenhofer, ein bayerisches Baumeistergeschlecht in der Zeit des Barocks*, [Rosenheim] 1977
Bayerische Kunstdenkmäler, Kunstinventare, begründet von HEINRICH KREISEL, hg. von TORSTEN GEBHARD und ADAM HORN, München
Deutsche Kunstdenkmäler, Ein Bildhandbuch, hg. von REINHARD HOOTZ, München–Zürich
Kunstführer durch die Schweiz, 3 Bde., Wabern–Zürich 1971–1976 (bisher zwei Bde. erschienen)
Schweizerische Kunstführer, hg. von der Gesellschaft für Schweizerische Kunstgeschichte, Basel
Die kleinen Kunst- und Kirchenführer und *Die großen Kunstführer*, München–Zürich (Schnell und Steiner)

I Kempten und Obermarchtal

1200 Jahre Stift Kempten, Ausstellungskatalog, Kempten 1952
LIEB, NORBERT *Rokoko in der Residenz von Kempten*, Kempten 1958
PETZET, MICHAEL *Stadt und Landkreis Kempten*, München 1959, S. 5–39 (Bayerische Kunstdenkmäler)
ROEDIGER, MARTHA *Die Stiftskirche St. Lorenz in Kempten*, Burg bei Magdeburg 1938
SCHEFOLD, MAX *Kloster Obermarchtal*, Augsburg 1927
SCHNELL, HUGO *Die fürstäbtliche Residenz zu Kempten und ihre Prunkräume*, München 1947
— *Obermarchtal*, München–Zürich ³1955 (Kunstführer)
Stadtpfarrkirche St. Lorenz Kempten, München–Zürich ³1971 (Kunstführer)

II Pfäfers

GUBLER, HANS-MARTIN *Die Klosterkirche von Pfäfers*, [o.O.u.J] (Schweizerische Kunstführer)
ROTHENHÄUSLER, ERWIN »Das Kloster Pfäfers«, in: *Die Kunstdenkmäler der Schweiz, Kanton St. Gallen*, Bd. I: *Der Bezirk Sargans*, Basel 1951

III Rohr und Weltenburg

Abtei und Pfarrkirche Weltenburg, München–Zürich ²⁰1976 (Kunstführer)
Benediktinerabteikirche Rohr, München–Zürich ²1976 (Kunstführer)
HALM, PHILIPP MARIA *Die Künstlerfamilie der Asam*, München 1896
HANFSTAENGL, ERIKA *Cosmas Damian Asam*, München 1939
— *Die Brüder Cosmas Damian und Egid Quirin Asam*, München 1955
MENZEL, BEDA *Die Abteikirche in Rohr*, Regensburg 1962

IV Einsiedeln

BIRCHLER, LINUS *Einsiedeln und sein Architekt Br. Caspar Moosbrugger*, Augsburg 1924
— *Einsiedeln, Führer durch die Kunst des Stiftes Einsiedeln*, Augsburg 1927
HENGGELER, RUDOLF *Die Abteikirche Einsiedeln*, München–Zürich ¹⁴1968 (Kunstführer)
CIAMPINI, RAFFAELE *Gian Pietro Vieusseux, I suoi viaggi, i suoi giornali, i suoi amici*, Mailand 1953
Corolla Heremitana, Neue Beiträge zur Kunst und Geschichte Einsiedelns und der Innerschweiz, in Verbindung mit ALBERT KNOEPFLI und MAXIMILIAN ROESLE hg. von ALFRED A. SCHMID, Olten–Freiburg im Breisgau 1964 (Festschrift Linus Birchler)

V Weingarten

DRISSEN, JOHANN HEINRICH *Die Barockarchitektur der Abtei Weingarten*, Diss., Frankfurt am Main 1928, Leipzig 1928
Festschrift zur 900-Jahr-Feier des Klosters 1056–1956, Weingarten 1956
SCHNELL, HUGO *Weingarten*, München–Zürich 1967 (Großer Kunstführer)
— *Weingarten, Die Basilika*, München–Zürich ¹⁶1972 (Kunstführer)
VANUXEM, JACQUES »Abbaye de Weingarten«, in: *Congrès archéologique de France*, CVᵉ session tenue en Souabe, 1949, S. 133–160

VI Ottobeuren

BEUER, TILMAN »Ottobeuren«, in: *Bayerische Kunstdenkmäler, Stadt- und Landkreis Memmingen*, München 1959, S. 164–213
KOLB, Ä. und H. TÜCHLE (Hg.) *Ottobeuren, Festschrift zur 1200. Jahrfeier der Abtei*, Augsburg 1964
LIEB, NORBERT *Ottobeuren und die Barockarchitektur Ostschwabens*, Diss., München 1923, Neuaufl. 1931
LIEB, NORBERT und MAX HIRMER *Ottobeuren*, München 1950, ²1954
SCHNELL, HUGO *Ottobeuren, Kirche, Kloster, Museum*, München–Zürich ⁶1971 (Großer Kunstführer)
— *Ottobeuren, Basilika und Benediktinerabteikirche*, München–Zürich ⁹1972 (Kunstführer)

VII Banz, Zwiefalten, Diessen, Neresheim

Angelicum Banz, München–Zürich ⁷1964 (Kunstführer)
Balthasar Neumann, Leben und Werk, Ausstellungskatalog, Würzburg 1953
Balthasar Neumann in Baden-Württemberg, Ausstellungskatalog, Stuttgart 1975
BOECK, WILHELM *Feuchtmayers Meisterwerke*, Tübingen 1963
Das Münster in Zwiefalten, Urach [o.J.]
FREEDEN, MAX H. VON *Balthasar Neumann, Leben und Werk*, München–Berlin 1953, ²1963
GINTER, HERMANN *Birnau, Basilika*, München–Zürich ¹⁵1971 (Kunstführer)
KNAPP, FRITZ *Balthasar Neumann, der große Architekt seiner Zeit*, Bielefeld–Leipzig 1937, ²1940
KREUTZER, E. *Zwiefalten*, Berlin 1964
LIEB, NORBERT *Diessen am Ammersee*, München ⁶1973 (Kunstführer)
NEUMANN, GÜNTER *Neresheim*, München 1947
PETRI, ERIKA *J. M. Feuchtmayer*, [o.O.] 1931
REUTHER, HANS *Die Kirchenbauten Balthasar Neumanns*, Berlin 1960
SCHNURR, B. *Das alte und das neue Münster in Zwiefalten*, Rottenburg 1910
VANUXEM, JACQUES »Zwiefalten«, in: *Congrès archéologique de France*, CVᵉ session tenue en Souabe, 1949, S. 209–240
WOLFF, FRIEDRICH *François de Cuvilliés 1695–1768*, München 1967
ZÜRCHER, RICHARD *Zwiefalten*, Konstanz 1967

VIII St. Gallen

BOERLIN, PAUL-HENRY *Die Stiftskirche St. Gallen*, Bern 1964
CLARK, J. M. *The Abbey of St. Gall as a Centre of Literature and Art*, Cambridge 1925
DUFT, JOHANNES *Die Stiftsbibliothek St. Gallen, der Barocksaal und seine Putten*, Konstanz–Lindau 1961
MERTON, ADOLF *Die Buchmalerei in St. Gallen*, Leipzig 1923
POESCHEL, ERWIN *Die Kunstdenkmäler der Schweiz, Kanton St. Gallen*, Bd. III: *Die Stadt St. Gallen*, Teil II: *Das Stift*, Basel 1961

IX Fulda

FRECKMANN, K. *Der Dom zu Fulda*, Fulda 1928
KRAMER, ERNST *Fulda*, München–Berlin 1973

X Ettal, St. Blasien, Buchau, Salem

ENDRICH, ERICH *Buchau am Federsee*, München 1936

HOFFMANN, ILSE *Der süddeutsche Kirchenbau am Ausgang des Barock*, München 1938 (Münchener Beiträge zur Kunstgeschichte Bd. II)

JARDOT, MAURICE »Pierre Michel d'Ixnard«, in: *Congrès archéologique de France*, CV^e session tenue en Souabe, 1949, S. 11–20

— »Eglise et monastère de Saint-Blaise«, in: *Congrès archéologique de France*, CV^e session tenue en Souabe, 1949, S. 21–41

— »Eglise de Buchau«, in: *Congrès archéologique de France*, CV^e session tenue en Souabe, 1949, S. 190–206

— »Salem, décor et mobilier«, in: *Congrès archéologique de France*, CV^e session tenue en Souabe, 1949

KALNEIN, WEND *Schloß und Münster Salem*, München–Berlin 1964

KLAIBER, HANS *Stift zu Buchau*, Augsburg 1929

KLEIN, JOSEPH *Das Salemer Münster, Die Gedankenwelt der Innenausstattung*, Überlingen 1921

— *Salem, Ein Führer durch die Kunstdenkmäler und die Geschichte der ehemaligen Reichsabtei Salmansweil*, 2 Bde., Überlingen 1921–1926

SCHLEICH, P. *Kirche und Kolleg St. Blasien*, München–Zürich [19]1973 (Kunstführer)

SCHMIEDER, LUDWIG *Das Benediktinerkloster St. Blasien*, Augsburg 1929, [2]Karlsruhe 1936

SCHNELL, HUGO *Ettal, Kloster und Marien-Münster*, München 1938

STENGELE, CONRAD *Das Münster zu Salem*, München–Zürich 1967 (Kunstführer)

BELGIEN

I Krieg und Frieden

850 ans d'histoire, Vie et destinée d'une abbaye de Prémontré, Ausstellungskatalog, Floreffe 1973

Abbayes de Belgique, Guide par le groupe Clio 70, Brüssel 1973

ACKEN, J. V. *Belgique baroque et classique*, Brüssel 1972

BASTIN, NORBERT *Dictionnaire des églises, Belgique et Luxembourg*, Antwerpen 1950

BARBIER, V. *Histoire de l'abbaye de Floreffe*, 2 Bde., Namur 1892

BESTUURDER, J. WALTERS *Geschiedenis der Zusters der Bijloke te Gent*, Gent 1929

BORTIER, P. *P. Coeberger, peintre, architecte et ingénieur*, Brüssel 1875

BOURGUIGNON *Catalogue de l'exposition de documents relatifs à l'histoire de l'abbaye de Saint-Hubert*, Brüssel 1961

Bouwen door de eeuwen heen, Bd. IV: *Inventaris van het cultuurbezit in België*, Gent 1976

BRAUN, J. *Die belgischen Jesuitenkirchen*, Freiburg im Breisgau 1907

BRIGODE, SIMON *L'architecture religieuse dans le sud-ouest de la Belgique*, Brüssel 1950

CLEMEN, PAUL *Belgische Kunstdenkmäler*, 2 Bde., München 1923

De BUSSCHE *L'abbaye de Saint-Pierre à Gand*, Neuaufl. Gent 1867

DELEN, A.-J. und PIERRE BAUTHIER »L'architecture et la sculpture baroques au XVIIIe siècle«, in: *L'art en Belgique*, Brüssel 1938

DERIVAL *Le voyageur dans les Pays-Bas autrichiens*, [o.O.u.J.]

DUPONT, J.-J. *L'abbaye et la basilique de Saint-Hubert en Ardenne*, Gembloux 1971

FAIDER, PAUL und Mlle VERCANTEREN *L'abbaye de Bonne-Espérance*, Mons 1930

FELLER, F. DE *Journal historique et littéraire*, 1. Februar 1790

GERSON, H. und E. H. TER KUILE *Art and Architecture in Belgium*, Paris–Brüssel 1928

Het Adijhospital van de Byloke, Ausstellungskatalog, Gent 1937

LAURENT, MARCEL *L'architecture et la sculpture en Belgique*, Paris–Brüssel 1928

LAVISSE, ERNEST und ALFRED RAMBAUD *Histoire générale du IVe siècle à nos jours*, Bd. IV: *Louis XIV 1643–1715*, Paris 1895

LEMEUNIER, GUY *L'art baroque et classique en Wallonie*, Mechelen 1971

MAISIÈRES, THIBAUT DE *L'architecture religieuse en Belgique à l'époque de Rubens*, Brüssel 1943

MICHEL, EDOUARD *Abbayes et monastères de Belgique*, Brüssel–Paris 1923

MORSCH, G. *Der Zentralbaugedanke im belgischen Kirchenbau des 17. Jahrhunderts*, Diss., Bonn 1965

PARENT, PAUL *L'architecture dans les Pays-Bas méridionaux aux XVIe, XVIIe et XVIIIe siècles*, Lille 1926

PASTURE, A. *La restauration religieuse dans l'ancien duché de Brabant aux Pays-Bas catholiques sous les archiducs Albert et Isabella (1596–1633)*, Löwen 1929

PLANTEGA, J.-H. *L'architecture religieuse dans l'ancien duché de Brabant depuis le règne des Archiducs jusqu'au gouvernement autrichien*, Den Haag 1926

POUMON, E. *Abbayes de Belgique*, Brüssel 1954

SCHEPPER, G. DE *La réorganisation des paroisses et la suppression des couvents sous le règne de Joseph II*, Löwen 1942

VERHAEGEN *De oude kerken te Gent*, 2 Bde., Antwerpen 1938

II Parc und Averbode

FRISQUE, E. *L'abbaye de Parc-le-Duc*, Löwen 1932

— *Patrimoine monumental de la Belgique*, Lüttich 1971, S. 130–142

GERITS, J. J. *Historische Schoonheid van Averbode*, Ausstellungskatalog, Averbode 1973

HAERNENS, ALBERT D' »Abbaye de Parc«, in: *Monasticon belge*, Bd. IV: *Province de Brabant*, Lüttich 1969, S. 747–827

– »Parc«, in: *Abbayes de Belgique*, Guide du groupe Clio 70, Brüssel 1973, S. 23–54

JANSEN, J. E. *L'abbaye norbertine de Parc*, Mechelen 1929

LEFÈVRE, P. *L'abbaye norbertine d'Averbode*, Averbode 1938

NANDRIN, JEAN-PIERRE »Averbode«, in: *Abbayes de Belgique*, Guide du groupe Clio 70, Brüssel 1973, S. 100–119

III Ninove — Averbode — Grimbergen

BORCHRAVE D'ALTENA »L'église abbatiale de Grimberghen«, in: *Bulletin de la Société Royale d'Archéologie* III/IV, Brüssel 1928

COSYN, A. »Ninove«, in: *Bulletin officiel du Touring-Club de Belgique*, 1906, S. 205 ff.

DELESTRE, D. J. *L'architecture de l'abbatiale de Grimberghen, Mélanges de Borman*, Lüttich 1919

EYCKERMANS, ANNIE »Grimberghen«, in: *Abbayes de Belgique*, Guide du groupe Clio 70, Brüssel 1973, S. 152–172

LENAERTS, P. *L'abbaye de Grimbergen*, Löwen 1967

WEYNS, G. »Grimbergen«, in: *Monasticon belge*, Bd. IV: *Province de Brabant*, Lüttich 1969, S. 721–746

IV Die Holzschnitzkunst

COURTOY, FERDINAND *Les stalles de l'abbaye de Floreffe*, Namur 1930
FIERENS, PAUL *Chaires et confessionaux baroques*, Brüssel 1943
GOFFAERTS, C. »Les stalles de l'abbaye d'Averbode«, in: *Annales de la Société Royale d'Archéologie de Bruxelles*, 1892
SOENS, E. »De kerk van Ninove en haar meubilair«, in: *Annales de la Société d'histoire et d'archéologie de Gand* XVIII (1907)
ZAJADACZ-HASTENRATH, S. *Das Beichtgestühl der Antwerpener St. Pauluskirche und der Barockbeichtstuhl in den südlichen Niederlanden*, Brüssel 1970

V La Cambre

BETZ, RYCHMAN DE, THIBAUT DE MAIZIÈRES und G. DANSAERT *L'abbaye cistercienne de La Cambre, Etudes historique et d'archéologie*, Antwerpen 1948
LEMAYRE, GUY »La Cambre«, in: *Abbayes de Belgique*, Guide du groupe Clio 70, Brüssel 1973, S. 395–423

VI Laurent-Benoît Dewez

DEWEZ, LÉON »Laurent-Benoît Dewez, premier architecte de la cour de Bruxelles sous Charles de Lorraine 1731–1812«, in: *Annales de la Société Royale d'Archéologie de Bruxelles*, 1930, S. 35–66
DIJN, G. DE *De Premonstratenzerkerken van Laurent-Benoît Dewez*, Löwen 1966
DUQUENNE, X. »L'abbaye d'Orval construite au XVIIIe siècle, L'architecte Dewez«, in: *Aureavallis, Mel. hist. réunis à l'occasion de la fondation de l'abbaye d'Orval*, Lüttich 1975, S. 247–270
Die Pläne von Dewez liegen in den Archives générales du Royaume de Belgique in Brüssel.

VII Orval

AUBERT, MARCEL *L'architecture cistercienne en France*, Paris ²1947, S. 183, 213–226
LEMAIRE, GUY »Orval«, in: *Abbayes de Belgique*, Guide du groupe Clio 70, Brüssel 1973, S. 310–335
Orval, Neuf siècles d'histoire, Ausstellungskatalog, Orval 1970
TILLIÈRE, N. *Histoire d'Orval*, Gembloux 1897, gekürzt Orval ⁷1967

DAS ORTHODOXE RUSSLAND

ALPATOV, MICHAEL WLADIMIROWITSCH *Geschichte der altrussischen Kunst*, Augsburg 1932
— *Etudes sur l'histoire de l'art russe*, 2 Bde., Moskau 1967
BUNT, C. E. *Russian Art from Scyths to Soviets*, London–New York 1946
GIBELLINO-KRASCENINNIKOWA *Storia dell'arte russo*, Rom 1935
KAGANOVITCH, ABRAHAM L. *Russische Kunst*, 2 Bde., Genf–Paris–München 1968
— [Hg.] *Geschichte der russischen Kunst*, Moskau 1961 [russisch]
GRABAR, A. *Die russische Architektur in der ersten Hälfte des 18. Jahrhunderts*, Moskau 1954 [russisch]
GRABAR, I. E. [Hg.] *Geschichte der russischen Kunst*, 14 Bde., Moskau 1953–1964 [russisch]
GRABAR, I. E., V. S. KEMENOV und V. N. LAZAREV *Geschichte der russischen Architektur*, Bd. IV, Moskau 1956 [russisch]
ILJIN, MICHAEL und TAMARA MOISSEJEWA *Moskau und Umgebung, Ein Bildhandbuch*, München–Berlin 1978 (Kunstdenkmäler in der Sowjetunion)
HAMILTON, G. H. *The Art and Architecture of Russia*, London 1954
HAUTECŒUR, LOUIS *L'architecture classique à Saint-Pétersbourg*, Paris 1912
LOUKOMSKI, G. *L'architecture religieuse en Russie du XIe au XVIIIe siècle*, Paris 1929
RAMBAUD, ALFRED »La Moscovie, Ivan le Terrible, le temps des troubles«, in: LAVISSE, ERNEST und ALFRED RAMBAUD, *Histoire générale du IVe siècle à nos jours*, Bd. IV, Paris 1895, S. 727–793
ROUET DE JOURNEL, M. J. *Monachisme et monastères russes*, Paris 1962
RÉAU, LOUIS *L'art russe*, 2 Bde., Paris 1920–1922, 3 Bde., Paris 1968
RICE, TAMARA TALBOT *Die Kunst Rußlands*, Zürich 1965
ROSADEEV, B. *Palais Smolny et Palais de Tauride*, Moskau 1958

Dritte Orden: Einige Orden, so die Franziskaner, Dominikaner, Karmeliter und Augustiner, nahmen weltliche Mitglieder auf, die zwar die Grundsätze der Regel einhielten, aber keine Gelübde ablegten. Diese Laien bildeten die dritten Orden. Großen Reichtum erlangten sie im 18. Jahrhundert in der spanisch sprechenden Welt, vor allem aber in Portugal und Brasilien. Dort bauten die dritten Orden prunkvolle Kirchen und Konsistorien. Die Tertiarier, wie die Mitglieder der Laienorden auch genannt werden, legen in der Stunde ihres Todes das Habit des Ordens an, dem sie angegliedert sind.
Vgl. Bd. I, S. 133–134; Abb. 107, 108

Filippini: Siehe Oratorium

Franziskaner: Die Regel dieser Gründung des hl. Franz von Assisi (um 1182–1226) wurde 1215 vom Laterankonzil genehmigt und 1223 von Papst Honorius III. bestätigt. Franz, dem die seinerzeitigen Sitten in den Klöstern zuwider waren, verlangte von seinen Mönchen absolute Armut. Nicht einmal als Gemeinschaft hatten sie Recht auf Besitz. Die Franziskaner waren vom Wohlwollen der Gläubigen abhängig, allerdings durften sie nur Naturalgaben annehmen, kein Geld. Es handelt sich also um einen Bettelorden. Die Beschäftigung mit der Wissenschaft betrachtete der Ordensgründer als mit einem verinnerlichten Leben nicht vereinbar. Aus seinem großen Bedürfnis nach Demut heraus nannte er seine Schüler Mindere Brüder. Freilich hinderte all dies den Orden nicht, sich rasch in der christlichen Welt auszubreiten. Im Gegensatz zu anderen Mönchen ließen sich die grundbesitzlosen Franziskaner vorzugsweise in Städten nieder. Um Elias von Cortona, den ersten Ordensgeneral nach Franz, sammelte sich alsbald eine oppositionelle Bewegung, die eine allzu strenge Befolgung der Regel mit der Seelsorgetätigkeit und der damit verbundenen Seßhaftigkeit für unvereinbar hielt; zudem könnte so streunendes Gesindel angelockt werden. Mehrere Brüder waren anderer Auffassung, und so teilte sich der Orden. Die Mönche, die das Klosterleben vorzogen, erhielten 1250 von Papst Innozenz den Namen »Konventualen«. Die anderen, die weiterhin als Bettelmönche oder Eremiten lebten, nannten sich fortan »Spiritualen« oder »Observanten«. Papst Leo X. unternahm im 16. Jahrhundert einen letzten, vergeblichen Versuch, die Franziskaner zu einigen, dann erklärte er in einer Bulle die Trennung für endgültig. Im Laufe der Zeit lösten sich aus der »seraphischen Familie« eine ganze Reihe von Reformbewegungen zum Beispiel Fraticelli, Kapuziner, Rekollekten und Alcantaristen.

Fraticelli: Siehe Franziskaner

Genovevaner: Siehe Augustiner-Chorherren

Jakobiner: Siehe Dominikaner

Kapuziner: Siehe Franziskaner

Karmeliter: Der Legende nach wurde der Karmeliterorden vom Propheten Elias auf dem Berg Karmel in Palästina gestiftet. Historisch ist eine kontemplative Gemeinschaft auf dem Karmel allerdings nur bis ins 12. Jahrhundert nachgewiesen. 1224 erhielten die Einsiedlerbrüder die päpstliche Bestätigung durch Honorius III. Der hl. Ludwig gründete nach der Rückkehr aus dem Heiligen Land ein Karmeliterkloster in Paris. Einen neuen Aufschwung erhielt der karmelitische Geist durch die Reform der Theresa von Avila. Gemeinsam mit Johannes vom Kreuz gründete sie 1593 einen neuen Mönchs- und Nonnenorden, dessen Mitglieder keine Schuhe, sondern Sandalen trugen. Sie nannten sich »Unbeschuhte Karmeliter« im Gegensatz zu den »Beschuhten Karmelitern« der alten Observanz. Buße, Gebet und Einsamkeit sind die Ordensprinzipien. Die Klöster der Unbeschuhten Karmeliterinnen waren bekannt für ihre strenge Zucht. Karmeliterin zu werden, war und ist für ein junges Mädchen oder eine Frau das Symbol für die Berufung zu einem bußfertigen Leben.
Vgl. Bd. I, S. 70; Abb. 4, 122

Kartäuser: Der hl. Bruno (1030–1101), ein Theologe und Kanoniker aus Reims, gründete den Orden 1084 in einem auf 1150 m Höhe in den Alpen bei Grenoble gelegenen Ort namens La Chartreuse. Das Prinzip der Kartäuserregel besteht im Zusammenführen von Mönchen, damit sie fern von allen Alltagssorgen das Leben von Wüsteneinsiedlern führen können. Folgerichtig fügte Bruno zu den allgemeinen Mönchsregeln das Schweigegebot hinzu, das nur an wenigen Tagen des Jahres zugunsten eines eigentlichen Klosterlebens aufgehoben wird. Der Normalfall für den Kartäuser ist das Eremitendasein, wofür jedem Einzelnen rund um einen großen Kreuzgang ein eigenes Häuschen, die »Zelle«, zur Verfügung steht. Bruno selbst hat keine Regel verfaßt, sie stammt aus der Feder von Prior Guigues, dem fünften Oberen der Chartreuse. Der Ordensgründer hatte seine Anordnungen in weiser Voraussicht getroffen. Das Stillschweigen stellte sich als ein Garant für die Lebensfähigkeit des Mönchtums heraus. Anders als

alle anderen Orden hatten die Kartäuser nie eine Reform nötig. Noch am Vorabend der Französischen Revolution stand ihr Orden in Hochblüte. Ihre Klöster kannten weder Nachwuchssorgen noch Sittenzerfall. Gerade die vielschichtigen Randbedingungen der Kartause waren es, die bei diesem Klostertyp zu den reichsten und großartigsten Architekturschöpfungen der Neuzeit führten. Die Kunst wurde trotz aller Askese mit großem Aufwand gepflegt, für die Mönche lag darin keinerlei Widerspruch. Im Jahre 1605 wurde der Pariser Kartause ein Rezept hinterlassen, das Laienbrüder im 19. Jahrhundert vervollkommneten und nach dem noch heute die Mönche der Grande Chartreuse ihren berühmten Likör herstellen. Zwei Kartausen wurden zu Grablegen bedeutender Herrschergeschlechter: Champmol in Dijon im 12. Jahrhundert für die Burgunderherzöge, und Pavia im 15. Jahrhundert für die Herzöge von Mailand.
Vgl. Bd. I, S. 203–210; Abb. 152, 154–156

Klarissen: Der Orden, bekannt auch unter der Bezeichnung »Orden der armen Frauen«, ist eine Gründung von Klara Scisi (1194–1253), einer Heiligen aus der Gefolgschaft des hl. Franz von Assisi, sowie von dessen Schwester Agnes. Die erste Heimstätte der neuen Gemeinschaft wurde im Jahr 1212 die Kirche St. Damian in Assisi. Erst 1224 verfaßte Franz von Assisi persönlich die Regel, die Papst Innozenz IV. 1246 bestätigte. Die Klarissen bilden einen kontemplativen Orden mit einem Leben in strengster Armut, Buße und Kasteiung, deren Härte besonders Töchter aus Adels- und Herrscherhäusern anzog. Klarissen waren die Töchter des hl. Ludwig, Philipps des Schönen und des Staufers Friedrich II. Die hl. Elisabeth von Ungarn gehörte zwar dem weltlichen Stand an, befolgte aber die Klarissenregel. Im 17. Jahrhundert führten die Klöster des Ordens die sogenannte Reform »von der strengeren Observanz« durch. Vorbild war dabei die Einsiedlerregel des hl. Petrus von Alcantara.
Vgl. Bd. I, S. 62–64; Abb. 43–45

Malteserorden: Am Ursprung dieses Ritterordens standen die 1113 gegründeten Johanniter, die sich in Jerusalem vornehmlich um das leibliche Wohl der Pilger kümmerten. 1120 gliederte sich ihnen eine Ritterklasse an, um das Heilige Land militärisch zu verteidigen. Nach dem Fall Akkons zog sich der Orden erst nach Zypern und dann nach Rhodos zurück. Nachdem Suleiman Rhodos 1523 eingenommen hatte, teilte Karl V. dem Großmeister Philipp Villiers de l'Isle Adam die Insel Malta als neuen Ordenssitz zu. 1565 wehrte Großmeister Jean Parisot de La Valette erfolgreich die türkische Belagerung ab. Im Anschluß daran wurde die Festung Malta erheblich ausgebaut. Die Insel kontrollierte den Eingang zum westlichen Mittelmeer und hatte folglich eine Schlüsselstellung im Kampf gegen Türken und Piraten inne. Der Kaiser erkannte den Maltesern die volle Souveränität zu. Der Orden gliederte sich in 8 »Zungen«, 22 Großpriorate und 19 Balleien. Im Jahre 1800 vertrieben die Engländer die Ritter von der Insel. Nach einem Zwischenspiel in Rußland ließen sich die Malteser 1834 in Rom nieder. Ihre Aufgaben liegen heute im karitativen Bereich.
Vgl. Bd. I, S. 35–38; Abb. 20–23

Mauriner: Die Benediktiner-Kongregation von Saint Maur geht auf eine Reform des Benediktinerordens im lothringischen Bistum Verdun zurück. Dort hatten die Heiligen Vanne und Hydulph eine Kongregation gestiftet, die 1604 von Clemens VIII. bestätigt wurde. 1618 gründete ein Mönch von Saint-Vanne im Kloster Saint-Maur bei Paris eine Kongregation, die 1621 ihre Bestätigung erhielt. Der Generalobere Dom Grégoire Tarrisse verlegte den Sitz des Ordens in die Pariser Abtei Saint-Germain-des-Prés, aber der Name des Benediktschülers Maurus wurde beibehalten. Den Maurinern wurden ernsthafte Studien zur Pflicht gemacht. Sie begründeten die moderne, auf kritischer Quellenforschung beruhende Geschichtsschreibung
Vgl. Bd. I, S. 151–153; Abb. 152

Mercedarier: Der Orden der »Fratres Beatae Mariae de mercede redemptionis captivorum« wurde 1218 vom hl. Petrus Nolascus (geb. 1180 im südfranzösischen Mas Saintes-Puelles) zum Freikauf von christlichen Sklaven gegründet. Ursprünglich handelte es sich um einen Ritterorden, weshalb die Klostervorsteher den Titel Komandant führten. Die Mercedarier fügten den drei üblichen Mönchsgelübden ein weiteres hinzu. Sie verpflichteten sich, mit einem Gefangenen, dessen Seelenheil bedroht war, den Platz zu tauschen.
Vgl. Bd. I, S. 129; Abb. 102

Mindere Brüder: Siehe Franziskaner

Minoriten: Siehe Franziskaner

Norbertiner: Siehe Prämonstratenser

Olivetaner: Der hl. Bernhard Tolomei, ein Aristokrat aus Siena, der aus Verehrung für Bernhard von Clairvaux seinen eigentlichen Taufnamen Giovanni abgelegt hatte,

lebte als Eremit auf dem Monteoliveto, einer öden Anhöhe in der Nähe seiner Vaterstadt. Dort scharte er seine Anhänger um sich. Im Jahre 1319 gründete er eine Kongregation, die Papst Clemens VI. 1342 in einer Bulle bestätigte. Die Mönchsgemeinschaft pflegte vor allem im 16. und 17. Jahrhundert Literatur und Kunst. Das Mutterhaus Monteoliveto Maggiore verfügte über ein berühmtes Scriptorium, in dem herrlich illuminierte Bücher hergestellt wurden. Noch heute gehört das Restaurieren alter Handschriften zu den Spezialitäten der Olivetaner. Sie tragen anstelle der schwarzen Benediktinerkutte ein weißes Habit.
Vgl. Bd. I, S. 17, 20; Abb. 8

Oratorianer: Die Kongregation wurde vom hl. Filippo Neri (1515–1595) in Rom gegründet. Die Bestätigung erfolgte 1577 durch Papst Gregor XIII. Die Aufgabe der Oratorianer war im wesentlichen das Apostolat. Sie veranstalteten Andachtsübungen, Vorträge, Predigten und musikalische Anlässe. Dennoch lebten die Patres in Gemeinschaft. In Rom nannte man sie nach ihrem Gründer Filippini. Die Kirche Santa Maria in Vallicella (oder Chiesa nuova), die ihnen überlassen worden war, bauten sie als ihr Mutterhaus neu wieder auf.
Eine eigene französische Oratorianer-Kongregation gründete Kardinal de Bérulle. Es handelte sich hierbei um eine Gesellschaft von Weltpriestern, die nicht zusammenlebten. Sie unterstanden direkt den örtlichen Bischöfen.
Vgl. Bd. I, S. 28–29, 47–51; Abb. 32–35

Passionisten: Die Kongregation wurde 1737 vom seligen Paul vom Kreuz (1694–1775) auf dem Monte Argentario in der Toskana gestiftet und 1741 durch Papst Benedikt XIV. bestätigt. Die Passionisten führten ein kontemplatives Leben, waren aber auch in der Seelsorge tätig. Ihr Hauptanliegen war die Förderung der Verehrung der Leiden Christi.
Vgl. Bd. I, S. 29

Port-Royal: Die Reform der Zisterzienserinnen-Abtei Port-Royal in der Diözese Paris führte die Pfründenäbtissin Angélique Arnauld durch. 1626 übersiedelten die Nonnen nach Paris, wo sie 1645 die ständige Verehrung des Allerheiligsten einführten. 1647 erhielten sie die Erlaubnis, in ihr altes Kloster zurückzukehren, das fortan Port-Royal-des-Champs hieß, aber weiterhin mit Port-Royal in Paris verbunden blieb. Der Pariser Erzbischof genehmigte die Reform. Beide Klöster waren Zentren des Jansenismus, was zahlreiche abweichlerische Tendenzen unter den Nonnen zur Folge hatte. Port-Royal-des-Champs, wohin man die aufsässigen Schwestern gebracht hatte, wurde aufgehoben und zerstört. Das Pariser Kloster dagegen blieb bestehen.
Vgl. Bd. I, S. 148–150; Abb. 116

Prämonstratenser: Die Gründung erfolgte 1119 im französischen Prémontré (Bistum Laon). Stifter war der hl. Norbert, ein Rheinländer vornehmer Abstammung. Mit seinem neuen Orden wollte er dem verbreiteten Sittenzerfall der Chorherren entgegenwirken. 1126 wurde die Gründung von Papst Honorius II., später von mehreren anderen Päpsten bestätigt. Die Norbertiner, wie diese regulierten Chorherren auch genannt wurden, lebten nach der Augustinerregel. So gingen sie denn auch seelsorgerischen Tätigkeiten nach. Kontemplatives Klosterleben wechselte mit der Arbeit in den Pfarreien, vorzugsweise jenen, die auf den Klostergütern lagen. Der Orden war sehr erfolgreich und breitete sich rasch, hauptsächlich in Nordeuropa, aus.
Vgl. Bd. II, S. 221–238

Predigerorden: Siehe Dominikaner

Redemptoristen: Die Kongregation des allerheiligsten Erlösers wurde 1732 vom hl. Alfonso di Liguori (1696–1787) in Scala bei Neapel gestiftet. Die endgültige Fassung der Regel lag erst 1764 vor. Das Ziel des Ordens war eine allgemeine Belebung der Religiosität der Bevölkerung. Die Patres waren infolgedessen hauptsächlich missionarisch tätig. Den drei üblichen Mönchsgelübden fügten sie das der Beharrlichkeit hinzu.
Vgl. Bd. I, S. 29

Rekollekten: Siehe Franziskaner

Tertiarier: Siehe dritte Orden

Theatiner: Die Kongregation wurde 1524 von dem hl. Gaetano da Thiene und von Gian Pietro Caraffa, dem Bischof von Theate (Chieti) und nachmaligem Papst Paul IV., gegründet. Wie andere seit dem 16. Jahrhundert entstandene Männerkongregationen hatten die Theatiner es sich zur Aufgabe gemacht, den Sittenzerfall des Klerus zu bekämpfen. Sie gingen dabei nach dem Vorbild regulierter Chorherren vor. Später wurden die Theatinerinnen der Kongregation angegliedert.
Vgl. Bd. I, S. 28

Trappisten: Diese Mönchsgemeinschaft ist ein Reformzweig der Zisterzienser. Gegründet wurde sie um 1657

von Jean Armand Le Bouthillier de Rancé (1626–1700), der sich nach einer ausschweifenden Jugend bekehrte und Pfründenabt des Klosters La Trappe in Soligny (Grafschaft Perche) wurde. Sein Ziel war die Verwirklichung der fundamentalen Mönchsideale: Absage an die Welt, Arbeit und Gebet. So wollte er die Zisterzienser zu ihrer strengen Observanz zurückführen. Rancé verpflichtete seine Mönche zum Stillschweigen der Kartäuser und zu handwerklicher Arbeit. Die Mauriner befehdete er wegen ihrer Vorliebe für intellektuelle Betätigung. In mancher Hinsicht gleichen die Philippika Rancés gegen Saint-Germain-des-Prés denen des hl. Bernhard gegen die Cluniazenser. Eine der härtesten Demütigungen, die Abt Rancé den Trappisten auferlegte, waren die öffentlichen Erniedrigungen und Verweise. Die strenge Zucht führte nicht selten zu gesundheitlichen Schäden und zur Herabsetzung der Lebenserwartung. Trotzdem übernahmen viele Männer- und Frauenklöster die Reform Rancés.
Vgl. Bd. I, S. 150, 154; Abb. 117

Trinitarier: Der Provenzale Jean de Matha gründete den Trinitarierorden (Dreifaltigkeitsorden) zum Zweck des Loskaufs von Christensklaven. Papst Innozenz III. bestätigte den Orden im Jahre 1198. Jean de Matha übernahm die Augustinerregel. Die Trinitarier stellten sich selbst zum Austausch, wenn sie die Lösesumme für einen Gefangenen nicht aufbringen konnten. Sie besaßen Hospitäler, in denen sie die befreiten Sklaven aufnahmen.
Vgl. Bd. I, S. 45–46; Abb. 30, 31

Ursulinerinnen: Im Jahre 1537 gründete die selige Angela Merici aus Brescia (†1540) den Orden und stellte ihn unter den Schutz der hl. Ursula. Die päpstliche Bestätigung erfolgte 1554 durch Paul IV. Zunächst lebten die Schwestern auf Wunsch ihrer Stifterin in der Stadt. Dort waren sie dem Elend am nächsten, dort konnten sie ihren barmherzigen Aufgaben nachgehen. Papst Gregor XIII. wandelte die Ursulinerinnen 1572 in einen geschlossenen Orden um und unterstellte sie der Augustinerregel. Zu ihrer Verbreitung in Italien trug namentlich der hl. Karl Borromäus bei.
Vgl. Bd. I, S. 28

Viktoriner: Siehe Augustiner-Chorherren

Vinzentinerinnen: Gemeinsam mit der hl. Louise de Marillac gründete der hl. Vinzenz von Paul den Orden der Barmherzigen Schwestern oder Vinzentinerinnen mit dem Ziel, den Armen an ihrer Wohnstätte selbst zu helfen. Louise hatte 1633 zwölf Schwestern um sich geschart. 1636 wurde in La Chapelle-Saint-Denis das Mutterhaus errichtet. Obwohl die ursprüngliche Aufgabe, die Hauspflege, weiterhin verfolgt wurde, eröffnete der Orden eine ganze Reihe von Krankenhäusern und Alters- und Pflegeheimen. 1769 gab es allein in der Diözese Paris 1500 Vinzentinerinnen in 290 Ordenshäusern. Bevor ihr Habit im Verlauf des Zweiten Vatikanischen Konzils laisiert wurde, waren die Nonnen mit ihren blauen Kleidern und der weit ausladenden, gestärkten Flügelhaube als »Schwestern der Armen« sehr beliebt.
Vgl. Bd. I, S. 166

Zisterzienser: Im Jahre 1098 gründete der hl. Robert von Molesme, angewidert vom verweltlichten Klosterleben seiner Zeit, ein neues Kloster im burgundischen Cîteaux, dessen außerordentlich strenge Disziplin hauptsächlich auf handwerklicher Arbeit beruhte. Cîteaux hatte großen Zustrom an Novizen. Zwischen 1113 und 1115 entstanden die Klöster La Ferté, Pontigny, Clairvaux und Morimond. Von hier aus zogen die Mönche durch ganz Europa, um neue Niederlassungen zu gründen. Der hl. Bernhard, Abt von Clairvaux, war die überragende Gestalt der christlichen Welt des 12. Jahrhunderts. Unter ihm erlebte der Orden eine Blütezeit. Bekannt sind vor allem Bernhards harte Auseinandersetzungen mit den Cluniazensern, denen er mangelnde Askese und Armut, zuviel intellektuelle Beschäftigung und eine Überbewertung der Kunst vorwarf. Aus diesem Geist heraus entstanden die frühen Zisterzienserklöster als schmucklose Nutzbauten. Allerdings trat schon im 13. Jahrhundert ein Wandel ein; fortan befaßten sich auch die Zisterzienser mit dem Schönen. Im 17. und 18. Jahrhundert stehen ihre Klöster denen der Benediktiner an Pracht nicht nach. Als der hl. Bernhard starb, besaß der Orden bereits 343 Klöster, zu Beginn des 18. Jahrhunderts waren es 572. Streng genommen gibt es keine eigene Zisterzienserregel. Man nahm für sich in Anspruch, die Regel des hl. Benedikt wortgetreu zu befolgen. Tatsächlich aber war der benediktinische Geist schon im 12. Jahrhundert in einer »Charta Caritatis« genannten Schriftenreihe relativiert worden. Die bedeutsamste Neuerung war, daß die Zisterzienser sich als Kongregation verstanden. Im Gegensatz zu den Benediktinern, die ihre Klöster als unabhängige Einheiten betrachteten, wurden die Zisterzienser zentral geleitet. An ihrer Spitze stand als »Parlament« das Generalkapitel und als Haupt der Exekutive der Abt von Cîteaux. Im Laufe der Zeit machte der Orden verschiedene Wandlungen durch. Eine einschneidende Reform vollzog sich im 17. Jahrhundert im französischen La Trappe (siehe Trappisten).

REGISTER

Die kursiv gesetzten Zahlen verweisen auf die Abbildungsnummern.

ABBILDUNGSNACHWEIS

Der Verlag dankt den Fotografen, die die Aufnahmen für das vorliegende Buch machten, und den Institutionen, die weiteres Fotomaterial zur Verfügung stellten. Die Ziffern verweisen auf die Abbildungsnummern.

Dr. Bernhard Anderes, Rapperswil 103, 128
Archives générales du Royaume, Brüssel 183
Walentin M. Baranowski 200
Bibliothèque nationale, Paris 2
Bibliothèque royale Albert Ier, Brüssel 189
Bildarchiv, Marburg 20, 28, 46, 144
Bildarchiv d. Öst. Nationalbibliothek, Wien 58
Boudot-Lamotte, Paris 16, 29–31, 41, 42, 135, 143, 201
Bundesdenkmalamt, Wien 24, 32, 35
Denkmalpflege, Luzern 44
Edition Leipzig, Leipzig 196, 199
H. Fasching, Wilhelmsburg 67, 78
Peter Heman, Basel 104, 105, 116, 150–152, 154–158, 160–163, 166–177, 180–182, 185–187
Olga Hilmerova 14
Hirmer Fotoarchiv, München 19, 122, 124, 139, 140
Konrad Keller, Frauenfeld 51
Inge Kitlitschka-Strempel, Klosterneuburg 21
Rolf Kreuder, Tann 133, 136
Kunsthistorisches Museum, Wien 72
Musées nationaux, Paris 6, 147
Dr. Walter Oechslin, Zürich 7
Roman Pankofer, Herrsching 5, 12, 17, 18, 27, 33, 34, 36–39, 43, 45, 48, 50, 53, 55, 57, 59–64, 66, 68, 69, 71, 73, 75, 76, 79, 81, 83–90, 93, 95, 96, 99–102, 108–110, 112, 114, 115, 118, 120, 121, 123, 126, 142, 145, 146
U. Pfistermeister, Fürnried 3
Photo Gundermann, Würzburg 125
Photo Meyer, Wien 4
Pius Rast, St. Gallen 97, 130–132
Hans R. Schläpfer, Reussbühl 106, 127
Toni Schneiders (Bavaria-Verlag), Gauting 134
Thurg. Denkmalpflege, Frauenfeld 11, 23, 25, 40, 47, 49
Tiroler Landesmuseum Ferdinandeum, Innsbruck 82
M. Tschurakow 190, 194, 198
Lew I. Weisman und Juri R. Kapitanow 197

Archiv des Autors 13, 26, 52, 56, 65, 70, 74, 80, 94, 111, 119, 148, 159, 178, 192

Die Abb. 77 und 107 wurden aus dem Band »Barock« der Reihe »Architektur der Welt« (Office du Livre, Fribourg 1964) übernommen.